山东博物馆七十年

（1954—2024）

山东博物馆 ◎ 编著

齐鲁书社

·济南·

图书在版编目（CIP）数据

山东博物馆七十年：1954—2024 / 山东博物馆编著.
济南：齐鲁书社，2024.7. -- ISBN 978-7-5333-4974
-5

Ⅰ. G269.275.2

中国国家版本馆CIP数据核字第2024GW2114号

封面题签　陈梗桥
项目统筹　刘玉林
责任编辑　班文冲　昝婷婷　王小倩
装帧设计　刘羽珂

山东博物馆七十年（1954-2024）
SHANDONG BOWUGUAN QISHINIAN

山东博物馆　编著

主管单位	山东出版传媒股份有限公司
出版发行	齐鲁书社
社　　址	济南市市中区舜耕路517号
邮　　编	250003
网　　址	www.qlss.com.cn
电子邮箱	qilupress@126.com
营销中心	（0531）82098521　82098519　82098517
印　　刷	山东临沂新华印刷物流集团有限责任公司
开　　本	787mm×1092mm　1/16
印　　张	34.25
插　　页	7
字　　数	600千
版　　次	2024年7月第1版
印　　次	2024年7月第1次印刷
标准书号	ISBN 978-7-5333-4974-5
定　　价	260.00元

《山东博物馆七十年（1954—2024）》编委会

主　　任　　刘延常

副 主 任　　卢朝辉　张德群　王勇军　高　震

委　　员　　（按姓氏笔画排序）

　　　　　　于　芹　于秋伟　马瑞文　王　霞　王海玉

　　　　　　左　晶　庄英博　孙若晨　孙承凯　李　娉

　　　　　　李小涛　辛　斌　张德友　陈　辉　庞　忠

　　　　　　姜惠梅　徐文辰　韩　丽

主　　编　　刘延常

执 行 主 编　　于　芹

执行副主编　　王金环　钟　宁　杨秋雨

编　　辑　　张俊龙　黄彤君　李　思

山东博物馆建馆七十周年

1954-2024

1954年8月至1992年9月　山东省博物馆西院（济南市上新街51号）

1954年8月至1992年9月　山东省博物馆东院（济南市文化西路103号）

1992 年 10 月至 2010 年 10 月　山东省博物馆（济南市经十一路 14 号）

2010 年 11 月至今　山东博物馆（济南市经十路 11899 号）

2024 年 6 月山东博物馆职工合影

守望传承，共筑文化殿堂

——写在山东博物馆建馆七十周年馆庆之际

　　泰山岩岩，黄河汤汤。泰山之阴，济水之畔，山东博物馆已经悄然走过70年的历史。前行有声，岁月无言，驻足仰望山东博物馆的伟岸雄姿，它如同一座璀璨闪耀的殿堂，矗立在时光长河中，让人们得以穿越时空，触摸历史的脉搏；亦如一扇展示深邃厚重齐鲁文化的窗口，透过它，我们可以看到"孔孟之乡、礼仪之邦"丰富而独特的文化底蕴，感受到这片土地恢宏壮阔、博大精深的灿烂文明；它更如一座不朽的文化灯塔，见证着中国乃至世界文化和历史的多元且持久的交流与传承。回顾70年不凡历程，这是一段积淀历史记忆的旅程，更是一段传承文化的接力。

一、筚路蓝缕　薪火相传

　　作为中国文化重心的齐鲁大地，以其深厚的底蕴、独特的风格和丰富的内涵，吸引着世人的目光。从1954年成立至今，山东博物馆始终致力于保护阐释弘扬齐鲁文化的丰富遗产，将这份瑰宝呈现给世界。

　　山东博物馆的70年，是与时偕行的70年。它见证了社会的变迁与发展，也记录了人类文明的演进与辉煌。作为新中国成立后建立的第一座省级综合性地志博物馆，山东博物馆历经20世纪50年代、20世纪80年代、进入新世纪三个发展高峰；广智院、山东金石保存所，几经风霜，几代人数十载艰苦奋斗、风雨兼程，共同孕育出新生——山东博物馆。从文化西路到千佛山下，再到经十路旁，从最初的古旧场馆到如今的现代化建筑，从有限的藏品展示到丰富多样的展览教育活动，从单纯"物的展示"到数智化转型升级，山东博物馆始终坚持以人民为中心，担当起山东省龙头博物馆的重任，逐步崛起成为文博发展高地，发挥着传承文明、传播文化、服务社会的重要作用。

山东博物馆的70年，是聚沙成塔的70年。遵循"藏品征集为社会发展和社会公众服务"理念，着眼藏品系统建设和展览体系搭建，山东博物馆的藏品序列逐步构建。截至目前，山东博物馆拥有各类藏品40余万件，以陶器、甲骨、竹简、石刻、鲁王墓出土文物、明代服饰、古籍善本、青铜器、革命文物以及自然标本等最具特色，其中甲骨、竹简、石刻、明代服饰等馆藏文物在全国乃至世界都极其珍稀。这些珍贵的藏品无一不是历史的亲历者和见证者，直观反映了中华文明的连续性、创新性、统一性、包容性、和平性，成为中华文明多元一体发展格局的重要组成部分。山东博物馆已成为海岱地区考古历史文物、革命文物、自然标本、艺术藏品的收藏、研究和展示中心，是赓续传承中华优秀传统文化的重要阵地。

二、汲古润今 致远有为

回溯七秩，山东博物馆与时代同频共振，守正创新，保护文化遗产、探索地域文明、创新服务理念，在改革春风中阔步前进，在民族复兴伟大征程中步履不辍，成长为一座集保护、研究、教育、服务于一体的大型历史艺术综合性博物馆。"十四五"以来，累计接待观众量突破561万人次，仅2023年就达254万人次，山东博物馆已然成为一座备受瞩目的文化地标。

山东博物馆的70年，是开拓进取的70年。在这日新月异的发展历程中，山东博物馆始终秉持守正创新的理念，加强内涵建设，不断推进理论、制度、科技、内容等各方面创新。一是践行"学术立馆"理念，加强文物阐释研究，加强新技术与博物馆的深度融合，形成"历史传承""文明互鉴""文化共享""红色赓续""自然生态"多元一体的展览体系；二是以群众需求为导向，不断优化公共文化服务供给，源源不断提供"有趣""有用""有文化""有内涵"的优质展览、文化体验、文化产品；三是实施"博物馆+"战略，推进馆校合作和跨界融合，打造海岱文明、齐鲁文化"两创"研究基地，构建全媒体宣传矩阵，打造"一心、两区、四点"立体式文创服务矩阵；四是拓宽国际视野，办好文化客厅，打造"万世师表""大明华裳""礼乐和合"等一批中国故事、国际表达的文物展览精品项目，推动展览"走出去"和"引进来"，增进文明互鉴。

山东博物馆的70年，是硕果累累的70年。蓦然回首，我们感慨万千。一代代博物馆人夙兴夜寐，披荆斩棘，创先争优，屡获殊荣。"衣冠大成——明代服饰文化展""海岱日新——山东历史文化陈列"等多项展览获评"全国博物馆十大陈列展览精品推介"；"家和——中华传统家文化主题展""山东龙——穿越白垩纪"等展览多次获全国重点展览推介。"全国十佳文博技术产品及服务奖""全国文博社教十佳案例""全国革命文物保护利用优秀案例""全国青年文明号""全国技术能手"等全国性奖项和称号，以及"山东省改革创新团队""最美文化遗产讲解员""省级非遗代表性传承人"等省级荣誉，共同见证了山东博物馆这座文化殿堂的辉煌与成就，也是激励我们文博人砥砺前行的强大精神动力。

三、鼙鼓催征 乘势而行

70载栉风沐雨，70年岁月峥嵘。当今，我省博物馆事业进入了一个高速发展时期，在管理、藏品、展览、科研等方面都取得了长足的进步。那么，公众对博物馆还有着怎样的期许？未来博物馆将朝着哪些方向发展？展望未来，山东博物馆任重道远。我们要坚持以习近平文化思想为指引，切实扛起新的文化使命，坚持以人民为中心的发展思想，贯彻新发展理念，以建馆70周年为契机，以创建"中国特色、世界一流"博物馆为目标，走在前、挑大梁，紧紧围绕以下方面开展工作：

一是科学谋划，着力优化体系建设。继续强化博物馆收藏、展示、研究、教育等基本职能，着力建设"管理与治理""学术与科研""展览与展示""教育与宣传""观众与服务"五大工作体系，为文物保护管理、文物研究阐释、文物活化利用、社会公共服务、文明交流互鉴等各项工作开展优化制度保障，系统提升治理体系和治理能力现代化水平。

二是以人为本，提升开放服务水平。持续开展博物馆公共文化空间和服务观众优化提质行动，着眼文化"两创"，加强品牌建设，推出更多易于形成和声共鸣、引发共情的展览，研发更多承载中华文化、中国精神的价值符号和文创产品，以高质量文化供给增强人民群众的文化获得感，让博物馆"大学校"作用得到充分发挥，让彰显文化自信的"文博热"持续下去。

三是共建共享，发挥辐射引领作用。充分发挥行业头雁的示范作用，积极践行中小博物馆提升计划，发挥黄河流域博物馆联盟、大运河博物馆联盟优势，强化馆际、馆校、馆企等多元主体合作，将博物馆事业发展融入经济社会发展大局，带动全省博物馆事业发展上新台阶。

四是美美与共，推动文明交流互鉴。主动对接国家重大战略需求，深挖文明交流的史证，承担好中华文明国际传播的前沿引领者，"一带一路"中亚地区讲好山东故事的先行示范者，"一战"华工研究、展览、传播国际项目的合作参与者，以人类命运共同体理念讲好中国式现代化故事，努力为全球博物馆发展贡献中国智慧、中国方案。

不忘来时路，方知向何处。我们非常幸运正处于博物馆事业发展的黄金时期，站在新时代新的起点上，山东博物馆人勇担新的文化使命，按照中央地方共建国家级博物馆要求，积极推进博物馆高质量发展，引领带动全省博物馆事业发展，为满足人民群众美好精神文化生活需求，为经济文化强省建设，为建设中华民族现代文明作出更多新贡献！

值此山东博物馆建馆70周年之际，我们向关心支持山东博物馆事业发展的国家文物局、山东省委省政府、山东省文化和旅游厅历届领导表示衷心感谢！向全国博物馆同仁的帮助支持表示诚挚谢意！向社会各界的支持、合作与交流表示真诚感谢！向一代代山东博物馆的老领导、同事们表示崇高敬意！向携手奋进、共同见证山东博物馆辉煌70年的同事们表示由衷的感谢！

山东博物馆党委书记、馆长　刘延常

2024年6月26日

目 录 Contents

中篇　横·深耕八方

下 篇　忆·行者无疆

上篇

山东博物馆建馆七十周年
1954-2024

纵 · 薪火相传

第一章　鸿蒙初辟：1909—1953年

1909年（清宣统元年），山东巡抚袁树勋奏请清政府，获准在山东图书馆内附设山东金石保存所，主要收藏金石、书画、碑帖、古籍等。1904年基督教系统的博古堂从青州迁往济南，更名为"广智院"，为展示世界各地新奇物品的场所。1948年山东省政府驻在青州时，7月成立了山东古代文物管理委员会，简称"省古管会"，8月成立了山东自然科学教育研究所。1949年12月11日和1950年12月25日，原山东金石保存所在抗战期间南迁的文物运回济南，由省古管会接收。1952年10月1日，山东省人民政府指示将济南广智院与山东自然科学教育研究所合并，成立山东省自然博物馆筹备处。1953年2月19日，省古管会改称"山东省人民政府文物管理委员会"，简称"省文管会"；10月，省文管会的陈列、文物保管部分与山东省自然博物馆筹备处合并，成立山东省博物馆筹备处。总之，山东金石保存所南迁文物中的珍品、济南广智院的部分展品以及省古管会（省文管会）历年搜集的古物，构成山东省博物馆筹备处的藏品基础，而筹备处的人员则主要来自山东自然科学教育研究所和省文管会。

第一节　广智院

济南广智院是中国近代史上最早的博物馆之一，1952年与山东自然科学教育研究所合并，后来成为山东省博物馆筹备处的重要组成部分。

一、历史演变

1901年，清政府实行新政自救，同时也开启了中国近代史上博物馆发展之路。伴随列强而来的西方文化强势侵入，以传教士为主体创办的近代博物馆在我国上海、天津、济南等地相继成立，广智院正是其中影响较大的博物馆之一。

广智院是山东境内较早的博物馆之一，也是中国近代史上最早的博物馆之一，由英籍基督教浸礼会传教士W.J·萨瑟兰（中文名怀恩光）创办。1879年，怀恩光在山东青州广泛传教，并于1887年建了一座展览馆，称博古堂。但因规模狭小、设备不全，陈列品只限于历史地理之图表、博物标本与汽机、电机模型等，每年观众不过5000余人次。1893年，为谋求扩充起见，附设于青州"郭罗培真书院"（即齐鲁大学前身的一部分）的建设和设备均得到不同程度的扩充，此后每年公众增至约8万人次。随着胶济铁路开通，为了满足更广泛的社会需求，1904年，怀恩光便将博古堂扩大并迁于交通便利、人文荟萃的开埠城市济南，建成了既有中国传统庙宇特色又有西方建筑风格的大型博物馆，称"广智院"，取"广其智识"之意。怀恩光任第一任院长。广智院位于今济南广智院街，建筑坐南面北，南北长185米，东西宽近70米，占地1万余平方米，是当时济南规模最大、中西结合、设计完美的建筑群。

广智院"每周开放6天，周日休息，每日开放时间为9：00—16：00或17：00。最初男女观众分日参观，后不再区分。最初几年，免费参观。辛亥革命后，酌收门票"[①]。光绪三十一年（1905）十一月初六日，广智院举办了落成典礼，山东巡抚杨士骧率大批官员参加了仪式。光绪三十二年（1906）十月十四日，广智院举办了展览开幕式。

1917年，广智院作为社会教育科，并入齐鲁大学。据1924年《齐鲁大学社会学系调查》的统计："参观广智院的人每年50多万。"此后的十几年，广智院每年的观众一直维持在40万人次以上。彼时，广智院雅俗共赏，有口皆碑，成为济南重要的公共文化场所。全面抗战期间，广智院的观众人数大幅下降，1939年仅为16万人次。

1941年12月8日，日本侵略军接管济南广智院，易名为"科学馆"，在日本牧师控制下继续开放。1945年，日本无条件投降，英国基督教浸礼会收回广智院，并使之脱离齐鲁大学。1948年，济南战役爆发，中共中央指示对广智院进

---

① 侯江、李庆奎：《1949年以前外国人在华创办的自然类博物馆探析》，载《安徽农业科学》2009年第26期。

■ 图 1-1-1 1905 年 12 月 2 日（清光绪三十一年十一月初六日）广智院落成典礼

■ 图 1-1-2 广智院外景

行重点保护。至济南解放后，广智院并入中华基督教山东大会，中国人袁叶如担任院长。从1951年下半年开始，广智院拒绝接受外资补助。

1952年下半年，全国文化教育机构调整，10月，为集中人力，山东省人民政府决定将原济南私立广智院与山东自然科学教育研究所合并，办公地点在广智院。

山东自然科学教育研究所是1948年8月前后省府驻在青州时始筹建，1949年1月成立，4月以后迁往济南，地址位于济南市经七路纬一路，所长为徐眉生，副所长为秦亢青。山东自然科学教育研究所的主要工作是研究自然科学教育的普及工作，并为自然科学教学方面制作各类理化仪器、挂图、幻灯、标本、模型等物品，解决山东及其他省份的部分中小学的教具来源问题。山东自然科学教育研究所做了大量的工作，配合当时的政治任务和中心工作，也举办了一些临时展览。

1953年2月19日，山东自然博物馆筹备处与广智院办理了财产交接手续，清单上有动物标本、家具等物品。10月，文化部批准山东省人民政府文物管理委员会（以下简称"省文管会"）将省文管会的陈列、文物保管部分与省自然博物馆筹备处合并，成立山东省博物馆筹备处。组织机构方面继续沿用原山东自然科学教育研究所的旧机构进行工作，除原有的铁工制作工厂等交予济南铁工总厂、原有的研究部门撤销改组成为设计陈列部门外，新添一个征集组、一个保管组和一个展出组。11月19日，山东省人民政府文化事业管理局接到中央人民政府文化部〔53〕文部厅字第1009号通知"将山东省文管会陈列展览的历史文物和陈列室并入自然博物馆筹备处，同时收集一部分革命文物和自然资源的材料，以此为基础，正式成立山东省地方博物馆筹备处"。

二、管理机制

据资料显示，1949年至1952年，广智院作为私立性质的博物馆，采取"董事会+院长"负责管理制度。济南私立广智院新的管理模式社会公益性更为鲜明和突出，并成为现今非国有博物馆管理制度的蓝本。

据1949年4月29日《中区联会济南南关广智院第一次召开董事会会议记录》，定名济南特别市私立广智院董事会，"遵从新民主政府之领导与基督、博爱服务精神设立广智院，以灌输民众科学智识，培养人民道德为目的"[①]，"董事会会址设在广智院，作为最高机关，在闭会期间由正、副董事长及常务董事执行其职权。董事会设立董事9人[②]。第一次董事会讨论并修改了董事会组织规程，选举董事长与副董事长各1人、选举常务董事3人，并商讨广智院院长职位人选。议定常务董事会每月一次，每周一召开院务会议，邀请袁叶如代表董事长参加院务会。常务董事会制度向教育局、公安局和区政府呈报备案。

在院长负责制度中，院长负责，部门之间分工明确，涵盖较为全面。从下图中，我们可以看出，除了最基本的展览事务，广智院的具体事务偏重于更多的社会服务。如美术股中的制造模型标本，资料记载，广智院当时曾为农林厅和水利局等单位代制模型标本，书报股中的儿童图书室、少年股中开办的民众学校、成人股中的讲演、妇女股中的妇女学校，甚至特别为宗教信仰者设立的各类协修会，这些事务组织的设立多是面向社会大众的服务。

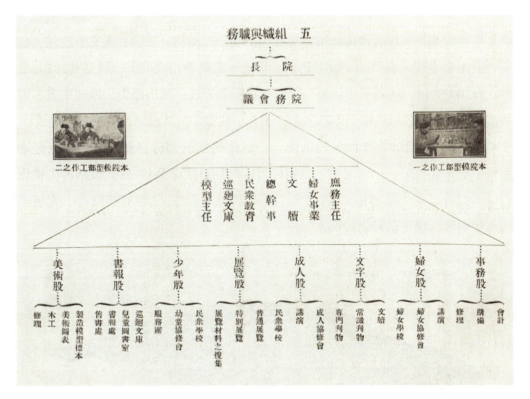

■ 图 1-1-3 广智院组织与职务图

① 《济南特别市私立广智院董事会组织规程》，1949 年 4 月 29 日，私立广智院第一次董事会讨论通过。山东博物馆藏。

② 参照《济南私立广智院董事会名单》，1949 年广智院拟。山东博物馆藏。

广智院的组织机构在当时堪称是先进和全面的，它不仅借鉴了欧美国家的董事会制度，使博物馆管理实现了一定程度的社会化，有利于吸取社会资金保证发展，而且兼顾院长负责制，具体的事务管理分工明确，保证了管理上的高效率；另设的职工大会、职工学习会和全体职工院务会等是体现民主管理和富有人性化、人本主义精神的，也对管理机构作了必要的补充。这样的组织机构对于现今非国有博物馆有好的借鉴意义。

广智院资金来源大体分为四大块：基督教差会补助、社会慈善捐助（包括国内和国外教会的捐款、基金会赞助、特别专项捐款及捐助陈列物品等）、自身营业收入（包括门票、刊费、院内房屋出租租金等）和社会服务收入等。据1952年4月广智院第五次董事会的会议记录，当年"公私捐助资金已达300余万元，广智院存有积蓄2000余万元"[①]。管理模式的改变使广智院整体经济状况有了明显改善。

三、藏品管理

广智院是一所综合性博物馆，展品包括动物、植物、矿物、天文、地理、机工、卫生、生理、农产、文教、艺术、历史、古物等13个门类，展品共计1万余件，分2000余组，展陈采用展橱、镜框、挂图等方式，展出历史、地理图表、博物馆标本和汽机、电机模型等陈列品，还有小礼堂等公共设施，展览常年开放。

虽然经历了100多年的风风雨雨，广智院时期的部分自然标本仍然很好地保留了下来。目前，山东博物馆馆藏广智院时期自然藏品192件，包括古生物化石标本12件、现生动物标本172件和岩石矿物标本8件，其中有鸭嘴兽、大极乐鸟和华丽琴鸟尾等珍稀物种标本。

■ 图 1-1-4　广智院时期鸭嘴兽标本

① 济南广智院第五次董事会会议记录，1952 年 4 月 13 日。山东博物馆藏。

■ 图1-1-5 广智院时期大极乐鸟标本

■ 图 1-1-6 广智院时期华丽琴鸟尾标本

山东博物馆革命文物部现存有广智院旧藏图书期刊杂志报纸类、幻灯片类、照片类、笔记及手稿等五大类共计1724件（套）近现代历史文物。其中，幻灯片1632件（套），囊括了西方各国的风景、建筑、器物、图书、军事、社会、风土人情、宗教等各个方面的内容。图书期刊杂志报纸类64件（套），包括中英文图书、中英文报纸、英文杂志、阿拉伯语图书、德语图书，其中数量最多的为外文书刊，体现了早期广智院的西方办院的背景。照片25件（套），包括1905年山东巡抚杨士骧参加济南广智院落成典礼时的照片、1921年9月1日山东省会慈善会所附设孤儿院开学纪念照片、1930年广智院卫生展览会开幕摄影照片等，是早期广智院的一系列宣传教育、社会救助重大活动的佐证。

广智院丰富的藏品是了解近代及西方各国情况的宝库，同时也在传播西方文化、科技、宗教，进行普世宣传教育、社会救助方面都颇具特色，对近代中国社会的发展变迁产生了影响。广智院利用丰富多样的藏品，做出了别出心裁、独具匠心的陈列展览，给百年前封闭的国人打开了一扇通往外部世界的窗口，也因此取得了巨大成功。民国作家倪锡瑛在其《都市地理小丛书·济南》中曾写道："去济南的人，山水的胜景少领略一点倒不要紧，可是广智院是不能不去参观一下的……正厅上陈列着一副极大的鲸鱼骨骼，高悬在空际，下面便是几十个玻璃柜，柜内放着几十座不同的模型。有关于卫生的，有关于教育的，有关于工商业的，有关于建筑及名胜古迹的，可以说是无所不包……如果你要把每一个人都仔仔细细地看一遍，至少可以看六七天。若是走马观花，也得花上半天时光。这里，可说是一部知识的万有文库。"

广智院的展览，按照现在的观点，分为基本陈列和临时展览，当时称为"经常展览"和"特别展览"。对于展览事业，广智院依据的原则有两个：一是经常展览，以多注重启发民智有益见闻为目的。二是特别展览，以提倡目前社会所需要之事业为标准。如1929年春天举办的"农村事业展览会"，在展览上特制捕蝗、凿井灌溉等模型，选种、治虫等仪器，并配以各种图表来表现近代科学化的农业设施。对于农村副业，如养蚕养蜂，亦陈有列；对于农村生活，如合作社公共卫生，改良乡俗，亦有表现。而且所有展览的事物简单明了，即使是无学识的农夫亦能领略梗概。"农村事业展览会"的零散观众约5万人次，此外，还有5000余位学校团体的集体观众。此后广智院又举办了"卫生展览会"，亦取得了巨大成功。据档案记载："卫生展览会"共开10日，观众共计4万多人

■ 图 1-1-7　广智院时期旧藏幻灯片

■ 图 1-1-8　广智院时期旧藏图书书影

■ 图 1-1-9　山东博物馆馆藏《济南广智院志略》书影

■ 图 1-1-10　广智院举办的陈列展览

次。展览的物品分为数部展区。在病菌部，附设显微镜用以观察苍蝇、跳蚤、虱子的头部以及杆菌、球菌、螺旋菌等的形状，观众观之皆为惊讶；在寄生部，系虫、钩虫、蛔虫的图画标本，俱有陈列；在害虫部，有苍蝇、蚊虫、跳蚤种种的模型；在预防部内，得见注射预防针的益处，如同天花、肠热症、白喉症等皆可预防。另外还有保婴部、治疗部等展区。

　　广智院的展览还会根据需要和时代变化及时更换展品。"广智院的展品还经常更换以适应时代的需要。例如，在第一次世界大战期间，院内特开辟专室宣传'协约国'战争的正义，并陈列各种图片报纸，吹嘘英、美的军事实力。第二次世界大战之后，该院为美帝原子讹诈大肆鼓吹，夸耀美、英帝国主义的科学成就，特别是宣扬美帝国主义对遭受战祸国家的'深情厚谊'，也都制成模型、张贴画报，还放映过美国新闻处提供的电影片。"关于广智院在民众教育方面所起的作用，这段话足以说明，"在那音像传媒几乎等于零的时代，对于目不识丁的市民及工人、农民而言，广智院无疑是能让他们开开眼界的唯一场所……那些一向未曾闻见的事物，却会深深地刻在他们心中，广智院在文化和科学常识方面卖弄，对于知识界以外的民众起过启蒙作用"①。

① 赵国香：《近代博物馆教育实践方式探析——以济南广智院为例》，载《自然科学博物馆研究》2022 年第 6 期。

■ 图 1-1-11　1929 年 5 月广智院"农村事业展览会"摄影纪念

■ 图 1-1-12　1930 年广智院"卫生展览会"开幕摄影纪念

■ 图 1-1-13　观众参观

　　广智院当时影响很大，多有各地名人官宦和普通百姓前来参观。1914年，时为《申报》记者的黄炎培先生来济南考察，曾专门到广智院参观，记录道："广智院者，一教育博物院也……自六月一日起至昨日九月二十三日午后四时止，除停览日外，凡九十九日，得入览者五万六千一百一十九人，平均每日五百六十六人。院长出示英文报告，去年一年间入览者男二十八万二千一百六十三人，女三万九千八百九十二人，共三十二万二千零五十五人，可云盛矣！"1922年，胡适到济南参加中华教育改进社会议期间，参观了广智院，在当天日记中除了详尽记述广智院的历史和陈设，他还写道："此院在山东社会里已成了一个重要教育机关……本年此地赛会期内，来游的人每日超过七千之众。今天我们看门口入门机上所记的人数，自四月二十六日起，至今天（七月七日）共七十日，计来游的有七万九千八百十七人。"从参观人数可见当年之盛况。

四、社教活动

　　广智院通过博物馆这一崭新的文化传播新事物，表达对新的社会制度和社会生活方式的追求，改变人们的知识结构和思维方式，这时的私立博物馆承载了重要的社会责任，这同样更是博物馆得到社会肯定并得以持续发展的深厚渊源。广智院取得较强社会影响力的有效途径之一是举办有声有色的社会教育和宣传活动，主要有以下几种方式。

1. 举办演讲会

为了与展览配合，加强宣传效果，广智院在每个周日下午都举办演讲会，演讲的内容多以科学、卫生、哲学、宗教、道德等为主题，如"栽森林何益""天下之进步""改良社会""卫生之要道""天道圣经之来源"等，演讲人多为本地官绅。据档案记载："1912年观众达23万人，其中教育界占5万人，妇女2.1万人，全年作过921次讲演，每次听众从40人到200人不等，有时也为公办学校学生作专题讲演。"另外，广智院在此时的社会教育中扮演着重要角色，如，"1930年在农村事业展览会的十五天展期内，每天有关于农村事业的讲演，并同时刊发各种农村事业的文字，如改良土壤选种合作社等等问题。此类刊物引起观众不少兴趣，事后尚有索取者，当场订农业杂志的亦多"。

■ 图 1-1-14　广智院举办的演讲会

■ 图 1-1-15　济南广智军界院讲堂

2. 广泛开拓观众群

针对当时妇女足不出户、避见外人的风气，广智院设立妇女参观日，给妇女划定好单独的参观时间，解除其顾虑，吸引了妇女前来参观；考虑到军队多驻扎在市郊，即于济南大槐树庄的军营附近设立了一所"广智军界院"，与广智院相同，也设有客堂、体育室、阅报室、讲堂等，专向军人传道，讲述军人的义务，展示各国兵器，介绍各国军队状况等。

3.设立学堂，开展民众教育

广智院于1927年设置了男女民众学校，男女班分别上课，实行免费教育。初级生开设千字课、算学、唱歌三项，高级生则开设平民书信、卫生、地理、历史与自然、公民等课程，学员无年龄之限制，无阶级之差别，有志向者皆可入校，实行免费教育。有资料表明，1930年男生7个班，共计120人；女生3个班，共计50多人。皆系幼年失学或因贫寒不能入正规学校者。广智院为中国的扫盲工作尽了一份力量。

4.组织类似博物馆之友的群体

广智院组织了"幼童协修会"，其活动相当活跃。每周都有活动，为游戏、讲宗教故事和唱童子歌等。每周来参会的男女幼童均计一百三四十人。由博物馆的职员任教师，有时亦特请义务教员。开设报刊室，试图培养孩子的阅读习惯，以养成少年之健全人格。此外，还建有"成人协修会"，会员为80人左右，

■ 图1-1-16　1931年5月3日广智院民众男女学校师生全体摄影

■ 图 1-1-17　1930 年冬季广智院民众学校男女毕业生与职教员摄影

其董事由齐鲁大学教职工和教会执事担当，干事由广智院的职工担任。每周大致活动3次，可随意游戏，如台球、乒乓球、象棋、围棋等，亦有读书阅览室，还有几十个会员组成的讨论班，研究社会问题。此外还有"妇女协修会"。

5. 给观众提供相关的文化服务

广智院有时放映幻灯片和电影，在当时的社会，电影绝对是最新鲜、最先进的科技，着实让国人开了眼。"招集街谊，以谈道理"，每次参加者甚众。"电影礼拜，是在每月之末一星期，时间晚七时至九时，讲员多系本院职员，间或亦聘请外人。讲题多关于宗教方面，讲后有电影助兴，到会者有三百余人。"

6. 开创博物馆与学校合作的先例

广智院与近邻齐鲁大学师生的互动往来是博物馆与学校合作的生动事例。1917年齐鲁大学成立后，广智院成为齐鲁大学社会教育科，一度成为齐鲁大学的博物馆，是学生实习的重要场所。广智院的讲演室里常见齐鲁大学的学生进行科学常识或卫生常识的讲演。

7. 宣传教义

广智院的教会背景，使其成为一个科学与宗教的汇集地。一方面，它办着

■ 图 1-1-18　1929 年下学期广智院幼童协修会民众识字学校师生全体摄影纪念

各种科普展览，另一方面，它设有教堂、圣经室、查经班等，每天布道。诚然，设立广智院的本意是为宣传教义，但实际上它已发展成为一个博物馆。老舍先生20世纪30年代在齐鲁大学教学期间居住在广智院附近的南新街，他在《广智院》一文中评价广智院，"不纯粹是博物馆，因为办平民学校、识字班等也是它的一部分作业，此外，它也做点宗教事业，就它的博物馆一部分的性质上说，它也是不纯粹的：不是历史博物馆、自然博物馆或某种博物馆，而是历史地理生物建筑卫生等等混合起来的一种启迪民智的通俗博物馆"。

五、广智院与山东自然科学教育研究所的合并

1952年10月，山东省人民政府决定将原济南广智院与山东自然科学教育研究所合并成立山东省自然博物馆筹备处，合并后办公地点在广智院。

山东自然科学教育研究所与济南广智院在业务上有许多相通之处，都在科学普及方面做了大量的工作。1948年山东自然科学教育研究所成立时，所长徐眉生为其确定的办馆宗旨是：1. 提倡与指引自然科学教育以适应农业卫生事业的需要；2. 帮助中小学挂图、仪器、标本，并指导教师就地取材自行制作，以

加强改进各级学校自然科学教学的需要；3.举行科学讲演及流动展览，并编译通俗书刊普及科学教育大众化，使农工大众得到近代自然科学知识；4.团结全省从事自然科学教育工作者，共同致力于自然教育并促进科学发展。山东自然科学教育研究所的具体业务计划是：1.绘制各种自然科学挂图。参照中小学自然科教材，绘制便于教学用的各种挂图，如生理解剖、重大传染病、动植物育种、病虫害、交通工具、工业品生产程序、天文气象等。2.制造标本模型。制作鱼、蛇、蛙、鸡、兔等骨骼标本，用来研究脊椎动物内各纲之演进情形，制作细胞分裂、细菌繁殖等模型。3.制作理化仪器。制造普通物理、化学实验仪器，如抽气器、简单天秤、收音机及其他声学、光学简单仪器。4.编制科学刊物。5.举办科学展览。筹办固定及流动科学教育展览室，联合医务机关、工业及农业部门，举办各种自然科学展览，配合放映科学电影片。

1953年2月19日，山东省自然博物馆筹备处与济南广智院办理了财产交接，从广智院物品清单上可以看到当年广智院科普展览的情况，择清单上有趣的仪器模型抄录于下：

蒸汽机和摩托等各种小型仪器22件、三球仪模型、地球四季仪、大地球仪、大冰箱模型、冬夏二至仪模型、三带模型、纺纱织布程序模型、果树接技模型、灌田法模型、水淹模型、水井改良模型、黑穗病模型、黄河水利模型、蝗蝻防除法模型、虫灾模型、合作社模型、说服集体生产模型、古今交通对比模型、轮船模型、交通工具速度对比模型、马路规则对比模型、祖国十大发明模型、济南地势剖面模型、济南附近地势模型、泰山模型、希腊古庙模型、印度王后墓模型、罗马古戏院模型、古埃及模型、中山陵模型、防空模型、储蓄模型、劳动模型、文化演进模型、煤油柜模型、照像原理模型、孝行模型、卫生标本模型、养病房模型、蛔虫散布模型、疯狗模型、麻风模型、眼球模型、耳模型、婴儿卫生模型、婴儿游戏模型、卖西瓜对比模型、卫生对比模型（街道）、日常食物比较之模型、家庭卫生对比模型、吃饭、睡觉对比模型、新作环境卫生改用橱等等。

1953年10月，济南广智院与山东自然科学教育研究所合并而成的山东省自然博物馆筹备处，又与省文管会的陈列、文物保管部分合并成立了山东省博物馆筹备处。

（撰稿：任昭杰、孙艳丽）

第二节 山东金石保存所

一、概述

清宣统元年（1909）伊始，山东提学使湘潭罗正钧秉承学部之命，倡建山东图书馆并附设山东金石保存所。3月20日，于济南大明湖畔破土动工，至12月16日圆满落成。自此直至中华人民共和国成立前夕，山东金石保存所一直附设在山东图书馆①内，由历任坐办或馆长兼理，包括罗正钧、王寿彭、刘宝泰、庄陔兰、丁麟年等人。1929年，著名学者王献唐出任馆长，兼理山东金石保存所。

全面抗日战争初期，山东金石保存所的文物精品分两部分保存：一部分运至四川乐山，由王献唐、屈万里、李义贵守护；另一部分寄存于曲阜孔府，后于1947年春移至南京中央博物院。1939年9月，伪山东省公署任命辛铸九为馆长，负责重新整理山东省立图书馆及山东金石保存所藏品，当月25日重新开馆。抗战胜利后，国民党山东省政府接管山东省立图书馆及山东金石保存所，任命罗复堂为馆长。1948年9月，济南解放后，由军管会②接管，经过整顿，翌年3月重新开放。运往南京及四川乐山的文物，分别于1949年12月11日和1950年12月25日运回济南，由山东古代文物管理委员会收藏。山东省立图书馆所藏部分文物、书画亦移交该委员会，山东金石保存所至此完成其历史使命。

山东金石保存所作为国内省级地方政府创办的首个带有博物馆性质的机构，负责接收、收购文物，并与上级行政机关共同承担文物保护职责。其收藏主要涵盖山东历史、名贤、艺文等方面的金石、书画、碑帖、古籍等，兼具社会历史和艺术价值。在近半个世纪的历程中，山东金石保存所为山东金石文物的收集与保护作出了卓越贡献。尽管历经军阀混战和政权更迭，其收藏和展览活动仍得以持续进行。藏品丰富且多珍品，包括吴式芬、丁树桢、陈介祺、许瀚、马国翰等金石名家的遗藏及海源阁的部分藏书。据1937年统计，藏品涵盖铜器、泉币、石刻、甲骨、玉器、砖瓦、陶器、钱范、陶文、封泥、瓷器、礼

---

① 1915 年冬，山东图书馆改称"山东公立图书馆"，直属省长公署，馆长由省长聘任。1929 年夏，山东公立图书馆改称"山东省立图书馆"，隶属省教育厅。

② "军管会"全称为"中国人民解放军华东军区济南特别市军事管制委员会"。

乐器、书画等，总数超过17000件（套）。

山东金石保存所重视陈列展览工作，设有"汉画堂""罗泉楼""抱璧堂""碑廊"等专门展室常年开放，供社会各界人士参观、鉴赏和研究。此外，还定期举办大型展览，汇聚省内知名金石书画鉴藏家的珍品。同时，山东金石保存所还负责筹划并实施省内文物保护等业务。①

二、金石文物的调查、征集

1909年初，山东巡抚袁树勋在《奏东省创建图书馆并附设金石保存所折》中就山东图书馆附设山东金石保存所一事予以说明："山东乃圣人桑梓之邦，为我国数千年文明所自出。经师之传注，衣被士林；金石之留遗，甲于寰宇。……就中附设山东金石保存所，凡本省新出土之品与旧拓精本，博访兼收，以表山东古文明之特色，免乡氓无识者之摧残，亦存国粹之一端也。"②同时，山东金石保存所成立伊始，就制定了《山东图书馆附设金石保存所暂行章程》，确定了"保存主义"、"采访章程"及"储藏规则"等规章制度，明确了山东金石保存所为法定的山东文物保存机构，并据此对省内文物进行调查与管理。

（一）金石文物调查

1910年，罗正钧命泰安县（今山东泰安）知县俞庆澜建小亭保护秦泰山刻石。山东金石保存所会同地方系统整理文物，并定期检查，如"掖县平度州之云峰、天柱山，泰安之泰山、徂徕山，邹县四山……各处，业经本所次第整理，每年由总理派本所委员，会同地方官，阅视一次。各属金石，通饬查明后，每届年终由地方官查点禀报一次"③。1909年和1916年，山东金石保存所先后两次对山东境内古物、古迹进行了普查，并及时将普查的结果上报。山东是当时少数完成普查任务的省份之一。④

山东金石保存所非常重视金石拓片的收藏。1909年，在成立之初，罗正钧以提学使的名义通令各县，要求山东各地的石刻每石拓写一份送金石保存所收

---

① 山东省地方史志编纂委员会编：《山东省志·文物志》，山东人民出版社1996年版，第768~770页。

② 山东省图书馆编：《山东省图书馆馆史资料选编》，齐鲁书社2015年版，第1页。

③ 山东省图书馆编：《山东省图书馆馆史资料选编》，齐鲁书社2015年版，第266~267页。

④ 姬秀丽：《罗正钧、王献唐与山东金石保存所》，载《文博学刊》2021年第1期。

藏，后又陆续征购，尤其是1929年以后，搜存了大批成系统的金石拓本，如刘喜海《长安获古编》底本6册，陈介祺编金文、砖瓦文、齐鲁陶文、汉瓿量文、封泥、镜文、范文等。但后来由于战争和历史原因，许多珍贵的金石拓本都流失了。

1929年，王献唐奉命前往此前惨遭匪劫的清末四大私人藏书楼之一的聊城杨氏海源阁调查，写成《海源阁藏书之过去、现在》，揭发了军阀土匪抢劫和破坏海源阁的罪行，提出了善后处置的具体办法，并力所能及从多处收罗了散失的海源阁藏书。

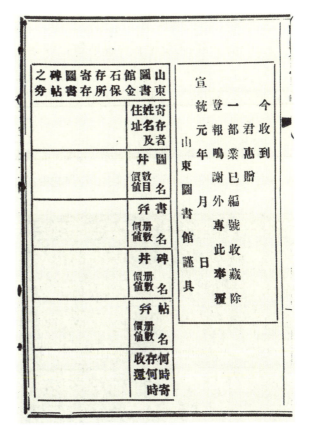

■ 图1-2-1　《山东金石保存所寄存图书碑帖券》（据《山东官报》第32期，1909年12月13日）

1930年初，山东省名胜古迹古物保存委员会成立，王献唐任委员，提出调查发掘全省文物古迹计划。1930年3月17日，滕县（今山东滕州）宏道院出土汉画像石9石，其中有牛耕、纺织、冶铁等图像。3月至5月，王献唐赴滕县宏道院调查，又得邑人耕地出土3石，复于城北门外访得2石，古墓中掘出2石。同时王献唐又闻滕县南关照相馆旧存2石，前往查看，以60元购得，前后共得汉画像石18石，一并运回山东金石保存所。后王献唐撰写《滕县新出土之汉画石及其他》一书，对其专门研究。

1933年，滕县安上村陈士（世）富兄弟在村北3里种地，挖出鼎、匜、盘、敦、豆、盖、鬲、壶等铜器14件。王献唐接受山东省政府委派，赴滕县调查，不仅接收全部铜器，还在当地发现安上村龙山文化遗址及汉代墓群。[1]

---

① 山东省文物事业管理局编：《山东文物事业大事记（1840—1999）》，山东人民出版社2000年版，第57~58页。

（二）金石文物征集

《山东图书馆附设金石保存所暂行章程》规定："凡新出土之品及人家出售或公物无人护惜者，皆收藏之。"[①] 在此章程指导下，山东金石保存所自成立之初就致力于省内金石文物的征集收藏工作。

1. 收购

1908年，日本人购得嘉祥蔡氏园、肥城等地出土汉画像石10石，途经济南时，山东提学使罗正钧出资购留并严惩出售之人。罗氏旋函嘉祥知县吴蔚年，益求境内之画像石。先后获27石，从中选出10石，入藏山东金石保存所，余存嘉祥县学明伦堂内。[②]

1909年，罗正钧以银币300元购北魏李璧墓志入藏山东金石保存所。该志于光绪二十四年（1898）在河北景县出土。[③]

1929年12月至1930年11月，山东金石保存所购得马国翰玉函山房藏泉1046品，嵌置板上，为610版。1930年8月后，辟"罗泉楼"，专储马国翰玉函山房藏泉。[④]

1932年9月，山东金石保存所以3000元购得潍县（今山东潍坊）陈氏藏砖瓦、石刻、钱币

■ 图1-2-2　北魏孙宝憙造像

---

① 山东省图书馆编：《山东省图书馆馆史资料选编》，齐鲁书社2015年版，第268页。

② 山东省文物事业管理局编：《山东文物事业大事记（1840—1999）》，山东人民出版社2000年版，第29页。

③ 山东省文物事业管理局编：《山东文物事业大事记（1840—1999）》，山东人民出版社2000年版，第31页。

④ 《山东省图书馆志》编纂委员会编：《山东省图书馆志》，中华书局2004年版，第120页。

■ 图 1-2-3　北魏孙宝憘造像台座铭文拓本

■ 图 1-2-4　李璧墓志

■ 图 1-2-5　李璧墓志拓片

等藏品。陈介祺（1813—1884），字寿卿，号簠斋，晚号海滨病史、齐东陶父，山东潍县人，清代金石学领军人物、收藏大家。当时，日本商人屡次欲购陈氏藏品。1931年，王献唐报告省教育厅长何思源："以山东自有之宝藏若为外人购去，则全省之耻辱，中国文化之绝大损失也。"①他主张由政府出资将其收归公家。所幸经多方努力，山东金石保存所购得陈氏所藏砖瓦、陶器等3826件，其确切数量为"泉币一千四百八十七品，石刻二十石，砖类一百〇八件，瓦类三百件，陶器二百五十五件，陶片豆檠一千六百四十九件，杂件七件，共计三千八百廿六件"②。

　　1933年6月，山东金石保存所自洛阳郭玉堂处购得汉魏石经残石150余块，剔除残碎半字小石，得熹平石经81块、正始石经6块。1934年5月，又从洛阳韩

① 《山东省立图书馆参观记》，载《浙江省立图书馆月刊》1933年第2卷第2期。

② 《山东省立图书馆点收陈氏古物》，载《浙江省立图书馆月刊》1932年第1卷第9期。

■ 图1-2-6 熹平石经残石（山东博物馆藏）

■ 图1-2-7 孙文澜旧藏甲骨拓片

文卿处购得36块，其中熹平石经27块。[1]

1934—1936年，王献唐为山东金石保存所征集购藏周秦汉晋封泥534枚。1934年春，临淄城北刘家寨农田中出土数十枚封泥，当时王献唐闻讯后悉数购藏。当年自春至秋，所出封泥十之八九由王献唐购藏。同时，益都（今山东青州）孙文澜所收藏的80余枚封泥，也先后为山东金石保存所洽购入藏。到1936年，"四年之间，共集周秦汉晋封泥五百三十四枚"，后陆续还有少量收购。现藏于山东博物馆的600余枚封泥，大多为王献唐在这一时期所收集的临淄出土封泥。[2]

1935年，王献唐收购孙文澜旧藏殷墟甲骨9片。孙文澜是益都人，字观亭，幼从堂兄孙文楷治金石学，喜好铜器古泉、古印封泥、陶文砖瓦、石刻，鉴别亦精。1907年前，他曾变卖家财，购得甲骨100片。1935年，孙文澜去世后，家人为筹备丧资，欲将孙氏生前珍藏的甲骨售与山东省立图书馆。图书馆报请省政府出资，所批款项仅能购买9片。

1940年初，自黄县（今山东龙口）丁鲁臣（字彦臣）家族购买《孙辽浮图铭》刻石并置于山东金石保存所。《孙辽浮图铭》刻石初为章丘颜氏所存，后

① 山东省文物事业管理局编：《山东文物事业大事记（1840—1999）》，山东人民出版社2000年版，第58页。

② 李勇慧：《一代传人——王献唐》，山东教育出版社2012年版，第343页。

归黄县丁鲁臣。伪山东省立图书馆委员会第二次会议记录（1940年）记载："孙辽浮图碑业经购妥，用款三百五十元。"[1]

1942年，伪山东省省长唐仰杜出面斡旋并拨巨款收购安岐刻孙过庭《书谱》28石，归藏山东金石保存所。[2]山东金石保存所建碑亭存放。

2. 移交

1909年，山东劝业道道台萧应椿查矿经峄县（今枣庄市峄城区）曹马村，发现东汉延熹六年（163）《杜临为父通本作封刻石》，经罗正钧于翌年入藏山东金石保存所。

1915年8月，接收山东高等学堂图书110箱及山东通志局所存本省历代史志若干，加上历年捐购添置，至1916年，藏书达13万卷。[3]

1915年，山东藩库旧存文物移存山东金石保存所，以书画为多，其中部分为乾隆帝南巡时留于山东行宫或为巡幸购置、进贡物品。重要的有禹之鼎绘《渔洋唱和图》《幽篁坐啸图》，高凤翰《归云集》手稿，李文藻《琉璃厂书肆记》手稿等。[4]

■ 图1-2-8 清禹之鼎绘《幽篁坐啸图》

① 山东省图书馆编：《山东省图书馆馆史资料选编》，齐鲁书社2015年版，第125页。
② 山东省文物事业管理局编：《山东文物事业大事记（1840—1999）》，山东人民出版社2000年版，第73页。
③ 山东省文物事业管理局编：《山东文物事业大事记（1840—1999）》，山东人民出版社2000年版，第34页。
④ 山东省文物事业管理局编：《山东文物事业大事记（1840—1999）》，山东人民出版社2000年版，第34页。

1917年，日本人购买聊城铁塔内的铜佛，经当地民众交涉抗议，未能运走。日本人又欲购汶上县的汉食堂画像石，经省立二师校长孔祥桐交涉，亦未得逞。后来，这两件文物皆归藏山东金石保存所。①

1928年，山东日照人马惠阶在济南所办工商银行倒闭，亏欠公款12万元，他将家藏古籍286种6875册抵押于山东省政府，转存山东金石保存所。其中宋元旧椠及抄校善本三四十种，明刻精本颇多。②

1931年6月，山东金石保存所接收潍县高鸿裁上陶室所藏秦汉砖瓦527件。1931年4月，王献唐赴潍县与高氏后人洽谈收购秦汉砖瓦事宜。然而不到一个月，高氏后人竟以1600元的价格将精华售与日本人。5月18日，这批秦汉砖瓦由潍县运到青岛，海关从出关货物中将七箱砖瓦予以截获。5月20日，王献唐闻讯后即发快函至青岛市政府、胶济铁路管理局、青岛社会局和教育局，请其依据《古物保存法》③扣留。最终这批砖瓦被全部没收，入藏山东金石保存所。

3. 接受捐赠

1931年，山东省立图书馆编《山东省立图书馆季刊》第一集第一期，载《各界捐赠书版古物图书一览表》（截至民国二十年三月止），详列社会各界人士及机构捐赠的书版、古物、图书，其中古物有：汉画像九石，华北道院捐赠；汉画像三石，黄馥棠先生捐赠；汉大吉砖二，王文鹤先生捐赠；梁墓志二石，刘仲华先生捐赠；乾隆银胎罗钿盖碗，潘润田先生捐赠；太平天国玉玺拓本，赵阿南先生捐赠；魏王显贵造像拓本附考释，王献唐先生捐赠；明成化卖地券，王献唐先生捐赠；革命纪念邮票，爱邮庐主人捐赠。④

1932年，山东金石保存所接受河南扶沟柳堂后人柳式古捐赠藏书69箱，计有古籍1033部14674册（后柳堂之子柳式古取回143册，以作纪念），其中不乏明代佳刻。柳堂（1844—1929），河南扶沟人，光绪十六年（1890）中进士，曾任

---

① 山东省文物事业管理局编：《山东文物事业大事记（1840—1999）》，山东人民出版社2000年版，第37页。

② 山东省文物事业管理局编：《山东文物事业大事记（1840—1999）》，山东人民出版社2000年版，第46页。

③ 《古物保存法》，南京国民政府于1930年6月颁布。规定："私有之重要古物应向地方主管行政官署登记，应登记之私有古物不得移转于外人，违者没收其古物，不能没收者追缴其价额。"（第五、六条）"古物之流通以国内为限。"（第十三条）

④ 山东省图书馆编：《山东省图书馆馆史资料选编》，齐鲁书社2015年版，第40页。

山东七地州县官。

自创立至1937年七七事变前，山东金石保存所收藏金石文物如石刻、青铜、古陶、玺印、封泥、货币等已达17000余件。这些藏品在考古学上有很高的研究价值，是研究山东古代政治、经济、军事、文化、风俗、地理变迁等不可多得的第一手资料。[①]然而1937年12月日军侵占济南后，山东省立图书馆及山东金石保存所惨遭抢掠和焚烧，"海岳楼""宏雅阁"等建筑全部付之一炬。[②]据罗复唐《山东省立图书馆的今昔》记载，1937年底，韩复榘率部撤逃，日军入侵济南，馆藏文献为军民所掠及毁于炮火，损失严重，共计：书籍23.2万册，佛道经2万册，金石拓本1.4万幅，碑帖920册，字画75件，古祭器1.4万件，古瓷器180件，古陶器430件，铜器320件，甲骨180片，陶文1.5万片，泉范470件，钱币6500枚，砖瓦1200件，石刻59件。[③]

三、文物南迁

1937年7月，日军发动全面侵华战争，为防古籍、金石文物毁于兵燹，王献唐准备将馆藏善本及重要文物南迁。在孔德成、邢蓝田、尹莘农和彭辑五等爱国人士鼎力帮助下，1937年10月12日，编藏部主任屈万里、工友李义贵搭乘山东医专附属医院的专车，护运第一批古籍、书画等10箱文物南下。运至滋阳（今山东兖州）时，遇敌机轰炸，所幸文物无损，后由人力车安全运至曲阜奉祀官府。10月23日和12月19日，第二、三批文物共21箱也分别安全抵达曲阜。此时，局势更加危急。借山东医专附属医院专车远赴汉口之机，王献唐携带第一批文物中精选的5箱珍品，于济南沦陷当日——12月27日，率领屈万里、李义贵从曲阜南下，其余26箱仍留存曲阜，再次出发途经兖州、开封、郑州，抵汉口后转宜昌，渡三峡，入万县（今重庆市万州区），于1938年11月24日到达四川乐山，行程达7000余里。到达四川后，王献唐一行将所带图书文物悄然密藏于四川乐山大佛寺天后宫中，日日守卫着这批珍宝。为躲避日军空袭，工友李义贵

①　《山东省图书馆志》编纂委员会编：《山东省图书馆志》，中华书局2004年版，第28页。

②　《山东文物事业大事记（1840—1999）》载：1937年12月，日军入侵济南之前，国民党实行焦土政策，焚毁省立图书馆海岳楼等建筑。

③　《山东省图书馆志》编纂委员会编：《山东省图书馆志》，中华书局2004年版，第92页。

長年蟄居岩窟佛寺，守護圖書文物。1947年6月，寄存曲阜的26箱文物被運至南京中央博物院。中華人民共和國成立後，在黨和政府的關懷下，在王獻唐的積極努力下，轉存南京的26箱和存放四川樂山的5箱文物，於1949年12月11日和1950年12月25日運回濟南，由山東古代文物管理委員會接收，並舉辦了"四川運回古物展覽"。

南遷文物中運往曲阜後轉運南京的多為山東地方性古籍、古物，共分六類："一、石刻除石經外，悉為山東出土；二、山東全省縣志；三、山東歷代鄉賢著述印本、稿本和抄本；四、山東名賢畫像；五、山東先哲書畫；六、山東出土之磚瓦陶器。約有一萬四五千件。"

■ 图 1-2-9　山东金石保存所南迁文物之《金石文物宝铜器第三箱目录》

運往四川的文物"計宋刊本14種，元刊本31種，稿本25種，批校本20種，寫本14種，抄本31種，明清刊本28種，共163種……金石凡556件（原缺一、溢出一），除留北京13件外，實543件"[1]。

四、陈列展览

山东金石保存所创设之初，对于金石文物的陈列，主要是"石刻嵌置碑龛；铜器、瓷器、玉器，别贮海岳楼"。另建有博物馆，陈列各种标本、理化器械等。

1922年7月5—15日，山东省教育厅主办的"山东历史博物展览会"在山东

---

① 　于芹：《抗战时期王献唐之护宝南迁》，见《中国文物报》2013年6月6日。

公立图书馆附设山东金石保存所开幕。中华教育改进社主任干事陶行知，董事蔡元培、梁启超等到会致贺。展览共分历史、地理、古物、教育、社会风俗、工商、农业7个门类，分为古物展览室、工商品陈列室、教育品展览室、地理农业门陈列室、历史及社会风俗门陈列室。"古物"门首席评审员为郓城夏溥斋。展品由政府教育机构、学校及社会各界人士提供。12月，出版《山东历史博物展览会报告书》。①

1928年"五三惨案"，日军炮火所及，房屋残毁，书籍文物狼藉。次年大雨，博物馆倒塌，标本仪器毁损大半。

■ 图1-2-10　1922年7月山东金石保存所举办"山东历史博物展览会"之古物展览室

1929年8月，王献唐担任山东省立图书馆馆长，同时兼理山东金石保存所。他立即组织全体馆员对馆藏书籍、字画及文物进行详细清点，并进行分类整理。经过整理，山东金石保存所的陈列内容得以恢复原有规模，同时增设新的展示内容。山东金石保存所先后开设展室四处：古物美术陈列室（即博艺堂），陈列碑帖、书画、铜器、瓷器、玉器、乐器等文物；碑龛陈列室，陈列碑碣及造像；汉画堂，陈列汉代画像石刻；罗泉楼，陈列玉函山房藏泉及钱币书籍。②

1931年7月，山东金石保存所举办"秦汉砖瓦展览会"和"善本图书展览会"，展览有王献唐主持图书馆以来新收藏潍县高鸿裁上陶室砖瓦精品、聊城杨氏海源阁旧藏、前清收藏在内阁大库的明朝文渊阁故物。通过《申报》对外发

　　① 山东省文物事业管理局编：《山东文物事业大事记（1840—1999）》，山东人民出版社2000年版，第40页。

　　② 山东省文物事业管理局编：《山东文物事业大事记（1840—1999）》，山东人民出版社2000年版，第48页。

山
东
博
物
馆
七
十
年
（1954—2024）

■ 图 1-2-11　山东金石保存所古物美术陈列室

■ 图 1-2-12　山东金石保存所汉画堂（一楼）及罗泉楼（二楼）

■ 图 1-2-13　山东金石保存所汉画堂　　■ 图 1-2-14　山东金石保存所碑龛一角

■ 图 1-2-15　山东金石保存所碑龛陈列室内景　　■ 图 1-2-16　山东金石保存所博物展览室一角

布展览信息，并编辑出版《砖瓦图书为什么要开会展览》一书向参观者赠送，以此向公众宣传保护民族文物，呼吁社会公众"要明了现在自己文化的危机和帝国主义者文化侵略的阴谋"，号召全社会"要共同努力，为自己中华民族的文化图生存、谋发展"。因其用心之良苦、策划之精密，该展览开幕当天，"计一日之间来者，不下三万人，可谓极盛"。

　　1932年1月1日，山东金石保存所向社会开放汉画堂、罗泉楼，于罗泉楼展出钱币学著作，并陈列新购历城马国翰玉函山房藏泉610版1046品，每钱各为考证，嵌置板上。王献唐认为这些钱币实物与钱币学书籍一样①，"上迄商周，下至明末，搜罗极为完备，为研究历代币制最重要之参考材料"②。

1934年，举办"假字画展览"，王献唐撰写的《假字画为什么开展览》的小册子同时发行，讲述了假字画制作的历史及辨伪。

1936年，为纪念"奎虚书藏"落成，举办"金石书画展"，展品包括馆藏珍品及向社会各界征借所得藏品，分金石、书画两类。展览金石文物中最有统系有价值者，"一为该馆藏滕县出土周代彝器，一为益都前民众教育馆所藏苏埠屯出土商周两批铜器，各器俱有文字，青绿斑驳，在考古学中，占有重要地位"③。此次展览，因书画征借甚多，共举办三期，每四日更换一次，将济南各收藏家所藏精品，十之九网罗在内，规模之大，品质之高，前所未有。④王献唐在日记中曾简略记录了当时展览之盛况："来宾纷纷来参加，其从青岛来者有齐树平、郑爱居等，各机关来者尤夥，共百余人。……新楼人拥如海，不下万余，近岁本市各种展览，无此盛况也。"⑤展览还专门开辟"齐鲁艺文展览室"，展出山东地方文献，其中有许瀚、陈介祺、王筠等人的批校本，李文藻、刘喜海、高凤翰、桂馥等人的手稿，丁耀亢、王士禛、刘墉等人的书画等。⑥

1937年12月27日，日军侵占济南，山东省立图书馆及山东金石保存所惨遭焚劫，玉佩桥以东的海岳楼、宏雅阁等共计54间建筑全被焚毁。1939年4月，日伪政府派人在海岳楼旧址改建抱璧堂（今退园内老年人阅览室），又修复汉画堂、罗泉楼、古物美术陈列室等。1942年，又于抱璧堂东南建六角息亭一座，堂西北建西式厕所一座。

1945年9月至济南解放前，山东金石保存所成为国民党军队驻地和军火库，馆舍已基本失去原有功能。

---

① 李勇慧：《一代传人——王献唐》，山东教育出版社2012年版，第171页。

② 《滕县出土之汉画石运济》，见山东省图书馆编《山东省图书馆馆史资料选编》，齐鲁书社2015年版，第20页。

③ 江秋：《奎虚书藏落成开幕余话》，见山东省图书馆编《山东省图书馆馆史资料选编》，齐鲁书社2015年版，第81页。

④ 《山东省图书馆志》编纂委员会编：《山东省图书馆志》，中华书局2004年版，第154页。

⑤ 王献唐：《五镫精舍日记》，1936年12月13日。

⑥ 《山东省图书馆志》编纂委员会编：《山东省图书馆志》，中华书局2004年版，第121页。

五、金石文物整理与研究

自王献唐主持山东金石保存所工作以来，他领导所内同仁对馆藏金石文物进行细致的整理和深入的研究。主要体现在以下两个方面：

首先，他们对各类碑刻拓片等实用资料进行了全面整理和出版。这些拓片包括：汉永和封墓刻石拓片2张、汉滕县画像18张、王羲之书佛遗教经10张、北魏李璧墓志2张、北齐世业寺造像2张、隋开皇造像2张、唐天宝造像4张、宋岳武穆送张岩北伐诗1张、元檀氏墓志等全份8张。这些拓片的整理和出版，为学术界和公众提供了丰富的金石学研究资料。

其次，他们对金石著述进行了系统的整理和出版。1933年，出版《齐鲁陶文》拓本120册、《两汉印帚》3册。1934年，出版《邹滕古陶文字》3册、《齐鲁陶文》1册；7月，影印出版《汉魏石经残字》2卷，附王献唐校录1卷。1936年出版《临淄封泥文字叙目》2卷（海岳楼印本）、《寒金冷石文字》拓本24册。1937年出版《山左先哲遗书提要》等。此外还编辑出版《海岳楼金石丛编》、《海岳楼珍籍秘本丛刊》（海岳楼印本）、《山东省立图书馆丛刊》2卷。董井撰《馆藏新出汉画石刻考释》《山东省立图书馆金石志初稿》，另有《佛金山馆秦汉碑跋》《金石著述名家考略》等。这些金石文献的出版为我国金石学的研究奠定了坚实基础。

六、交流与合作

1930年1月，依据南京国民政府内政部颁布的《名胜古迹古物保存条例》，山东省政府举行第54次会议，决定成立山东省名胜古迹古物保存委员会，并聘请陈名豫、于恩波、王献唐、龚维疆、黄西岳担任委员。

1930年11月4日，中央研究院与山东省政府联合组建了山东古迹研究会，王献唐担任秘书一职。在此基础上，山东金石保存所参与了城子崖龙山文化遗址的发掘工作，为中国考古事业发展取得了举世瞩目的重大成就。

1932年秋，史学家吕振羽来山东金石保存所，参观馆藏文物。

1935年5月18日，我国博物馆事业的重要里程碑——中国博物馆协会在北平（今北京）正式成立。该协会的创立者包括山东籍学者傅斯年、王献唐等知名人士。协会秉持"研究博物馆学术，发展博物馆事业，并谋博物馆之互助"的宗旨，选举马衡为会长，袁同礼、叶恭绰、沈兼士、李济等15人

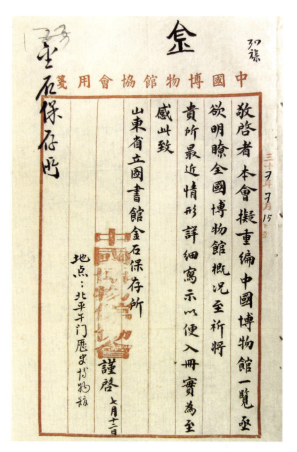

为执行委员。山东金石保存所、青岛水族馆成为协会的团体会员。在成立大会上，马衡会长提出了协会的三大核心任务：一是以互助精神，借鉴已有经验，规划未来发展；二是唤起公众对民族文化的正确认识和研究的热情；三是与世界各国博物馆保持交流，借鉴先进经验。为了实现这些目标，协会计划在各博物馆所在地轮流举办年会，讨论改进工作，参观各博物馆，促进彼此间的学术交流。同时，出版刊物，举办学术演讲，以提升博物馆学理论水平和实践技术。在成立大会上，马衡提出了协会三项重要任务："本互助之精神，以既得之经验，谋未来之发展。唤

■ 图1-2-17　1948年7月中国博物馆协会致山东金石保存所公函

起一般人之注意，使对于民族固有之文化有真确之认识，而增加其研究之兴趣。与世界各国博物馆，互通消息，以资借镜。"为了实现这个目标，需要"轮流于各博物馆所在地，举行年会，讨论一切改进工作，并参观各博物馆，以收切磋观摩之效。发行刊物，并举行学术演讲，使高深之学理，与应用之技术，日益精进"[1]。

　　1936年1月，中国博物馆协会编纂的《中国博物馆一览》出版，该书收录了山东金石保存所、青岛水族馆、国货陈列馆等博物馆的信息。[2]

（撰稿：张媛）

①　《成立大会纪事》，见《中国博物馆协会会报》1935年5月8日。
②　山东省文物事业管理局编：《山东文物事业大事记（1840—1999）》，山东人民出版社2000年版，第63页。

第三节　山东古代文物管理委员会

一、机构概况

早在抗战时期，山东解放区内的文物管理工作即在共产党和人民政府的领导下被重视起来。[①]1948年4月24日，中共胶东区党委下达通知，在全省率先宣布成立胶东文化古物委员会（后改称"胶东古代文物管理委员会"），由区委宣传部、行署、胶东图书馆等单位组成，区委秘书长薛尚实任主任委员，胶东图书馆馆长王景宋任副主任委员。该通知还决定，各地委、专署成立文化古物委员会分会。胶东文化古物委员会是山东民主政权成立的第一个文物管理组织，在全国则是继陕甘宁边区古代文物管理委员会之后成立的第二个文物管理组织。[②]

在山东省全境解放的前夕，山东解放区内建立了山东古代文物管理委员会（以下或简称"省古管会"），统一负责全省的文物管理工作。古管会人员机构建制完备，逐步开展文物收集与保管、考古发掘、陈列展览、古迹保护等工作。1948年7月，为做好济南解放后接收金石文物的准备工作和各解放区收缴文物的保护管理工作，中共中央华东局、山东省政府领导的山东古代文物管理委员会在华东局驻地青州城东张庄成立，后移至临朐小陆沟村。山东省政府颁发出保护古代文物通令，并在各地建立地方管理委员会。9月10日，山东省人民政府公布山东古代文物管理委员会委员组成名单，吴仲超（中共中央华东局副秘书长）、辛葭舟、阿英（未到任）、陈君藻、张天云、陈秉忱、李季华、王景宋、郑亦桥为委员，吴仲超任主任委员。9月24日济南解放，驻地迁至济南，并接收山东省立图书馆。[③]1949年1月，吴仲超调回华东局工作，省古管会主任一职由原胶东行署教育处长张静斋代理。本年秋，省政府副秘书长杨希文兼任省古管会

---

① 山东省档案馆 A027-01-118，山东省人民政府文物管理委员会《山东省文物管理委员会工作情况介绍》，1954年10月9日。

② 山东省文物事业管理局编：《山东文物事业大事记（1840—1999）》，山东人民出版社2000年版，第80页。

③ 山东省文物事业管理局编：《山东文物事业大事记（1840—1999）》，山东人民出版社2000年版，第81页。

主任，张静斋任副主任。①

新中国成立后，中央人民政府政务院颁布了保护文物政策法令，山东省人民政府遵照中央人民政府政务院的指示，调整和充实了机构，工作上也有了进一步的开展。②1950年3月28日，山东历史学会成立，以山东古代文物管理委员会驻地为会址，以该会委员及有研究兴趣的机关干部与社会上的历史研究学者为会员，后改组为中国史学会济南分会，王献唐、张静斋、李季华、栾调甫等为分会理事。1950年12月，省古管会派员赴曲阜、泰山、邹县筹设分会，至翌年4月，三个分会先后正式组建，冠名为山东古代文物管理委员会分会，业务、经费均由省古管会直接领导、划拨。1951年2月22日，省人民政府任命张静斋为省古管会主任，王景宋、谢明钦为副主任。1951年4月，因山东撤销战时行政区，胶东、渤海古管会亦随之撤销。胶东古管会宋协明、杨子范、盖子逸、杜明甫、殷汝章、刘敬亭等9人调入省古管会工作。省古管会人员设置进一步完善，设5个小组：编目组由刘亚琪任组长，盖子逸任副组长；库房组由殷汝章任组长；陈列组由李既陶任组长，郑干丞任副组长；调查组由卫志珍任组长，袁明任副组长；资料组由王崑玉任组长，刘敬亭任副组长。③

1953年2月19日，山东古代文物管理委员会正式改称"山东省人民政府文物管理委员会"（以下或简称"省文管会"），张静斋任主任委员，王景宋、谢明钦、王献唐任副主任委员。

8月23日，在省文管会相邻的徐家花园6号成立了山东省文史馆，该馆隶属于山东省人民政府，由省文化局代管，与省文管会一个中共党支部。首任馆长为熊观民，副馆长为张静斋、王林肯，馆员中不少是精通文物的专家学者，如张天云、栾调甫等。该馆当时任务之一即协助山东省博物馆筹备处工作。

10月，文化部批准将省文管会的陈列、文物保管部分与省自然博物馆筹备处合并，成立山东省博物馆筹备处。省文管会主任张静斋兼任筹备处主任，王献唐、徐眉生、秦亢青任副主任。1954年开始具体工作。1955年8月，徐

①　山东省文物事业管理局编：《山东文物事业大事记（1840—1999）》，山东人民出版社2000年版，第83页。

②　山东省档案馆A027-01-118，山东省人民政府文物管理委员会《山东省文物管理委员会工作情况介绍》，1954年10月9日。

③　山东省档案馆A027-01-0159-015，《山东古代文物管理委员会为拟定干部分任组长》，1952年9月18日。

眉生任主任。1957年8月29日结束筹备，徐眉生任馆长，秦亢青任副馆长。

在山东省博物馆成立后，省文管会继续承担着省内的考古发掘、古迹保护等工作，并与山东省博物馆联合举办文物展览。文化部尤其指出省文管会应大力进行全省的文物保护工作，并紧密配合基本建设工程，清理各地古文化遗址及古墓葬。①

■ 图1-3-1　秦亢青、王兰斋、张静斋、徐眉生（自左至右）于济南龙虎塔合照

1955年5月5日，省人委下达通知，将山东省人民政府文物管理委员会改为"山东省文物管理处"（以下或简称"省文管处"）。张静斋任主任，王兰斋、王献唐任副主任（后又增补赵仲三任副主任），原省文管会委员改任研究员。1961年3月，省文化局决定省文管处与省博物馆合署办公，省文管处的业务人员成为省博物馆下设的"文物组"的工作人员，内部实行统一领导。因有对外行使文物管理工作的需要，对外仍挂两个牌子。合并后，原省文管会的工作任务和业务性质没变，人员力量有所增加。1971年3月，省革委政治部文化组发文撤销省文物管理处，有关全省文物工作方面的事宜均以省博物馆名义处理。至1974年2月，省文化局恢复建制，设文物处。

二、文物收集与保管

山东古代文物管理委员会的文物收集工作，主要集中在接收、捐献两个方面。早在省古管会正式成立前，胶东区的文物收集保护工作已在进行，并取得了很大的成果。1945年9月，中共胶东区党委派出的干部在大连接收日

---

① 华东行政委员会文化局函《函转中央对你省图书馆、博物馆的意见》，1953年11月19日。

本人开办的远东榨油厂期间，发现日本人劫藏并伺机运走的原属罗振玉收藏的84盒1300余片甲骨。经胶东区各界抗日救国会会长张修竹和胶东军区政委林浩出面交涉，秘密派船运回栖霞根据地，先由胶东图书馆保管，1951年胶东古管会撤销时，将所藏甲骨在内的文物交省古管会。这些甲骨现藏山东博物馆，是山东博物馆的重要典藏。1947年3月30日，胶东区行政公署发出《征集图书启事》，凡土地改革中所得及民间收藏的古今图书，均在征集之列，并规定奖励办法。本年春，胶东图书馆在黄县设立"北海书库"，收藏土改中清查出来的图书、古物。翌年，该书库改称"胶东古代文物管理委员会黄县分会"。7月24日，胶东区行政公署主任曹漫之签发《关于收交土改复查中发掘文物》的命令，收交古物由各县仓库收存、登记、造册，按时解缴行署。①

山东古代文物管理委员会自成立后，即在滨北、渤海、胶东、潍坊市等地搜集到殷墟甲骨，周、秦、汉、魏之鼎、壶、镜、陶器，历代瓷器、古玉、古钱，明、清名人书画，宋、元善本书、古拓碑帖、字画等珍品数百件，藏书2000余册。其中不少是地方人士在了解民主政府保护古代文物政策后自动捐献的。省古管会对其加以整理并妥善保存，使保管工作步入正规。②

解放兖州时曾查获曲阜孔庙古物50箱，系孔令淑于曲阜解放前勾结国民党军私运抵，准备外运。经移交省古管会鉴别，其中周代铜器10件，为古代珍物，清乾隆年间始给孔庙于春秋两祭时陈列，已由省古管会保管，其余文物发回孔庙等。③

济南解放后，省古管会主任吴仲超及该会工作人员冒着敌机轰炸扫射的危险，努力保护文物，不稍懈怠。1949年1月，解放战争尚未结束，为安全起见，省古管会将收藏精品分装28箱运存北海银行保险库。至7月，秩序趋于安定，始运回该会。

1949年2月6日，省古管会在《大众日报》刊登启事，内云："以后各军队、各机关、各团体接管物品中，有关文物者，若当地有古管机构，即请交该机关

---

① 鲁文生：《典藏青兖奎璧 传承齐风鲁韵》，山东博物馆内部资料。

② 《山东民主政府通令保护古代文物》，见《东北日报》1948年9月28日，载《文物春秋》1991年第3期。

③ 《山东民主政府通令保护古代文物》，见《东北日报》1948年9月28日，载《文物春秋》1991年第3期。

办理，如无该项机构，仍请径交本会办理。"

1949年2月，省古管会派员赴益都张庄，运回此前交华东财办储存之古物20箱。12月28日，省古管会从南京运回28箱古籍、文物。这批文物原属山东省立图书馆，1937年10月南迁时暂存孔府。1947年5月，孔德成自南京回故里省亲，回南京时将这批文物运走，交中央博物院文物馆保存。1949年11月，山东省人民政府函请南京市人民政府查明，旋即运济，归省古管会收藏。

1949年，省古管会陆续接收济南市敌产清理委员会、中共中央山东分局、华东军区政治部、济南市财政局、济南市警备司令部、大众日报社、济南新民主报社以及胶东、北海等地古物管理委员会交来的大批文物、古籍；协助胶东、滨海、新海连特区、泰安、曲阜、邹县等地整理、鉴定文物；宣传和动员各界人士捐献文物。

1950年4月5日，文化部文物局函请省古管会查报秦琅琊刻石下落。经与滨北区委宣传部联系，滨北古物管理委员会派人于本日将原石运抵济南道院，由省古管会收藏。7月，在济南经四路纬一路成大汽车行厕所内发现原山东省立图书馆在抗战初期散佚的汉麃孝禹碑，由省古管会收藏。

1950年12月，根据省人民政府指示，省古管会派员赴莱阳沐浴店，将胶东古管会收集的大量文物精品运至省古管会。抗战初期山东省立图书馆移存四川乐山的文物精品，经由北京运回济南，归省古管会收藏。这批文物是文化部文物局前往四川进行文物调查时运京的，查点无损。文物局对工友李义贵保护祖国文物的可贵精神进行了表彰。该局留下滕县安上村出土的青铜彝器12件和秦陶

■ 图1-3-2　汉麃孝禹碑

量1件，其余全部运济，总计2111件（套）。

1950年，丁佛言遗孀山湘文在夏溥斋、熊观民等人的动员下，将丁氏著述、书法作品等遗物2箱捐献省古管会。省古管会接收省财政厅、济南市建设局、滨北专区、潍县古管会、徐州市人民政府等单位交来的书籍709种5828册，书画、碑帖、铜器、陶瓷、玉器等文物3149件。因各地搜集来的物品较为杂乱，真赝不分，因此整理也是一项重要工作。省古管会秉持严格审慎的态度对所收文物进行鉴别，然后分类、命名、登记，务求翔实且适于保管。[①]

1951年2月，省古管会接收省人民政府财委会交来的有关革命历史报章书刊67箱。3月31日，《大众日报》刊登省古管会《征集革命文物的启事》。4月4日，省古管会在《大众日报》刊登《鸣谢启事》，代表政府和人民感谢捐献文物的各界人士。自1949年起，山东各界人士出于对新中国的热爱与信任，纷纷捐献个人收藏的文物，仅省古管会受捐的就有近万件。

1951年12月，省古管会暂时接收齐鲁大学文物（包括校方文学院国学研究所、校博物馆、加拿大籍教授明义士、美籍教授温福立四方所有的文物）。先是，省古管会知道齐鲁大学存有文物，提出应由政府管理的意向。校方于本月21日向省文教厅发出《我校存储古物请转请省政府代管》的报告。文教厅征得省政府、华东局文化部同意，提出由省古管会与齐鲁大学共同组成工作组，接收齐鲁大学文物。23日工作组召开座谈会，参加者有省古管会王景宋、王献唐、宋协明等；齐鲁大学有校长杨德斋、文学院院长张维华及英籍原校长林仰山等，接收齐鲁大学地上文物103箱。25日发掘齐鲁大学校园内4处地下文物，共计8箱。地下8箱原为明义士及温福立所有，两人1937年回国前交林仰山代管。太平洋战争爆发后，日军占据齐鲁大学，林仰山将明、温二氏所托管的部分文物精品埋于地下。发掘时，由林仰山按图指引。地上地下共计111箱，具体为国学所、明义士、温福立谁者所有，数量多少，当时连林仰山也已不清楚。文物总计2.8万余件，包括金属、玉、石、蚌、骨、陶、瓷、砖瓦、杂类及甲骨，甲骨总计8106件（无文字的小片未计）。时华东局文化部、省政府曾报告国家文化部、外交部，两部指示：暂由省古管会代管，登记封存，以待外交处理。至1959年6月8日，文化部致函省人民委员会，将两万余件文物交山东省博物馆，由其开箱清点，造具详细清册，编目入藏。

---

① 《山东古代文物管理委员会工作简述》，载《文物参考资料》1951年第7期。

1951年冬，为了在抗美援朝期间保证文物安全，省古管会奉命将珍贵文物近千箱运至历城县（今济南市历城区）仲宫峪保存，1953年运回。

　　1951年，莒县庄恩泽夫人丁德萱及长子庄楚东，将庄恩泽一生收藏的古物悉数捐献省古管会。计古钱2569枚，金石46件，碑帖136种，石刻拓本200余种，书画4种，古籍15种。其中元至正年间的铜铳，为当时全国所见年代最早的火炮，1959年调至中国人民革命军事博物馆。庄恩泽（1884—1948），字谌岩，又作谌然、谌言，号厚甫。宣统三年（1911）廷试留学生，奖励举人。日本早稻田大学政经科毕业，1917年回国，从事教育事业，曾任省教育厅科长，毕生积蓄多用于收藏金石文物。

　　1952年11月22日，因平原省建制本月撤销，该省古代文物管理委员会将划归山东省的湖西、菏泽、聊城三个专区29个市县的文物1179件（套）拨交山东古代文物管理委员会。

　　1954年，山东省人民政府文物管理委员会派路大荒、张彦青等赴淄川进行蒲松龄故居的修复工作，并征集蒲氏遗墨、遗物。至1956年共收集手迹3种，诗文集、杂著、俚曲70余册，另有蒲氏画像、蒲氏用砚、木床等。

　　1955年8月26日，山东省文物管理处接收青岛市文管会移交文物445件，其中有甲骨等。

三、陈列展览与公众宣传

　　为了使群众了解先民在劳动中创造出的丰富优秀的古代文化和丰富历史知识，并提高爱祖国爱劳动的观念，省古管会自1950年以来便将收集到的文物不断组织临时性的陈列展览，至1954年转入经常的陈列展览。陈列展览的文物主要分为三部分[①]：

　　一是山东主题的文物，包括公元前20世纪到前15世纪的石器、蚌器、角器、陶器，尤其是蛋壳黑陶，它是山东龙山文化的标志；公元前15世纪到前2世纪的青铜器；公元前2世纪到公元200年左右的石刻雕绘艺术，这些石刻一部分是墓葬出土的，最著名的是秦始皇到山东留下的石刻，是全国仅有的秦石刻；公元200年到500年左右的佛教艺术品，以贾智渊造像最为有名；公元600年左右

----

　　① 　山东省档案馆 A027-01-118，山东省人民政府文物管理委员会《山东省文物管理委员会工作情况介绍》，1954 年 10 月 9 日。

43

到1200余年的瓷器；元代铜炮一件，制造时间在公元1260年到1368年之间，为当时发现的最古老的火器。

二是全国主题的文物，展出从公元前20世纪至清代的文物。其中主要文物有甲骨文、青铜器、砖、瓦、石刻、陶器、瓷器、玉器、图籍，各类综合陈列。

三是书画，主要陈列品有唐代画佛、元代画马及明清名家的优良作品。最突出者是600年前明代邢玠大破日本侵略朝鲜战绩图，可以证明中朝两国的历史友谊。

这些陈列品在群众中的影响日益提高，据1953年全年几次临时开放的统计，观众数量达32500人次。①

■ 图1-3-3　贾智渊造像

1948年12月，省古管会在济南大明湖畔省立图书馆举办古代文物展览会，展出古代名人书画320多幅，珍藏善本书籍30种，三代秦汉铜器30余件，宋元明清瓷器250余件，玉器100余件，布币等古钱300余枚，并有甲骨数匣。其中以周代铜器、宋版蔡元定《西山读书记》、清代黄丕烈所藏的《前汉书》等最为珍贵。参观者从早到晚络绎不绝。②有学者评论说："如此大规模的古代文物展览在当时尚属首次。"③社会各界对此展览反响极大，纷纷对人民政府保护祖国传统文化的政策表示拥护。

1950年10月，省古管会为庆祝第一个国庆，举办大型文物展览。展览分11

---

① 山东省档案馆 A027-01-118，山东省人民政府文物管理委员会《山东省文物管理委员会工作情况介绍》，1954年10月9日。

② 《济南举行古代文物展览》，见《东北日报》1948年9月28日，载《文物春秋》1991年第3期。

③ 周珺：《故宫里的博学家——杨伯达传》，江苏人民出版社2016年版，第26页。

明部書榜州先大日戰圖
兵尚青邢伯生破師續一

明部書榜州先大日戰圖
兵尚青邢伯生破師續二

■ 图 1-3-4　邢玠大破日师战绩图一、图二

个部分，计青铜器、甲骨刻辞、善本书籍、碑帖、陶器、瓷器、玉石雕刻、泉币、书画、砖瓦等，参观群众络绎不绝。

1951年1月1—19日，省古管会在济南举办文物展览，展出由胶东、四川运来文物精品和个人捐献的文物，设铜器、陶器、瓷器、玉石雕刻、书画、捐献等陈列室。

1952年10月，省古管会为庆祝十月革命及迎接苏军红旗歌舞团访问济南举办文物展览，该团245人于11月21日来会参观。

1954年2月5日，省文管会举办大型文物展览，展览共分为"山东历史文物""中国原始社会""社会艺术文物""祖国绘画""捐献文物"五部分。

1959年4月9日，省文管处、省博物馆联合举办《山东省普查文物展览》，展出珍贵文物254件。山东省全省范围的文物普查工作自1956年10月开始，至1957年6月基本完成，通过这次普查，大体摸清了地上地下的文物情况，据初步统计，发现古文化遗址和革命遗址1008处，古墓葬4805座，古建筑863所，石刻1698件，书画、陶瓷、铜器等23066件。普查文物展览分为8个专区，55个县市，展出全省各地文物1706件，按时代顺序展现各地文物分布的概貌，使观众清楚了解每个专区及县市的文物工作发展情况，并引起广大干部和群众对文物工作的重视。

为了使文化遗产尽可能更多地被保存下来，省古管会在广大群众中进行了广泛的保护文物的宣传，使群众提高了对于保护文物重要意义的认识，因而工作中也因广大群众的支持而获得了更好的效果。[①]1951年3月9日，省古管会召开济南市古玩商人抗美援朝座谈会，有50多家商号的代表参加会议。会议号召古玩业要保护祖国文物，杜绝文物外流。3月20日，省古管会副主任王景宋在济南人民广播电台播讲《从山东古代文物看到中国的伟大》，贯彻爱国主义教育和提高群众爱护祖国文物的意识，是公众宣传的重要尝试。

四、考古发掘与古迹保护

山东的近代田野考古工作，以20世纪五六十年代为积累阶段，这一阶段发现的遗址数量多、规模大、类别齐全、时代明确，特别是经过科学发掘的资料，

---

① 山东省档案馆 A027-01-118，山东省人民政府文物管理委员会《山东省文物管理委员会工作情况介绍》，1954 年 10 月 9 日。

已开始标点山东考古学文化的轨迹。这一时期，山东省人民政府文物管理委员会（1955年5月，更名为"山东省文物管理处"）在考古发掘方面作出了很多贡献，20世纪50年代组织了滕县岗上、泰安大汶口、日照两城镇、济南大辛庄、沂南北寨等数十处新石器时代、商代、汉代、北朝时期的考古调查和试掘工作。60年代前后，省文管处和中国科学院考古研究所山东队、山东大学等单位在临沂、济宁、烟台、青岛、淄博等地进行了较大范围的考古调查和发掘，为山东考古工作70年代的发展和繁荣奠定了坚实基础。在古迹维修和保护方面，省文管会结合实际情况对全省的古建筑做了适当的保护，对于长清、曲阜、泰安三地具有更高价值的古建筑则付出了更多力量。

1952年4月，为了应对配合基本建设考古力量严重匮乏的局面，文化部文物局、北京大学历史系、中国科学院考古研究所联合举办的考古工作人员训练班在北京大学开学，至1955年共举办4期，每期3个月。这是新中国文物考古事业培养人才力量的一次重要活动，其核心课程是考古学、田野考古方法及实习，由裴文中、贾兰坡、安志敏、郭宝钧、张政烺、唐兰、梁思永、苏秉琦、夏鼐、曾昭燏、王仲殊等知名学者授课，学员总数达369人。省古管会派蒋宝庚、殷汝章、杨子范、袁明、李克敏、李步青、王思礼、台立业、祝志成、刘桂芳、刘云生、陈明等12人参加学习，培养出山东文物考古行业的一批专业人才，起到了创业和带领培训的作用。

■ 图 1-3-5　1952 年第一届考古工作人员训练班开学典礼合影

■ 图1-3-6　1953年第二届考古工作人员训练班开学典礼合影

■ 图1-3-7　1954年第三届考古工作人员训练班开学典礼合影

■ 图1-3-8　1955年第四届考古工作人员训练班开学典礼合影

这一时期考古发掘和古迹保护主要工作成果见下表（此表统计时间从省古管会设立起，到省文管处与省博物馆合署办公止）：

表1-1　考古发掘和古迹保护主要工作成果表

时　间	事　项
1949年	省古管会拨小米3000斤，充作孔庙围墙维修费用
1950年	省古管会拨小麦2000斤、小米1500斤维修孔府东墙和孔庙金丝堂及"神厨"等
1950年6月	省古管会拨小米5000斤修补灵岩寺千佛殿，并配置木龛，加嵌玻璃，以保护室内罗汉塑像
1951年2月	王献唐同省古管会人员赴徐州调查新发现的汉墓，并撰写《徐州市区的茅村汉墓群》一文
1951年	省古管会维修加固柳埠四门塔，中加石柱，外绕三道铁箍
1952年	省古管会拨小米8000斤翻修泰山摩空阁，翌年追加3.5万元
1953年5月	王献唐、卫志珍在滕县岗上村河西岸沙滩发现彩陶片，这是山东地区首次发现的彩陶
1953年9—12月	省文管会清理福山东留公村汉墓，出土高浮雕双鹿画像石
1953年12月	省文管会修建长清孝堂山郭氏祠保护室
1953年12月	省文管会杨子范等发现梁山县后银山东汉墓一座，墓内壁画是中国当时唯一的东汉早期壁画资料。翌年2月省文管会与华东文物工作队联合清理
1953年12月	省文管会调查济南大辛庄遗址
1954年3—5月	华东文物工作队、省文管会在沂南北寨村发掘出一座东汉末年的画像石墓，该墓计用石料280块，其中画像石42块，画面总面积计44.23平方米
1954年7月	省文管会调查日照两城镇等7个古文化遗址，并与当地研究制定保护措施
1954年10月至年底	省文管会清理禹城车站东南大型汉墓，并将墓中出土文物在禹城车站展出7天，观众14000余人次
1956年3月	南京博物院、省文管处编著的《沂南古画像石墓发掘报告》由文化部文物局出版。编委会成员为王献唐、张静斋、曾昭燏、蒋宝庚、黎忠义。报告体例得当，考证精详，为后来同类报告的编写树立了典范
1956年4月	梁山县宋金河支流出土明洪武五年（1372）大型兵船，长25米余，宽2.8米，深2米，铁锚重85斤有大小船舱13个。省文管处清理后运山东省博物馆复原展出
1957年	省文管处在莒县陵阳河遗址采集到刻有图像文字的陶尊。发掘安丘景芝原始社会墓葬，这是山东境内首次发掘的不同于龙山文化的新石器时代遗址
1958年冬	省文管处清理东平王陵山汉墓

时　间	事　项
1959年	3月，中国科学院考古研究所山东队与省文管处发掘梁山县青堌堆龙山文化遗址。5月，在修建津浦路复线工程中发现宁阳县堡头村西及与其地隔大汶河相对的泰安大汶口村西南的古文化遗址。6月24日至8月，由济南市博物馆、省文管处共同发掘。考古学界确认这是一支有独特面貌的原始文化，将其命名为大汶口文化。大汶口文化的发现与确立是新中国考古工作的一项重大收获，为已发现的龙山文化找到了渊源
1959年8—9月	省文管处拆除清代所建武氏祠保护室，清理出已被淤埋过半的东、西石阙和石狮，并用砖石将阙、狮圈起，上建玻璃覆亭加以保护，后因积水拆除覆亭，在原位、原方向将石阙、石狮提高到地面。1964年新建一座200平方米的陈列室，将石阙、石狮纳入室内，并将所有画像石置于室内四周，妥善安全地保管、陈列起来
1961年5月	省文管处与中科院考古所山东队联合试掘滕县岗上遗址
1961年秋	省文管处与中科院考古所山东队联合调查胶东新石器时代遗址

（撰稿：李思）

第二章　云程发轫：1954—1978年

山东省博物馆是新中国成立后建立的第一座省级综合性地志博物馆。1953年，时任文化部文物局副局长的王冶秋同志在济南广智院小礼堂作了题为"怎么样办博物馆"的工作报告，提出了山东省博物馆的建设要求和方法，并指明了博物馆工作的方向，为山东省博物馆的建设提供了一份蓝图。1954年8月，山东省博物馆筹备处正式成立，被文化部文物局确定为省级地志博物馆的试点单位。1956年2月，"山东地志陈列"正式对社会开放，这是新中国成立后举办的第一个大型的地志陈列，在全国引起强烈反响。1956年5月，全国地志博物馆经验交流会在济南召开，推广山东地志博物馆经验，各省陆续筹建地志类博物馆共计31所，推动了中国博物馆建设事业的发展。山东省博物馆是20世纪50年代的全国"红旗馆"之一，作为山东省唯一的省级文博机构，承担起山东境内地上、地下文物的保护工作，开展了大量田野调查，进行了一系列考古发掘，收藏了大量珍贵出土文物，为我省乃至全国博物馆事业的发展书写了浓墨重彩的一笔。

第一节　山东省博物馆的建立与发展

1953年10月19日，经中央人民政府文化部批准，在山东省人民政府文物管理委员会和山东自然科学教育研究所（1949年1月成立）部分人员与业务合并的基础上建成山东省博物馆筹备处。1954年8月15日，文化部确定山东省博物馆为全国地志博物馆试点单位。是日，建馆筹备委员会成立。这一天后来被定为山东省博物馆（今称山东博物馆）建馆纪念日。

七十年前的那个"今天"，百废待兴；七十年后的这个"今天"，百业俱兴。从时间线来看，一系列中央政策的颁布，为山东省博物馆的建立提供了有力的政策支持。

"1948年，山东省全境解放的前夕，山东解放区内就建立了山东古代文物管理委员会，统一负责全省的文物管理工作。新中国建立后，更改为山东省人民政府文物管理委员会。为了使群众了解我们祖先在辛勤的劳动中创造出的优秀的古代文化、丰富的历史知识，并提高爱祖国爱劳动的观念，对收集到的文物，开始不断组织临时性的陈列展览，至1954年，转入常规性陈列展览。"①但这些展览的内容缺乏系统性，目的要求也不明确。

1952年10月27日，中央人民政府文化部提出《关于对地方博物馆的方针、任务、性质及发展方向的意见》。该文件指出："博物馆事业的总任务是进行革命的爱国主义教育，通过博物馆让人民正确认识历史、自然，培养对祖国的热爱，并提高政治觉悟。要求各大行政区或省、市博物馆具备地方性和综合性。"同年，遵循文化部提出的意见要求、遵照山东省人民政府指示，将山东自然科学教育研究所从济南经七纬一路迁至原私立济南广智院，由时任所长的徐眉生、副所长秦亢青等47名研究所人员，与济南广智院副院长袁叶如等12人合并改组，成立山东省自然博物馆筹备处。②

1953年10月18日，中央人民政府文化部文物局副局长王冶秋视察了山东省自然博物馆筹备处，并在济南广智院小礼堂作了题为"怎样办博物馆"的工作报告。③19日，经中央人民政府文化部批准，山东省人民政府文物管理委员会和山东省自然博物馆筹备处合并，成立山东省博物馆筹备处。11月19日，山东省人民政府文化事业管理局接到中央人民政府文化部〔53〕文部厅字第1009号通知，对山东省博物馆事业提出了办理意见。这些意见包括："将山东省文管会陈列展览的历史文物和陈列室并入自然博物馆筹备处，同时收集一部分革命文物和自然资源的材料，以此为基础，正式成立山东省地方博物馆筹备处。创造经验，以资示范。"12月23日，中央人民政府文化部以〔53〕文部厅字第112号

---

① 山东省档案局 A027-01-0118-003，《山东省文物管理委员会工作情况介绍》，1954年10月9日。

② 山东省文物事业管理局编：《山东文物事业大事记（1840—1999）》，山东人民出版社2000年版，第96页。

③ 山东省文物事业管理局编：《山东文物事业大事记（1840—1999）》，山东人民出版社2000年版，第100页。

函件形式发送文件《关于筹建山东省博物馆筹备处问题》。该函指出，山东省博物馆筹备处可将山东省文管会所藏历史文物及其会址与省自然博物馆筹备处整合，作为建馆的基础。就合并后的房屋、藏品、干部以及文管会的工作等事宜，此前在山东的王冶秋副局长与当地工作人员进行了交换意见。建议根据此函的精神，并结合具体情况做适当处理。

1954年1月27日，中央人民政府文化部以〔54〕文部厅字第5038-2号函形式发送文件《关于山东省博物馆名称及其征集工作重点与青岛市文管会并入青岛市人民博物馆问题的意见》。该函提出，山东省博物馆目前尚处于筹建阶段，建议临时称为"山东省博物馆筹备处"，待条件具备后再正式更名。关于征集工作重点，建议加强有关山东省新中国建设的材料收集。

1954年8月15日，中央人民政府文化部文物局在山东省博物馆筹备处，启动全国省级博物馆地志陈列试点工作，宣布成立建馆筹备委员会，统一领导自然和历史两部分的陈列设计工作，并派遣两位专家前往济南指导工作。

工作初始，组织业务人员，通盘学习文化部文物局王冶秋副局长视察济南时所作的指示，加深"各省、市博物馆应是地方性和综合性的"理念认识。结合苏联《关于地志博物馆科学研究、搜集、陈列和文化教育工作基本条例》、翦伯赞《参观苏联博物馆印象》、杨伯达《苏联博物馆工作介绍》等博物馆建

■ 图2-1-1 山东省博物馆筹备处人员合影

■ 图 2-1-2　山东省博物馆建馆留影

■ 图 2-1-3　1954 年工作会议现场

■ 图 2-1-4　1955 年山东省博物馆西院

设资料，制定《山东省博物馆筹备处藏品借用办法》，确定自然富源、历史发展、民主建设三个部分陈列内容，实现地方特色的彰显和全面性展示。

　　1955年2月19日，山东省人民政府任命张静斋为筹备处主任，徐眉生、王献唐、秦亢青为副主任。①5月，山东省文化局正式宣布成立山东省博物馆筹备处。在上级领导和若干省市兄弟馆的协助下，经过一年多的积极筹备，建馆工作于1955年底基本完成。1956年2月13日（春节期间），"山东地志陈列"正式开放，展览共分"自然""历史"和"新中国建设"三个部分。②1957年8月29日，山东省文化局下发〔57〕文人字第312号《关于正式成立山东省博物馆的通知》③，省人委任命徐眉生为山东省博物馆馆长，秦亢青为副馆长。④至此，山东省博物馆

　　①　山东省档案局 A018-01-0211-008，《山东省人民政府公布张静斋等人职务的通知》。

　　②　山东省文物事业管理局编：《山东文物事业大事记（1840—1999）》，山东人民出版社 2000 年版，第 105 页。

　　③　山东省档案局 A027-01-0176-004，《山东省文化局关于正式成立山东省博物馆的通知》。

　　④　山东省文物事业管理局编：《山东文物事业大事记（1840—1999）》，山东人民出版社 2000 年版，第 110 页。

正式挂牌成立。

从意向到调研，从确定到实施，从组织到建成，不足两年的时间，体现出山东省博物馆建馆过程的高效性与迅速性。

山东省博物馆馆址的确定，也显示出其独特之处。馆址分为东、西两院：东院位于济南市广智院街广智院旧址，原系1879年英国基督教浸礼会传教士W.J·萨瑟兰（汉名怀恩光）所建立的青州博古堂，其藏品于1904年迁移至济南广智院；西院位于济南市上新街世界红卍字会济南母院旧址，始建于1942年。馆址的选择和改建充分体现了历史建筑保护与文化遗产传承的理念。

一、机构设置

1953年山东省博物馆筹备之初，大体沿用了原山东自然科学教育研究所机构开展工作。研究所的研究部门撤销改组为设计陈列组，新设保管组、群众工作组。设正、副馆长各1人，人事、行政部门为秘书室，业务部门由保管组、陈列组、群众工作组、资料室四个部室组成。

秘书室：设秘书2人，文书、文印、传达、通讯员各1人；另设总务组，包括事务、采买员、花匠、售票员、收票员各1人，会计、炊事员各2人。

保管组：负责藏品的登记、编目、保管、利用及藏品安全。分设正、副组长各1人，编目登记人员5人，库房保管人员5人，技术工人2人。

陈列组：负责藏品有系统、有重点地陈列，根据陈列内容予以合理布置与艺术装饰。设组长1人，陈列设计人员3人，技术工人3人。

群众工作组：负责展览讲解、引导观众、维持参观秩序、汇总群众意见、对外联络以及学术研究等工作。设组长1人，讲解员10人，看管员4人，服务人员2人。

资料组：负责图书、资料的采购、收集、整理及日常借阅工作。设组长1人，登记2人，出纳1人。[①]

1955年5月，奉山东省文化局指示，山东省人民政府文物管理委员会的部分人员与业务部室合并。

1956年山东省博物馆结束筹备后，设办公室、研究室、资料室及保卫部、陈列部、保管部、群工部、技术部、自然部等9个部室，干部职工增至108人。

1961年3月，山东省文化局决定：山东省文物管理处与山东省博物馆合署办公，对外两个牌子，内部实行统一领导，并在原设部室的基础上，增设了山东省博物馆文物组。[②]在1981年1月1日山东省考古研究所正式组建之前，本馆文物组承担了全省田野调查勘探、考古发掘、文物保护与学术研究等工作。这一时期，无论是面临的挑战还是取得的成就，都凝聚了无数文博人的辛勤劳动和汗水。

二、山东省博物馆藏品基础与藏品管理

（一）自1954年建馆之初至1978年期间藏品来源

1. 接收山东省人民政府文物管理委员会及山东省自然博物馆筹备处拨交的藏品

山东省人民政府文物管理委员会拨交的传世历史文物和考古发掘品均已进行过鉴别登记，其涵盖了十五大类，共计41532件；山东自然科学教育研究所和济南广智院属有的各种标本、仪器资料等3215件；1956年正式编目登记的与

---

① 山东省档案局 A027-02-0316-001，《山东历史文物馆筹备草案》。

② 山东省文物事业管理局编：《山东文物事业大事记（1840—1999）》，山东人民出版社2000年版，第122页。

另册登记的普品为72297件；1957年为74930件；1958年为135480件；1959年为222918件；1960年为233781件；1961年为241981件。1962年至1963年保守估计在245000余件。这些藏品的数字逐年增加，主要来源于各类专题展览会结束后大量展品的移交，以及山东省人民政府文物管理委员会拨交的大批未经整理登记的拓片、书画、陶瓷、玉器、铜器等文物。如此海量的藏品，不仅丰富了山东省博物馆的馆藏，也为学术研究和文化交流提供了重要资源。

2.接收社会各界人士的捐赠品

新中国成立后，特别是20世纪50年代初期，接收社会捐赠是博物馆藏品得以扩充的重要渠道，在原有山东古代文物管理委员会藏品接受捐赠的基础上，山东省人民政府文物管理委员会及山东省博物馆继续得到社会人士广泛的馈赠。

（1）1952年12月31日，王恭臣向山东古代文物管理委员会捐献铜器、玉器、陶器、瓷器、书画、碑帖、古泉等245件，书籍9210册。

（2）1953年4月21日，王兆钰向山东省人民政府文物管理委员会捐献藏书34种，各地通志34册，佛像（瓷、木、石）3尊。

（3）1953年12月15日，潘蕙馨向山东省人民政府文物管理委员会捐献碑帖、拓片、字画、照片、古籍、图书等1100余件。

（4）1956年12月19日，劳福泉向山东省博物馆捐献陶器、瓷器、玉器、造像等藏品16件（套）。

（5）1958年12月10日，秦洪范向山东省博物馆捐献画轴50件、对联44件、条屏24件、杂件119件、碑帖98件、书籍548册、嘉庆和同治封轴各1件。

（6）1961年1月和5月、1962年4月，王献唐遗稿、所藏书籍、文物等由其家属先后分三次捐赠山东省博物馆。三批捐赠分别点收造册，共1690种，合计6245件。

（7）1973年12月21日，济南市医院陈涛华将清末至民国各类钱券1347件捐献给山东省博物馆。

（8）1974年，山东师范大学教师申祖植将北魏写经及唐代专门用以包裹经卷的包袱（均为敦煌石室旧物）交山东省博物馆收藏。写经原为申祖植祖父官居敦煌县令时所得，后传至申祖植。"文化大革命"开始后，申祖植为了写经的安全，交山东省博物馆代为保管。后经协商，申祖植于本年同意将写经等物交由国家永久收藏。[①]

3. 考古发掘品的入藏

20世纪50年代至70年代，是山东省考古工作全面打基础和快速发展的时期。在此期间，山东省考古发掘工作蓬勃发展，成果斐然，在全国范围内名列前茅。作为山东唯一的省级文博机构，山东省博物馆不仅完成了藏品征集、陈列展览、保管研究等业务工作，还积极配合全省的经济和基础建设，承担了大量山东境内地上地下文物的调查、发掘、清理及保护工作。1980年之前，山东省博物馆先后发掘了泰安大汶口、邹县野店、潍坊姚官庄、日照东海峪、滕县岗上、茌平尚庄、蓬莱紫荆山、济南大辛庄、益都苏埠屯、沂源千人洞等重要遗址，保护清理了曲阜九龙山、邹县朱檀墓、临淄郎家庄、临沂金雀山、临沂银雀山、莒南大店、沂南北寨、安丘董家庄等一批大型墓葬，大量珍贵出土文物在这一时期顺利入藏山东省博物馆，可谓精品荟萃、蔚为大观。彼时的山东省博物馆考古发掘队伍，不仅为山东省考古工作的发展和文化遗产的保护作出了积极贡献，也为本馆藏品质量和数量的提升筑牢了根基。

（二）藏品鉴别与登记编目工作

鉴别工作主要针对历史文物展开。山东省博物馆的历史类文物大部分在建馆之前，由山东省人民政府文物管理委员会组织的鉴定委员会进行鉴定。建馆后，零散入馆的文物，由陈列组进行鉴别，然后随同原始记录一起入库收藏；考古发掘品则由文物组经过整理，连同相关出土资料一起办理入馆入库；各机关部门移交给本馆的文物，则由保管组直接接收并审查后登记编目。

自1956年起，登记编目工作分为历史、自然和社会主义建设三部分。自然和社会主义建设部分各自建一本账册，而历史部分则分建山东历史文物、山东出土文物和革命文物三本账册。这种分部保管、分室保管的方式，改变了以往登记编目与保管工作分开的做法，采用了一管到底的新方法，从登记到保护全程负责。尽管受制于人力和物力的条件，无法完全划清，然而此种方法在具体工作中既明确了分工，又做到了各司其责，放到现在来看，仍不失是种有利于藏品熟悉和研究的好办法。

---

① 山东省文物事业管理局编：《山东文物事业大事记（1840—1999）》，山东人民出版社 2000 年版，第 147 页。

1. 历史文物的管理

山东省博物馆的历史文物库房是建馆后新建的一座二层小楼，位于上新街历史陈列室的旁边。受当时条件所限，库房虽做到了通风干燥、防潮防腐，但库内的橱柜、架子等配置相对不足。管理方面，确立了"明确分工、各司其责、妥善保管、方便取用"的保管原则。传世的陶瓷、青铜、玉器、古籍、书画等文物放置在二楼，而发掘品、革命文物等则设置在一楼。对于小型文物，如古代衣冠、织绣等珍贵文物，都配备了专用的箱、匣、囊、套等，并且在柜内设有屉，逐层平铺，以避免折叠挤压。对于善本书画，则采用专用木质橱柜，每年定期通风，并放置防虫药品，在有限的条件下，最大程度确保文物安全。

2. 自然标本与社会主义建设类藏品的管理

山东省博物馆藏品中，自然类、社会主义建设藏品和历史文物的保存库房不在同一地点，因此需要专人进行管理和保护。然而，自然类和社会主义建设部分的库房保管条件相对较差，且负责人员调动频繁。为了解决这两部分藏品长期积压、未能系统编目的问题，自1962年起，在机构调整过程中，决定由陈列组内的自然和社会主义建设两部分的保管人员兼管库藏。在接管和清理过程中，根据藏品的性质和种类进行调整，拟定新的分类法，确保库内藏品有确切的数量和科学的记录，基本上达到了"妥善保管、取用方便"的要求。

在自然类藏品方面，矿石、化石、动物、植物标本统一进行分类和编目。而在社会主义建设时期收集的如山东地区淮海战役纪念品等物证藏品，则按照实物、史料和书刊三大类进行整理和登记：实物逐件登记，注明旧号和地区；史料和书刊分批按地区登记，各专区与各县送交的品类分别集中，以方便查阅，为正式编目做足准备。这项工作涉及的藏品总计有6688件（套）。

3. 藏品分级及一级藏品的编目

山东省博物馆藏品分级工作主要以传世的历史文物为主。1955年接收经过山东省人民政府文物管理委员会鉴别的各类文物4万余件，每类都分为精品、佳品、可品三个等级。接收后，书法绘画类文物按形制分为六小类，每类又按内容分为甲、乙、丙、丁四类，专人负责分类复核。其他类别的文物，如陶、瓷、铜、玉石类等文物，则按照质地进行分类编目，按顺序排架，但并未能达到按等级分库或分橱、分柜保管的要求。1962年10月，山东省博物馆收到《中央文化部关于一级藏品保管编目工作的意见》，按照文件要求，馆长召集相关人员进行了讨论研究，后成立了由保管组、陈列组、研究室等业务人员组成的工作小组。该小组通过学习北京历史博物馆、上海博物馆、黑龙江省博物馆等单位的规章制度和工作方法，制定了适合本馆的定级标准：一级藏品必须具有重大的历史意义或高度的艺术价值，标准因类别而异，例如铜器以铭文清晰、纹饰特殊或出土地点能说明本省历史发展问题的完整器为标准；书画则以具有历史意义且绘画艺术较高的名人画像、名家优秀作品为标准；等等。

1964年8月，编制《山东省博物馆一级藏品简目》，共收录藏品1397件，其中陶器43件，砖瓦3件，瓷器8件，铜器47件，甲骨1145件，石刻13件，织绣12件，印章82件，钱币1件，书画33件，革命文物9件，自然标本1件。

根据国家文物局〔77〕文物字第38号文《关于加强博物馆文物保管工作和报送一级藏品简目的通知》，山东省博物馆库房组在1964年一级藏品简目的基础上，于1977年8月，分别成立历史文物、革命文物、自然标本3个鉴选委员会。历史文物鉴选委员会由王思礼、张学海、王恩田、关天相、蒋英炬、白云哲、刘敬亭组成；革命文物鉴选委员会由牛继曾、房志敏、江惠芳、刘承诰组成；自然标本鉴选委员会由南玮君、孟振亚、石荣琳、薄其明、杨俊珠组成。随着明鲁王朱檀墓、临沂银雀山汉墓等考古发掘品的陆续入藏，历史类珍贵文物数量逐年递增，经过多轮筛选鉴定，1978年1月编制《山东省博物馆一级藏品编目》，按时保质完成了一级藏品报送任务，同时，为国家文物鉴定巡回组来馆开展鉴选工作做好准备。

三、国际文化交流

（一）实地考察学习苏联模式的博物馆建设

地志博物馆的概念引自20世纪50年代初的苏联，即具有地方志特点的博物馆。作为我国地志博物馆事业的首家试点单位，山东博物馆从建馆之初，就肩负着建成一座具有引领性、示范性、带动性的省级区域综合博物馆的重要使命。面对如何筹备、组建、管理、运营社会主义国家地志博物馆的艰巨任务，山东省博物馆从业人员，主要通过国内官方统一翻译的苏联博物馆学研究、博物馆专业实践等文献资料来了解、认识博物馆相关工作内容，同时结合本馆自身工作情况，在边干边学、边总结边反思的探索研究过程中，逐步摸索如何建好新中国第一座省级综合性地志博物馆。

1955年7—9月，应苏联对外文化协会和俄罗斯共和国文化部的邀请，我国文化部组织了以王冶秋为团长，徐彬如（时任中国革命博物馆馆长）、陈乔（时任文化部文物局博物馆处处长）、谢炳志（时任中国革命博物馆陈列部主任）、杨瑞廷（时任北京自然博物馆办公室主任）、秦亢青（时任山东省博物馆副馆长）为团员的中国博物馆工作者代表团，一行7人，先后在莫斯科、列宁格勒、高尔基城活动了31天，参观了各级各类博物馆47处，参加座谈会40余次。

相比通过研读苏联博物馆相关的译著资料所获取的间接知识信息，此次出国访苏博物馆工作者代表团各位成员有机会亲身感受、认识、体会苏联博物馆事业发展取得的显著成就，近距离观摩学习苏联全境不同类型博物馆的管理运营实况，并与苏联博物馆同行面对面深入探讨在社会主义国家发展博物馆事业相关议题。详细而论，此次出访的收获主要有以下三个方面。

第一，从博物馆事业整体规划而言，与全苏文化部文化局、俄罗斯共和国文化部及其博物馆管理局、列宁格勒市文化局、高尔基州文化局、博物馆科学工作研究所、国家修复工厂等诸多关系苏联博物馆事业的重要部门的负责人进行了深入座谈交流，使访苏代表团成员有机会了解苏联博物馆事业的方针、性质、任务和发展方向，以及从中央到地方的垂直领导运作机制和从行政主管到行业智囊的横向协作交流机制等。

第二，从博物馆事业空间布局而言，访苏代表团成员实地参观学习了数十所苏联不同（行政）级别、不同类型的博物馆纪念馆，对遍布苏联的全国性博物馆网络体系印象深刻。此次访苏，代表团不仅参观了苏联国家历史博物馆、苏联国家革命博物馆，还参观了奥斯特洛夫斯基博物馆、十月革命博物馆筹备处、加里宁博物馆、巴勒金斯军事博物馆、高尔基城高尔基故居博物馆、列宁博物馆、托尔斯泰故居（莫斯科）、托尔斯泰文学博物馆、冬宫博物馆、罗曼诺索夫城中国馆、俄罗斯艺术博物馆、特列嘉柯夫画廊、戏剧博物馆、高尔基博物馆、高尔基城艺术博物馆、高尔基文学博物馆、莫斯科生物学博物馆、矿物博物馆、莫斯科达尔文博物馆、土壤博物馆、古生物化石博物馆、矿山博物馆、列宁格勒动物博物馆、莫斯科市历史与建设博物馆、高尔基州地志博物馆。

第三，从博物馆核心业务实践而言，代表团成员在其所到访的博物馆、纪念馆，与各馆主要负责人围绕科学研究、征集、陈列、群众工作等进行深度沟通讨论。1955年9月回国后，时任山东省博物馆副馆长的秦亢青曾3次向全馆人员作了访苏报告传达，重点提出：苏联地志博物馆依靠专家办馆，为社会主义建设服务的方针路线；博物馆必须建立在科学的基础上，博物馆工作者必须是科学工作者的发展要求；博物馆还应加强建筑、设备、布置方面的工作建设。

（二）接待国际友人，增强学术文化交流

1956年下半年，多个社会主义国家代表团前来山东省博物馆参观，如苏联、匈牙利、捷克、民主德国等。苏联青年代表团参观后留言说："我们怀着极大的兴趣观摩了这个博物馆。""毫无疑问，这个博物馆具有很大的文化教育意义。"塔什克苏维埃共和国米丘林果蔬、葡萄、蔬菜研究所所长格里宁克参观后说："博物馆像一个科学之宫，我为博物馆布置的艺术性感到羡佩。"

1957年4月28—29日，苏联博物馆代表团前来山东省博物馆参观访问，并举行了座谈会。苏方出席的有巴普洛夫、格鲁哈诺娃、嘉柯诺娃。徐眉生在会上表示：苏联专家给了我们许多帮助，代表团回国后，我们希望彼此有更密切的联系。最后双方互换礼物，徐眉生将《山东省博物馆陈列图册》送给苏方，并合影留念。

■ 图2-1-6　1957年4月29日日本考古访华代表团在本馆留影

1958年，山东省博物馆与社会主义国家的专家学者们联合开展山东地区石刻研究。其中有苏联专家鲁班列斯尼琴柯、别列罗莫夫，民主德国专家芬斯托波西，波兰专家左菲娅、诺娃克等。鲁班列斯尼琴柯曾来信说："山东省博物馆帮助提供的汉画

■ 图2-1-7　1957年4月28日徐眉生馆长陪同苏联博物馆代表团参观本馆地志陈列古代史部分北魏时期贾智渊造像

■ 图 2-1-8 1957 年 4 月 29 日上午在交际处东楼楼下会客厅徐眉生、王献唐与苏联博物馆代表团（巴普洛夫、格鲁哈诺娃、嘉柯诺娃）座谈

和纺织牛耕拓片，对他研究和写作给予大力帮助。"同年 8 月 25 日，秦亢青陪同苏联别列罗莫夫赴泰山了解石刻迁移并拓片照相，又去曲阜参观，去孟庙复制峄山宋代石刻，在我省共搜集 30 余件照片及拓片。秦亢青写道："此次南去各地均热情招待，对所需资料也均积极供应，因之，别列罗莫夫同志常常兴奋地表示：由于各位同志的帮助和支持，我是满载而归，我将加速我的写作答谢各位。"

1959 年 5 月，徐眉生在与苏联专家庐列斯尼琴柯书信沟通中，获赠一本俄文版《孙子兵法》，并把它陈列在展室。庐列斯尼琴柯在来信中提到徐眉生给他寄去许多不同时期的纺织机照片，并要求徐眉生再给他寄去一本汉画。

1960 年 2 月，捷克专家普鲁士克第二次来济南参观博物馆搜集与研究有关聊斋方面的材料。秦亢青、路大荒、李既陶负责为其准备蒲氏文物。秦亢青在《建立联系的国家和单位》材料中提到："普鲁士克和路大荒先生已建立深厚感情，并赠捷克文《聊斋》译文及玻璃气孔物。1956 年，在国内来信多次索要有关聊斋材料，1960 年这次来济，我们还特别为之组织淄川能演唱俚曲者使之录音。"

1973 年 2 月 5 日，日中恢复邦交国民会议关西地区访华团一行 17 人来馆参观。张学、杨子范、牛继曾接待并陪同参观。

1973 年 3 月 6 日，印尼华侨 20 人来馆参观文物展览。7 日，中国驻扎伊尔大使宫大非及画家黄胄来馆参观，孔益千接待陪同。

1973 年 6 月 28 日，联邦德国业余大学旅行团来馆参观。杨子范、刘艺文接待。

1973 年 7 月 1 日，埃塞俄比亚驻华大使来馆参观。6 日，日中友协一行 8 人来馆参观。26 日，联邦德国《世界报》记者普格及夫人来馆参观，观后在留言簿上写道："这是一个很美丽的博物馆，文物按时代排列得很清楚，在这里度过的下午是很有意义的。"

此外，山东省博物馆作为官方正式对外交流的重要窗口，必须恪守相应的规范准则。例如，1960年4月，山东省人民委员会外事办公室印发《山东省博物馆情况解答资料》。该份文件资料从山东省博物馆建筑历史及建馆发展、人员薪资、藏品简况、陈列内容、考古发掘等方面，对接待陪同外宾人员时应注意事项做了参考说明。

历尽天华成此景，人间万事出艰辛。山东省博物馆初建时期，在藏品征集、藏品保管、陈列展示、教育推广以及学术研究方面都取得了长足的进步，并为以后的发展壮大奠定了坚实的基础。

先辈之光，垂范后世，所有的奉献，也终将被铭记。

（撰稿：滕卫、张俊龙）

第二节　三大陈列

1953年，全省性的地志博物馆——山东省博物馆开始筹备，依据中央文化部指示，博物馆的陈列应当包括三部分的内容：自然富源、历史发展、民主建设。这三个部分的陈列应与各地方密切结合，山东省博物馆就是要在博物馆里展现山东过去和现在在这三方面的真实面貌，使人民群众能够正确地认识自然，认识历史，从而进行爱国主义教育。山东省人民政府文物管理委员会历年搜集的文物和资料几乎全部属于历史发展部分的，所以，从实际出发，山东省博物馆筹备委员会决定先进行历史部分的陈列。历史部分初步设想为"山东历史文物馆"，8月份已经形成的《山东历史文物馆筹备草案》确定总的陈列原则是：展示各个历史时期社会发展的过程以及

■ 图 2-2-1　山东省博物馆陈列室

人民的生活状况，兼具地方性与综合性。

　　1954年，依据上级指示，筹备中的山东省博物馆定位于地志性博物馆，即科学研究与文化教育的机关，举办有高度思想水平的博物馆陈列，以培养群众对自己的祖国、对自己社会主义的家乡的热爱，动员劳动者完成经济与文化建设的任务，正确地发挥博物馆作为重要文化阵地之一的作用。中央决定以山东省博物馆为省区地志性博物馆的筹建试点单位，陈列方面学习苏联地志博物馆将展览划分为自然、历史和中华人民共和国时期三个部分，即历史之部、自然之部和中华人民共和国时期之部，奠定了山东省博物馆基本陈列展览。

一、陈列内容的设计

　　陈列筹备工作于1954年正式开始，按照中央的要求，自然与历史两部分于年底完成。8月15日，中央文化部社管局派于坚、王守中两同志来协助，统一领导全部工作，筹委会下设自然、历史两个设计组分头进行设计。

　　根据中央文化部的指示"要注意全国性与地方性的配合，避免强调地方而忽略全国的倾向"，山东是中国的一部分，要使人民大众在博物馆认识山东，但也能从山东认识全国。对于全国与地方性的结合问题，陈列组是这样认识的：地志博物馆的陈列毫无疑问要尽量表现地方的特点和突出的人物事件，但也不应过分强调这一点而忽略与全国的关系，形成山东第一的地方主义。所以除去表现地方特征外，也尽可能地说明它与全国的关系。

　　陈列组认真学习了苏联的《地志博物馆的陈列方法》，对于书中"地方历史当做我们祖国历史不可分割的组成部分来看，同时，应该清楚地阐明该地方的历史特点和历史过程"的观点十分认同，在自然之部和历史之部陈列设计过程中都注意了这一点，并且也是按照这一原则进行的。

　　（一）历史之部

　　1.历史设计组人员构成

　　历史陈列组成员有六人，分别为宋伯胤、王献唐、宋协明、李既陶、杜明甫和关天相。宋伯胤先生是文化部从南京博物院抽调来帮助山东省博物馆进行历史陈列工作的，其余同志是从山东省文物管理委员会调到山东省博物馆筹备处的。

　　宋伯胤（1921—2009），陕西耀县（今铜川市耀州区）人。1948年北京大学毕业后到国立中央博物院工作。知名的文博、考古专家。

　　王献唐（1896—1960），山东日照人。前山东省立图书馆馆长，新中国成立后为山东省博物馆筹备处副主任。知名的文献学家。1953年编制在省文管会内文史馆。

宋协明，1953年为山东省人民政府文物管理委员会秘书。

李既陶（1889—？），山东济宁人。书画鉴定专家，精书法篆刻，通金石之学。1953年为省文管会陈列组组长。

杜明甫（1901—1970），山东黄县（今龙口市）人。1947年3月参加革命，先后在胶东图书馆和北海专署文物管理委员会工作。1951年调至山东省人民政府文物管理委员会工作，1953年为省文管会内文史馆研究员。

关天相（1917—2009），山东济南人。幼习书法，1954年进入山东省人民政府文物管理委员会工作。

2. 陈列内容设计的原则

对于历史之部的陈列原则，设计人员主要从以下三方面进行考虑：第一，从实际藏品出发，照顾到博物馆收藏的物质基础；第二，从山东地方的历史特点和历史发展过程出发，照顾到地方特点，不然就不能算山东省博物馆的陈列；第三，从全国历史范畴出发，照顾到全国性，只有在全国历史发展的范畴内，山东地方的发展才会显出它的真实性。同时，陈列确立了两个原则：一是以初中历史课本为依据；二是选择要展示的历史事件和人物，首先考虑对当时社会的贡献，同时考虑对观众的教育意义。

3. 陈列内容方案的确定

历史之部的陈列方案初稿完成后，邀请济南史学分会全体会员就历史之部进行了座谈，听取意见，也征得了山东大学历史系的书面意见。

按照上级指示，陈列组又到北京先后在中国科学院考古研究所，历史研究所第一、二、三所，北京大学，中国历史博物馆与故宫博物院，邀请专家教授分组进行了三次座谈，并对个别进行了访问，听取了许多宝贵意见。第一次由宋伯胤、李既陶、宋协明去北京请专家教授修改意见，参加讨论的专家有翦伯赞、白寿彝、夏鼐、陈梦家、郭宝钧等。第二次是1954年11月30日宋伯胤前往北京征求意见，顾颉刚、侯外庐、向达、贺昌群等对山东省博物馆陈列事项提出意见。第三次由宋协明、李既陶和王献唐拜会文化部副部长郑振铎、北京大学教授张政烺征求意见。五易其稿的《山东博物馆历史陈列主题结构稿》最终定稿，1955年1月6日的展览结构按朝代分为八部分（历史之部展厅实景照片详见第68~73页），分别为：

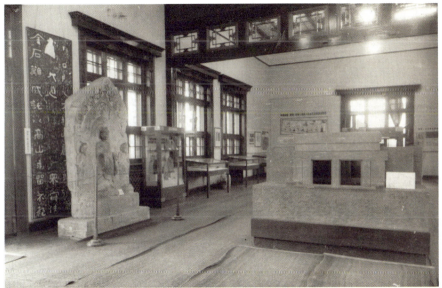

■ **图 2-2-2　历史陈列之部实景组图**

一、新石器时代（距今5000多年前）

1.山东发现的新石器时代遗址。

2.那时人类改进了石器，逐渐由渔猎发展到畜牧、农耕生活。

3.人类发挥了劳动智慧，制作出又薄又亮的黑色陶器。

4.渤海沿岸的"大石文化"遗迹，说明了集体劳动的力量。

二、夏商（约公元前21世纪—前11世纪）

1.夏部落在山东活动的地区。

2.商朝的第一个国王汤曾在曹县建都。

3.青铜器是劳动人民的伟大创造。

4.那时还制作出各样颜色的陶器。

三、西周、春秋、战国时期（约公元前11世纪—公元前221年）

1.周朝的建立和齐、鲁、曹诸国的分封。

2.周朝青铜器的形制、花纹，前后有许多变化，体现了劳动人民的智慧技巧。

3.春秋时期齐国铁制生产工具，使农业进一步发展。

4.在农业发展的基础上，临淄成为繁荣的工商业和文化城市。

5.齐国为了巩固边防，修了一条千余里的长城，是我国古代巨大工程之一。

6.鲁国的孔子，是春秋末期的大政治家，他周游列国，编定了《诗》《书》《春秋》等书。

7.战国末年，楚国灭了鲁国，富有楚文化传统的工艺品也传来了。

8.当时私人小手工业的发达，已从陶器上的制陶工人的姓名、地名得到证明。

9.随着封建经济的发展，山东出现许多思想家，形成学术史上的光辉灿烂的场面。

（1）孙武

（2）墨翟

（3）孟轲

（4）邹衍

四、秦、汉（公元前221年—220年）

1.中央集权封建国家的建立和秦始皇东巡。

2.秦始皇统一文字、货币、度、量、衡，对经济、文化起到了很大的推动作用。

3.由于秦朝的穷兵黩武、严刑苛政，山东的秦嘉、彭越等地响应了历史上第一次农民大起义。

4.汉帝国的建立和青、兖、徐三州的划分。

5.劳动人民发明了鼓风炉，使山东冶铁工业发达起来。

6.随着铁农具的应用，牛耕区域的扩大，山东农业蓬勃发展起来。

7.临淄、亢父等处的纺织工业说明当时工商业也跟着发展了起来。

8.劳动人民的辛勤生活。

9.封建贵族的剥削享受。

10.在尖锐的阶级矛盾下，山东人民先后组织、加入赤眉、黄巾两次大起义。

11.秦汉两朝的文化艺术

（1）劳动工人孟孚、孙忠、刘汉等创造了结构雄伟、内容丰富的石建筑、石雕刻。

（2）劳动工人建筑了历史上有名的灵光殿和临淄城。

（3）梁山壁画留下劳动人民善于刻画人物动态和表情的现实主义传统。

（4）彩画陶器、绿釉陶器标志着制陶工艺的一大进步。

（5）医学家淳于意总结以往经验留下许多诊断记录。

（6）两汉著名经师伏胜、集经学大成的郑玄。

五、两晋、南北朝（公元220—581年）

1.大封建割据的局面下，山东人民不断南迁。

2.山东人民接受外来文化影响，在各地雕刻了许多佛像、像经。

3.在艰苦的时代里，郯城何承天创造了"元嘉历"。

4.益都贾思勰的《齐民要术》总结了两汉以来生产技术的发展。

六、唐、五代（公元581—960年）

1.隋帝国把山东划成北海等十七郡地。

2.隋炀帝滥用民力，发动对外战争，在东莱海口征夫造船三百艘。

3.受害最重的山东农民，在长白山上树起第一面反隋旗帜。

4.唐朝建立后，经过一百多年的生产发展，经济、文化逐渐繁荣。

（1）大诗人李白、杜甫亲眼看到的山东农民的辛勤劳动。

（2）美丽的三彩瓷器是手工业发达的标志之一。

（3）商业的兴盛引起交通的发达，登州、密州是对外贸易的海口。

（4）在繁荣的经济基础上出现了优美的雕塑、建筑和文学。

5.唐朝后期，土地高度集中，人民生活痛苦，王仙芝、黄巢先后领导农民起义。

七、宋、元（公元960—1368年）

1.宋帝国把山东划分为京东、河北二路。

2.随着全国农村经济暂时恢复，山东手工业逐渐活跃。

（1）半岛沿岸有煮盐、采矿的手工业。

（2）制瓷工业特别发达，有名的是德州、博山、峄县等地的瓷器。

3.在外族压迫和内部阶级矛盾下，郓城宋江等三十六人领导山东、河北人民起来反抗封建统治。

4.金国占据山东，农民耿京、爱国词人辛弃疾在泰山组织抗金队伍。

5.蒙古军队灭了金国和南宋，建立元朝，把山东分作六路八州。

6.山东人民对疏浚济州河、开凿会通河，贡献了很大的劳动和智慧。

7.蒙古族破坏了农村经济，东平王祯总结过去的生产方法，写出农书，提倡农业生产。

8.元朝末年，山东人民不堪忍受种族压迫和残酷的剥削，纷纷参加红巾军。

9.宋元两朝文化艺术上的成就

（1）性格明显、感情丰富的雕塑品，表现了造型艺术的高度技巧。

（2）曲阜城、木构碑亭和佛教建筑体现了劳动人民的建筑艺术和伟大力量。

（3）大数学家济南秦九韶的大衍求一术。

（4）女词人济南李清照。

八、明、清（初期）（公元1368—1840年）

1.明朝把山东分作六府。

2.从明太祖起，统治阶级对孔子更加尊崇，借以巩固封建集权。

3.明成祖为取得南方的军粮俸米，疏通运河，汶上老人白英贡献很好的工程计划。

4.随着运河的畅通，沿河两岸许多商业城市兴盛起来。

5.由于皇族、官僚、地主、富商的层层剥削，土地再度集中，迫使山东人民纷纷外迁。

6.倭寇乘机侵扰，明朝在沿海设置卫所防守，山东有三四十座。

7.蓬莱戚继光率领祖国的英雄子弟，剿平倭寇，巩固海防。

8.日本侵略朝鲜，明朝政府屡次派兵援朝，益都邢玠在1597年率军出国，并肩作战，取得辉煌的胜利。

9.清帝国的建立和山东人民的抗清运动。

10.清朝统治者大兴文字狱，压制反清思想。

11.明朝和清朝初期的文化艺术

（1）博山料器、曲阜楷木雕刻、潍县丝绣是著名的民间工艺。

（2）讽刺文学家——淄川蒲松龄和曲阜贾应宠。

（3）著名画家——黄县姜隐、临邑邢慈静、胶州冷枚和高凤翰。

（4）有名的历史剧——章丘李开先的《宝剑记》、曲阜孔尚任的《桃花扇》。

（5）东昌、潍县、泰安等地雕版工艺很发达，印刷了许多书籍。

4.陈列中学术问题的处理原则

（1）历史分期问题

对于历史展，首先面对的最重要的问题就是中国历史的分期问题，因为当时我国历史学家的初步结论是把中国历史按照社会发展史分作原始社会、奴隶社会、封建社会三个历史时期。

陈列组最初的想法也是按社会发展史的原则来确定展览的主题结构，但在征求意见时，济南有学者提出，封建社会的分期可按照范文澜先生的观点分作早、中、晚三期。在北京的座谈会上，大多数与会代表认为机械地套用社会发展史是错误的，因为我国历史分期问题还存在着许多争论，尤其是山东的发展情况也不一定就与争论未定的分期完全相符。所以，陈列组的设计方案是：先按时代划分为新石器时代、夏商、西周战国春秋时期、秦汉、三国两晋南北朝、隋唐五代、宋金元、明清八个主题、六十二个分题，待将来充分掌握了山东地方文物的时候再按历史发展分期，这与中央社管局王局长所说"我是趋向按社会发展阶段分单元的，目前我们的条件不够，还做不到，但应作为我们的努力方向"是一致的。

（2）山东特征的表现问题

自龙山黑陶文化出现，20世纪50年代以来各地又发现多处新石器文化遗址，这说明四五千年前人类祖先已遍布山东各地。沿海的黑陶文化是以山东为中心，按重要性来说，黑陶文化在山东的陈列中是应当特别表现的。在历史上，从秦朝末年起，第一个封建王朝总有农民起义，这已成了一个必然的规律。这一方面说明了统治者的残酷压迫和剥削的深重，另一方面也充分地表现出山东人民一贯地保持着勇于进行革命斗争的光荣传统。这些在陈列中都已经注意到并做了适当的表现。

（3）山东籍历史人物的选择问题

陈列组在这方面遇到了许多问题，如在籍贯问题上，有的历史人物原是山东省人，后来迁到外省，或者原是外省人后来迁入山东省，也有的本是外省人，中间曾在山东省居住过。如何确定这些人的籍贯，最初感觉非常困难，后来决定迁出迁入的人都可列入陈列计划，像诸葛亮、王羲之、杜甫、李白等。别省的人在本省居住过，如果他的事迹与山东关系较大，可以收入，否则不收。还有一类就是按旧省界区划其住址属山东但陈列时已划归外省，这样的不予收入。

陈列遴选了山东历史上有重要地位的30余位人物，每一位历史人物都与山东历史有重要关系，并一一写出选择他的理由与评价。如"魏晋南北朝"历史陈列内法显到印度求经一事，法显入选山东历史人物的理由有四点：第一，关系中西交通；第二，法显印度求经回国登岸地在青岛崂山；第三，法显是中国最早一位留学生；第四，《佛国记》一书作于山东。山东宋代著名的历史人物较少，陈列将赵明诚（今诸城人）加上，赵明诚是当时的金石学者，著有《金石录》。在中国金石学的开端中，他占有重要地位。李清照《金石录后序》中可见赵明诚的性格和收藏，展品选用《金石录》。

（4）历代皇帝的庙号和名字的使用问题

历代皇帝的庙号和名字的使用，如果统一起来，一律称名，或者一律称庙号，恐怕观众不能够接受。在这个问题上，陈列组采取了能为一般人易于领会的方式，没有把它们机械地统一起来。

5. 山东省博物馆筹备处的自我批评

1954年，山东省博物馆筹备处对历史之部陈列计划进行总结，认为还有很多缺陷，主要表现在：

（1）表现劳动大众生活的部分还太少，没有彻底贯彻劳动人民是历史主人翁的精神。

（2）因为要联系通史，想把历史上的环节一节不缺地联系起来。由于秦汉以前的文物较多，问题也少，而三国两晋南北朝以后文物少，处处显得空虚松懈，所以从内容到形式，整体来说通盘布局不够平衡，前紧后松。

（二）自然之部

1. 展览主题内容的确定

自然之部展览的结构分为主题、副题和分题三个层级。山东省博物馆筹备处自然组参照苏联地志博物馆展览面面俱到的九个章节，初步确定山东自然之部展览的内容为：（1）山东地方的一般地理特征；（2）山东的地势；（3）山东的地质矿物；（4）气候与土壤；（5）山东的植物（附气候土壤）；（6）山东的动物；（7）景观。以上各章节的顺序，亦是按照苏联地志博物馆陈列主题自无机物到有机物排列的方式。自然之部实景照片详见第79～84页。

但是，自然组工作人员在进一步策划过程中发现，由于山东的气候土壤材料太少，同时山东的地势变迁、地质以及河湖水文、海洋等材料均难以支撑展览，于是，自然组展览策划人员将一般地理特征、地势、地质、气候、土壤等合并为一个主题，将自然之部展览调整为五个章节：（1）山东的自然环境；（2）山东的矿产；（3）山东的植物；（4）山东的动物；（5）典型地区景观等。又由于典型景观材料短期内难以征集到，而且展厅面积有限，这部分留待将来补充。

■ 图 2-2-3 自然之部陈列实景组图

2. 展览副题和分题内容的确定

"山东的自然环境"内容较多，展览选择将自然环境对矿产、植物等的产生、生长和分布的影响有关的部分做一个概括的介绍，使自然环境和自然富源联系起来，这一主题和后三个主题遥相呼应，分成地势、气候和土壤三个副标题。在北京开专家咨询会时，有专家提出关于地质方面的材料太少，于是又增加了"地史"作成一个副题的内容。

"山东的矿产"将与工业建设有关的煤、铁、铝各做了一个分题，进行重点介绍，将"金属矿物"和"建筑石材"合成一个分题。

"山东的植物"这一章节主要内容是：（1）介绍山东地区植物生长和丰富情况；（2）指出较突出的植物；（3）指出山东各植物的经济意义以及对国家社会主义建设的贡献；（4）指出人对自然的改造；等等。根据以上目的，起初选择五个副标题为：（1）粮食作物；（2）经济作物；（3）果树蔬菜；（4）森林及野生植物；（5）水生植物。后根据苏联地志博物馆"地方的植物界"，由野生植物到人工栽培植物这一次序，重新划分为三个副标题：（1）森林与野生植物；（2）农业植物；（3）水生植物。后来又进行调整，由于缺少山东的野生植物材料，因此将"森林与野生植物"中的野生植物去掉。"农业植物"原拟包括果树蔬菜、粮食和经济作物3个分题，由于展厅展线的问题，将"水果蔬菜"独立成为一个副标题。"山东的动物"原拟分为野生动物、饲养动物和水生动物三个副标题，因野生动物缺少材料也被取消。

3. 山东省博物馆筹备处对陈列内容的总结

1954年，山东省博物馆筹备处在总结工作时认为，自然之部展览的内容不足之处主要表现在：

（1）思想性不强，如在自然之部内容设计中，还不会运用辩证唯物主义深入浅出地进行布置，自然方面的陈列多是现象的说明，以博物馆的真实材料宣传自然发展的历史过程、阐明人类改造自然中的作用来宣传唯物世界观的工作做得既少，水平又很低。

（2）架子大，内容空。如自然之部的"山东的动物"只有饲养动物和水生动物两部分，占数最多并且与人类关系密切的野生动物没能收入其中。饲养动物中主要选用寒羊、鲁西黄牛、垛山猪、寿光鸡等，重视了"突出性"，但"丰富性"却表现不出来了。

在工作方式方面，自然之部陈列设计、绘制和征集各组中，虽然存在彼此脱节和劳逸不均的现象，但也有几个先进做法值得肯定。

一是在依靠社会力量方面做了大量工作，取得了很好的效果。自然组广泛征集展品资料、得到许多事业机关以及专家学者的大力协助，展览方案也得到不断的修正和补充，质量大为提高。在农林、矿冶、海洋等各方面专家的帮助和支持下，展览策划人员对于山东自然环境和自然富源有了比较全面的概括性认识，并且征集到大量必需的实物展品。许多机关还代为制作了展览中需要的比较复杂的模型。

二是自然之部按自然环境、矿物、植物与动物分为三个小组进行设计，各小组设计之后，提出初步方案交大组进行共同研究。这种"分头考虑，共同研究"的办法，为工作的进行节省了很多时间。

二、陈列形式的设计和制作

陈列组系统学习了苏联地志博物馆关于自然之部和革命之部的陈列方法，又学习了杨伯达的《苏联博物馆工作介绍》、米哈依罗夫斯卡娅的《博物馆的艺术装饰》等文件，苏联工作经验为陈列设计提供了工作遵循方法。展品的组织，按照苏联的经验编制陈列品一览表。历史部分为了更好地掌握陈列空间、分配主题和分题，陈列人员把两个陈列室、三种陈列柜、屏风、镜框、地图的背板、标题的背板，先全部做成五十分之一的模型。这种做的好处是：第一，移动方便，可以随时进行修改；第二，从小模型内清楚地看到将来的形象，增强了工作的信心；第三，减少浪费；第四，它是蓝图的底稿。但模型要求非常准确，不仅制作上要细心，而且设计的同志要仔细检查校正，才能得到预期的效果。

陈列设计图（当年名为"图式"）是设计工作从文字过渡到形象的第一步，有平面图、立面图（当年名为"展开图"）和橱内陈列图三种。平面图用来检查陈列面积占总面积的比例以及展线的宽窄和顺序；立面图用来检查墙壁的利用率、排列形式和各个副分题相互的关系；橱内陈列图用来检查主导陈列品是否突出以及各陈列品相互的关系。

（一）历史之部

对于历史之部的展品，陈列人员基本形成共识，即不能只靠模型、图表和照片展示，主要靠实物来表现。早在抗日战争时期，山东地区即由中国共产党和人民政府领导建立了文物保管机构，经过历年的征藏工作，文物已达42000多件，其中和山东省有关的文物有5000多件，这为陈列奠定了很好的基础。文物类别有铜器、铁器、陶器、砖瓦、石刻、瓷器、钱币、雕刻、书画、古籍、文献等。

历史之部的陈列于1955年3月完成。陈列的主标题设在室内，无副标题，各分题位于陈列橱上或橱内。墙壁使用率为44%。展品选用实物591件、模型15件、字画15件、照片122件、地图29件、图表35件、拓片93件，合计共900件，其中实物占展品的65%。辅助展品大多是地图，大小相同、颜色一致，以便观众接受。在艺术加工后进行校对、编号、填写辅助材料、制作卡片和照相。

（二）自然之部

相对于历史之部，自然之部展览的藏品基础较差，虽然向社会和机关单位进行了征集，但是由于规定的征集时间短，以至到了陈列设计规定的完成时间，不仅展览中的辅助展品尚未征集到，而且重点展品的征集亦尚未完成甚至很多还是空白，导致陈列设计遇到诸多困难，不仅多费了时间，也影响到了工作质量。原计划陈列设计时间为两个月，施工时间为四个半月，1954年底正式展出。由于资料征集耽误了时间，进而影响了陈列设计的进度，陈列设计直到1954年底才基本确定。

自然组根据展览主副题和分题的需求，初步选择确定了实物、标本、模型、照片和图表等陈列品，并确定了主要展品。在陈列室确定后，根据陈列室

山东博物馆七十年（1954—2024）

面积，对陈列内容进行了删减，删除的原则是：资料不充分，不能说明问题的；对说明主题作用不大者；尽量采用实物，删除过多图表、照片。根据这一原则，删除了黄河运河以外的小清河、沂河、沭河等；删减了地势部分的泉和温泉；去掉了土壤副题中轮作部分……经过这样调整，展品中实物展品比例更高了，不仅更适合陈列室面积，而且更具代表性，因此主题更加突出。

自然之部陈列在9个小陈列室，面积共69平方米，占陈列室总面积的15.2%。历史之部陈列在两个大陈列室，面积为87平方米，占陈列室总面积的14.5%。这符合当时苏联的先进经验即陈列不要超过陈列室面积20%的要求。参观路线采取单向，不交叉，宽度在2米以上，一方面注意陈列结构的顺序，一方面照顾到观众的便利。墙壁陈列带高度为0.8米至2.1米，展览对墙壁的使用率为55.3%，主标题在陈列室门上，副题在室内。

自然之部陈列品计有实物或标本433件、模型65件、图画7件、照片50件、图表48件、布景箱4件，合计607件。实物或标本占陈列品的71%。

为了使于展品的看管、清洁以及展带的整齐，历史之部和自然之部陈列均采用橱内陈列的方式，橱柜的样式有中立橱、斜面橱、壁橱、平橱4种，部分展品使用台座，上面加了玻璃罩。

（三）中华人民共和国时期之部

1955年3月，山东省博物馆筹备处决定在"山东地志陈列"中增加"中华人民共和国时期陈列"（后改称"社会主义建设陈列"）部分。8月9日，山东省人民委员会（即省人民政府）发出通知，要求全省各地、各行业向该陈列提供展品。该部分虽然陈列工作启动较晚，但是进展比较顺利。

1.陈列目的

科学地组织陈列，显示出山东在中国共产党领导下，自中华人民共和国成立以来，政治、经济、文化的建设成就，反映党的正确领导、人民民主制度的优秀性，以鼓舞观众的爱国主义热情，加强其建设社会主义社会的信心。

2.展品的选择

以有意义的实物或模型为主，尽力减少图表和文字，避免不能说明问题或说明力不强的陈列品。在陈列中注意前后的连贯和一致，做到陈列形式服务于陈列内容。展品和辅助展品为实物、文件、语录、地图、统计表、油画、照片、模型等。中华人民共和国之部实景照片详见第88~92页。

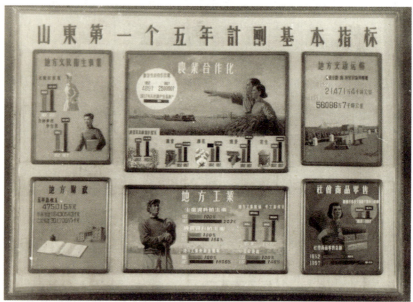

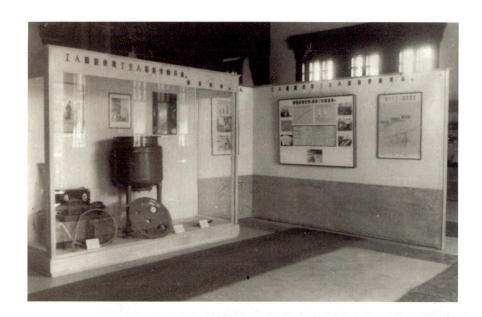

■ 图 2-2-4　中华人民共和国时期之部实景组图

3.陈列内容

（1）国民经济恢复阶段

①山东省各界人民代表会议召开，地方各级人民民主政权普遍建立

②贯彻国家统一财政管理，稳定市场物价

③山东省人民与全国人民一道进行了抗美援朝和各项社会改革运动

④实行民主改革与生产改革，使工业迅速得到恢复和发展

⑤迅速恢复长期战争中所破坏的农业

⑥国营商业和交通运输的建立与发展，促进了工农业生产

⑦在知识分子思想改造的基础上，文教卫生事业进行了各项改革

⑧语录

（2）计划建设阶段

①充分发挥工业潜力、向着社会主义工业化的目标前进

②发展互助合作，提高农业生产

③在不断发展生产的基础上，逐步改善了人民的物质和文化生活

三、陈列总结与经验交流

1955年底，山东省博物馆"山东地志陈列"三大部分的布置工作全部完成。在序幕部分，时任山东省博物馆馆长徐眉生仿依苏联博物馆材料，写下两段话，第一段是："山东丰饶的自然富源和人民长期的斗争，构成了祖国伟大建设的一部分。"第二段是："我们对山东的爱，也是我们对祖国的爱；我们越了解她就越爱她。"1956年2月13日，山东地志陈列"历史之部""自然之部"和"中华人民共和国之部"三大部分正式对外开放，观众参观十分踊跃，观众最多一天达4000多人，展览取得了巨大成功。

■ 图2-2-5 "山东地志陈列"开展

■ 图 2-2-6　1956 年 5 月 18 日徐眉生馆长接待少数民族参观团一行九十余人

■ 图 2-2-7　1956 年 5 月文化部在济南召开全国地志博物馆经验交流会。会议期间，与会代表参观地志陈列的古代史部分（左一是首都历史与建设博物馆筹备处朱欣陶主任）

1956年5月1日，文化部副部长郑振铎来指导工作，对山东省博物馆的展览提出表扬，并决定在山东召开现场会，推广山东经验。5月30日，全国地志博物馆经验交流会在济南召开，会议中心议题是：通过参观，对山东省博物馆的地志陈列提出意见，以促进全国各省、市地志博物馆的工作。文化部副部长郑振铎、文物局局长王冶秋、山东省省长赵健民、山东省文化局局长王统照出席会议。徐眉生向会议作了"山东省博物馆地志陈列内容的组织问题"专题报告。与会人员百余人参观了山东省博物馆地志陈列，并对陈列进行了认真的学习和充分的讨论，认为山东博物馆在陈列中突出地表现了山东地方特色，展览科学性与艺术性较强，主题结构严密；选择材料概括典型，思想性较强；在美术加工方面，模型制作精巧，图表绘制规矩，色彩协调；陈列橱柜实用经济美观；展品有组织、有系统，安放位置适当。其展示出山东省自然资源丰富，历史悠久，社会主义建设的伟大成就，达到了对人民群众进行爱国主义与社会主义教育的目的。也就是说，"山东地志陈列"制定了一个展览标准：雅致精美，内容充实，主题突出，结构严密，甚至每个陈列单元都是一个完美的创作。全国博物馆系统学习山东的经验，尤其是通史陈列的模式，山东省博物馆成为全国博物馆陈列展览设计的样板，推动了中国博物馆建设事业的发展。这一时期山东省博物馆的陈列已初步组织起来。

6月2日，国家文物局局长王冶秋在会上作了总结讲话：山东省博物馆的成绩主要表现在如下几方面：（1）争取领导的重视和搞好有关方面的关系，取得大力支持是工作中最大的收获，也是工作取得成绩的关键。（2）山东省博物馆对自然、历史、中华人民共和国时期三部陈列已经搭起架子，如同盖房子已经打好基础一样。这个工作很重要。（3）山东省博物馆在实践的过程中对于陈列工作摸到了一些经验，同时也发现和解决了一些问题。（4）解答了"地方小、花钱少、时间短是否可以搞好陈列"的问题。同时，王冶秋提

■ 图 2-2-8　1955 年徐眉生馆长向徐特立同志介绍山东地志陈列自然之部中的植物部分

■ 图 2-2-9　1956 年 5 月文化部在济南召开全国地志博物馆经验交流会。会议期间，徐眉生馆长陪同并向文化部文物局局长王冶秋及北京故宫博物院吴仲超院长讲解地志陈列自然环境部分

出：山东省博物馆的陈列中所存在的一些问题，也是各地博物馆共同存在的问题：（1）地方与全国结合在陈列中如何表现的问题；（2）历史陈列如何分期的问题；（3）历史人物与历史事件的问题；（4）陈列中各部分的联系问题；（5）陈列中几多几少的问题；（6）自然、历史、中华人民共和国时期三部分陈列应以哪一部分为重点的问题；（7）关于搜集材料的问题。

四、观众评价

历史之部、自然之部和中华人民共和国时期之部三大展览开放后，各地文博界专家学者相继来山东省博物馆参观和学习，如徐特立、邓拓、唐兰、李鸿庆、沈从文，以及山西、河北、河南、内蒙古、北京、天津、湖北、甘肃、浙江、江苏、安徽及沈阳、大连、旅顺等省市博物馆代表，还有苏联、捷克斯洛伐克、匈牙利、民主德国等外宾前来参观。

1955年6月19日，民主德国海登勒希教授博士（耶那）、菲文凯尔博士（柏林博物馆）留言："我们在山东博物馆同仁们的引导下参观了自然科学以及历史部分的展览，这两部分的展览我们认为，在陈列的技术和器物的选择方面，都可以作为博物馆的范例。"10月16日，朝鲜林茂訳留言："我在参观博物馆时得到的最强烈的印象是：中国人民所创造的文化很高深和劳动人民向统治阶级进行了不屈不挠的斗争。在这里，我们看到了中国文化有着丰富的历史的内在联系。通过这种联系，我又再次地认识到，朝中两国人民在历史上结有牢固的不可磨灭的友谊关系。"

1956年5月27日，民主德国柏林齐美尔满留言："这个博物馆在我们看来已具有一个极突出的展览会的规模，同时它又普及而客观。我希望柏林的动物博物馆中的展览会将能够重新布置得和这里的博物馆一样。"11月17日，波兰科学院物质文化研究所瓦·赫密列夫斯基留言："山东省博物馆地质部分、历史部分和经济部分的收集品很好，博物馆的特点就是易于看懂，观众很快就能了解每个陈列品对中国人民的历史和经济的意义。博物馆在短期内就建成并且开馆，这是令人感到惊奇的。可以相信，随着地质和历史研究的进步，博物馆将会更加充实，并能更好地完成在社会中普及文化的任务。我衷心地祝在

■ 图2-2-10　1957年11月19日波兰博物馆瓦·赫米列夫斯基来参观。徐眉生馆长、秦亢青副馆长、李既陶先生、省艺术馆叶又新副馆长参加座谈并留影

这个博物馆工作的中国同仁们工作顺利。"同年，捷克斯洛伐克科学院考古所埃米尔·伊士文博士留言："正如像在捷克一样，人们说：'一种伟大的杰作，它本身就有值得赞赏的价值。'因此，我要用很多言语来表达我对它的赞赏，这种赞赏也正像捷克的一句谚语：'把树木搬到森林去。'你们博物馆是应该得到更多的赞美的。这是我在中国参观过的博物馆中陈列最优美和最吸引人的博物馆。"

1958年11月12日，民主德国柏林科学院院士舒勒教授留言："从这个历史博物馆，人们可以看到……历史博物馆的陈列是很完美的，它将中国的历史、科学、文化、革命的历史与现代人民生活和社会主义建设紧密地结合在一起。"

1959年1月26日，苏联科学院莫斯科东方历史研究所斯捷普根娜留言："济南的山东省博物馆是中国最好的一个博物馆，博物馆三个部分组织得很好，资料选择得很好，陈列也非常出色，依次地看了博物馆的三个部分，给了我们一个有关山东省的自然财富与世纪的历史和社会主义建设的宏伟规模的全面概念。从博物馆工作的组织和安排这个观点来看，济南的山东省博物馆是一个榜样，博物馆的三个部分彼此紧密地联系着，第一部分展出的地质史、植物、动物，帮助我们很好地了解山东远古的历史，对下一步参观社会主义建设展览室和山东今后发展前景是十分重要的。第二部分'解放前山东的历史'使我们更深刻地了解人民解放斗争，以及中国共产党和人民政府组织社会主义建设工作所采取的措施和意义。第三部分，山东社会主义建设之部，有着重大的政治和教育意义，这部分展品的选择、考虑、布置都特别好，令人信服地指出了社会主义制度的优越性和今后中国的宏伟前景，山东省博物馆对于如何运用经过精心选择和周密考虑布景地方资料来表现整个国家的历史，是一个榜样。陈列中山东秦汉时期的历史部分突出地丰富，这一部分展览简直是好极了，在有趣的令人难忘的资料中很好地表现出了秦朝经济措施的意义，汉代农业、手工业的发展，并对人民运动和和平民主生活即历史的创造者，给予了极大的关注。对于从事研究中国古代历史的我来说，观看和研究山东省博物馆的展品，具有着不可估量的意义。"

五、续写展览篇章

除开馆的三大基本陈列以外，从1954年到1977年，山东省博物馆还策划了许多有影响力的原创展览。

1954年，梁山县宋金河支流出土明洪武五年（1372）大型兵船，长21.8米，宽2.8米，深2米，铁锚重85斤，有大小船舱13个。省文管会清理后运省博物馆进行复原展出。

1957年10月8日，举办明清书画展览，另辟"曲阜孔氏画像"室，展出孔府旧藏画像。

1958年，山东省博物馆主办馆藏动物与矿物标本等展览，并与有关单位合办木版年画、古代书画、古代陶瓷、捷克斯洛伐克教育图片、郓城出土文物、淄博陶瓷、山东革命史料等展览。其中最轰动的是"难胞刘连仁脱难还乡展览"。刘连仁，高密农民，1944年被日本人掳至北海道做劳工，因不堪折磨，逃至深山14年，过着"野人"的生活。1958年1月底，被日本一名猎户发现，震惊了日本，在中国红十字会号召留日的中国华侨总会、日本日中友好协会等团体和日本友人的帮助下，刘连仁于4月15日回到国内。山东省博物馆于5月24日举办"难胞刘连仁脱难还乡展览"，该展览引起轰动，极大地激发了人们的爱国热情。

1959年7月，为迎接新中国成立10周年，山东省博物馆主办的"山东近百年史"陈列计划与济南军区主办的"武装展览馆"合并重组为"山东革命史"陈列，展览大纲经过数次修改。10月1日，展出与省民族事务委员会合办的"山东少数民族史料"展。

1960年4月，举办"山东省先进农具巡回展"和"人民公社图片展"，并与省水利厅联合举办全省"水利工程出土文物展览"。秋天，与山东大学历史系联合举办"义和团运动60周年纪念展览"。

1961年，举办了"毛泽东思想的光辉胜利""馆藏古代文物""夏溥斋先生捐献刘墉墨迹、碑帖、书法"等展览。10月，举办了"辛亥革命五十周年文物资料展览"。

1964年7月，杜明甫、关天相、李发林等人筹办

■ 图2-2-11　观众参观

■ 图2-2-12 "古生物化石展览"布展

的"邹滕地区汉画像石拓本、照片专题展览"在省博物馆西院文光阁开展。10月5日，举办了"山东阶级教育展览会"，省委、省人委、济南军区、省军区及驻济南大专院校主要负责人谭启龙、白如冰、杨得志、周兴、王众音等1000余人参加了开幕式。此次展览共展出实物2200余件、照片700余幅。展览开放后，陆续组织全省各地市的代表参观。该展览原为山东省博物馆配合"四清"举办的"阶级教育展览会"。中共山东省委决定在此基础上扩大展览，并成立了以省委宣传部长王众音为主任，公安厅厅长张国峰、文化局副局长刘盛春等11人为副主任的筹委会进行直接领导。

　　此后几年，山东省博物馆举办展览很少。1966年5月起闭馆，1971年7月，开始选送邹县野店遗址出土彩陶、益都苏埠屯出土铜钺、济南无影山出土杂技陶俑及邹县鲁荒王墓出土的文物，参加了国务院图博口在故宫举办的七省（市）"'文化大革命'期间出土文物展览"，这个展览是根据周总理指示，为尼克松访华和中美建交而举办的，馆内派法惟基、白云哲前去工作。并选送山东展品100余件参加"全国出土文物展览"，法惟基、唐士和等赴京参加筹备工作。1972年5月23日，为纪念毛泽东《在延安文艺座谈会上的讲话》发表三十周年，本馆举办"山东历史文物"展览。这是自1966年闭馆后第一次对外开放。

■ 图 2-2-13 古生物化石修复

  1974年6月，在省委宣传部领导下，山东省博物馆与省展览工作室、济宁地区展览馆在曲阜孔庙大成殿、圣迹殿筹办"批林批孔"展览。至1976年12月结束。1975年10月，举办"山东革命文物展览"。1977年5月23日，省博物馆原创展览"古生物化石展览"开幕，展出珍贵动物标本200余种，其中有"巨型山东龙""棘鼻青岛龙""山东山旺鸟"等。

（撰稿：于芹、张俊龙）

第三节　考古发掘

  山东博物馆的文物考古事业肇始于山东古代文物管理委员会下设机构的相关工作。1948年8月，中共中央政府华东局暨山东省政府成立山东古代文物管理委员会，下设的文物组承担了部分考古调查保护职能。1953年，山东古代文物管理委员会正式改称山东省人民政府文物管理委员会。1955年，改名为山东省文物管理处。1979年，在文物组基础上，山东省博物馆成立文物管理部和考古工作部。1980年，以山东省博物馆的文物管理部和考古研究部为基础组建山东省文物考古研究所。从山东省博物馆筹建至1978年的几十年时间里，山东省博物馆在省内考古事业中承担了领头角色，主持、参与、指导发掘了省内大量遗址和古墓葬，其中不乏重要的史前文化遗址和历史时期大墓，为山东省史前文化谱系建立和历史时期文化研究作出了积极贡献。

一、史前遗址考古调查与发掘

20世纪50年代至80年代，山东省博物馆史前考古工作成就主要为一系列大汶口文化和龙山文化遗址的发掘，代表遗址有泰安大汶口遗址、莒县陵阳河遗址、邹县野店遗址、茌平尚庄遗址。这些遗址的发掘为山东新石器时代文化谱系的建立和文化内涵研究提供了有力而丰富的考古实证资料。其主要发掘遗址如下。

1954年，相继调查日照两城镇、尧王城、大洼村、刘家楼、大桃园、田家园、丹土村7个遗址[①]，揭示了日照地区从龙山时期到商周时期的文化面貌。

1958年，重点调查日照两城镇遗址。两城镇遗址是龙山文化重要遗址，发现大量磨制石器，穿孔技术普遍使用，陶器多轮制，器壁都很薄，已经使用玉器。陶器以夹砂黑陶和夹砂灰陶为主，器型主要是鼎和罐。[②]

1956年，探掘青岛崂山郊区东古镇村东周遗址，开探沟两条，发掘一定数量灰坑，出土大量陶片及少量石器、骨器、铜镞、铁器。[③]

1957年，在安丘县清理龙山文化晚期墓葬7座，出土白陶鬶、黑陶豆、红陶三足杯、玉璧、玉环等60余件器物。[④]

20世纪80年代以前，山东史前考古的重要成果是大汶口遗址的发掘。大汶口遗址位于泰安县、宁阳县（今属泰安）交界处。1959年，由山东省文物管理处

① 山东省文物管理处：《日照县两城镇等七个遗址初步勘查》，载《文物》1955年第12期。
② 山东省文物管理处：《山东日照两城镇遗址勘察纪要》，载《考古》1960年第9期。
③ 山东省文物管理处：《青岛市崂山郊区东古镇村东周遗址》，载《考古》1959年第3期。
④ 祝志成、王思礼：《安丘县清理了古代墓葬七处》，载《文物》1958年第2期。

主持泰安大汶口遗址第一次发掘（主要为遗址南岸），发掘墓葬133座。[1]墓葬都埋葬在氏族公墓里，以单人仰身直肢葬为主，有成对成年男女同坑合葬墓出现，有拔牙和头骨人工变形习俗，死者多手握獐牙，有的用猪牙束发器束发，有用龟甲和猪头随葬习俗，部分墓葬使用原始木椁。工具有石、骨角、牙制品。陶器有红、灰、黑、白各种陶色共存，晚期大量出现白陶。陶器器形多样，有鼎、豆、壶、背壶、罐、各种形制的杯、鬶、尊、盉、瓶、钵、盆、匜、盔形器，装饰以镂孔和彩绘最具特色。此次大汶口文化的发现，揭开了我国黄河下游东

■ 图2-3-1 1974年大汶口1013号墓发掘现场，该墓出土了八角星纹彩陶豆

① 山东省文物管理处、济南市博物馆编：《大汶口——新石器时代墓葬发掘报告》，文物出版社1974年版。

部沿海地区古代历史研究的新篇章。1964年，大汶口遗址因其丰富和独特的文化内涵，被命名为大汶口文化。1974年、1978年，又先后两次对该遗址西半部进行发掘①，遗址文化层含北辛文化、大汶口文化、龙山文化三种。其中大汶口文化分三期，属于自身发展过程中的早期阶段，以陶器最具文化特征。一期陶器以泥质红陶和夹砂红褐陶为主，有灰陶和黑皮陶、素面陶。彩陶中期多黑色和少量红色单彩宽带纹；二期多白色单彩和黑、白亮色或黑、白、红等复色彩纹，纹样有圆形八角形、勾连纹、太阳纹、水波纹、花瓣纹等；三期彩陶趋向几何纹演变，有方形八角形、方形云雷纹、曲折纹、窃曲纹等。器型盛行三足器、圈足器、平底器。两次发掘的彩陶是大汶口文化彩陶的典型代表。

1963年、1979年，共三次抢救性发掘莒县陵阳河大汶口文化墓葬，共清理墓葬52座，其中大汶口文化45座，周至战国时期小型墓6座。陵阳河大汶口文化墓葬属于大汶口晚期，共可分为四组，均土圹，竖穴，单人仰身直肢葬，无合葬墓。随葬品出现寡多差异，可见拔牙、大量随葬酒器等文化习俗。此处墓地前后进行过三次发掘，出土十分珍贵的实物、文字图像材料，为研究大汶口晚期物质文化、社会性质及我国古代文明、文字起源增添了新内容。②

邹县野店遗址发现于1965年，山东省博物馆和邹县文物保管所对遗址进行过多次调查，初步确定了遗址为大汶口文化和龙山文化等新石器时代遗存，是探索山东地区原始文化诸关系的重要遗址之一。1971年春，野店遗址试掘取得的材料表明，该遗址的大汶口文化不仅包含了大汶口报告的基本材料，还有早于1959年大汶口墓地发掘资料的遗存，极大充实了大汶口文化内容，为大汶口文化发展序列提供了地层依据。1971年至1972年春，试掘野店遗址1660平方米，发掘分四区，Ⅰ、Ⅲ区文化堆积较少，Ⅱ、Ⅳ区文化层较多，出土器物较多。Ⅱ区地层有大汶口文化堆积、周代文化堆积、汉代文化遗存。Ⅳ区地层有大汶口文化堆积、龙山文化堆积、周代文化堆积、汉代文化堆积。遗址遗迹有灰坑、陶窑、房基、猪坑。整个遗址发掘墓葬共90座，仅1座为汉代墓葬，其余为大汶口文化墓葬，墓葬均为长方形竖穴墓，有的有二层台，分有棺墓和无棺墓，葬式有单人仰身直肢葬、成年男女合葬、婴儿葬，部分墓有随葬獐牙、猪骨等现象。从大汶口墓葬的葬制和随葬制度及地层关系看，该遗址早期处于母系氏

---

① 山东省文物考古研究所编：《大汶口续集：大汶口遗址第二、三次发掘报告》，科学出版社1997年版。

② 王树明：《山东莒县陵阳河大汶口文化墓葬发掘简报》，载《史前研究》1987年第3期。

族制度晚末期，晚期阶段父系氏族制度已经确立。遗址的大汶口文化墓葬出土器物1017件。生产工具78件，含石铲、石斧、石锛、石刀、石矛及纺轮、骨矛、箭头、凿、叉等；生活用具766件，以陶器为主，器类有觚形杯、鼎、豆、鬶、盘、盆、壶、背壶、罐、尊、碗、钵、缸、单把钵、器座、漏器等21种，含彩陶、红陶、黑陶、白陶。装饰品124件，分玉、石、骨、角、牙、陶等材质。遗址出土的象牙嵌绿松石骨雕筒、象牙雕筒造型美观、制作精巧，为史前艺术佳品。

1973年、1975年，多次发掘日照东海峪遗址，发现互相衔接的三期文化遗存，展示了大汶口文化末期到龙山文化早期的三个发展阶段，使我们对这两种文化的断代，以及前者如何具体地过渡到后者等问题的认识更加清楚，而且也为山东龙山文化的初步分期提供了重要的地层根据。[①]

1975年，主持发掘山东茌平县尚庄遗址，发掘面积750平方米，主要为大汶口、龙山文化遗存，遗址大致可分为三期，一期年代相当于大汶口文化中期，二期、三期为龙山文化，这是在鲁西地区黄河以北首次发现大汶口文化，扩展了大汶口文化的分布范围，同时二、三期的龙山文化展现出与河南龙山及冀南地区文化的相似性，为文化区域性研究提供了新材料。[②]

二、历史时期考古发掘

山东省博物馆建馆后至20世纪80年代的历史时期考古工作，以商代、两周及汉代成绩较为突出，北朝、隋唐时期墓葬虽然发掘数量不多，但墓葬较有代表性，隋唐以后的文化遗存发掘较少，以明代鲁王墓的发掘成果为代表。

（一）商周时期的考古

山东省博物馆20世纪80年代以前的商周考古工作成就，主要体现在几个大型商墓和两周城址发掘方面，它们的发掘奠定了山东商周考古的基础，也为国内同时期考古研究提供了横向对比资料。

大辛庄遗址发现于20世纪30年代，新中国成立后经过多次调查和试掘。其中，1955年，试掘济南大辛庄遗址，开探沟两条，发现石器、陶器、骨器、蚌

---

① 山东省博物馆、日照县文化馆：《一九七五年东海峪遗址的发掘》，载《考古》1976年第6期。

② 山东省博物馆、聊城地区文化局、茌平县文化馆：《山东茌平县尚庄遗址第一次发掘简报》，载《文物》1978年第4期。

器、金属器等各类遗物，有的陶器质料、纹饰近于郑州二里岗殷代遗址[1]，对初步摸索山东地区龙山至早期商文化有一定的帮助，为进一步发掘提供了线索。1958年，二次试掘大辛庄遗址，发现文化堆积由早及晚为商代、东周、汉，同时发现少量硬陶，这是首次在黄河北部发现硬陶。[2]大辛庄遗址商代文化层主要文化面貌与安阳殷墟商文化一致，表明其可能是早期商人在山东建立的一处邑落，对于山东地区商文化研究具有重要意义。其商至汉代连续的文化，表明该遗址可能是商代东部国境的一个重要中心。

1957年，清理山东栖霞杨家圈战国墓，土坑竖穴墓，破坏严重，出土青铜鼎、戈、陶鼎、壶、瓿、鬲等战国典型器。[3]

1958年，试掘临淄齐故城，出土一定数量日用器、封泥及瓦当、排水管等建筑构件，初步了解了文化堆积与城墙保存情况，最早见西周遗物分布于城东北部，小城城墙年代不早于战国。[4]1964—1966年及1971年，又对临淄齐故城进行了多次调查，基本探清了齐故城总体布局，由大城、小城两部分构成，小城位于大城西南，摸清了城墙基本结构及走向，城墙夯筑而成，探出城门11座、道路10条、排水系统2处、手工业作坊10余处，包括冶铁、冶铜、制骨、铸钱4种。临淄齐故城最早发现西周晚期的文化堆积，主要是东周时期使用，魏晋以后仍沿用着小城。[5]

1965年、1966年，山东省博物馆主持发掘益都苏埠屯一号殉葬墓。[6]墓为"亚"字型四墓道大墓，木椁室，墓内殉葬奴隶48人、狗6只。出土鼎、斝、爵等铜容器，钺、戈、矛、斧、镞、锛等锋刃器，铃、环、铜片等杂件。出土鬲、瓿、盘、盉、瓿等陶器，小件玉器等。该墓规模大、殉葬奴隶多，与安阳武官村商代大墓相当，是当时发现的除安阳商代王陵外最大的商代墓葬。苏埠屯商墓出土的青铜器是山东博物馆铜器藏品的重要来源，现藏有1930年苏埠屯出土的青铜盉、瓿、爵、罍、觯等。一号殉葬墓出土的青铜器中最著名的为两件带有铭文的钺，郭沫若先生认为是氏族族徽，小件钺现藏于山东博物馆，大件钺

① 山东省文物管理处：《济南大辛庄商代遗址勘查纪要》，载《文物》1959年第11期。
② 山东省文物管理处：《济南大辛庄遗址试掘简报》，载《考古》1959年第4期。
③ 山东省博物馆：《山东栖霞县战国墓》，载《考古》1963年第8期。
④ 山东省文物管理处：《山东临淄齐故城试掘简报》，载《考古》1961年第6期。
⑤ 群力：《临淄齐国故城勘探纪要》，载《文物》1972年第5期。
⑥ 山东博物馆：《山东益都苏埠屯第一号奴隶殉葬墓》，载《文物》1972年第8期。

■ 图 2-3-2　1964 年临淄齐故城 5 号东周墓北部殉马坑发掘现场

被中国历史博物馆（现中国国家博物馆）收藏。苏埠屯一号墓的发现，为了解商代地方与中原同时期文化的关系提供了宝贵的资料，为研究中原商王朝与山东地区方国的关系奠定了基础。

　　1970 年，发掘历城北草沟墓地，出土鲁伯朱大父媵季姬簠，应是春秋初鲁国铸器。[①]

　　1975 年，发掘临沂莒南大店镇春秋时期莒国殉人墓[②]，共清理一、二号两座墓葬。两墓均为带斜坡墓道的方形竖穴木椁墓。一号墓墓室以五花土夯筑的隔

---

　　① 　朱活：《山东历城出土鲁伯朱大父媵季姬簠》，载《文物》1973 年第 1 期。

　　② 　山东省博物馆、临沂地区文物组、莒南县文化馆：《莒南大店春秋时期莒国殉人墓》，载《考古学报》1978 年第 3 期。

梁分成南北两部分，南室为木椁室，北室为器物坑。椁室内放置墓主棺椁及10个殉人棺。一号墓出土器物144件，器物坑西部放置陶鼎、敦、壶、罐、瓿，南侧放置铜鼎、敦、壶、车伞盖和车軎，中部放置铜舟、钮钟、镈、锁形器、箭镞、车軎，东部有竹席和骨贝装饰的竹编织器痕迹，北侧有漆器残件。二号墓墓室南坑、北椁结构，出土陶器58件、铜器32件、乐器21件，另有其他小件器物。两墓墓室分器物坑和椁室、墓道在器物坑一侧的形制，在当时其他地区的墓葬中还未发现，较为独特。二号墓出土一组带"鄫叔"铭文的编钟，印证了学者"鄫"为山东莒的观点。

1971年、1972年，山东省博物馆主持发掘临淄郎家庄一号东周殉人墓[①]，被盗掘。石砌椁室，棺椁焚毁。主室呈长方形，其周围分布17个长方形陪葬坑，陪葬坑内亦配置棺椁，根据朽痕，应为一棺一椁。主室残存陪葬品有铁器、金铜器、金箔、金丝、贝形铜泡、包金贝形铜泡等金属器，玉、石、料器，骨、牙、蚌器，漆木器，纺织品和编织物。保存较好的陪葬坑出土器物有陶器、陶俑、发饰、石璧、玉髓环、蚕形器、玛瑙珠、玉髓璜、方解石等组成的配饰和串饰。主墓顶部有六殉人、八殉狗。根据出土物特征，墓葬年代约在春秋战国之际。该墓临近临淄齐故城，墓葬规模巨大，陪葬品丰富，有较多的殉人，墓主为齐国贵族。墓中的陪葬坑也是当时较新发现，是研究我国古代陪葬制度的重要材料。

1977年、1978年，山东省博物馆参加曲阜鲁国故城遗址发掘工作。[②]鲁国是周代宰辅周公旦之子伯禽的封地，鲁故城即鲁国都城。1961年，鲁故城被定为全国重点文物保护单位。1977年、1978年的钻探和试掘，初步查明了鲁故城的年代、形制和城市布局。钻探表明，鲁故城平面呈不规则长方形，东、西、北三面城垣外凸，南垣较直，四角呈圆角。城四面发现城门11座，东、西、北三面各3座，南面2座，城四面有城壕。城内有大型建筑遗址群，冶铁、炼铜、制陶手工业作坊遗址，居住遗址群，墓地四处，主干道10条，排水遗迹等。通过对城内冶炼、陶窑遗址和大型建筑基址的试掘，出土了部分器物，以陶生活器为主，砖瓦次之。生活器有鬲、甑、盆、圜腹罐、瓮、豆、钵、盂等，瓦有筒瓦、板瓦、瓦当等。通过对城内西部四处墓葬的试掘，发掘各时代墓葬137座，

① 山东省博物馆：《临淄郎家庄一号东周殉人墓》，载《考古学报》1977年第1期。

② 山东省文物考古研究所、山东省博物馆、济宁地区文物组、曲阜县文管会编：《曲阜鲁国故城》，齐鲁书社1982年版。

■ 图2-3-3 1978年沂水刘家店子1号墓南器物库发掘现场

其中两周墓葬128座。试掘工作中发现汉代城址1座，城略呈长方形，西、南城垣为鲁故城旧城垣，东、北城垣新筑；城门7座，东、南、北城垣各2座，西门1座。探知汉城东北部有大规模宫殿建筑群、3条道路、冶铁遗址，发掘墓葬7座。汉城遗址出土遗物包括陶器、铜器、铁器、五铢钱及玉石小件。曲阜鲁国故城，是当时我国经过系统钻探的一座西周城，且贯穿两周始终，该城的确定，为我国城市发展史填补了一段空白，第一次提供了一个从周初到战国、两汉时期的古城遗址。鲁故城遗址出土的一批器物也成为山东博物馆藏品的重要来源，如馆藏鲁国大玉璧，孔府灵光殿几何纹砖、卵石纹砖、瓦当等均出自曲阜鲁国故城，大玉璧更是成为山东博物馆镇馆之宝之一，并被用作山东博物馆建筑内顶的装饰元素。

1977年，沂水县东头公社刘家店子发现两座墓葬和一座车马坑，1978年，山东省博物馆会同沂水县图书馆对该遗存进行清理。[①]一、二号墓均为长方形井形圹。一号墓墓室两棺一椁，椁室南北两侧各有一器物库。南库顶殉人35—39人，北库顶不详。南库主要放置青铜礼器，北库主要放置乐器。二号墓墓室分南北两部分，可能为北椁南库，因遭破坏，出土不多，主要为铜器和陶器。车马坑位于一号墓西侧，坑破坏严重，出土殉马四匹。二号墓出土有"莒平钟"一组，且两墓墓室二分等特点都与莒南大店镇春秋殉人墓相似，两墓应为莒墓。刘家店子一号墓出土的青铜器面貌内涵丰富，其中的黄大（太）子伯克盆、陈大丧史铃钟分别为黄、陈国器，两件镀鼎具有西周时期盆形鼎特点，车马坑内随葬的青铜鼎、鬲、盆、扁壶可能为"旅器"。[②]刘家店子春秋墓为莒国墓葬形制、葬俗及对外交流提供了新材料。

（二）两汉时期的考古发掘工作

山东省博物馆早期考古工作，以汉墓的发掘数量较多，其中以临沂银雀山汉墓和曲阜九龙山汉墓（鲁王）、巨野红土山汉墓（昌邑王）、临淄大武汉墓（齐王）等封王墓为代表，出土了一批重要文物资料，是研究汉代政治、经济、文化制度的重要地方资料。

1953年，发掘梁山汉墓，墓葬早先被盗掘破坏，为带墓道前后双室石室墓，三人合葬墓，墓室内有彩绘壁画，前室为覆斗式彩绘藻井。壁画装饰有墓主人出游、日月金乌、玉兔、龙、几何纹、花卉纹等。[③]它与附近嘉祥汉墓砖雕壁画的表现形式与样式不完全相同，丰富了汉墓材料，是研究汉代丧葬习俗、精神世界的重要材料。

1954年，调查邹县城东匡庄时，发现汉代石人1件，高约1.2米，风格与西安附近石雕相近。[④]

1954年，清理禹城汉墓，为砖室多室墓，墓葬整体由花纹砖砌成，墓顶有拱券式、覆斗式两种，墓葬形制具有典型东汉风格，随葬大量模型明器。[⑤]

---

① 山东省文物考古研究所、沂水县文物管理站：《山东沂水刘家店子春秋墓发掘简报》，载《文物》1984年第9期。

② 郎剑锋：《山东沂水刘家店子春秋墓铜器三题》，载《江汉考古》2016年第4期。

③ 关天相、冀刚：《梁山汉墓》，载《文物》1955年第5期。

④ 王思礼：《山东邹县城东匡庄的古代石人》，载《文物》1956年第10期。

⑤ 山东省文物管理委员会：《禹城汉墓清理简报》，载《文物》1955年第6期。

1954年，在泰安地区发现一批青铜器，6件铜罍、1件铁盘，成排摆放，正对泰山最高峰日观峰，为楚器，或为楚国祭泰山之物。①

1954年，清理济南大观园一座汉墓，为砖石混筑画像石墓，前后三室，出土仿漆器风格彩绘陶器、模型明器、铜镜、铜车饰等，应为东汉末期。②

1955年，清理文登县汉木椁墓，该墓地处龙山文化遗址中心地带，已被破坏，共五座，清理了其中两座。墓葬砖墙与木板多层嵌套，共三层套盒，木棺，随葬大量漆器、彩绘陶器，彩绘陶器上有"白酒器""醪"等题字。这两座墓葬形制、漆器样式、陶器题字在山东均属首见，墓葬大抵属西汉晚期，对研究山东地区汉墓形制与文化交流有重要意义。③

1956年，调查肥城汉画像石墓，破坏严重，前后双室墓，残存画像石为阴线刻，有攻战图、狩猎图、乐舞图、伏羲女娲等，整体风格与孝堂山画像石较为相似。④

1957年，清理滕县汉墓66座，墓室均由石板砌成，有单棺、双棺、三棺墓，随葬品不丰，一般随葬一两件陶器、几枚钱币，多为东汉墓，随葬品样式部分受江南地区影响。⑤

1958年，清理东平王陵山汉墓，墓葬原有高大封土已被破坏，砖石混筑多室墓，有前后两室，其中前室东西各开一侧室。出土陶礼器、生活用具、模型明器、铜饰件、铜钱等，可能是东汉中晚期与宪王世家有关的墓葬。⑥

1959年、1960年，发掘山东安丘汉画像石墓，墓葬带墓道、甬道，为前后三室的石室墓，并在中室、后室加开耳室。墓葬有画像石103块，60余幅画，内容可分为神话传说、奇禽异兽和社会生活、历史故事三大类，雕刻技艺高超，有浅浮雕、高浮雕、阴线刻三种，展现出山东东汉晚期画像石艺术的发展水平。⑦

1970年，发掘曲阜九龙山西汉大型崖墓四座（2—5号墓）。⑧四墓平面结构总

① 袁明：《山东泰安发现古代铜器》，载《文物》1954年第7期。

② 山东省文物管理委员会：《济南大观园的一个汉墓》，载《考古通讯》1955年第4期。

③ 山东省文物管理处：《山东文登县的汉木椁墓和漆器》，载《考古学报》1957年第1期。

④ 王思礼：《山东肥城汉画象石墓调查》，载《文物》1958年第4期。

⑤ 山东省博物馆：《山东滕县柴胡店汉墓》，载《考古》1963年第8期。

⑥ 山东省博物馆：《山东东平王陵山汉墓清理简报》，载《考古》1966年第4期。

⑦ 山东省博物馆：《山东安丘汉画像石墓发掘简报》，载《文物》1964年第4期。

⑧ 山东省博物馆：《曲阜九龙山汉墓发掘简报》，载《文物》1972年第5期。

体相似，墓道、东西车马室、甬道、东西耳室、前室及其东西侧室、后室，三号墓无后室。四墓均被盗掘，车马室保存较完整，出土车12辆、马50匹，随葬品有铜器、陶器、铁器、金银器、玉石器、料器、漆器等共1900多件。三号墓出土"宫中行乐钱"、"驷马安车"和"王未央"铜印、"王陵塞石广四尺"封门石，据《汉书》记载，该墓地与西汉鲁国封王刘余父子关系密切。

1971年秋至1972年春，对菏泽市巨野县红土山西汉崖墓进行发掘，后因故停工。1977年，菏泽地区汉墓发掘小组继续发掘，山东省博物馆派王树明、毕宝启两位同志前往指导。[①]红土山汉墓由封土、墓道、墓坑、墓室四部分构成，墓道内筑有两堵石墙，墓室为有排水沟间隔的前后室。该墓出土含铜器、铁器、陶器、玉器、竹木漆器、锡器、封泥、珠饰、角器等1056件。红土山汉墓的墓室结构和出土器物是较为典型的西汉王墓特征。其墓葬构筑方法与曲阜九龙山汉墓、河北满城汉墓、江苏徐州龟山汉墓结构大体相同。红土山出土的心形玉佩与满城汉墓出土的玉佩和海昏侯墓出土的玉韘形佩相似；铜杵、铜臼在徐州狮子山楚王陵中也有相似器出土；出土的漆奁、瑟枘、陶壶与长沙马王堆一号汉墓出土的双层九子奁、瑟枘、陶钟有相似之处。发掘者根据该墓出土器物与银雀山汉墓的对比，认为此墓年代为武帝建元元年到元狩五年之间（公元前140年—前118年），结合史料记载，推断该墓为昌邑王刘髆墓。值得注意的是2011—2016年陆续发掘的江西南昌海昏侯，墓主刘贺为刘髆之子。异地父子封王墓的发掘在汉墓中较为少见，为汉墓研究提供了宝贵资料。

1972年，发掘临沂银雀山一号和二号西汉墓，均为长方形竖穴岩室墓，木椁木棺，有侧厢、边厢，边厢内出土大量竹简，有《管子》《墨子》《六韬》《孙膑兵法》《孙子兵法》等，《孙膑兵法》与《孙子兵法》同时发现对研究二者作者问题具有重要意义。随葬有陶器、铜器、漆木器、钱币等，鼎、盒、壶、罐等陶器组合出现，证明其年代应为西汉早期。[②]1973年，又发掘四座汉墓，均为长方形竖穴，无墓道，开凿于山体上，墓圹土石相间。墓3、墓4与墓1、墓2随葬品组合较为相似，但数量更多，器形偏早，年代应为战国晚期到西汉早期；墓5、墓6随葬品为釉陶，鼎、壶、瓮、罐、盘及博山炉等，皆近于西汉晚期的形式。银雀山汉墓的墓葬形式、随葬品风格与长沙汉墓有一定的相似性，表现

① 山东省菏泽地区汉墓发掘小组：《巨野红土山西汉墓》，载《考古学报》1983年第4期。
② 山东省博物馆、临沂文物组：《山东临沂西汉墓发现〈孙子兵法〉和〈孙膑兵法〉等竹简的简报》，载《文物》1974年第2期。

出楚文化的影响因素。①鉴于墓中出土的兵书等竹简的重要意义，银雀山汉墓20世纪70年代该考古项目被评为"新中国三十年十大考古发现"之一，20世纪90年代又被评为"新中国五十年最有影响的考古成就"之一，21世纪初该项目再次被评为"中国20世纪（100年）100项重大考古发现"之一。

1973年，发掘苍山城前村画像石墓，横前室的双室墓，出土青瓷碗盘、陶楬等具有魏晋特征的随葬品，应为汉墓的再利用。墓内见两方题记，字体处于隶楷转换阶段，画像石中见羊车等新题材。②

（三）北朝及以后的考古发掘

山东博物馆发掘北朝以来墓葬数量较少，但均为不同时代的代表性遗存，为研究山东的陶瓷生产、墓室壁画、亲王陪葬制度奠定了基础。

1976年、1977年，山东省博物馆参加淄博寨里北朝青瓷窑址的调查和试掘工作③，由王恩田先生执笔完成报告撰写。该次调查出土了碗、盆、罐、高足盘、盒、瓶、贴花罐、素烧器、铅釉陶等器类，及垫柱、三叉支具、柱状三叉支具、齿状支具、圈足垫具、垫环等窑具。并将器物分为三组，通过三组器物与其他考古发现的对比，基本厘清了寨里窑延烧时间（从东魏至唐晚期），烧造工艺、燃料问题、刻铭问题等。寨里窑是当时发现年代最早的一处北方青瓷窑址，也是山东早期陶瓷考古的代表，为研究中国北方早期青瓷生产提供了重要研究材料。

1976年10—12月，山东省博物馆参加淄博市淄川区磁村古窑址的发掘工作。④磁村窑址面积较大，分南北窑洼区、村内区、华严寺区、苹果园区四区。发掘主要位于北窑洼区和苹果园区，前者地层叠压关系相对清楚，为分期断代提供了重要依据。两区出土器物以碗、罐、盘、盆、碟、杯、瓶等生活器为主，另有窑炉、烘烤炉、釉浆池、房基、井、墓葬等遗迹。遗存时代早至唐中期，晚至元。磁村窑以烧造白釉器为主，兼有酱釉、黑釉、雨点釉、黄釉、素烧器，装饰以剔花、刻花、篦纹、加彩、绞胎等。磁村窑是淄博境内继寨里窑之后兴

---

① 山东省博物馆、临沂文物组：《临沂银雀山四座西汉墓葬》，载《考古》1975年第6期。

② 山东省博物馆、苍山县文物组：《山东苍山元嘉元年画象石墓》，载《考古》1975年第2期。

③ 山东淄博陶瓷史编写组、山东省博物馆：《山东淄博寨里北朝青瓷窑址调查纪要》，见《中国古代窑址调查发掘报告集》，文物出版社1984年版。

④ 山东淄博陶瓷史编写组：《山东淄博市淄川区磁村古窑址试掘简报》，载《文物》1978年第6期。

起的一处重要窑厂，此次发掘基本探清了该瓷窑的烧造面貌，进一步揭示了淄博窑的内涵。

1976年，发掘嘉祥县满硐公社英山隋开皇四年（584）壁画墓。[①]墓为圆形单室砖券构建，穹隆顶形，墓壁及顶抹白灰，饰彩绘。墓门为石结构，由龙莲宝珠火焰纹饰半圆形门楣、圆珠钉纹饰长方形石门二扇、卷草串珠纹饰门框二、卷草串珠纹户枢二、卧兽门枕石二构成。该墓墓室由于破坏严重，仅出土少量陶俑、石墓志。据墓志可知墓主为隋尚书驾部郎徐敏行，该墓为徐敏行夫妇合葬墓。绘画内容可分两部分。一是穹顶的星象图，分东方星、日图，西方星月图，南、北方星辰图。二是墓壁及门洞壁图，北壁画有主题内容《徐侍郎夫妇宴享行乐图》、西壁《备骑出行图》、东壁《徐侍郎夫人出游图》、南壁绘持剑武士图。门洞内侧左右绘小吏、侍从图，外侧左右绘司阍图。虽然该墓出土器物较少，但墓室壁画是隋代首次发现，填补了当时隋墓壁画的空白，对研究隋代绘画艺术具有重要价值。

1970年、1971年，在工矿部门和中国科学院考古研究所的支持下主持发掘了邹县明朱檀墓。发掘揭露了鲁荒王墓基本墓葬结构，为带长墓道的前后双室墓，墓葬整体"T"字形，共两道墓门，由石筑而成，墓室由砖砌，两室均为小砖券顶。前后室出土随葬品1100余件（组），包含冠服类、琴棋书画、文房四宝类、葬仪品类、家具类、其他生活用具类等。[②]该墓出土的文物全部入藏山东省博物馆，其中九旒冕、妆金龙袍、天风海涛琴、葵花蛱蝶扇、镶宝石金带饰等珍贵文物均为绝无仅有的珍宝。整个墓的结构、葬制、陪葬品为研究明初诸侯王等级丧葬习俗及明初政治、经济、文化提供了宝贵材料。

三、小结

20世纪50—70年代是山东省博物馆建馆初期，也是山东考古的快速发展期，山东省博物馆积极承担起考古发掘与文物保护的重任，调查发掘上以抢救性为主，兼顾主动性发掘，在学术上也走上自主发展道路。在龙山文化基础上，发现和发掘了大量大汶口文化遗址，确立了大汶口文化与龙山文化的继承关系，

---

① 山东省博物馆：《山东嘉祥英山一号隋墓清理简报——隋代墓室壁画的首次发现》，载《文物》1981年第4期。

② 山东省博物馆：《发掘明朱檀墓纪实》，载《文物》1972年第5期。

延伸了山东新石器文化的时间轴线。作为山东历史时期最具代表性的发现，汉代画像石墓数量丰富，内容精彩，雕刻技法多样，对历史考古尤其美术考古意义重大，为日后学术研究打下良好的材料基础。临淄齐国故城、曲阜鲁国故城的系统调查为大遗址的调查、保护提供了经验。除了系统调查与发掘，对遭受破坏已经缺失了原始层位的器物进行了抢救性清理，并做了简要报道与器物研究①，最大可能地保留了资料。同时逐步培养起课题意识与学术思维，研究课题不断拓展，除对发掘材料深入研究外，将视野拓宽至造像、钱币、砚石、文房等领域，培养了一批优秀考古人才，如古钱币学家朱活，古文字学家王恩田，考古学家张学海、郑笑梅，汉代画像石专家蒋英炬等，发表学术成果如《试论我国古代货币的起源》②、《关于我国古代贝币的若干问题》③、《值得研究的我国古代钱币》④、《汉四铢半两阴文铜范》⑤等，涉及我国古代钱币起源、使用、铸造、商业发展、经济交流等诸多问题。

（撰稿：胡秋莉、王玙）

①　山东省博物馆：《山东长清出土的青铜器》，载《文物》1964年第4期；王思礼：《东平县宿城出土虎符五件》，载《文物》1959年第9期；山东省博物馆：《山东省莱芜县西汉农具铁范》，载《文物》1977年第7期。

②　朱活：《试论我国古代货币的起源》，载《文物》1958年第8期。

③　朱活：《关于我国古代贝币的若干问题》，载《文物》1959年第6期。

④　朱活：《值得研究的我国古代钱币》，载《文物》1957年第12期。

⑤　朱活：《汉四铢半两阴文铜范》，载《文物》1959年第3期。

第三章 奋楫笃行：1979—2009年

改革开放后，山东省博物馆在藏品保管、陈列展览、文物保护、科学研究、社会教育等方面步入良性发展的轨道，呈现出一派欣欣向荣的新气象。随着山东文化事业不断发展繁荣，省委、省政府决定建设一座新的博物馆。新馆选址确定在千佛山北麓，征地50亩，于1991年8月1日正式奠基，1992年10月主体工程落成。主体建筑占地34000平方米，建筑面积21000平方米，跻身当时国内大型博物馆行列，山东省博物馆迎来了全新的发展时期。依托齐鲁大地得天独厚的文化底蕴，山东省博物馆成为山东省文物工作与社会交流的重要窗口，在推动山东乃至全国的文物博物馆事业发展方面发挥了积极作用。

第一节 正本清源

一、机构设置

党的十一届三中全会之后的十余年间，山东省博物馆进入一个恢复性发展的过渡阶段。1978年7月，山东省博物馆革委会被撤销，恢复馆长领导制。1979年，山东省博物馆设办公室、自然部、陈列部、群众工作部、文物保管部、考古部、文物管理部。1980年9月，考古部、文物管理部划出单独建制成立山东省文物考古研究所。1981年，山东省博物馆增设保卫科。至1991年，山东省博物馆机构设文物保管部、历史陈列部、群众工作部、自然部、技术部、资料室、研究室、办公室、政工科、保卫科10个部门。

二、藏品管理、保护与征集

随着对何为现代化博物馆、如何建设现代化博物馆等核心问题认识了解的逐步加深，山东省博物馆的百余位从业人员在这十多年间，按照专业规范标准做好文物藏品管理保护修复工作，并制定内部工作办法，协同全省博物馆行业开展藏品文物研究、博物馆学研究工作。

（一）藏品管理

1982年，我国颁布新中国成立后第一部《中华人民共和国文物保护法》。随后，文化部于1986年、1987年相继颁发《博物馆藏品管理办法》《文物藏品定级标准》，这都为我国文博行业的藏品文物管理等基础核心业务的规范化发展提供了法律保障和工作指南。据此，山东省博物馆陆续制定《山东省博物馆藏品保管试行办法》《山东省博物馆文物保管部工作人员职责》《山东省博物馆文物保管部文物安全制度》《山东省博物馆保管部文物安全措施》，加强馆藏文物保管保护工作的规范性。同时，还对藏品文物、自然标本等予以明确分类，具体如下。

第一类，自然部分。

金属矿物、非金属矿物、矿床标本、火成岩、沉积岩、变质岩、其他、古生物化石、植物、动物。

第二类，历史部分。

（1）历史文物：石器、玉器、陶器、砖瓦、瓷器、铜器、其他金属、甲骨、骨角、石刻、雕刻、漆器、织绣、印章、钱币、书画、杂项、历史资料、民俗器物。

（2）山东出土文物，除集体文物及民俗家具两类外，全与历史文物分类相同。

（3）革命文物：文件、宣传品、票据、货币、证件、纪念品、旗帜、印信、报纸、杂志、书籍、照片、手迹、服饰、用具、器械、战胜品、集品、其他、反革命资料。

第三类，社会主义建设部分。

（1）文献资料：文件、通知、指示等；图表、挂图；信件、大字报、喜报；奖状；挑应战书、合同；规章制度；其他。

（2）实物：印信、证件；票样、收据、账目；陶瓷器；玻璃器料；木器；铁器；纺织品；纸张、印刷品；绘画、雕刻；生活用品；旗帜；其他。

（3）图片：工业、农业、手工业、商业、政治、文教卫生、其他。

（4）标本模型。

（二）藏品保护修复

山东省博物馆建馆初期设立专门机构和人才队伍集中解决馆藏珍贵文物的保护修复难题。1979年，山东省博物馆成立古陶研究工作室，重点研究课题之一是大汶口—龙山文化黑陶的制作方法。钟华南采用实验考古方法，经过数年努力，进行了200多次试验，终于完成了大汶口—龙山文化蛋壳黑陶制作工艺的研究。所复制的蛋壳黑陶，在造型、颜色、厚度、光泽等方面均接近出土原物。苏秉琦先生对此评论道："山东大汶口—龙山文化的黑陶，可能是中国原始文化中产生的几大陶系中工艺水平最高、影响最大的一支。因此，对它应用实验手段取得突破性成果，具有典型意义；对于我国实验考古学的发展，将会起到推动作用。"

1979年，国家文物局文物保护科学技术研究所的专家胡继高来山东省博物馆指导银雀山汉墓竹简脱水试验，使用醇—醚乳香胶透浸工艺。脱水后的竹简字迹清楚，收缩率小，竹简色泽较浅，接近原色。国家文物局文物保护科学技术研究所《关于山东临沂银雀山西汉竹简脱水试验的鉴定意见》肯定试验是成功的。

1981年10月，在国家文物保护科学技术研究所的指导和参与下，山东省博物馆以分段分层粘揭并采取考古复原与文物修复相结合的方法揭裱金雀山汉墓帛画，取得成功。经上级主管部门批准，此画由我馆珍藏。

（三）藏品征集

这期间，山东省博物馆通过移交、调拨、考古发掘等形式，开展了藏品征集工作。1981年9月，在沂源县土门镇骑子鞍山发现一个残破的人类头骨化石。11月27日，孟振亚向馆领导汇报沂源猿人化石发现情况：先后发现7枚猿人牙齿、2块眉嵴、1块肱骨的下半段、1个股骨头和1块肋骨头，同时还发现猿人伴生的10余种哺乳动物化石。在北京大学考古专业的协助下，经过初步观察研究，认为沂源猿人与北京猿人相近，其时代应属更新世中期，距今50万—40万年，这一重大发现在山东省内是第一次。"沂源猿人"的发现是迄今山东地区古人类化石材料中最完整的，具有重要学术价值。经上级主管部门批准，沂源猿人头骨化石入藏山东省博物馆。1982年1月26日，山东省文物总店移交馆藏文物98件。1987年4月13日，陈梗桥经手征集的民国镌刻《出师表》共8块运抵库房。1988年，新藏文物50余件，自然标本166件。

在1954年建馆之初的文物藏品基础上，经过30年的不懈努力，通过广泛的文物征集、全面的文物普查和有计划的考古发掘工作，山东省博物馆藏品种类不断丰富，藏品数量不断增加。史前部分有距今四五十万年的沂源猿人头盖骨和牙齿化石。新石器时代大汶口文化、龙山文化藏品丰富，收藏有大汶口文化精美的骨雕筒、彩陶器和龙山文化蛋壳陶，其中龙山文化蛋壳陶胎壁薄如蛋壳，制作精美，为国内稀有。商周时期文物也是山东省博物馆馆藏特色之一，商代亚醜钺、商代举方鼎、西周颂簋、西周裸人铜方奁代表了馆藏商周时期青铜器的水平；馆藏殷墟甲骨数量众多，内容丰富，流传有序，是研究商代历史的重要资料。1976年入藏山东博物馆的临沂银雀山汉墓出土的竹简，其内容包含《孙膑兵法》与《孙子兵法》等，解开了历史上关于孙子和孙膑其人其书有无的千古之谜，被列为"新中国三十年十大考古发现"之一。山东地区的汉代画像石资料十分丰富，山东省博物馆陆续收藏了一批艺术价值和历史价值颇高的精品。服饰以明鲁王朱檀墓出土和孔府旧藏为主，不仅等级较高，而且保存良好，特别是孔府旧藏的明清衍圣公官服，更具有"天下第一府第"的特殊地位，弥足珍贵。书画中则不乏汉代帛画、隋代壁画、唐代敦煌写经、宋元书画等精品。

三、文物研究

（一）考古发掘报告

1978—1991年，山东省博物馆整理了多部考古发掘报告，共发表、出版情况统计如下：

表3-1 1978—1991年山东省博物馆整理发表、出版考古发掘报告统计表

发表时间	名称	期刊/出版社
1978年	《发掘茌平尚庄遗址》报告	《文物》第4期
1979年	《清理平度隋代木船》	《考古》第2期

发表时间	名称	期刊/出版社
1979年	《三十年来山东省文物考古工作》	文物出版社
1980年	《山东长清岗辛战国墓》	《考古》第4期
1981年	《发掘烟台白石村遗址》	《考古》第2期
1981年	《清理嘉祥英山隋墓》	《文物》第4期
1982年	《发掘高唐金虞寅墓》	《文物》第1期
1984年	《发掘临淄辛店北朝崔氏墓地》	《考古学报》第2期
1984年	《发掘沂水刘家店子春秋墓》	《文物》第9期
1985年	《邹县野店》	文物出版社
1987年	《发掘莒县陵阳河和大朱村遗址》	《史前研究》第3期

（二）文物研究成果

1954年建馆之初，山东省博物馆即有历史学家、金石学家、考古学家、古文献学家王献唐，书画鉴定专家兼从事历史文物陈列的李既陶、杜明甫、关天相，书画鉴定专家兼从事保管工作的盖子逸。自然方面，有生物学专家徐眉生、王绪，地学专家南玮君。还有绘制临摹专家吴天墀，标本模型专家王因陈、董典之、孟振亚、刘天恩、牛仲山，青铜器修复专家潘成琳，陈列形式设计专家潘玉麟，摄影暗房技术专家冀刚等。20世纪80年代至90年代初，上述专家中的不少人仍为山东省博物馆核心业务的主要力量，他们或是基于对馆藏特色文物的深入研究，或是基于对长期业务实践的经验总结，或是基于对自然历史、传统文化学术前沿的追踪把握，接续推出具有重要影响力的权威论著。这些学术研究论著之中，多项成果代表同时期国内同类研究领域的较高水平，具有全国性影响力。

此外，1986年2月，《中国钱币大辞典》编纂委员会聘请朱活为委员，并兼先秦卷主编。同年3月5日，国家鉴定委员会在京成立，委员会由文化部聘请的54位委员组成，主任委员启功，副主任委员史树青、刘巨成。朱活被聘为委员。

表3-2 1978—1991年山东省博物馆文物研究出版统计表

论著名称	著者	获奖情况
《看革命文物，学光荣传统》	山东省博物馆	
《中国古代钱币通考》	王献唐遗著	
《山东汉画像石选集》	山东省博物馆 山东省文物考古研究所	1986年10月获山东社会科学研究优秀成果二等奖
《曲阜鲁国故城》	山东省博物馆 山东省文物考古研究所 济宁地区文物组　曲阜县文管会	1986年10月获山东社会科学研究优秀成果二等奖
《双行精舍书跋辑存》	王献唐遗著	1986年10月获山东社会科学研究优秀成果三等奖
《古钱新探》	朱活	1986年10月获山东社会科学研究优秀成果一等奖
《那罗延室稽古文字》	王献唐遗著	
《炎黄氏族文化考》	王献唐遗著	
《五镫精舍印话》	王献唐遗著	
《书法源流概况》	陈梗桥	
《山东史前陶器图录》	杨子范	
《〈装潢志〉标点注译》	杨正旗	
《山旺昆虫化石》	张俊峰	山东省自然科学理论二等奖
《古代书法欣赏》	陈梗桥	

四、陈列展览

（一）国内陈列展览

1978年5月，在全国省市自治区博物馆工作座谈会上，山东省博物馆以"搞好基本陈列，适应战略转移"为题做正式发言。其后十余年间，山东省博物馆各项业务均以山东大地的时间和空间做文章：以山东良好的自然环境、丰富的自然资源、悠久的历史文化、光荣的革命传统和新中国建设成就为基础，通过自然和人文、物质和精神、时间和空间等纵横交错的多个方向，明确展览目标任务，即全面系统地了解山东、掌握山东、研究山东、表现山东、宣传山东。其中，地志陈列是其主要标志，是揭示山东地区自然、人文和现状的"百

■ 图 3-1-1　观众参观

■ 图 3-1-2　观众踊跃参观

■ 图 3-1-3 　日本文化代表团来馆考察交流

科全书"。在改革开放的新时期，地志陈列对内起着爱家乡、爱祖国的社会教育作用，对外起着交流合作的窗口作用，具有十分重要的社会价值。

据不完全统计，从1978年至1991年，山东省博物馆共举办临时展览近40次。按照展览主题内容及其作用影响大致可以分为以下三类。

第一，旗帜鲜明讲政治，为四化建设凝心聚力。1978年3月，山东省博物馆举办纪念周恩来诞辰80周年图片展，一个月接待观众65945人次。为深入贯彻党的十一届三中全会精神，1978年12月，山东省博物馆举办纪念毛泽东诞辰85周年图片展览。该展览在《大众日报》发简讯一则、广告一幅。此外，在庆祝新中国成立35周年、纪念抗日战争和世界反法西斯战争胜利40周年等重大历史节点，山东省博物馆适时举办"山东文物汇展""山东人民八年抗战展"等展览，铭记近代中国遭受的苦难，提振全省人民投身社会主义现代化建设的干劲。

第二，尝试挖掘馆藏资源，推出多种专题展览。20世纪80年代，中国政治、经济、社会、文化等各个方面都开始发生巨大的变化，山东省博物馆立足自身藏品特点，先后推出"沂南汉墓画像石拓片展""造像艺术品展""馆

■ 图 3-1-4 "山东古代艺术珍品展"开幕式

■ 图 3-1-5 观众参观

■ 图 3-1-6 观众参观"日本挂历展"

藏清代书画展""山东古代艺术珍品展""山东民俗民间艺术展""馆藏古代陶瓷和清代书画展""珍稀野生鸟类标本展",为人民群众提供丰富多样的文化服务。

　　第三,连接国内外博物馆同行,促进展览内容形式创新。改革开放初期,山东省博物馆积极响应国家政策,联合文物出版社、香港三联有限公司,承办"中国文物立体摄影巡回展",包括文物精华和中国青铜艺术,共100幅。同时,又引入"新疆古尸展""贵州酒文化与蜡染文化展"等国内其他省份富有地域特色的考古发现展览、民族民俗展览,建立与国内同行之间的交流。此外,还承办法国国立自然历史博物馆主办的"性的自然发展史展览"以及"日本挂历展"。值得注意的是,相较同时期以历史文化为主要内容的中外文化交流,山东省博物馆从法国引入的自然科普类展览,显得尤为特别。

表3-3　重点陈列展览汇总表

时　间	展览名称
1978年	纪念周恩来诞辰80周年图片展 纪念毛泽东诞辰85周年图片展览
1979年	张彦青、刘鲁生山东革命纪念地写生国画展
1980年	山东文物考古新成就及珍藏文物展览 沂南汉墓画像石拓片展览 古代乐器展览 造像艺术品展览
1981年	馆藏清代书画展 中国文物立体摄影巡回展 纪念建党60周年——艰苦历程（山东党史部分资料）展览 新疆古尸展览 性的自然发展史展览
1982年	省文物总店移交馆藏文物展览 馆藏古代陶瓷 清代书画展
1983年	人体构造与优生畸胎展览 山东古代史陈列（原始社会部分） 八十年代新雷锋、优秀共青团员张海迪事迹展 毛泽东图片和手迹展
1984年	原始社会的山东　山东文物汇展
1985年	山东人民八年抗战
1987年	迎春邮展　山东古代艺术珍品展
1988年	山东民俗民间艺术展 贵州酒文化与蜡染文化展
1989年	日本挂历展 珍稀野生鸟类标本 山东文物精华摄影 馆藏现代名人书画 山东盆景优秀作品
1990年	王仲武书法篆刻展 历代名家"马"的绘画展 中国文物界书画展
1991年	孔子文化大展 济南市九三学社社员书画展

（二）对外文化交流展览

1972年9月27日，日本首相田中角荣访华，中日双方于29日发表《中华人民共和国政府和日本国政府联合声明》，宣布建立外交关系，标志中日关系进入新阶段。1979年12月，两国签署《中日文化交流协定》，确定了发展两国文化、教育、学术、体育等方面交流的目标。

山东省凭借独特地理位置、悠久历史文化、丰沃文化遗产，成为我国对外开放的重要桥头堡。1986年4月25日至10月12日，山东省在日本山口县、东京、大阪等多地举办"大黄河文明源远流长——山东省文物展"。这是山东省在国外举办的第一个大型文物展览，山东省博物馆负责展览策划协调、展品借调、保管以及陈列展览等工作。该展览从新石器时代北辛文化到明代初期，分四部分讲述山东地区的历史文化，即黄河与农耕文化、齐鲁故国和青铜器（商至战国时代）、画像石和秦汉时代的文化、中国艺术发展时期（三国至明代），共展出文物100件（套）以及复制品84件。在山口县立美术馆展出45天内，日参观人数最多为8369人，平均日参观人数为3307人，总参观人数15万人，这个数字超过山口市民总数（12万人），创造了日本西部地区展览的最高纪录，同时也是《朝日新闻》西部本社所办各种展览的最高纪录。该展在日本三地展出134天，共接待观众26万人次。

同年5月19日，为纪念中日文化交流协会成立30周年，山东、山西、河北、河南、陕西、甘肃、青海等沿黄7省的文物部分联合在日本东京国立博物馆举办"黄河文明展"，展出文物包括7省的出土文物和馆藏文物，共计136件，其中30余件来自山东省，占展出

■ 图3-1-7 "大黄河文明源远流长——山东省文物展"海报

■ 图 3-1-8 朝鲜代表团在山东省博物馆参观

■ 图 3-1-9 中国台湾地区学者在山东省博物馆参观

文物总数的五分之一多，主要包括大汶口文化和龙山文化的白陶和黑陶器，齐、鲁故城出土的铜器、玉器及汉画像石等。山东省博物馆负责了山东部分的展览工作。

此外，这一时期山东省博物馆还与美国、法国、南斯拉夫、朝鲜、德国等多个国家和地区的文物学者进行文化交流活动，弘扬和传播了齐鲁博大精深的文物文化。开放的国际文化交往，让我馆工作人员有机会接触、了解当时国际博物馆事业的发展状况，学习、吸收博物馆展览、教育等核心业务的实践经验。

（撰稿：张俊龙）

第二节　平稳发展

改革开放后，特别是20世纪80年代至90年代，中国博物馆事业迎来一个发展高峰。山东省博物馆原馆舍无法满足现代化展览的陈列要求，文物库房面积较小，藏品保存环境急需改善。1989年，建设山东省博物馆新馆提上了议事日程。1990年，在山东省政府的直接关怀下，山东省博物馆新建馆址确定在千佛山北麓，征地约50亩，于1991年8月1日正式奠基。1992年10月24日，新馆主体工程落成。1994年4月29日，正式对外开放。主体建筑占地34000平方米，建筑面积21000平方米，其中陈列面积12000万平方米，包括陈列楼、文物藏品楼、办公楼等一组完整的建筑，建筑采用现代

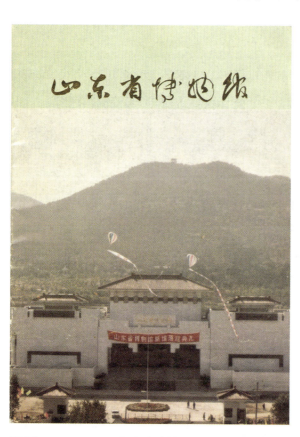

■ 图 3-2-1　1992 年山东省博物馆新馆宣传册

■ 图 3 - 2 - 2　山东省博物馆千佛山馆陈列楼

化的装饰与古典传统的庑殿顶建筑相
结合的风格，宏伟典雅、气派稳重。
馆舍面积与展馆设施在同时期全国新
建博物馆中位居前列，成为全国新一
轮博物馆建设的引领者。

一、机构设置

至2009年，山东省博物馆机构设
文物保管部、陈列部、自然部、宣传
教育部、考古研究部、文物保护部、
文物资料信息中心、文物鉴定办公
室、物业管理部、办公室、政工科、
保卫部、经营部13个部门，保证博物
馆的正常运行，同时承担着向世界宣
传山东、介绍山东博大精深的齐鲁文
化的重任。

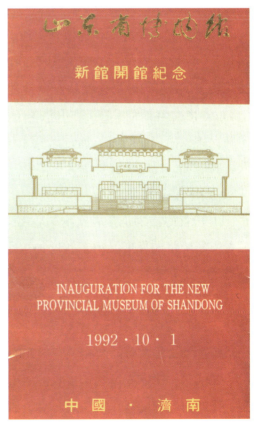

■ 图 3-2-3　山东省博物馆千佛山馆开馆纪
念册

二、藏品管理与征集

（一）藏品管理

山东省博物馆是山东省文物及自然标本的收藏中心，馆藏历史文物11万余件，自然标本8000余件，以陶瓷器、青铜器、甲骨文、陶文、封泥、玺印、简牍、汉画像石、书画、善本书的收藏见长。馆藏文物居全国第七位，一级藏品居全国第四位。

1998年，山东省博物馆库房搬迁至千佛山新馆后，文物存放条件极大改善，面积显著增加。文物保管专用库房总面积约为3000平方米，有535个（组）文物橱柜。山东省博物馆严格执行《博物馆藏品保管试行办法》的各项规定，加强藏品的科学保管工作，将馆藏文物分为二十七大类，按照文物质地进行分类存放。文物库房安装、配备和使用温度监测仪、湿度监测仪、防紫外线措施、防虫措施、消毒杀虫设施、火灾自动报警系统、自动灭火系统、库房监控报警系统。

为了更好地做好文物的保管工作，山东省博物馆1993年修订了《藏品入库须知》《保管部工作人员职责》，2000年、2006年修订了《文物保管部工作人员职责》《山东省博物馆藏品安全管理制度》《文物库房楼安全管理暂行规定》《山东省博物馆藏品保管工作办法》。此外，还制定《山东省博物馆应急预案》，明确灾害预防应急措施，通过不断完善各种规章制度，进一步明确了文物保管人员的职责，规范了文物保管工作中的各个重要环节。

（二）藏品征集

山东省博物馆是全省文物的收藏中心，藏品数量占全省总量的四分之一。随着市场经济的发展，山东省博物馆藏品征集的途径随之拓宽，藏品范围越来越宽泛。山东省博物馆以完善藏品体系、拓展展览历史空间、服务社会公众为藏品征集工作方针，1992—2009年通过考古发掘移交、公安局和海关等部门移交、定向征集收购、个人捐赠等途径征集青铜器、玉器、瓷器、书画、壁画、民俗等各类文物、藏品及相关资料7000余件（组）。

2000年，山东省博物馆接收济南市海关移交文物400余件，包含新石器时代到汉代的石器和陶器，宋、元、明、清时期钱币，以及民国时期的民俗文物等；2003年，接收济南市公安局移交的洛庄汉墓特大盗窃、倒卖文物案追回文物10件，其中国家一级文物4件、二级文物3件、三级文物3件；2007年，山东省东平县汉代墓室在发掘过程中发现墓葬中的彩绘壁画非常精美，色彩鲜艳，具有重要的保存研究价值。山东省文物局责成山东省博物馆成立了东平壁画保护小组，开辟具有恒温恒湿功能的专用库房进行抢救性保存保护。该壁画造型比例匀称，线条简练流畅，形态生动逼真，反映出汉代画匠高超的艺术水准和绘画技巧，是山东迄今发现年代最早、保存最完好、艺术水平最高的壁画，填补了山东省汉代考古空白。2008年，山东省博物馆接收日本美秀博物馆赠还东魏蝉冠菩萨立像。东魏蝉冠菩萨立像于1994年被违法贩卖出境，1995年日本美秀博物馆花巨资从英国将其购得，入藏美秀博物馆。后经证实该件菩萨像为被盗中国文物，经过多方交涉，美秀博物馆最终无偿归还佛像，入藏山东省博物馆。这是日本返还中国被盗流失文物的第一案，也是迄今为止中日两国文物收藏单位之间成功解决文物返还争议的经典案例。

2005年，山东省委、省政府提出建设文化强省的目标。2007年12月29日省博新馆奠基，2008年4月开工建设。为了创建国内一流的省级博物馆，2007—2009年，山东省博物馆开展了集中的文物征集工作。征集工作以丰富馆藏类别、充实新馆陈列为工作思路，确定征集工作的重点，多中

■ 图3-2-4　汉代东平墓室彩绘壁画

■ 图3-2-5　东魏蝉冠菩萨立像

取精，少中补缺。通过多种渠道，多方努力，征集各类文物、藏品及相关资料6000余件（组）。

三、陈列展览

山东省博物馆经过多年的事业发展，陈列展览工作在展陈体系规划、策展制度构建、展览设计提升、国际展览交流合作、展陈人才队伍培养等多方面，开展了创新性探索，取得了巨大成果。

1992年10月24日，山东省博物馆新馆陈列楼落成剪彩。同日开放"齐鲁文化风采""馆藏古代书画""山东古生物化石""恐龙化石"4个基本陈列展览。1994年4月29日，山东省博物馆新馆正式对外开放。自此构筑了历史陈列和自然陈列两大部分为基本陈列，不仅有主题和展品相对固定的基本专题陈列，也有定期更换的临时展览的陈列体系。历史陈列包括："齐鲁文化风采展""明代大型战船""明鲁王朱檀墓出土文物展""馆藏书画展""近代的山东"；自然陈列包括："山东古生物化石""珍稀动物标本""恐龙化石"等陈列展览。展出历史文物与自然标本3000余件，具有浓郁地方特色，展示了山东地区悠久的历史文化和自然风貌。其中，"齐鲁文化风采展"按照时代发展主脉络，分为第一展厅（远古—汉）、第二展厅（三国—清）两个部分，展出文物以省博物馆馆藏精品和1980—1990年出土的珍品文物为主，共540余件，展览面积1000平方米。通过复原陈列、声光电技术、现场展示展演等现代形式，生动、形象、概括地展示了山东灿烂的古代历史文化，再现齐鲁文化源远流长的风貌。

1995年5月，山东省博物馆被中共济南市委、济南市人民政府命名为济南市爱国主义教育基地。围绕爱国主义教育这一主题，先后举办了"近代的山东""东方巨人毛泽东""山东人民八年抗战"三个专题展览。同时引进"历史不会忘记""孔繁森同志事迹展览"等展览。"东方巨人毛泽东"后赴泰安、聊城、济宁等地巡回展出。"山东人民八年抗战"展览以馆藏革命文物和历史文献资料为主，辅以雕塑、油画、图表。分为"燃起抗日烽火""山东抗日根据地的创建""排除万难　坚持抗战、壮大人民力量　夺取抗战胜利"四个展陈部分。展览通过文物、图表、绘画的科学组合，声、光、电等艺术手段，渲染陈列主题气氛，增加了展览的感染力。该展览荣获山东省文化厅"纪念世界反法西斯战争和中国人民抗日战争胜利50周年"优

■ 图3-2-6 "恐龙化石展"场景

秀展览称号。

这一时期山东省博物馆陈列展览在数量、质量上有了突飞猛进的发展，展陈内容极大丰富，展陈形式日益先进，展陈服务水平逐步提升。依托馆藏文物优势，积极举办馆藏专题文物陈列展览。同时加强馆际交流，采用"请进来，走出去"的办展

■ 图3-2-7 "山东人民八年抗战"展览宣传册

方式，举办各类临时专题展览，极大丰富了博物馆的陈列内容，满足人民群众精神文化需求。

2003年，山东省博物馆联合山东省文物考古研究所推出了"考古新发

■ 图 3-2-8　"考古新发现——山东省重大考古新发现成就展"场景

现——山东省重大考古新发现成就展"。展览汇集了1993—2003年山东省多项重大考古发现出土的珍贵文物，从新石器时代到宋代的出土文物700余件，分别来自章丘西河新石器时代遗址，章丘城子崖龙山文化、岳石文化遗址，邹平丁公龙山文化遗址，章丘洛庄汉墓陪葬坑和祭祀坑遗址，青州龙兴寺佛教造像窖藏等10多项考古新发现成果，这些文物精品大多是首次面向社会展出。展览突破"教科书式"和"罗列式"呆板的陈列艺术设计，力求达到内容与形式的完美统一，既是对十几年来我省重大考古成果的回顾，更是灿烂的齐鲁文化面向公众的一次集中展示。展览由中国网通集团山东分公司冠名协办，开拓了省内商业行为介入文物陈列展览的先河。该展览获得2003年度山东省优秀陈列展览一等奖。

2004年8月，为纪念建馆50周年，山东省博物馆联合陕西秦始皇兵马俑博物馆举办了"秦始皇兵马俑大型国宝文物特展"。展览展出文物85件（组），其中兵马俑17件，秦俑坑中出土的青铜兵器10余件，秦陵考古新发现的青铜鼎、百戏俑，以及秦陵周围出土的各类文物精品等。展览采用了半裸式展台设计，辅以展板说明及滚动播放的纪录片，详尽介绍秦代历史和兵马俑的制作过程。展览期间日客流量超过5000人，为了使观众有良好安全的参观环境，采取分时段限制观众流量的做法，这在山东省博物馆的办展史上还是首次。

2006年6月，为配合山东国际文化产业博览会，山东省博物馆联合故宫博物院举办了"故宫珍宝——清代帝后御用金银器特展"，难得一见的故宫珍宝让观众领略到了民族艺术品的独特魅力，在济南掀起空前的参观热潮，也为"2006山东（国际）文化产业博览会"营造出浓郁的文化氛围。

2007年，山东省博物馆举办了我省历史上规模最大、汇集精品文物最多的文物展览"山东文物精品大展"。展览汇集全省35家收藏单位的文物藏品1956件，以时代顺序为主线，展出的文物精品上溯距今8000余年的新石器时代、下迄明末清初，分为石刻文物、古代书画等7个展厅，展览面积达4000平方米。

2008年6月14日，为了迎接博物馆免费开放的利民举措，山东省博物馆举办了山东省博物馆及全省博物馆、纪念馆免费开放启动仪式暨"改革开放三十年——山东考古成果展"开幕式，并宣布对外免费开放。这标志着以山东省博物馆为龙头的全省26家博物馆从2008年6月14日率先向社会免费开放，其他博物馆、纪念馆待条件成熟后，将陆续向社会免费开放。"改革开放三十年——山东考古成果展"从不同侧面向社会展现了改革开放30年来山东考古发掘与科学研究工作取得的成果，共计展出2000余件文物，涉及45处遗址或墓葬发掘项

■ 图3-2-9 2008年6月14日起山东省博物馆免费开放

目，其中有13项曾获得当年的全国十大考古新发现。展览包括三部分，分为3个展厅，即"文明之光""齐鲁风采""汉魏辉煌"。同时，新办"明清官窑瓷器展"，改造原有的"明代漕船展""书画精品展""石刻艺术展""古生物化石展""恐龙化石展""动物标本展"等。

■ 图 3-2-10　观众参观 "文明之光" 展览

■ 图 3-2-11　"汉魏辉煌" 展厅场景

■ 图 3-2-12 "明清官窑瓷器展"场景

表3-4 重点陈列展览汇总表

时　间	展览名称
1992—1994年	齐鲁文化风采展 明代大型战船展 明鲁王朱檀墓出土文物展 馆藏书画展 山东古生物化石展 珍稀动物标本展 恐龙化石展
1995年	近代的山东 东方巨人毛泽东 纪念抗日战争暨世界反法西斯战争胜利五十周年——山东人民八年抗战展 孔繁森同志事迹展览
1996年	纪念中国共产党建党七十五周年暨中国工农红军长征六十周年——红军长征大型图片展
1997年	山东省文博系统书画大展
1998年	珍爱生命　远离毒品特展 纪念周恩来诞辰100周年特展 原始人风情展 国际礼品展

时 间	展览名称
1999年	庆祝建国五十周年山东文物精品展
2000年	石刻艺术展 西汉王陵——长清双乳山济北王陵出土文物展 宋元明清青铜艺术展
2001年	齐鲁瑰宝展 庆祝建党八十周年——山东革命文物展 神奇的古墓——长沙马王堆文物展 中国命运的决战 崇尚生命 反对邪教展
2002年	勿忘国耻——圆明园回归国宝展 黄一鸣与汉光书道学会书法展 浮士绘版画作品展 德国巴伐利亚州摄影图片展
2003年	东方神韵——青州龙兴寺佛教造像文物展 考古新发现——山东省重大考古新发现成就展
2004年	血染的丰碑——上饶集中营革命斗争事绩展 秦始皇兵马俑大型国宝文物特展 庆祝新中国成立55周年美术书法摄影文物展
2005年	道川省三——日本陶艺展 纪念抗日战争胜利暨世界反法西斯胜利60周年美术书法摄影革命文物展 金尊美酒·骏马天骄——内蒙古古代酒文化展
2006年	故宫珍宝——清代帝后御用金银器特展 霓裳银装——贵州少数民族服饰展 陶与瓷
2007年	山东文物精品大展 新文人书画展 呼吸·山东当代艺术大展 于希宁画展 日本三轮修雪展

时　间	展览名称
2008年	山东省博物馆及全省博物馆、纪念馆免费开放启动仪式暨改革开放三十年——山东考古成果展 纪念中国山东省——法国布列塔尼大区建立友好关系二十周年——布列塔尼画家的世界 艺冠中外——吴冠中艺术展 悲鸿走天下——徐悲鸿经典作品山东特展 明清官窑瓷器展 抗震救灾新闻图片展
2009年	独坐幽篁里 弹琴复长啸——山东省博物馆珍藏竹绘画展 永恒的奥林匹克精神——2008北京奥运会文物展 山东省庆祝新中国成立60周年书法美术摄影文物展 山东北朝佛教刻经拓片展 魏启后书画数字展览馆会员藏品展 精神家园——中国著名山上画家十人展 齐风鲁韵雕塑展 千年佛迹——神通寺佛教造像油画展 大师星座——季羡林、任继愈百家肖像书画展

四、文化交流

随着我国文化事业的繁荣发展，国内外文化交流活动日益频繁，山东省博物馆承办了多项国家文物局、山东省人民政府、山东省文化厅、山东省文物局主办的文化交流展览，积极打造和培育具有山东省文化特色的陈列展览，先后推出了中日文物交流展（山东文物系列展）、"孔子文化展"等文化交流品牌，获得了广泛的国际赞誉。

（一）中日文物系列交流展

这一时期，山东省博物馆继续巩固和发展与日本的长期友好文物交流合作关系，共同举办了大量文物展览并进行学术交流。先后赴日本举办"日本山口县友好15周年纪念展览——中国仙人之故乡——山东省文物展"（1996）、"新春祈福——中国山东省木版年画展"（1997）、"中国·山东省的至宝展"（1998）、"神秘的王国展"（1998）、"黄河酒神展"（1999—2000）、"山东瓷器的诞生"展（2000—2001）、"王车的辉煌——长清双乳山汉墓出土文物展"（2001）、"原

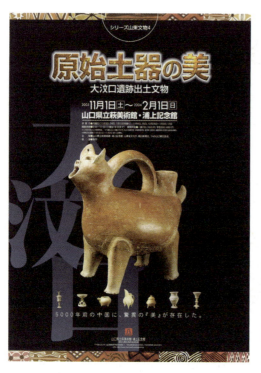

■ 图 3-2-13　"原始陶器之美"展览海报

■ 图 3-2-14　"中华之耀——山东古玉器展"展览海报

始陶器之美"展（2003）、"博兴龙华寺窖藏佛像展"（2004）、"镜中的宇宙"展（2005）、"东方遥远异乡展"（2006）、"山东省佛教美术展"（2007）、"中华之耀——山东古玉器展"（2009）。

（二）孔子文化系列展

"孔子文化系列展"是山东着力打造的对外文物交流品牌。1992年、1994年，山东省博物馆参与国家文物局主办的赴日本、意大利的"孔子展"。1995年、2002年，由山东省文化厅、山东省文物局主办，山东省博物馆承办了赴中国台湾地区的"永远的孔子"展。2003年10月，"孔子文化展"作为中法文化年主要文物展览项目，山东省博物馆配合国家文物局在法国巴黎成功举办了该展览，得到了法国人民的普遍欢迎。时任国家主席胡锦涛在访法期间，由法国总统陪同参观了展览，受到了世界人民的普遍关注。2004年，"孔子文物展"赴西班牙巴塞罗那市展出；同年，赴韩国釜山举办"大国的神话——孔子文化展"文物图片及"三孔模型展"。2009年，赴美国举办"孔子文化展"。

（三）其他精品交流展览

这期间，山东省博物馆参与筹备和举办了多项精品特色交流展览，如1992

年12月至1993年3月，山东省博物馆与临朐古生物化石博物馆及云南省地质博物馆合作，赴中国台湾地区举办古生物化石展，主展品为山东省博物馆馆藏巨型山东龙化石。2002年，"德国巴伐利亚州摄影图片展"在山东省博物馆开展，该展览是纪念山东与德国巴伐利亚州结成友好关系十五周年的献礼。2003年，赴美国举办"青州出土佛像展"。2004年，山东省博物馆参与了赴美国纽约大都会艺术博物馆举办的"走向盛唐"文物展的筹展工作。2005年，赴美国纽约华美协进社中国美术馆举办"山东汉代王陵出土文物展"。2007年，与国家文物交流中心合作，参加在俄罗斯举办的中国年活动，赴圣彼得堡参与举办"中国古代艺术集萃展"。2008年，来自法国布列塔尼大区的画展"布列塔尼——画家的世界"在山东省博物馆展出，让观众近距离欣赏到了法国油画的悠久历史和艺术魅力；同年，赴澳大利亚举办"佛像遗珍展"。2009年，山东省博物馆与新加坡亚洲文明博物馆合作举办了"静界：青州佛像之宝"展。2009年9月至2010年1月，由山东省博馆承办的"青州出土佛造像展"在法国赛奴奇博物馆展出。

通过举办各项蕴含齐鲁文化底蕴的文物交流展览，山东省博物馆不断地将山东省精品文物推向世界舞台，让全世界人民走近山东文物、山东文化。同时我们引进举办的国外展览，让山东人民能够感知世界文物遗产，了解伟大的世界文明。山东省博物馆架起了世界文化与山东文化交融的桥梁。

五、公众服务与社会教育

社会宣传教育工作是博物馆三大业务之一，是博物馆事业发展不可或缺的部分。千佛山馆开馆后，山东省博物馆积极探索服务社会的新思路，以服务公众为中心，构建服务体系，完善服务机制，在人才队伍建设、公众服务、社会教育等方面取得了突破性成果。

（一）队伍建设

山东省博物馆千佛山馆开馆后，讲解员队伍得到了充实。山东省博物馆定期开展讲解员业务技能培训，选派优秀讲解员参加讲解员大赛。1992年，在山东省第一届"爱我家乡"讲解员大赛中，我馆选派的讲解员获得了第三名的好成绩。2001年，在山东省第四届"爱我家乡"讲解员大赛中，我馆选派的参赛团队1人荣获大赛一等奖、1人荣获大赛二等奖、2人荣获大赛三等奖。经过多年努力，山东省博物馆打造出一支具有扎实的专业知识、良好的职业修养、高超的讲解艺术和富有人文情怀的讲解导览团队。

（二）展览宣传

山东省博物馆围绕各类展览开展宣传教育工作，灵活多样地传播科学文化知识，积极进行思想品德教育和社会交流，为社会发展和人民群众服务，逐步形成了较为成熟的展览宣传模式。在展览策划之初即成立宣传工作组，充分调动媒体资源，从前期筹备、布展到展出，进行全方位多角度的宣传报道。如2004年"秦始皇兵马俑大型国宝文物特展"邀请齐鲁电视台、山东电视台公共频道、山东广播交通电台、《济南时报》多家媒体作为共同主办单位，全面深入地开展展览宣传，山东电视台公共频道对开幕式进行了现场直播。在此期间，山东省博物馆联合共青团济南市委、济南市关心下一代委员会、民生银行济南支行举办了弘扬传统历史文化为主题的济南市中小学生征文比赛。多项宣传举措下，展览取得了空前的社会效果。2007年"山东文物精品大展"举办过程中，联合齐鲁晚报社开设《走进山东文物精品大展之镇馆之宝》栏目；山东广播交通音乐之声为此次展览做了连续一个月的宣传报道，并在其黄金栏目《一路畅通》作了近2个小时的独家专访。

（三）社会服务

公共服务是山东省博物馆开展各项工作的出发点和落脚点。为了更好地服务社会，山东省博物馆自1996年9月1日起，推出了"双休日、节假日"对中小学生、现役军人等部分观众实行免费参观的举措。1997年6月1日起，在每月的第一个双休日对社会各界实行免费开放。为落实文化部、国家文物局《关于公共文化设施向未成年人等社会群体免费开放的通知》精神，山东省博物馆于2004年5月1日起对未成年人集体参观实行免费，并增加对大学生集体参观免费，即对大中小学生集体参观均享受免费待遇。家长带未成年子女参观的，对未成年子女免票；对持有相关证件的现役军人、老年人、残疾人等社会群体实行免票。2008年，根据中宣部、财政部、文化部、国家文物局联合下发的《关于全国博物馆、纪念馆免费开放的通知》的有关精神，6月14日，山东省博物馆正式向社会免费开放，在实现广大人民群众的文化权益和发挥公益性文化设施作用方面发挥着越来越大的作用。

（四）社会教育

山东省博物馆充分发挥社会教育职能，有计划、多形式地开展各种教育活动。通过宣传橱窗，运用图片、资料常年对外宣传我国悠久的历史、灿烂的文化以及改革开放取得的巨大成就。山东省博物馆利用重点节日、纪念日，与各有关部门密切配合，举办专题展览、学术报告会、讲座、座谈会，广泛开展爱国主义教育和革命传统教育。在教育部门、新闻单位的支持下，山东省博物馆通过知识竞赛的形式，进行知我中华、爱我中华、爱我家乡等主题教育。

积极探索馆校共建模式，推进馆校共建"第二课堂"，山东省博物馆先后与山东师范大学、山东大学、济南市舜耕中学、山东省陆军学校、济南第二中学、山东省实验中学、济南师范学校、济南市职业技术学院等大中院校共建教学基地，并在校园招募义务讲解志愿者，成立义务讲解小分队。山东省博物馆宣教部先后被评为省直机关"巾帼文明示范岗"和省"巾帼文明示范岗"。

（五）网站宣传

进入21世纪后，中国互联网用户迅速增长，网络应用逐渐丰富，山东省博物馆为了在信息时代更好的发挥社会教育功能，2003年成立了信息资料部。经过多次调研以及改版，山东省博物馆官方网站于2006年正式运行。网站以宣传齐鲁文化为宗旨，以丰富的文物资源为依托，以馆藏精品及各项业务为基础，内容丰富，更新频繁，设计精美，点击率居全国文博行业网站前列，搭建起山东省博物馆与公众交流的网络桥梁，成为山东省博物馆社会服务的一个亮点。信息部的设立以及工作职能的开展，为今后山东省博物馆网络数字化平台建设、博物馆智慧化建设等方面打下了良好的开端。

六、学术研究

山东省博物馆浓厚的学术氛围造就了许多著名的学者，发表了一批有影响的论文和专著。这一时期代表作包括：朱活《古钱新谭》《古钱新典》；蒋英炬、吴文祺、关天相《山东汉画像石选集》《山东嘉祥武氏墓群石刻研究》《汉代画像石的分布、技法与分期》；王树明《谈陵阳河和大朱村出土的陶尊文字》；关天相《英山一号隋墓壁画及其在绘画史上的地位》；王恩田《临淄国子墓和郎家墓的年代与墓主问题》《诸城凉台孙琮画像石墓考》；张俊峰《山旺昆虫化石》；郑岩《安丘董家庄汉画像石墓》《魏晋南北朝壁画墓研究》；钟华南《龙山文化蛋壳陶模拟考古试验》；周昌富《博物馆学研究》等。这些专著和论文在各自的学术领域都达到了国内、国际的领先水平。

山东省博物馆编辑出版的报告及著作还有《高凤翰书画集》《山东省博物馆藏品选》《山东博物馆通览》《山东文物纵横谈》《山东近现代画史》《中国古代书画装裱》《山东文物丛书》《山东金文集成》《山东省博物馆珍藏甲骨墨拓

集》《中国书画装裱大全》《中国音乐文物大系·山东卷》等专著和论文集以及一大批考古发掘报告。

七、考古发掘与科技保护

（一）考古发掘

2000年，山东省博物馆再次设立考古研究部，先后多次承担重庆三峡库区和山东南水北调工程的考古发掘工作。在重庆三峡库区发掘的遗址有：万州上沱口遗址、钟嘴墓群、瓦子坪遗址、糖坊墓群、黄岭嘴遗址、小窑包遗址，开县古墓岭墓群、大桥遗址、周家湾遗址、先农遗址、重庆南岸区干溪沟遗址、新二村遗址、新房后湾遗址，发掘总面积超过20000平方米，发现墓葬100余座，出土各类文物1000余件（组）。在山东南水北调工程中发掘的遗址有：梁山薛垓墓地、龙口望马史家墓地、高青胥家庙遗址、博兴墥子遗址，发掘面积9000余平方米，发现唐代大型建筑1座，墓葬180余座，出土各类文物200余件（组）。2008年，还发掘了兖州兴隆塔北宋地宫，出土一批重要佛教文物。先后发表发掘简报10余篇，完成《重庆万州上沱口遗址发掘报告》《重庆万州糖坊坪遗址发掘报告》。

（二）科技保护

随着文物科技保护在博物馆事业发展中承担着越来越重要的作用，2001年，山东省博物馆设立文物保护部，先后开展了馆藏明鲁王墓出土文物、明代护航船、馆藏墓室壁画保护工作，协助山东省文物局完成全国馆藏文物受损调查、山东青铜器保护项目等工作。同时面向市、县级博物馆开展文物藏品的保护修复和复制复原工作，其中为烟台市博物馆、蓬莱博物馆、东营博物馆、滕州市博物馆、聊城市博物馆、博兴博物馆、青州博物馆等修复、保护青铜器、陶瓷器、书画、汉代画像石、佛教造像等各类文物300余件。完成馆藏淄川清代墓室壁画的揭裱及保护工作；完成长清大街村汉代画像石墓的揭取、运输工作；完成东平汉代壁画墓的运输与保护工作；完成滨州博兴丈八佛的修复；指导并参与淄川元代墓室壁画的揭裱；参与青州龙兴寺佛造像保护工作；为济南市博物馆成功复原了长清双乳山一号汉墓出土的两辆马车，这是首次把锌青铜代替锡青铜铸造技术应用到文物复制中，也是首次把"多层板与实木粘合技术"应用到车轮的制作中，收到很好的效果，这些技术在2004年被应用到洛庄汉墓出土马车的复原工作中。

在多年的发展历程中，山东省博物馆以保护、传承和弘扬反映中华民族悠久历史和灿烂的文化遗产为己任，踔厉奋发、勇毅前行，不断推动博物馆工作再上新台阶、实现新跨越，在藏品保管、陈列展览、文物保护、宣传教育、对外交流等各项工作中均取得持续发展。2003年10月，山东省博物馆被中宣部命名为"全国爱国主义教育示范基地"。2005年，山东省博物馆被国家人事部、文化部联合授予"全国文化工作先进集体"荣誉称号。山东省博物馆充分发挥了公共文化服务和弘扬中华优秀传统文化重要平台作用，成为山东省文物工作与社会交流的重要阵地，在推动山东乃至全国的文物博物馆事业发展方面作出了积极贡献。

（撰稿：钟宁）

第四章 履践致远：2010—2024年

进入新世纪，我国经济建设步伐大大加快，社会文化水平日益提高，山东省委、省政府在2005年提出了建设文化强省的战略目标。山东省博物馆作为保护和传承历史文明和文化的重要载体，成为建设文化强省的前沿阵地，愈加显示出其重要且不可替代的作用。2006年5月，山东省人民政府确定建设山东省博物馆新馆，2007年12月29日新馆奠基，2010年11月16日正式对外开放。自此更名"山东博物馆"。山东博物馆新馆占地14万平方米，建筑主体占地5.3万平方米，主体建筑面积8.3万平方米，是一座传统与现代共存的文化建筑。山东博物馆新馆承载着百年的历史记忆和文化变迁，坚持守正创新，开拓管理思路，贯彻"学术立馆"理念，聚焦建设"管理机制与治理""学术与科研""陈列展览""社会教育与宣传""公共文化服务"等五大工作体系，在推动博物馆实现高质量发展进程中勠力同心，砥砺前行。

第一节 藏品体系

作为山东省文化地标、历史文化遗产和自然遗产的宝库，山东博物馆文物数量巨大、品类丰富、材质多样，承载着深厚的文化底蕴。历经多年的发展，在几代文物保管员和文保工作者的共同努力下，山东博物馆取得了显著的成就和宝贵的经验，为合理利用文物、服务当代社会、不断满足人民群众对美好生活的需求提供了新动能，为中华优秀传统文化传承与弘扬、实现文化遗产事业又好又快发展装上了新引擎。

一、科学谋划，构建藏品体系

博物馆藏品体系的构建是一个长期性、系统性的工程，需要国家政策及社会各界的支持，需要准确把握藏品的本质属性和范围。山东博物馆围绕藏品体系建设，持续开展对博物馆藏品内涵和外延的研究，将藏品收藏范围框定为以下九类：

（1）反映山东地区旧石器时代和新石器时代社会状况、生产力发展水平的代表性实物；

（2）反映历史时期政治制度演变、经济发展、各阶层生活状态的代表性实物与相关资料；

（3）反映近现代山东社会变革、近代化进程以及民间生产活动、生活习俗、文化艺术和宗教信仰等方面的代表性实物与相关资料；

（4）反映近代以来山东人民在抵御外侮、反抗侵略、争取民族独立和人民解放过程中的重大事件和重要人物的代表性实物与相关资料；

（5）与重大历史事件、革命运动或者著名人物有关的，以及具有重要纪念意义、教育意义或者史料价值的近现代重要实物；

（6）历史上各时代珍贵的艺术品、工艺美术品；

（7）具有科学价值的古脊椎动物化石和古人类化石、古生物化石、遗迹化石和现代动植物标本、具有代表性的矿物、岩石、矿石、地层等标本；

（8）当代具有特殊意义的代表性物品、能反映和代表当代经济社会发展水平的重要见证物；

（9）能够弥补馆藏藏品体系空白，丰富馆藏资源，提高藏品质量的其他文物和标本。

藏品收藏范围的确定，为山东博物馆藏品体系构建奠定了基础，也为藏品征集工作提供了依据。

二、规绳矩墨，规范藏品管理

藏品是社会历史发展的见证物，是博物馆开展科学研究、陈列展览和宣传教育活动的物质基础。山东博物馆对藏品管理工作高度重视，藏品管理制度完备，藏品征集制度完善。

（一）藏品管理制度化

山东博物馆藏品管理方法科学严密，要求"制度健全、账目清楚、鉴定确切、编目详明、保管妥善、查用方便"。建立长期有效的藏品管理制度，有助于促进藏品管理工作高效优质运行。山东博物馆依照《中华人民共和国文物保护法》《中华人民共和国文物保护法实施条例》《博物馆藏品管理办法》等的规定，制定适合本馆特色的各项制度，并不断进行修订完善。2014年修订实施了《山东博物馆藏品管理规定》《山东博物馆库房安全管理规定》《山东博物馆藏品档案管理规定》。为适应博物馆事业发展新需求，2024年重新修订实施了《山东博物馆藏品档案管理规定》《山东博物馆藏品管理规定》《山东博物馆藏品借展管理办法》。这些规章制度是山东博物馆藏品管理体系的重要组成部分，指引藏品管理方向，规范藏品管理行为，确保博物馆藏品总登记账和分类账记载清楚、入藏入库藏品鉴定意见明确、文物藏品编目详明、文物藏品保管妥当、纸质账册和电子清单查询方便、文物出入库程序合规、复仿制品及修复品有章可循、藏品借展有据可依等，保证博物馆业务工作的正常开展。

（二）藏品征集规范化

山东博物馆制定并严格执行藏品征集和管理办法，规范藏品体系的综合管理。山东博物馆严格按照《国有博物馆藏品征集规程》以及山东省财政厅等三部门联合下发的《山东省博物馆文物藏品征集专项资金管理使用暂行办法》，开展文物征集工作，规范文物藏品征集行为，提高资金使用效益，同时出台《山东博物馆文物征集管理办法》，2024年重新修订实施了《山东博物馆藏品征集管理办法（试行）》，对征集工作组，以及文物征集的范围、方式、流程及程序、资金管理、鉴定评估方法进行了细致的规定。藏品征集完成后，由办公室牵头办理藏品入馆程序，填写《山东博物馆文物（资料）入馆凭证》，并按照《山东博物馆总账登记制度》，登入总账。总账登记完成后，根据藏品性质，将藏品移交相关藏品保管部室，藏品保管部室办理入库手续，填写《山东博物馆文物（资料）入库凭证》《山东博物馆藏品分类登记卡》等，并为藏品编目、建档。

三、多措并举，夯实藏品基础

（一）提升库房环境品质，筑起文物保管的坚实屏障

山东博物馆新馆于2010年11月16日正式启用。以新馆建设为契机，藏品保存环境获得整体提升。新馆藏品库房置于博物馆主体建筑负一层，占地面积

8000余平方米，库房布局更加合理，存放更加科学，安全更有保障。山东博物馆藏品库房具有防震、防火、防水、防盗、防虫菌、防潮、防光、防尘、防污染等功能，采用避震结构，安装气体灭火装置等技术设备，并根据国家文物局颁布的《博物馆照明设计规范》的要求，安装LED光照设备。库房还配备温湿度调控设备，库房内温湿度能反映到控制室，由专业人员进行实时监控。每间库房内还放置温湿度计，由库房保管人员查库时读取和记录温湿度，发现问题及时上报，进行调控，确保库房环境适宜，文物能够被长期保存。

2011年底完成全部藏品搬迁后，藏品排架成为重要事项。"藏品排架"是指藏品按质地分类的排架，便于藏品的提取、归架、检查、清点、安全防护以及藏品保存环境的清洁和除尘。山东博物馆藏品按材质分为青铜器、陶器、瓷器、玉石器、书画、杂项、古籍、石刻、革命文物、自然标本等，分属48个库房。每个库房按照文物放置的需求配备不同的柜架。陶瓷器、青铜器、玉石器等主要使用多功能防震文物储藏柜架，钱币定制多功能防震铜钱币文物储藏专用柜架（层板式+抽拉式），枪炮类革命文物定制密集防震枪炮类文物储藏专用柜架，另外还有斜塔式专用石刻架、重型防震文物储藏柜架、字画服饰储藏专用抽屉橱、古籍善本碑帖防震文物储藏密集柜架、恒温恒湿文物储藏专用柜架等。同时，山东博物馆注重每件藏品的微环境。为了最大程度地降低外界环境对藏品的影响，设计制作了专门的藏品囊匣，根据不同藏品类型和保存要求，采用了多样化的形状、尺寸、材质和结构，以满足不同藏品的需求。例如，针对馆藏甲骨，制作专用的无酸纸囊匣，以保护其不受污染和损伤，降低藏品受损的风险。

（二）开展文物"一普"工作，铺平文物保护的必经之路

2012年10月，国务院印发了《关于开展第一次全国可移动文物普查的通知》（国发〔2012〕54号）。通知决定从2012年10月到2016年12月，对我国境内（不含港澳台地区）全部国有单位收藏保管的文物进行全面普查登记，登录内容包括文物基本信息、附录信息、影像信息、收藏单位情况等。

山东博物馆于2013年正式启动馆藏可移动文物的全面普查工作，成立文物普查领导小组，制定《山东博物馆可移动文物普查工作实施方案》，并设立工作小组，负责文物普查的组织领导和具体实施工作。普查工作由书画部、典藏部、自然部三个部门承担，同时调配其他部室人员补充，积极吸纳高校学生志愿者参与，在普查过程中，坚持"边清点、边采集、边合成、边汇总、边审

核、边上报"的动态工作原则。到2015年底，山东博物馆已完成普查任务，共采集登录文物、资料、化石标本14余万件（套）。2016年，根据国家文物局和山东省文物局的要求，开展"一普"工作回头看活动，对之前的普查工作进行认真梳理，总结经验，查找不足，确保普查范围全覆盖，确保普查数据真实、准确、完整。

本次普查使山东博物馆的文物认知理念与水平得到提升，许多以往被忽视的文物种类所蕴含的重要价值逐步得到发掘与认同，使得文物的内涵不断深化，外延不断扩展，品类不断丰富。

1. 最彻底的文物清点

山东博物馆经过此次普查，摸清了家底，解决了长期以来的一些历史遗留问题。由于种种历史原因，山东博物馆积存了一批未整理或未纳入正常管理的藏品，这些藏品或未作登记，或有账封存，藏品的数量难以精确统计，因此"家底"不清。通过普查，书画部完成了长期被封存的10000余件文光阁书画的清点整理工作和原资料室7000余种藏书的清点，并按照藏品著录要求完成相应账目的编制和信息录入工作。此前家具库藏品并未建立账目，通过此次清理，博物馆完成221件（套）家具的清理核对，并对所核查藏品进行了信息采集，按照普查要求，对每一件核查过的藏品冠以文物号，建立了一套较为完整翔实的纸质分类账和电子账目。普查后，山东博物馆所有藏品都纳入了正常管理。

2. 实现藏品管理规范化

藏品管理的规范化包括管理内容的规范化和管理过程的规范化。经过这次普查，曾经制约藏品管理内容的一些痼疾得到解决，如定名不统一、尺寸登录不标准、数量不精确、图像采集不全面等。本次普查建立了统一的文物藏品档案体系，实现了文物藏品登录标准化、规范化、数字化。本次普查共采集了14项文物基础信息，并按照统一标准为每件文物赋予永久、唯一的22位数字编码，建立起实物、档案、电子信息关联一体的"文物身份证"编码和数据管理系统，全面提升了文物资源管理能力。

3. 翻陈出新——普查新发现

普查让临沂银雀山汉墓竹简在四十年后再次显露真容。经清理发现，竹简共计有完整简、残简4942件，此外还有数千件残片。该批竹简绝大部分是古代兵书，有《孙子兵法》《孙膑兵法》《六韬》《尉缭子》等20余篇著作，其中不少是佚书或是首次被发现的古代书籍，最珍贵的当属《孙子兵法》的佚篇196枚和失传1700多年的《孙膑兵法》364枚。这给中国历史、哲学、古代兵法、历法、古文字学、简册制度和书法艺术等研究提供了可贵的资料。

4.普查中的文物保护

山东博物馆于普查中还着重加强了对临沂银雀山汉墓竹简的保护。普查过程中发现，部分竹简字迹模糊，部分断裂的有字竹简残片不易找到可与之匹配的原有文字竹简，这就造成竹简无法归类，不易清点。普查员运用了红外线图像扫描和高清彩色摄影的技术解决了这个难题。红外线图像扫描能在文物本体不受任何损伤的前提下，提高墨迹信息的

■ **图4-1-1 普查过程中对馆藏银雀山汉墓竹简进行保护**

采集率和成像质量，对某些肉眼观察不到的信息采集有不可替代的作用。对竹简的拍照，运用了8000万像素的高清彩色摄影设备。竹简上包括墨迹在内的其他信息，比如朱砂痕迹、编绳残留痕迹等，也可被全面反映出来，从而使竹简信息获得更加完整的保存。最后，竹简被再次装进有杀菌溶剂的试管中，用蜡封住瓶口，重返刚出土后放置的状态。

（三）建设藏品管理系统，推动藏品数字化资源利用

随着数字与信息技术的快速发展，数字技术融合到博物馆的各项业务工作中已成为一种普遍的态势，数字化博物馆建设势在必行。在数字化博物馆建设过程中，藏品资源数字化是一项重中之重的工作。山东博物馆藏品资源数字化建设经历了三个主要阶段：2009年全国珍贵文物数据库建设时期，完成珍贵文物48895件（套）的信息上传；第一次全国可移动文物普查中，采集登录14余万件（套）文物、资料、化石标本信息；2015年山东数字化博物馆建设时期，完成

2036件（套）馆藏精品文物的3D扫描影像信息上传。为了有效整合这些数字资源，满足山东博物馆新馆藏品管理的需求，高效优质地为展览展示、学术研究、社会教育、文创开发等业务工作提供服务，2017年我馆启动藏品管理系统建设项目。这个系统将藏品管理的各个业务节点的制度规范和业务标准融入系统流程之中，同时整合了博物馆的数据资源。通过流程驱动的方式，该系统满足了博物馆在藏品征集、鉴定、保管等业务管理方面的需求，从而实现对藏品的全生命周期管理。山东博物馆藏品管理系统以藏品为核心，以业务流程为主线，利用数据登记、补充采集、汇总、统计、分析等手段，把握住了"互联网+"的发展方向。该系统构建在信息化管理平台的基础架构之上，以征集、藏品编目、藏品库房管理为重点。具体的功能包括征集、鉴定、信息管理、账目管理、藏品保管、库房日常管理、藏品保护、注销、基础数据管理、数字资源管理、综合查询、统计分析等，最终使业务流程更清晰，分责明确。

（四）多途径丰富藏品资源，保障博物馆事业可持续发展

藏品的数量和质量是衡量博物馆发展水平的重要标准，是博物馆进行展览展示和社会教育的重要前提。山东博物馆藏品来源主要为移交、考古发掘、接受捐赠、购买、拨交、采集等。为充实和丰富藏品体系、满足陈列展览需求，山东博物馆有计划地开展征集工作。从2012年开始，陆续接收现当代书画名家于希宁、张登堂、刘国松等捐赠作品，并在山东博物馆专设"山东名人馆"之"于希宁纪念馆""张登堂艺术馆""刘国松现代水墨艺术馆"展厅，将作品公开展出。2014年，共征集藏品1235件（套），在古代铭文陶器、木版年画、珍稀野生动物标本等领域逐渐形成富有特色的收藏体系，其中300余件珍稀野生动物标本是美国慈善家肯尼斯·贝林先生捐赠的。此项征集工作历时3年，最终在省文物局和省博物馆不懈努力下达成，其捐赠数量之多、价值之大，创下国内博物馆接收动物标本捐赠新纪录。2020年，征集国内外恐龙等中生代古生物标本155件，极大丰富了馆藏自然标本数量，完善了相关藏品门类。2021年，接收嘉祥县公安局移交涉案文物49件（套），文物类别涵盖青铜器、漆器两大类，包括青铜编钟、壶、瓿、勺、洗、鐎壶、灯、敦、矛、镈、席镇，以及漆盒、漆耳杯、漆虎子、漆卮、漆架等，这批文物规格高、保存完好，极大填补了我馆在战国晚期至西汉初期这一时间段内的馆藏文物空白。2023年，征集革命文物和社会主义建设时期文物资料226余件（套），是我馆传承红色基因、赓续红色血脉的具体实践。2023年，征集于德琦无偿捐赠的于希宁先生不同时期的画稿、

■ 图 4-1-2　与山东省文物总店进行杂项类文物点交

■ 图 4-1-3　于德琦先生捐赠于希宁书画作品

速写、笔记及书画作品等224件（套），2024年接受陈梗桥先生无偿捐赠书法作品等，则进一步充实了我馆现当代书画藏品数量。

另外，自2016年始，山东省文物总店陆续将11余万件（套）店藏移交给山东博物馆，类别涵盖书画、雕刻、文房、瓷器、钱币、印章、织品、古籍、碑帖等。这些藏品被分门别类列入馆藏，极大扩充了藏品数量。山东省文物总店藏品不乏精品，如清康熙釉里红马蹄尊、唐三彩储钱柜、明潞王琴等，还有数量大、成系列的日本瓷器、帽筒、瓷猫及民俗类藏品等，丰富了藏品类型。2021年，原山东省石刻艺术博物馆藏石刻文物96件和碑刻拓片5000余件并入山东博物馆馆藏，从数量、题材、内涵等方面丰富了我馆石刻藏品资源，其中以"汉朱鲔石室画像""宋山小祠堂汉画像石""汉代石胡人"，以及北魏"马鸣寺造像碑""高贞碑""高庆碑"等最知名。

四、体系完备，藏品特色突出

山东博物馆现有藏品总量40余万件，其中一级文物1409件（套），二级文物1551件（套），三级文物46067件（套），分为古代藏品、近现代藏品和自然藏品三大类别。古代藏品又分为石器、玉器、陶器、砖瓦、瓷器、铜器、其他金属、甲骨、骨角器、石刻、雕刻、漆木器、织品、印章、钱币、书画、杂项、古籍、碑帖、珐琅玻璃料器、集品、竹简、壁画等23类；近现代藏品又分为革命文物、近现代文献、民俗文物、社建文物4类；自然藏品又分为古生物、现代植物、现代动物、岩石与矿物4类。其中，史前时期陶器、甲骨、银雀山汉墓竹简、山东地区古代石刻、明鲁王朱檀墓出土文物、孔府旧藏明代传世服饰、古籍善本、革命文物、自然标本等最具特色。山东博物馆藏品突出反映了中华文明的连续性、创新性、统一性、包容性、和平性，实证了海岱地区是中华文明起源重要的发源地之一，是中华文明多元一体格局的重要组成部分。

（一）历史文物

1.馆藏陶器反映山东地区史前文明发展历程

山东博物馆藏史前陶器涵盖海岱地区新石器时代后李文化、北辛文化、大汶口文化、龙山文化的代表性器类，形制多样，绚烂多姿，是中华文明多元一体格局的生动例证。陶器制作展现了我国史前最高水平，尤以大汶口和龙山文化时期最为突出，陶器种类齐全，彩陶、白陶、黑陶工艺精湛，代表了发达的史前礼制和高超的制陶技艺。黑陶在大汶口时期已经出现，在龙山时期进入巅峰

■ 图 4-1-4　蛋壳黑陶杯

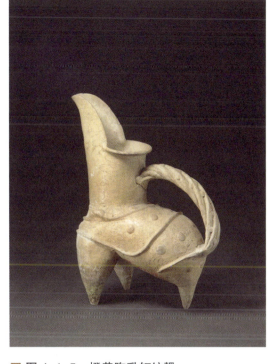

■ 图 4-1-5　橙黄陶乳钉纹鬶

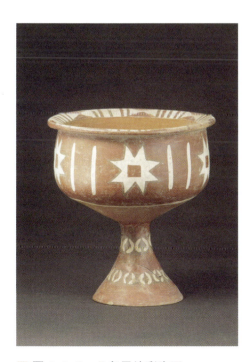

■ 图 4-1-6　八角星纹彩陶豆

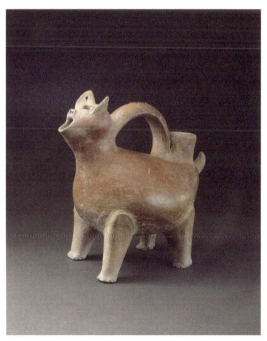

■ 图 4-1-7　红陶兽形壶

时代，成为龙山文化最典型的特征和代名词。除了日常用器，还出现了专用于礼仪活动和丧葬活动的陶器。龙山文化蛋壳黑陶更被誉为"四千年前地球文明最精致之制作"，成为中国史前的文化特色和符号。白陶作为海岱地区陶礼器中的珍品，与蛋壳黑陶高柄杯、成组的磨光黑陶共同构成龙山墓葬的礼器组合。作为极具东方特色的礼制载体，白陶从海岱地区复制和扩散到中原地区之后，在夏商文化中得到传承。

2. 馆藏甲骨文入选《世界记忆名录》

甲骨是山东博物馆的重要典藏之一，收藏数量达1.05万片，其中一级品数量达1032件，时代均为安阳殷墟早期。山东博物馆藏甲骨数量仅次于中国国家图书馆、台北历史语言研究所、故宫博物院。其来源有四：一是罗振玉旧藏，二是明义士旧藏，三是美国人柏根氏旧藏，四是益都孙文澜旧藏。这些藏品流传有序、内容丰富，具有极高的文物价值、史料价值和学术史研究价值，在国内外有重要影响。山东博物馆藏甲骨年代跨越商代晚期200多年，卜辞分期涵盖一至五期，文字内容涉及当时天文、历法、方国、世系、家族、职官、征伐、祭祀等，是研究商代社会历史、文化、语言文字的珍贵文物史料。

■ 图 4-1-8 "以众人"卜甲

2017年10月，山东博物馆作为我国联合申报《世界记忆名录》的11家甲骨收藏单位之一，所藏甲骨被联合国教科文组织列入《世界记忆名录》。2021年12月，山东博物馆收到了联合国教科文组织颁发的"甲骨文入选《世界记忆名录》"之山东博物馆珍藏甲骨荣誉收藏证书。

3. 馆藏银雀山汉墓竹简价值极高

1972年4月，山东省博物馆和临沂文物组在临沂银雀山发现两座西汉前期墓葬，出土了一批写于西汉前期（文景时期至武帝初期）的简牍，总数有7828枚。1972年10月，国家文物局组织专家学者对这批简牍展开全面的保护、整理和研究。1974年5月，竹简整理工作初告结束，6月，调拨专列运回山东，入藏

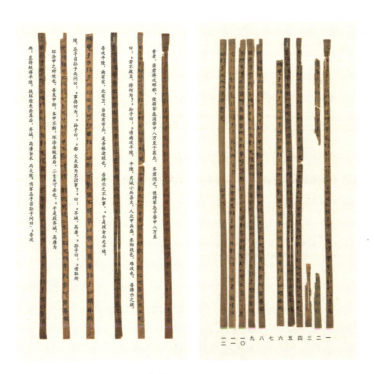

■ 图4-1-9　银雀山汉墓竹简之《孙膑兵法》

山东省博物馆。银雀山汉墓竹简的出土，先后被列入"新中国三十年十大考古发现""新中国五十年最有影响的考古成就""中国20世纪（100年）100项重大考古发现"。这批简牍内容大部分为兵书和政论之书，一部分为阴阳、数术、方

技书，另有少量诸子、辞赋书。大量佚书或首次发现的古籍，给中国历史、哲学、兵法、历法、古文字学、简册制度、古籍校勘和书法艺术等方面的研究，提供了可贵的资料。其中《孙子兵法》与失传近两千年的《孙膑兵法》同墓出土，结束了关于孙子、孙膑其人其书的千古论争，证明孙武与孙膑为两人，并各有兵书传世。

4.馆藏石刻文物传承百年积淀

石刻文物包括秦汉碑刻、汉代画像石、北朝摩崖刻石、佛教造像等。三级以上珍贵文物达331件，

■ 图4-1-10　孔子见老子画像石

其中以汉画像石数量最多，是中国汉代画像艺术的杰出代表。墓志碑刻中，诸多魏碑名品皆是业界公认的书法杰作。佛教造像从北魏到宋朝，跨越400余年，清晰勾勒了山东佛教艺术的发展轮廓。同时，馆内还藏有各类石刻文物拓片10000余幅，基本涵盖了山东地区早年发现的秦汉到五代全部的碑志、画像石、摩崖刻石以及唐、宋、元时期一些珍贵石刻文物。山东博物馆石刻文物来源始于清末创办的山东金石保存所，经过100多年的传承积淀，山左及海岱周边极具代表性的石刻汇为一览，千年文化在山东博物馆石刻中得以体现。

5. 馆藏明鲁荒王墓出土文物举世罕见

■ 图 4-1-11　戗金云龙纹朱漆木箱

鲁荒王墓被称为"大明第一王墓"，墓主人朱檀为朱元璋第十子。1970—1971年，山东省博物馆主持对鲁荒王墓进行考古发掘，经过清理，共出土文物1116件（套）。文物品类齐全，保存较好，是我馆独具特色的藏品，其中冠冕、袍服、家具明器、笔墨纸砚、琴棋书画、木俑仪仗等基本完整成套，许多文物还具有唯一性，是难得一见的珍品。如该墓出土的明代初期亲王首服，有九旒冕、九缝皮弁、乌纱折上巾、圆顶笠帽、方顶笠帽等数件，种类多、式样全，几乎囊括了鲁王朱檀在各个不同场合使用的首服，且保存状况较好，这在其他明墓中是极为罕见的。在全国明代初期出土文物中，明鲁荒王墓出土品类最全、等级最高、数量最多，对研究明代初期历史具有重要的历史和文物价值。

6. 馆藏孔府旧藏明代传世服饰堪称服饰文化史的"活化石"

明代服饰上承周汉，下取唐宋，集历代服饰之大成，堪称华夏衣冠典范，蕴含丰富民族精神和独特价值取向，在中国服装史上具有显著的地位和特点。孔府旧藏明代传世服饰目前主要收藏于山东博物馆和孔子博物馆，其中藏于山

■ 图 4-1-12　明衍圣公赤色朝服

■ 图 4-1-13　明香色芝麻纱绣过肩蟒女长衫

东博物馆的明代服饰是20世纪50年代从曲阜孔府调拨而来。孔府旧藏的明代服饰种类丰富，涵盖衍圣公朝服、礼服、公服、常服，命妇冠服，吉庆场合穿着的吉服以及日常起居穿着的便服，其中以"朝服上衣下裳""梁冠""大红色绸绣过肩麒麟鸾凤纹女袍""香色麻飞鱼贴里""白色暗花纱绣花鸟纹裙"等珍贵文物最为知名。孔府旧藏明代传世服饰种类丰富、数量众多、传承有序、保存完好，是中华优秀传统文化中的瑰宝。其多样的款式造型、精美的图案纹样、精湛的工艺技法，是明代服饰艺术成就的高度体现。

7. 馆藏古籍善本多部入选《国家珍贵古籍名录》

山东博物馆2009年入选国家重点古籍保护单位（第二批），收藏古籍8964部。其中唐写经69卷、宋本25部156册、元本68部722册，另有大量明清稿本抄本。馆藏古籍来源除传世外，另有多部古籍为考古发掘出土，如明鲁荒王朱檀墓出土的《胡文定公春秋传》等6部元刻本，以及莘县宋塔出土的6部《妙法莲华经》等，具有极高的史料和版本学价值。馆藏古籍503部入选《中国古籍善本书目》，205部古籍入选《国家珍贵古籍名录》。

（二）革命文物

■ 图4-1-14　山东省人民政府铜印

山东博物馆是全省可移动革命文物的集中收藏中心和展示中心。馆藏革命文物来源广泛且明确，文物结构涵盖中国革命、建设和改革的完整历程，所属时间跨度长且连续性强，展现出完整的山东新民主主义革命、社会主义建设和改革开放的光辉历程和精神谱系，在革命文物资源构成中占

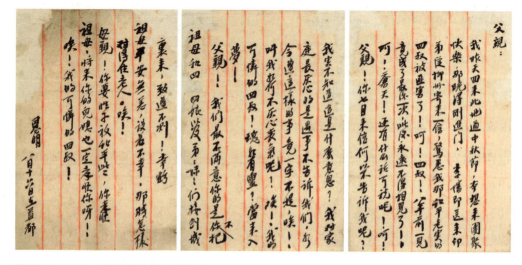

■ 图4-1-15　邓恩铭家信（部分）

有重要地位。革命文物种类丰富，有中共山东党组织在土地革命时期、抗日战争时期和解放战争时期的党政军文件、油印宣传品、报纸刊物、根据地货币、票版、军装、锦旗、奖章证章、印章、生活用品、武器装备、名人遗物集品等十二大类。

（三）自然类藏品

自山东博物馆成立之初，自然类藏品就是馆藏藏品体系的一个重要组成部分。从20世纪初广智院旧藏，到1959年山东省野生植物调查队采集的植物标本，再到山东省博物馆自然部在省内采集的古生物化石，及至新馆落成后征集的动物标本，自然类藏品收集历史已逾百年。自然类藏品有7万余件，其中一级重点保护古生物化石11件，二级重点保护古生物化石22件，未定级的模式标本2件，属于《濒危野生动植物种国际公约》的濒危物种标本79件。藏品门类、数量、质量等均位于全国综合性博物馆前列。

■ 图4-1-16 巨型山东龙化石

五、多学科协同，加强文物保护

2010年，山东博物馆新馆建成后，新的文物保护修复实验室随即投入使用。实验室建筑面积约1000平方米，分为文物信息采集室、精密仪器实验室、常规实验室、无机类文物修复实验室、有机类文物修复实验室、传拓技艺实验室等。仪器设备资产近千万元，主要分为科学检测分析设备、文物保护修复实验设备及环境监测控制设备。科技手段的持续增加，使文物保护修复工作更加

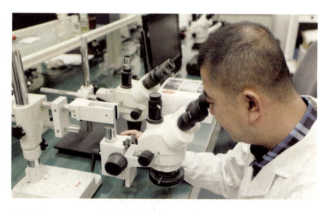
■ 图 4-1-17　文物分析检测

科学合理、便捷高效。通过实验室职能划分和专用设备的配置、升级，实验室逐步建立起了与当前文物保护时代特征相匹配的科研环境，基本能够满足对文物工艺特征、病害机理、修复效果等方面的科学认知需求。

随着文物保护、修复及实验条件的极大改善，文物藏品的保护修复及环境监测等工作逐渐步入常态化的轨道，山东博物馆分别于2011年、2013年获得"可移动文物修复一级资质""可移动文物保护设计甲级资质"，成为山东省内最早获得这两项资质的文博单位。2015年，在国家文物局颁布的《可移动文物修复管理办法》生效后，经山东省文物局批准，山东博物馆再次获得"可移动文物修复资质"。

（一）预防为主——构建馆藏文物风险管理体系

加强文物的预防性保护是国际文化遗产保护的共识。新馆在建设过程中，便十分重视文物保存环境适宜性问题。新馆开馆后，博物馆通过定期监测、记录馆藏文物保存环境，及时利用空调、恒湿机、吸附剂、除湿材料等设备材料进行调控和改善，确保文物时刻处于最优环境，减缓文物的自然老化，减少病害的发生。随着近年文物预防性保护科学、技术、材料的发展和更新，山东博物馆不断提升馆藏文物预防性保存条件，自新馆投入以来共开展预防性保护项目7项。

表4-1　2010—2023年预防性保护项目表

序号	项目名称	启动时间
1	山东博物馆革命文物库房文物预防性保护项目	2023年
2	山东博物馆通史展厅文物预防性保护项目	2022年
3	山东博物馆展厅库房文物预防性保护项目	2021年
4	山东博物馆（山东省石刻艺术博物馆）馆藏文物预防性保护项目	2020年
5	山东博物馆馆藏文物预防性保护项目	2019年
6	山东博物馆珍贵文物预防性保护项目	2017年
7	山东博物馆预防性保护项目	2014年

2014年，山东博物馆申请了"山东博物馆预防性保护项目"，并获国家重点文物保护专项资金资助经费650万元。项目根据我馆馆藏文物保存环境现状，建立了覆盖全馆馆藏文物的环境监测平台，对包括温度、湿度、光照、二氧化碳浓度、紫外线强度等影响文物保存的特征环境因素进行实时监测，以制定有效的环境调控对策。同时，该项目还对山东博物馆特色展厅——明鲁王朱檀出土文物精品展厅进行了全方位的保存环境改造，达到了文物预防性保护"洁净、稳定"的要求。借助此项目，山东博物馆逐渐建立起了以文物保存环境的"稳定、洁净"为目标，按照计划、执行、检查、反馈的动态循环模式进行管理的环境质量体系及风险评估体系。2017年，该项目被评为"山东省计算机应用优秀成果三等奖"。2017年，"山东博物馆珍贵文物预防性保护项目"再次获得国家文保专项资金59万元，对重点馆藏珍贵文物保存微环境进行改造，为其配备文物囊匣。

2019年以来，山东博物馆将馆藏文物预防性保护与抢救性保护放在并重位置，先后申报实施了"山东博物馆馆藏文物预防性保护项目""山东博物馆（山东省石刻艺术博物馆）馆藏文物预防性保护项目""山东博物馆展厅库房文物预防性保护项目"等预防性保护项目。通过项目带动，山东博物馆不断完善预防性保护相关设备配套，升级技术手段，基于文物风险管控理论，初步构建起环境监测系统、环境控制系统、动态管理系统的馆藏文物预防性保护风险管控体系。

同时，山东博物馆按照馆藏文物保存环境需求实际，制定《馆藏文物预防性保护管理办法》，清晰管理程序和标准，通过对文物本体及其保存环境进行管理监督、定期检查、汇总分析、提出建议、研究对策和及时处理，确保文物保存环境的"稳定、洁净"，保证馆藏文物保存安全。

（二）科学研究——贯穿文物保护修复全流程

近年来，山东博物馆将科学研究逐步贯穿于文物保护修复的全过程，改变传统文物保护修复中重经验应用、缺科学分析的现象，以文物实物和承载价值的全面保全为目标，采用技术集成、学科跨越的方式，开展文物的保护与修复工作。山东博物馆严格按照国家文物保护修复相关规范，依托实验室科技支撑，在价值认知、科学分析、病害评估、材料筛选、路线制定基础上，编制保护修复方案，开展馆藏文物保护修复工作，并将科研成果积极以著作、专利、论文、课题等形式转化，以全面提升项目质量以及项目团队成员专业素质。

自2010年新馆开馆以来，山东博物馆组织实施了"山东博物馆赤罗朝服等一批纺织品保护修复""山东博物馆馆藏甲骨保护修复与综合研究""章丘东姚村出土元代砖室壁画抢救性保护修复"等34项文物保护修复项目，累计获得国家重点文物保护专项资金近1500万元，完成馆藏书画、青铜器、甲骨、竹简、壁画、铁器、瓷器、陶器、琉璃、珐琅器、漆木器、服饰等文物的保护修复近4500件。

表4-2　2010—2023年文物本体保护修复项目表

序号	项目名称	收藏单位	启动时间	文物数量
1	济南市大官庄金代墓葬壁画保护修复项目	山东博物馆	2023年	1组
2	济南市港沟镇大官庄金代砖雕壁画墓M1抢救性整体迁移及保护修复项目	山东博物馆	2023年	1座
3	山东博物馆明代梁山古船保护性移动项目	山东博物馆	2023年	1艘
4	山东博物馆高青县陈庄遗址车马坑改陈搬迁项目	山东博物馆	2023年	1组
5	山东博物馆藏珍贵纸质革命文物保护修复项目	山东博物馆	2022年	40件
6	山东博物馆藏明清古旧字画专项保护项目	山东博物馆	2022年	26件
7	山东博物馆藏嘉祥县公安捐赠珍贵漆木器保护修复项目	山东博物馆	2022年	39件
8	山东博兴疃子遗址出土瓷器保护修复项目	山东博物馆	2021年	16件
9	山东博物馆藏谢昌一捐赠杨柳青年画保护修复项目	山东博物馆	2021年	48件
10	山东博物馆藏青铜器保护修复项目	山东博物馆	2021年	20件
11	中国大运河博物馆木俑仿制项目	中国大运河博物馆	2021年	730件
12	（明）姜隐豁亭揽胜轴等纸（绢）质文物保护修复项目	山东博物馆	2020年	20件
13	山东博物馆馆藏纺织品保护修复项目	山东博物馆	2020年	32件
14	曲阜九龙山汉墓青铜器保护修复项目	山东省考古研究院	2020年	400件

序号	项目名称	收藏单位	启动时间	文物数量
15	山东博物馆馆藏九龙山汉墓错鎏金铜器保护修复项目	山东博物馆	2020年	49件
16	山东博物馆藏全形拓片保护项目	山东博物馆	2019年	26件
17	山东博物馆馆藏返铅书画保护项目	山东博物馆	2019年	17件
18	山东博物馆馆藏苏埠屯等一批青铜器保护修复项目	山东博物馆	2019年	21件
19	山东博物馆藏革命文物保护修复项目	山东博物馆	2018年	95件
20	邹平文物管理所馆藏文物保护修复项目2期	邹平文物管理所	2017年	40件
21	山东博物馆藏纸质文物保护修复项目	山东博物馆	2015年	27件
22	泰安市博物馆藏书画保护修复项目	泰安市博物馆	2015年	50件
23	曹县文体广新局藏书画保护修复项目	曹县文体广新局	2014年	20件
24	山东地区馆藏青铜器保护修复项目	山东各地博物馆	2014年	601件
25	山东博物馆汉简保护修复项目	山东博物馆	2014年	1900件
26	邹平文物管理所青铜器保护修复项目1期	邹平文物管理所	2014年	12件
27	烟台莱州宋代砖室墓葬壁画的保护提取项目	山东博物馆	2013年	1座
28	章丘城子崖博物馆馆藏陶器修复项目	章丘城子崖博物馆	2013年	127件
29	垦利县文体广新局藏书画保护修复项目	垦利县文体广新局	2013年	22件
30	山东博物馆馆藏甲骨保护修复与综合研究项目	山东博物馆	2012年	77件
31	山东博物馆赤罗朝服等一批纺织品保护修复项目	山东博物馆	2012年	18件
32	章丘东姚村出土元代砖室壁画抢救性保护修复项目	山东博物馆	2012年	15件
33	东营垦利博物馆馆藏瓷器修复项目	东营垦利博物馆	2012年	220件
34	山东博物馆藏战国纺织品修复项目	山东博物馆	2011年	19件

（三）协同创新——打造跨学科、跨领域技术集成合作应用模式

文物保护科学作为一门文理综合的交叉学科，需要不同领域、不同行业的人才。为弥补人才、资源等方面的不足，确保文物保护修复质量，山东博物馆根据学科特点以及科技发展现状，顺应当前文物保护发展的趋势，依靠自身优势，通过协同合作，积极开展文物保护领域协同创新工作，不断解决文

■ 图4-1-18　"馆藏文物保存环境测控云平台"项目获"第八届全国十佳文博技术产品及服务奖"

物保护实践工作中所遇到的各类问题，探索建立起了"政、产、学、研、用"五位一体协同创新模式。该模式以馆藏文物保护、修复、复制等相关应用为导向，通过联合企业、科研院所、高校，利用其在各自领域的人才和资源优势，共同开展文物保护关键技术、装备、材料研发和应用示范。山东博物馆先后与中国文化遗产研究院、西北大学、陕西省考古研究院、广东省博物馆、上海博物馆、荆州市文物保护中心、中国国家博物馆、故宫博物院、中国大运河博物馆、山东省社会科学院（生物基材料和绿色造纸国家重点实验室）、山东大学、山东省分析检测中心、山东省文物保护修复与鉴定中心等国内众多文保科研机构建立合作关系，共同在古代纸质材质分析和修复材料研发、古代漆木器保护修复关键技术、古代青铜器分析技术等方面展开合作研究，使纸质、青铜、甲骨、壁画、丝织品、竹简等材质的文物本体保护修复及文物预防性保护的技术水平得到显著提高。

在立足本馆文物保护修复及相关研究的同时，山东博物馆还积极开展对外保护修复服务与合作。2010年新馆建馆以来，山东博物馆先后为其他文博单位保护修复、复制、拓印文物700余件，设计编制修复方案和预防性保护方案12篇，与泰安、曹县、章丘、莱州、垦利、邹平、威海、东营、青岛、诸城、寿光、临沂、莒南、莒县、兰陵、安丘、平邑、新泰、沂南等市县当地文物单位建立了文物保护修复服务联系。

2015年，山东博物馆文保部分别与临沂市博物馆和诸城市博物馆达成合作协议，文保部向这两家文博单位提供仪器设备、人才技术服务，帮助两处分别建成了山东省可移动文物保护修复工作站，并协助其做好区域范围内的文物保护修复工作。

2016年，山东博物馆与山东省文物保护修复中心合作举办了"匠心神韵——山东省文物保护修复技艺展"。该展览吸引了省内外众多文保从业人员的关注，辽宁省博物馆文保中心、南京市文化遗产保护研究所、新疆维吾尔自治区博物馆文保部、临沂市博物馆等众多单位先后派专业人员前来参观、交流。

2017年，山东博物馆与临沂市博物馆合作举办了"艺成天工——临沂市博物馆文物保护修复技艺展"，将近些年来两馆合作的保护修复成果向公众进行了展示。展览引起了广泛的社会关注。

2021年，中国大运河博物馆委托山东博物馆为其常设展览"大运河——中国的世界文化遗产"仿制明代鲁荒王墓出土彩绘仪仗木俑群。项目组改变传统木俑仿制方法，采用3D扫描建构、3D雕刻、传统木工精修、文物做旧等数字与传统工艺相结合技术，在较短时间内高质量地完成了730件木俑仪仗的仿制工

■ 图 4-1-19 中国大运河博物馆鲁荒王墓木俑仿制项目

作。项目得到南京博物院、中国大运河博物馆和山东大学等单位学者专家的高度肯定。

（四）技艺传承——重视传统技艺创新发展

传统文物修复技艺是古代先人在与文物相关的实践中创造的实用技艺，反映了当时的社会背景、劳动条件以及工匠用物思想，并传承至今，在文物修复和保护中起到了重要作用，是珍贵的非物质文化遗产。

山东博物馆重视修复技艺的传承与发展，一方面以老带新的方法建立传统手艺师徒帮带传承关系，培训年轻修复师；另一方面积极引入现代科学理论和技术，科学认知传统修复工艺在文物保护修复中的作用机制，评价作用效果，保留有益技艺、材料，改进对文物有损的方法，让传统手艺在适应当前文物保护理念的前提下，实现创新性继承和发展。

■ 图4-1-20　日照海曲出土青铜鼎修复前后对比

2010—2023年，山东博物馆共培养了数十名文物修复师，他们成为博物馆馆藏文物生命的守护者，并在各类竞赛中取得佳绩。2021年，由国家文物局主办的全国文物职业技能竞赛在山东曲阜举办，鲁元良脱颖而出，在书画文物修复比赛中获得二等奖。2022年，由山东省文化和旅游厅、山东省人力资源和社会保障厅、山东省总工会举办的山东省文物职业技能竞赛暨全国文物行业职业技能大赛山东省选拔赛在曲阜举行，任伟、马瑞文获金属文物修复二等奖，李晶获陶瓷文物修复二等奖，鲁元良获壁画文物修复三等奖。任伟、马瑞文、李晶被山东省人力资源和社会保障厅授予"山东省技术能手"称号。2023年，在国家文物局、人力资源和社会保障部、中华全国总工会共同主办的2022年全国行业职业技能竞赛——全国文物行业职业技能大赛中，任伟获得本届职业技能竞赛金属文物修复师项目全国一等奖，并被人力资源社会保障部授予"全国技术能手"荣誉称号。山东博物馆文保部还被共青团中央、最高人民法院、国家发改委、文化和旅游部等23家单位联合命名为"全国青年文明号"。

（撰稿：吕健、许刚）

第二节　展览体系

进入新时代，山东省政府提出了建设山东文化强省的战略目标，山东博物馆展览事业发展步入快车道。2010年，山东博物馆新馆正式向社会开放，开启了山东文博事业的新篇章。新馆依托全省及馆藏文物资源优势，围绕齐鲁大地古代文明、重大考古发现、重要历史遗存，推出了"汉代画像艺术展""山东历史文化展""考古山东"等10个固定陈列，形成了彰显山东独特历史文化风貌的陈列体系，并将延绵五千多年的中华文明史浓缩其中。尤其是2023年"海岱日新——山东历史文化陈列"的推陈出新，使陈列体系建设日趋完善，山东博物馆形成了以"海岱日新——山东历史文化陈列"为核心，以"汉代画像艺术展"等专题陈列为辐射，以临时展览为亮点的陈列展览体系，展现了中国式陈列展览新模式的探索与实践，引领中国博物馆事业发展的新风向。

一、基本陈列

基本陈列是博物馆的灵魂，是利用博物馆藏品举办的、在博物馆长期展出的地方通史类陈列展览，具有比较稳定的主题内容、展品和表现形式，目的是呈现自然世界的秩序、人类社会的发展路径以及科学知识体系及其逻辑。这一时期，山东博物馆的基本陈列分为两个阶段，第一个阶段是2010年开放的"山东历史文化展"，第二个阶段是2023年开放的"海岱日新——山东历史文化陈列"。

进入新世纪，山东省的社会经济快速发展，人民生活水平不断提升，对文化设施和文化生活提出了更高要求。2005年，山东省委、省政府提出了建设文化强省的战略目标，山东博物馆新馆建设提上了日程。2010年11月16日山东博物馆新馆正式向社会开放。新馆主体建筑8.3万平方米，展陈面积2.5万平方米，展览内容包括"社会历史"、"自然历史"和"文物专题"三大部分。基本陈列分为"史前""夏商周""秦汉—明清"三个部分，展览面积3000平方米，展出文物1000余件（套）。展览既展现历史，又为服务当代，更突出"以人为本"的

■ 图4-2-1 "山东历史文化展·史前"序厅

■ 图4-2-2 "山东历史文化展·夏商周"展厅场景

■ 图 4-2-3　"山东历史文化展·秦汉—明清"展厅场景

思想。展览紧抓地域特色，体现地域文化个性，以"强化博物馆展示地域文化特色"为理念，与山东历史文化相匹配、与建筑相匹配。同时，融入"互动"元素，寓教于乐，使博物馆真正成为社会公众休闲娱乐、终身教育的高雅场所。

　　2022年1月，山东博物馆启动了"山东通史陈列改陈项目"，新的基本陈列更名为"海岱日新——山东历史文化陈列"。展览贯彻习近平新时代中国特色社会主义思想，以弘扬中华优秀传统文化、建设中华民族现代文明为宗旨，以彰显齐鲁文化魅力、展示山东文明发展历程为定位，重点展示历史演进过程的亮点，突出山东在中华文明发展历程中的重要贡献。"海岱日新——山东历史文化陈列"于2023年5月18日正式向公众开放。改陈后的展览面积近5000平方米，展出文物2000余件，分为"史前时期""商周时期""秦汉隋唐""宋元明清""近现代"五个部分，吸收了中华文明探源工程、"考古中国"等重大工程最新学术成果，展示了沂水跋山旧石器时代中期遗物、临淄赵家徐姚旧新石器时代过渡时期遗物、章丘焦家和滕州岗上大汶口文化遗址、高青陈庄西周遗址、寿光双王城盐业遗址群等最新考古研究成果，完善了从史前文明到近现代山东地区文明的发展脉络，全面展示山东"六十多万年人类史，一万年文化史，五千多年文明史"。

■ 图 4-2-4 "海岱日新——山东历史文化陈列"展标

　　展陈设计围绕"文明发展的可视化"及体现"展览设计的当代性"两大核心展开，秉持"叙事、创新、人本"的策展理念，注重宏大叙事之下发掘的微小视角，通过展览语言塑造山东地方文化认同，打造文明阐释亮点、探索文明表征模式，努力构建蕴含地域特色、彰显中华文明的物化叙事体系、视觉形象体系与大众传播体系。展厅呈串联布局，内容相互衔接，以历史发展为经线、以展示空间为纬线、经纬纵横为参观动线，为观众提供舒适愉悦的参观体验。展览对历史与文物进行精心阐释，将设计元素与空间环境、时代背景、文物语境相结合，以新理念、新技术、新手段组织空间逻辑，集合艺术品、多媒体、科技展项等多种辅展手段，集知识性、趣味性、体验性于一体，全面提升展陈面貌。展览重视信息的可视化表达，版面与展品紧密结合，配合互动飞屏、听

■ 图 4-2-5 "海岱日新——山东历史文化陈列"展厅

■ 图 4-2-6 "海岱日新——山东历史文化陈列"史前展厅场景

■ 图 4-2-7 "海岱日新——山东历史文化陈列"商周时期展厅场景

■ 图 4-2-8　"海岱日新——山东历史文化陈列"秦汉隋唐展厅场景

■ 图 4-2-9　"海岱日新——山东历史文化陈列"宋元明清展厅场景

■ 图4-2-10 "大道之行——山东近现代历史文化"展厅场景

音装置、沉浸式影院等数字媒体手段，形成立体多层的信息解读系统。

二、专题展览

2010年新馆开放以来，山东博物馆坚定文化自信，根据全省及馆藏文物资源和地域文化特点，深入挖掘中华优秀传统文化的精神内涵，举办了题材多样的专题展览，有力补充了基本陈列内容。同时，继承创新，致力于探索策展机制，形成了"历史传承""文明互鉴""文化共享""红色传承""自然生态"多元一体的专题展览体系。以此为基础，山东博物馆围绕齐鲁大地古代文明、重大考古发现、重要历史遗存，推出了"佛教造像艺术展""汉代画像艺术展""鲁王之宝——明朱檀墓出土文物精品展""考古山东""万世师表""瓷·韵——山东博物馆藏明清官窑瓷器展""山东名人馆""考工记——山东古代科技展""非洲野生动物大迁徙展""山东龙——穿越白垩纪""晶·彩——探寻神奇的矿物世界"等一系列专题陈列，成为宣传和展示山东历史文化的重要窗口。

（一）"佛教造像艺术展"

山东是古代中国佛教文化与艺术的兴盛之地。东汉永平年间，佛教正式从

■ 图 4-2-11　"佛教造像艺术展"序厅

■ 图 4-2-12　"佛教造像艺术展"场景

古印度传入中国。山东佛教历经北朝、隋唐和北宋三个重要的发展时期。北朝时山东佛教与齐鲁文化不断融合，出现了具有本土特色的佛教造像风格，其中以背屏造像的祥龙嘉莲装饰和圆雕佛像的"薄衣贴体"风格最具特色，在中国佛教造像艺术史上独树一帜。

（二）"汉代画像艺术展"

汉代画像石是汉代墓室、祠堂、阙等建筑上雕刻画像的建筑构石。汉代人以石为地，以刀代笔，描绘出汉代现实生活、丧葬习俗和宗教信仰等，汉代画像石被誉为"汉代历史的画卷"。山东博物馆藏汉画像石主要出土或发现于济南、济宁、枣庄、临沂等地。著名的孝堂山祠堂、嘉祥武氏祠、沂南北寨汉墓等画像石闻名于世，斧凿间犹觉汉风扑面，描画中令人赞叹艺术的生命不息。

■ 图 4-2-13 "汉代画像艺术展"场景

（三）"鲁王之宝——明朱檀墓出土文物精品展"

朱檀是明朝开国皇帝朱元璋的第十子，封为鲁王。朱檀明洪武三年（1370）出生，十五岁就藩兖州，从此兖州即升州为府，辖四州二十三县。朱檀自幼好诗书礼仪，礼贤下士，博学多识，甚得朱元璋喜爱，十九岁服丹药毒发伤目而亡，谥号"荒"。1970—1971年，山东省邹县与曲阜交界处九龙山南麓的鲁荒王陵出土了大量珍贵文物，如冕冠佩饰、家具服装、笔墨纸砚、琴棋书画、彩绘木俑等。展览表现了鲁王朱檀王府生活的真实缩影，反映了明朝时期高超的工艺制作水平。

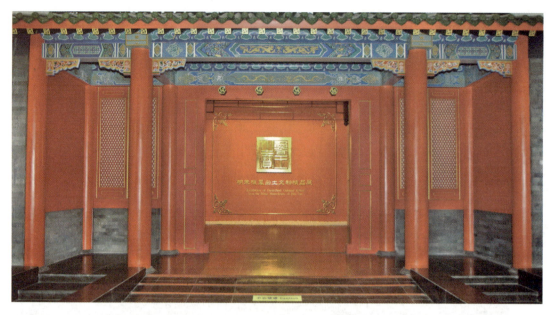

■ 图4-2-14 "鲁王之宝——明朱檀墓出土文物精品展"序厅

■ 图4-2-15 仪仗俑展示

（四）"考古山东"

中国现代考古学诞生于1921年河南仰韶遗址的发掘。1930年，考古工作者发掘了山东章丘城子崖遗址，发现了龙山文化，并出版了中国第一本考古报告。山东地区的考古工作一直在全国占有重要地位，不断取得重要成果。展览通过山东寿光市双王城遗址古代盐业遗址、高青县陈庄西周城址、沂水县刘家店子春秋贵族墓、临淄区淄河店二号战国大墓、日照市海曲汉代漆木器和丝织品等重大考古成果，展示山东地区悠久的历史、丰厚的文化底蕴、精美的文物。

■ 图4-2-16 "考古山东"序厅

（五）"万世师表"

孔子是我国古代著名的思想家、教育家、政治家，被后世尊为至圣先师、大成至圣文宣王先师、万世师表，其创立的儒家思想对中国和世界都有深远的影响。展览全面、详尽、科学、深入挖掘儒家文化资源，还原孔子及儒家思想，展示孔子思想精华，利用多媒体技术使观众在轻松的互动氛围中，体悟博大精深的儒家思想，进而汲取圣贤的智慧。

（六）"瓷·韵——山东博物馆藏明清官窑瓷器展"

始于土，成于火，瓷比玉，宁碎不折；薄如纸，明如镜，瓷比磬，香光馨远。从素颜到粉黛，从单色瓷到彩色釉，瓷器的发展经历了漫长的蝶变过程。"贵逾珍宝明逾镜，画比荆关字比苏。"明清时期，江西景德镇成为全国制瓷业的中心和御窑所在地，天下美器尽出于此。展览共展出山东博物馆馆藏明清两代官窑瓷器精品160余件，可谓件件精品，美轮美奂。

■ 图 4-2-17 "万世师表"序厅

■ 图 4-2-18 "瓷·韵——馆藏明清官窑瓷器展"场景

（七）"考工记——山东古代科技展"

科学技术是人类进步的阶梯，是第一生产力，文物是历代科学技术进步的物化表现，也是先民们聪明才智的历史见证。展览通过60余件（组）精品文物，12组复原模型和多处互动装置，呈现山东古代的科学技术成就，展现山东古代人民的智慧和创造力，彰显科学技术的先进性及其对于当代社会的影响。

■ 图4-2-19 "考工记——山东古代科技展"序厅

（八）"非洲野生动物大迁徙展"

展览展示了400件美国慈善家肯尼斯·贝林先生捐赠的野生动物标本，以大型实景的方式生动再现了非洲野生动物大迁徙这一生物界的壮丽史诗，还兼顾讲述了"多样化的非洲生态环境"、坚守着人类最后原生态生活状态的"马赛人村落"以及"草原上的和谐法则"等有趣的自然科学知识，让观众感受到非洲大陆的狂野之美，聆听自然谱写的生命赞歌。

（九）"山东龙——穿越白垩纪"

展览依托馆藏恐龙化石资源，借助最新的研究成果，运用裸眼3D、虚拟现实、全息成像、科学绘画、实景模型等多重技术手段，再现形态各异的恐龙及其生活环境，解读它们的身体结构、特征、习性、繁育、演化等，拼缀出白垩纪山东恐龙的生命图景。展品包括中国最早命名的蜥脚类恐龙——师氏盘足龙、

■ 图 4-2-20 "非洲野生动物大迁徙展"场景

早白垩世的标准化石——鹦鹉嘴龙、体型最大的鸭嘴龙类——巨型山东龙、"新中国第一龙——棘鼻青岛龙"等。

（十）"晶·彩——探寻神奇的矿物世界"

展览选取世界各地355件精美的矿物和宝石标本，精心打造了一场视听触多感互动的科普知识盛宴，以艺术语言来诠释科学知识，以趣味化的互动游戏来寓教于乐，让观众走进矿物世界，观矿物之美，赏矿物之态，寻矿物之因，探矿物之奇。

■ 图 4-2-21 "山东龙——穿越白垩纪"场景

■ 图 4-2-22 "晶·彩——探寻神奇的矿物世界"序厅

三、临时展览

山东博物馆每年都会策划推出一系列集学术性、知识性、艺术性于一体的临时展览，具有专题性、话题性、创新性的特点。新馆开放以来，策划实施的原创和引进展览达到300余个。这些陈列展览既自成体系，又相互协调，逐步形成了以"山东历史文化陈列"为核心，以专题陈列为补充，以临时陈列为亮点的展览体系，打造了优秀的展览品牌，成为文化宣传的新阵地。其中"衣冠大成——明代服饰文化展"获评全国博物馆十大陈列展览精品奖；"空灵之约——中国沉香文化展"获评全国博物馆十大陈列展览优胜奖"；"书于竹帛——中国简帛文化展""让党旗永远飘扬——山东省庆祝中国共产党成立100周年主题展""奋进的山东——庆祝中华人民共和国成立70周年成就展""初心——山东革命历史文物展""家和——中华传统家文化主题展"入选弘扬中华优秀传统文化、培育社会主义核心价值观主题展览推介。"万世师表——孔子文化主题展""中华服饰艺术展"等展览走出国门，推进了国际文明互鉴和文化交流。为了不断强化博物馆的国际视野，引进了"不朽之旅——古埃及人的生命观""永恒之城——古罗马的辉煌""珍宝：从文艺复兴到维多利亚——英国V&A博物馆藏吉尔伯特精品展"等多个世界文明系列展览，社会反响巨大，盛况空前。山东博物馆通过原创展览的举办深入挖掘了齐鲁文化蕴含的时代价值，讲好了"齐鲁故事"，真正让文物"活"起来，同时带动了一大批文明溯源、文物研究、文物预防性保护及数字化保护、衍生品开发等相关领域的研究项目落地，也为社会、经济、文化发展提供新动能、新思路。

（一）"乾隆大帝展"

时间：2010年6月16日至10月16日

展览分为"乾隆生平""十全武功""乾隆盛世""帝迹山东"四个单元。展览以100余件（组）故宫博物院、山东博物馆收藏的乾隆时期御用宫廷文物珍品为主，配以反映乾隆生平轶事和其社会宏观背景的史料、图片和模型，概括地展示了乾隆皇帝的生平轶事，形象地再现了乾隆时代在政治、经济、军事及文化艺术等各方面的辉煌和盛况。

（二）"斯文在兹——孔府旧藏服饰展"

时间：2012年8月8日至9月9日

孔府珍藏着大批传世成衣实物，其数量之多、体系之完整、传承之有序，

■ 图 4-2-23 "乾隆大帝展" 序厅

■ 图 4-2-24 "斯文在兹——孔府旧藏服饰展" 序厅

在世界范围内是独一无二的，是传统服饰文化的集大成者。展览精选了近百件馆藏孔府服饰精品，通过还原的孔府场景，以明式家具为展架，用画轴做展板，冕冠、佩饰、衣物同展，依托"服饰伴侣"从多方面更加详尽地展示孔府服饰的历史价值。

（三）"空灵之约——中国沉香文化展"

时间：2013年12月28日至2014年6月30日

展览展出历代香器和珍贵香料238件（套），其中自战国直至近代的香器180件，产自越南、印尼以及我国海南等世界各主要产地的顶级沉香58件。展览分为6个部分，以重要香具、典型香料、文史资料等展示汉代以来历代香具、香料的发展演变，以及香文化如何伴随中国人特有的政治观、宗教观、文化观、生活观，融入中国传统哲学体系中。

■ 图 4-2-25 "空灵之约——中国沉香文化展"场景

（四）"盛世佛光——汶上宝相寺塔地宫出土佛教文物展"

时间：2014年6月14日至9月14日

展览展示了汶上佛教文化的渊源和宝相寺的历史沉浮，揭开了宝相寺塔地宫的神秘面纱，共展出佛牙、舍利、金棺银椁、跪捧真身菩萨等29件珍贵佛教

■ 图4-2-26 "盛世佛光——汶上宝相寺塔地宫出土佛教文物展"场景

文物，是宝相寺塔地宫出土佛教文物最大规模的第一次外展，是对悠久灿烂的佛教文化艺术的一次特别展示，让观众近距离感受中国传统佛教文化艺术的独特魅力，触摸佛教历史的脉搏。

（五）"纪念中国人民抗日战争暨世界反法西斯战争胜利70周年——山东抗日战争主题展"

时间：2015年7月7日至12月31日

■ 图4-2-27 "纪念中国人民抗日战争暨世界反法西斯战争胜利70周年——山东抗日战争主题展"序厅

展览旨在铭记山东人民浴血奋战、艰苦卓绝的抗战历史，缅怀在抗日战争中英勇献身的山东英烈，彰显山东抗战在中国抗战中的重要地位，表明山东人民坚决维护国家主权、领土完整和世界和平的坚定立场，共展出历史图片625幅，珍贵抗战文物382件，是迄今为止山东地区举办的规模最大、集合抗战图片、文物最多、最为系统的一次抗战主题展。

（六）"永恒之城——古罗马的辉煌"

时间：2016年7月25日至10月8日

■ 图4-2-28 "永恒之城——古罗马的辉煌"场景

罗马，又被称为"永恒之城"。从公元前753年罗马建城至今，罗马城的变迁淋漓尽致地展现了其悠久的历史，众多引人瞩目的古迹至今仍矗立在罗马现代化的繁华大街上，无声地见证着历史的起伏更迭和人物的兴衰存亡。展览选取了来自罗马斗兽场、黄金宫殿、罗马国家博物馆、佛罗伦萨考古博物馆等处收藏的233件（套）文物精品，并沿着奥古斯都广场到君士坦丁凯旋门的经典路线，展现了罗马帝国从公元前1世纪到公元4世纪的宏大遗址，还原了古罗马500多年历史长河中的诸多生活场景。

（七）"书于竹帛——中国简帛文化展"

时间：2017年9月26日至2018年3月26日

展览分为"总序""简帛时代""吏治与法制""精彩的物质生活""丰富的精神世界""古典重现""齐地兵书甲天下""丝路边关""书法艺术"九个单元，共展出简帛及相关文物800余件，涵盖从战国、秦、汉至三国、晋各个时期有代表性的简牍帛书。展品既有可与传世经典对照的书籍，也有久已失传的佚书，还有形形色色的文书档案，更有古人的阴阳数术、医方药典、食谱、书信等，真实生动地记录了1000多年的历史文化，呈现出鲜活的中国古代社会生活画卷。

■ 图4-2-29 "书于竹帛——中国简帛文化展"序厅

（八）"中正仁和——走进养心殿"

时间：2018年7月3日至10月7日

养心殿，位于紫禁城乾清宫西侧，始建于明嘉靖十六年（1537）。清康熙六十一年（1722），雍正帝移居养心殿。直至清末，清朝共有八位皇帝居住于此。展览展出相关文物240余件（套），除复原养心殿正殿明间、东暖阁、西暖阁、三希堂和养心佛堂五个场景，还设置"皇家造办处""中央集权""明窗开笔""十全老人""乐在三希堂""养心佛堂""垂帘听政"七个单元，讲述了清朝最高权力所在地——养心殿的历史，令人通过浓缩的紫禁城一观清王朝的兴衰。

■ 图 4-2-30　"中正仁和——走进养心殿"场景

（九）"不朽之旅——古埃及人的生命观"

时间：2019年3月31日至6月23日

展览甄选古埃及珍贵文物100件（套），它们承载了古埃及人对生命的敬畏、对神灵的尊崇、对死亡的无惧和对来世永生的渴望。展览通过"永生的信仰""木乃伊的制作""棺椁的功能""丧葬明器""生活用品"五个单元的展

■ 图 4-2-31　"不朽之旅——古埃及人的生命观"序厅

示，诠释了古埃及的文化遗产及其独特的魅力，领略古埃及人的生命观。

（十）"衣冠大成——明代服饰文化展"

时间：2020年9月29日至2021年2月28日

"中国有礼仪之大，故称夏；有服章之美，谓之华。"服饰是华夏文明的具象载体，蕴含着中国人的礼制观念、伦理习俗、审美情趣等丰富的文化内涵。明代服饰注重对传统的继承，远法周汉，近取唐宋，从色彩、面料、款式、纹饰到穿着的时令与场合，形成一系列定制。其规划之周详，超越以往任何时代；其工艺之精湛、寓意之丰富、纹饰之华丽，亦可谓历代之最，对周边国家产生了深远的影响。

展览以明代传世服饰实物为主，辅以相关绘画、配饰等，力图展现明代服饰礼仪文化和传统生活方式，同时让观众从其款式造型、工艺技术、装饰艺术中领略明代服饰的风采与魅力。展览旨在挖掘和阐发中华优秀服饰文化，通过服饰文化载体，展现中华传统的博大精深，启迪大众回望历史、树立文化自信，立足当下，继承优秀基因，塑造"中国风度"，展示"中国气派"。

■ 图 4-2-32 "衣冠大成——明代服饰文化展"序厅

■ 图 4-2-33 "衣冠大成——明代服饰文化展"场景

（十一）"让党旗永远飘扬——山东省庆祝中国共产党成立100周年主题展"

时间：2021年6月27日至10月25日

■ 图 4-2-34 "让党旗永远飘扬——山东省庆祝中国共产党成立 100 周年主题展"大厅开幕式场景

■ 图 4-2-35 "让党旗永远飘扬——山东省庆祝中国共产党成立 100 周年主题展"场景

在庆祝中国共产党成立100周年之际，本展在山东博物馆隆重展出。展览选用全省文博系统、档案系统、爱国主义教育基地和党性教育基地的珍贵革命文物和现当代实物共220件（套），涵盖中共山东党组织在新民主主义革命时期、社会主义革命和建设时期、改革开放和社会主义现代化建设新时期、中国特色社会主义新时代四个时期的事迹，展现了中共山东党组织在内忧外患中诞生、在磨难挫折中成长、在攻坚克难中壮大、从胜利走向胜利的伟大历程和百年伟业。

（十二）"文明之光——滕州岗上遗址考古发现成果展"

时间：2022年6月11日至9月11日

岗上遗址是一处大汶口文化中晚期都邑性聚落址，距今5300—4300年，其中发现了丰富的大汶口文化中晚期遗存，包括夯土城墙、壕沟和高等级墓葬，以及以钺为代表的玉石器、成套成组的陶礼器等。展览分为"漷河之畔上下求索""区域中心最大之城""棺椁臻备礼制滥觞""探源岗上考古中国"四个部分，精选300多件（套）文物，展现了距今5000年左右的古环境气候、城址状况、先民生活，以及以棺椁制度、器用制度为代表的东方丧葬礼制和远古时期的文化交流互动，最后从世界文明史的角度阐释了以岗上遗址为代表的同时期重要遗址是如何实证中华五千多年文明史的。

■ 图 4-2-36　"文明之光——滕州岗上遗址考古发现成果展"场景

（十三）"家和——中华传统家文化主题展"

时间：2023年1月24日至5月22日

家是最小国，国是千万家。"家和"体现了中华优秀传统文化中的和谐融合关系，展示了人们向往和谐美满生活的愿望。展览以家为线索，以"大家"为背景，以祥和为主题，设"开门大吉""满院春光""诗礼传家""香闺绣户""福寿延年"五个部分，通过160件（组）文物，展示了清末民国时期过年的场景，努力为观众提供沉浸式艺术体验，使观众"身临其境"。

（十四）"器以载道——山东晚期铜器的古意与新义"

时间：2023年11月22日至2024年3月21日

青铜器源起于史前，盛于三代。青铜时代之后，青铜器及其代表的礼乐文化、宗法制度仍然在中国人的社会生活中继承延续，沉淀为支撑中华文明发展连续性的最重要的文化基因。展览通过"仿古的执着""新古的变革""集古的大成"三个单元，展出文物200余件（套），辅以场景、视频，尝试解读晚期铜器背后所承载的儒家理想、祖先崇拜和文人雅趣，向观众展示我国晚期铜器寓古于新、守正创新的发展情况。

■ 图 4-2-37 "家和——中华传统家文化主题展"序厅

■ 图 4-2-38 "器以载道——山东晚期铜器的古意与新义"场景

（十五）"古董·今董——山左金石全形拓文物艺术展"

时间：2023年11月22日至2024年6月3日

全形拓是一种将金石器物立体形态高保真地墨拓到纸张上的传拓技法，是为满足清代金石学家对器物图形资料的需求而诞生的，集金石学、考古学、美学三位一体。展览依托山东博物馆藏丰富的全形拓精品，分为四个单元，展出全形拓作品及其他古籍等70余组、100余件，展示全形拓技艺的发展流变及其背后的人物内涵和艺术价值，回顾清末民国百年间金石学蔚然成风的历史。

■ 图4-2-39　"古董·今董——山左金石全形拓文物艺术展"序厅

（十六）"沿着运河看年画"

时间：2024年2月2日至5月5日

展览经过近三年的筹备，汇聚北京、天津、河北、山东、河南、安徽、江苏、浙江八省市年画而成此展。展览通过140余件展品，从艺术、生活、信仰等方面展示了具有地域特色的民俗文化，再现了运河两岸流动的生活图景。展览突出以人为本的文化主体性视角，以地理空间为主线，聚焦传承与发展，这是本次年画专题展览的创新点，也是活化展示中华优秀传统文化的新尝试。

■ 图 4-2-40　"沿着运河看年画"序厅

（十七）"武梁祠——石刻图像艺术展"

时间：2024年2月4日至3月4日

■ 图 4-2-41　"武梁祠——石刻图像艺术展"场景

武氏墓群位于山东省济宁市嘉祥县城南15公里处，是一座东汉时期的家族墓地，武梁祠是其中的一座墓上石祠堂。以武梁祠为代表的武氏祠画像，秉承三代钟鼎玉器雕刻之工，开启魏晋唐宋绘画之先河，其雕刻技艺之精妙，图像内容之丰富，居全国汉画像石之首。

武梁祠从宋代起就受到金石学家的关注，19世纪后又进入西方学者的研究视野，其蕴藏的丰富历史价值、科学价值和艺术价值被不断发掘出来，闪耀着中华民族灿烂文明的智慧与自信。让我们通过展览，走近一个立足中国、影响世界的武梁祠。

（十八）"礼运东方：山东古代文明精粹"

时间：2024年3月21日至8月31日

展览展出了包括山东博物馆在内的50余家文博单位总计396件（套）精品文物，以"日出初光，饰节以礼""海岱惟青，玉礼四方""王礼在鲁，天下久

■ 图4-2-42 "礼运东方：山东古代文明精粹"序厅

传"等五个单元的内容展示了中华文明的东方文化基因和自身发展历程，深入发掘古代智慧与"礼文化"的发展脉络，向世界展示了山东作为"东方文明"的起源地在中华文明中的重要作用与文化魅力。

（十九）"走近考古"

时间：2024年4月30日至今

展览分为三个部分，第一部分"考古是什么"对遗物、遗迹等专业名词和地层学、类型学、聚落考古学的基本理论方法做了介绍，并以时间轴的形式展示了考古学的先声及发展。第二部分"考古怎么做"介绍了考古严格的制度、严谨的方法论和科学的工作体系。第三部分"考古做什么"，展现了考古如何实证了百万年的人类史、一万年的文化史和五千多年的文明史。"走进考古"展览是山东博物馆为促进考古成果和历史研究成果的传播做出的全新尝试，也是山东文明和发展历史脉络的艺术化表现。

■ 图 4-2-43 "走近考古"场景

表4-3　山东博物馆临展一览表

年份	展览名称
2014年	空灵之约——中国沉香文化展
	传承与创新——张殿英捐赠潍坊木版年画展
	傲骨怡情四君子——馆藏梅兰竹菊绘画作品展
	绚彩中华——中国瑶族服饰展
	白线的张力——中国现代水墨艺术大展
	星云大师一笔字书法展
	玉润东方——大汶口、龙山、良渚文化玉器展
	山东民间收藏精品展
	启航——海上丝绸之路特展
	圆明园特展
	盛世佛光——汶上宝相寺塔地宫出土佛教文物展
2015年	"走进山东·中国书画大师精品系列展览"——吴昌硕艺术展
	太阳契丹——大辽文明展
	齐鲁瑰宝展
	纪念中国人民抗日战争暨世界反法西斯战争胜利70周年——山东抗日战争主题展
	姜一涵捐赠作品展
	中日甲午战争专题展
	许伯夷和他的世界
	皇帝眼中的西洋科技展
	大河上下——黄河流域史前陶器展
2016年	画说年俗——馆藏年画展
	兖州兴隆塔地宫文物特展
	惟薛有序，于斯千年——古薛国历史文化展
	明清人物画精品展
	山东博物馆藏全形拓专题展
	传奇妇好
	"复兴之路"山东展
	"光辉的历程　伟大的成就"——山东省庆祝中国共产党成立95周年主题展
	永恒之城——古罗马的辉煌

2016年	山东地区两汉文明展
	耀州窑历代陶瓷精品展
2017年	匠心神韵——山东省文物保护修复技艺展
	一个东西南北人——刘国松创作回顾展
	张登堂捐赠作品纪念展
	御窑·皇家——明代官窑瓷器展
	乡愁——日本近代浮世绘名品展
	太阳的传说——三星堆·金沙遗址出土文物菁华展
	山东省庆祝中国人民解放军建军90周年主题展
	潘玉良画展
	书于竹帛——中国简帛文化展
2018年	缘生妙有　随缘自在——吴卿金雕木刻精品展
	山东省打击文物犯罪成果展
	折来一枝春插瓶——清供主题绘画展
	彩画闹春——馆藏年画贺年展
	取法与变法——清人临书展
	湿地精灵——山东鸟类标本展
	中正仁和——走进养心殿
	大君有命　开国承家——小邾国历史文化展
	画如其人　德艺双馨——吴天墀先生纪念展
	考古新发现——山东焦家遗址出土文物展
2019年	福满乾坤——馆藏年画贺岁展
	海洋之心——有孔虫科普展
	福迎新春——中国福文化体验展
	清风徐来——馆藏明清竹绘画展
	不朽之旅——古埃及人的生命观
	传统的未来：数字媒体艺术展
	不忘初心　牢记使命——山东博物馆馆藏红色文物主题展
	奋进的山东——庆祝中华人民共和国成立70周年成就展

2019年	窑火千年——淄博窑陶瓷文化展
	琉光溢彩——博山琉璃文化展
	香光馨远——董其昌书风展
2020年	陈梗桥书法展
	丝路华章——新疆文物精品展
	"她"从画中来——女性主题年画展
	六合同风——秦文化大展
	瓷·韵——馆藏明清官窑瓷器展
	三千玲珑——海洋贝类标本展
	衣冠大成——明代服饰文化展
	妙染寻幽——山东省古代绘画精品展
2021年	让党旗永远飘扬——山东省庆祝中国共产党成立100周年主题展
	"纪录小康工程"山东主题展
	虫·逢——世界珍稀昆虫标本展
	山静日长——明代文人风雅录
	山东考古成就展
	山水清音——清代初期山水画展
	初心——山东革命历史文物展
	百济汉城时期的王城与王陵展
2022年	"奋进新时代"主题成就展
	走在前 做表率——新时代山东省省直机关党的建设成果展
	文明之光——滕州岗上遗址考古发现成果展
	玉润生香——山东博物馆藏精品玉器展
	片刻千载——甲骨文化展
2023年	家和——中华传统家文化主题展
	珍宝:从文艺复兴到维多利亚——英国V&A博物馆藏吉尔伯特精品展
	三魂共一心——纪念于希宁诞辰110周年主题展
	古韵墨香——馆藏明清书画精品展

山
东
博
物
馆
七
十
年
(1954—2024)

2023年	中华文明起源与早期发展——考古中国重大项目研究成果展
	学习贯彻二十大　奋发有为开新局——山东省社会科学普及主题展
	山左邦彦——明清画像里的家国情怀
	古董·今董——山左金石全形拓文化艺术展
	器以载道——山东晚期铜器的古意与新义
2024年	武梁祠——石刻图像艺术展
	沿着运河看年画
	甲骨文心——王步强甲骨文书法展
	走进考古
	礼运东方：山东古代文明精粹
	铭记历史——甲午战争130周年暨甲午沉舰水下考古展
	与时偕行——山东博物馆建馆七十周年
	晚明书风展
	从平凡到非凡——拿破仑与法兰西的变革时代
	此刻华夏——殷商甲骨文化展

表4-4　2011年以来展览获奖情况

序号	时间	展览	奖项	等级
1	2011年	明代鲁王展	第九届（2009—2010年度）全国博物馆十大陈列展览精品评选	单项奖
2	2012年	山东考古馆	山东省博物馆十大展陈评选	精品奖
3	2013年	考古山东	第十届（2011—2012年度）全国博物馆十大陈列展览精品评选	精品奖
4	2014年	空灵之约——中国沉香文化展	第十一届（2013年度）全国博物馆十大陈列展览精品评选	单项奖
5	2014年	山东名人馆	第二届（2013年度）山东省博物馆、纪念馆十大精品陈列展览评选	精品奖
6	2015年	非洲野生动物大迁徙展	第十二届（2014年度）全国博物馆十大陈列展览精品评选	优胜奖

序号	时间	展览	奖项	等级
7	2015年	齐鲁瑰宝	第三届（2014年度）山东省博物馆、纪念馆十大精品陈列展览评选	精品奖
8	2015年	纪念中国人民抗日战争暨世界反法西斯战争胜利70周年——山东抗日战争主题展	第三届（2014年度）山东省博物馆、纪念馆十大精品陈列展览评选	精品奖
9	2017年	山东省庆祝中国人民解放军建军90周年主题展	"纪念建军90周年、抗战全面爆发80周年"主题展览项目	
10	2018年	御窑·皇家——明代官窑瓷器展	第四届（2016—2017年度）山东省博物馆、纪念馆十大精品陈列展览评选	精品奖
11	2018年	书于竹帛——中国简帛文化展	2018年度"弘扬优秀传统文化、培育社会主义核心价值观"主题展览	重点推介
12	2019年	奋进的山东——庆祝中华人民共和国成立70周年成就展	2019年度"弘扬优秀传统文化、培育社会主义核心价值观"主题展览	推介
13	2020年	考工记——山东古代科技展	第五届（2018—2019年度）山东省博物馆、纪念馆十大精品陈列展览评选	精品奖
14	2020年	不朽之旅——古埃及人的生命观	第五届（2018—2019年度）山东省博物馆、纪念馆十大精品陈列展览评选	国际合作奖
15	2020年	初心——山东革命历史文物展	2020年度"弘扬优秀传统文化、培育社会主义核心价值观"主题展览	推介
16	2021年	衣冠大成——明代服饰文化展	第十八届（2020年度）全国博物馆十大陈列展览评选	精品奖
17	2021年	让党旗永远飘扬——山东省庆祝中国共产党成立100周年主题展	中宣部、国家文物局庆祝中国共产党成立100周年精品展览推荐	推介
18	2021年	让党旗永远飘扬——山东省庆祝中国共产党成立100周年主题展	2021年度"弘扬优秀传统文化、培育社会主义核心价值观"主题展览	推介

序号	时间	展　览	奖　项	等　级
19	2021年	让党旗永远飘扬——山东省庆祝中国共产党成立100周年主题展	山东省文化和旅游厅"2021年十大革命文物陈列展览精品推介"	特别奖
20	2021年	让党旗永远飘扬——山东省庆祝中国共产党成立100周年主题展	第六届（2020—2021年度）山东省博物馆、纪念馆十大精品陈列展览评选	特别奖
21	2021年	瓷·韵——馆藏明清官窑瓷器展	第六届（2020—2021年度）山东省博物馆、纪念馆十大精品陈列展览评选	精品奖
22	2022年	让党旗永远飘扬——山东省庆祝中国共产党成立100周年主题展	第十九届（2021年度）全国博物馆十大陈列展览评选	优胜奖
23	2023年	家和——中华传统家文化主题展	2023年度"弘扬优秀传统文化、培育社会主义核心价值观"主题展览	重点推介
24	2023年	大道之行——山东近现代历史文化	第二届山东全省博物馆、纪念馆革命文物陈列展览精品推介	精品奖
25	2023年	山东龙——穿越白垩纪	2022年度全国地质古生物科普十大进展评选	第二名
26	2024年	海岱日新——山东历史文化陈列	第二十一届（2023年度）全国博物馆十大陈列展览精品推介	精品奖
27	2024年	海岱日新——山东历史文化陈列	第七届全省博物馆十大陈列展览精品评选	特别奖
28	2024年	珍宝：从文艺复兴到维多利亚——英国V&A博物馆藏吉尔伯特精品展	第七届全省博物馆十大陈列展览精品评选	国际合作奖
29	2024年	铭记历史——甲午战争130周年暨甲午沉舰水下考古展	2024年度"弘扬优秀传统文化、培育社会主义核心价值观"主题展览	重点推介

（撰稿：张露胜）

第三节　学术体系

　　山东博物馆藏品丰富、体系完善，有着70年薪火相传的研究历史。2010年新馆开放以来，山东博物馆的发展日新月异，各项工作成果丰硕，学术研究工作也进入了一个新阶段。

　　一是进一步强化基础性研究，夯实学术底座。博物馆是文物的收藏中心，文物研究是博物馆各项工作的重中之重。以精品文物研究为基础，山东博物馆出版了多套馆藏文物图录，既有《山东博物馆》图录等对文物本体信息的展示，又有"山东馆藏文物精品大系"等研究性成果，还有"走进山东博物馆"系列丛书等科普性著作，多角度、全方位展示馆藏文物，满足不同群体多层次研究需求。博物馆配合展览，形成"一展览一图录"的办展研究模式，以研究支撑、深化展览内容，坚持"学术办展"理念。新馆开放十余年来，出版图录、研究性及科普性著作70余部（套），真实记录了山东博物馆新馆开放以来走过的研究、办展之路。

　　二是积极搭建学术研究平台，拓展科研维度。研究是博物馆的基本职能之一，也是深入挖掘藏品故事、做好展览、开展社会教育活动以及文创产品开发的基础。为提高科研水平，山东博物馆秉持开放、合作、共享的理念，积极联合国内外科研机构，以重大科研项目为引领，广泛开展学术交流。基于特色馆藏资源与人才优势，山东博物馆与中国社会科学院甲骨学殷商史研究中心、中国文化遗产研究院等机构合作开展"山东博物馆珍藏甲骨文的整理与研究""银雀山汉简保护、整理与研究"等重大项目课题，以研促学，取得多项重要研究成果。以重点展览举办为契机，山东博物馆召开全国及国际性学术研讨会，以研促展，加强与全国及国际文博单位的学术交流，取长补短，激发研究活力，向世界发出山东博物馆的声音。山东博物馆重视青年人才培养，打造"古陶瓷论坛""石刻论坛"品牌，遍邀行业名家，聚焦学术前沿，畅通交流学习渠道，为青年人才培养开辟新天地，使山东博物馆的学术地位、学术影响力日益提升。

　　三是重视学术成果转化，全面提升"两创"水平。新时代，博物馆肩负着新的历史使命，围绕中华优秀传统文化"两创"要求，以科技为引领，以创新为手段，全面提升科研成果产出及学术成果转化。山东博物馆以研究为基础，不断加强对文物的数字化保护，申报多项文物数字化保护项目，其中对馆藏服饰、革命文物、佛教造像、自然标本等的数字化保护成果，被深度应用于"衣冠大成——明代服饰文化展""初心——山东革命历史文物展""海岱日新——山东历史文化陈列"等多个重大展览，与展览融合创新，丰富文物展示形式，提升文物利用率，让文物在科研中活起来。

四是加强学术与科研体系建设，走实"学术立馆"之路。在多年研究与发展的基础上，2023年山东博物馆正式确立"学术立馆"的发展理念，以"学术立馆"理念为指引，加强人才队伍培养，充分发挥馆刊、齐鲁文博讲堂的学术阵地作用，有效提升全员学术科研水平。此外，开设学术报告厅，打造青年论坛品牌，聘请全国知名专家，发挥科研引领作用，带动课题申报、专著出版。2023年以来，山东博物馆获批1项国家级、9项省部级、7项市厅级课题，出版各类图书9部，举办了32场齐鲁文博讲堂以及"晚期铜器与金石学学术研讨会""博物馆与高校融合发展座谈会"等高端学术研讨会，与全省19家高校签署了战略合作协议，全面凝聚研究合力，在浓厚的学术氛围中，引领山东博物馆的学术研究再创新高潮，谱写了博物馆科研发展新篇章。

2024年，山东博物馆成功入选中央地方共建国家级重点博物馆。中央地方共建国家级重点博物馆是由国家文物局、财政部共同认定，中央和地方联合共建的彰显中华文明、代表中国特色、引领行业发展的地方所属重点博物馆。以央地共建为契机，山东博物馆进一步完善学术体系建设，以"学术立馆"为核心，以争创"中国特色、世界一流"博物馆为目标，深化文物和博物馆学研究，全力做好馆刊提质升级，学术书籍出版，甲骨文、孙子兵法、东夷文化、博物馆高质量发展等学术会议以及国家级课题申报和博物馆人才培养等各项工作，打造山东省新质生产力博物馆新亮点，进一步促进山东博物馆实现高质量发展。

"学术乃天下之公器。"在未来的发展中，山东博物馆将延续优良学风，深挖馆藏资源优势，加强学术研究和人才队伍培养，提高科研专著产出水平，做好海岱文明、齐鲁文化"两创"研究与中国特色博物馆学区域实践研究等多个基地建设，完善学术科研体系，将"学术立馆"之路走深、走实。

一、基础性研究

（一）精品图录

图录是博物馆文物研究和展览工作的学术成果之一。2011—2024年，配合

■ 图 4-3-1 《山东博物馆》封面

■ 图 4-3-2 《衣冠大成——明代服饰文化展》封面

文物研究和重点展览，山东博物馆形成"一展览一图录"的研究出版模式，各类图录学术性、艺术性、体系性兼备，获得良好业界评价和社会美誉。

1.《山东省博物馆藏珍》

2004年出版，一套10本，包括陶器卷（75件）、瓷器卷（80件）、青铜器卷（57件）、书法卷（53件）、钱币卷（186件）、工艺卷（84件）、石刻卷（53件）、绘画卷（100件）、服饰卷（58件）、铜镜卷（76件），收录精品文物822件（套）。

2.《山东博物馆》

2012年出版，收录陶瓷器、青铜器、玉器、石刻、冠服、书画、工艺类精品文物200件（套），出版中英文两个版本。

（二）展览图录

1.《衣冠大成——明代服饰文化展》

该书是"衣冠大成——明代服饰文化展"的配套图录，是山东博物馆为广大服饰研究专家、服饰爱好者奉上的一部重量级精品，内容涵盖80余件文物精品图片、裁剪图，囊括《明代补子的演变》《明代的云肩通袖膝襕》《明代的道袍》等多篇研究性文章以及明代年表、明代衍圣公及夫人年表、明代帝王、宗室墓葬出土服饰汇总表等多类统计表，共计10余万字，是研究明代服饰的重要工具书，荣获山东省文化和旅游厅百项优秀成果一等奖。

2.《海岱日新——山东历史文化陈列》

该书是山东通史展的配套图录。山东通史展的改陈工作自2022年1月启动，历时一年有余，新展于2023年

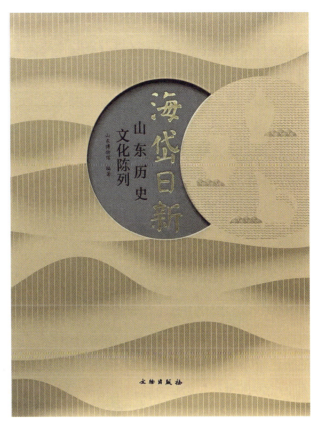

■ 图4-3-3　《海岱日新——山东历史文化陈列》封面

5月16日开展，分为"史前""商周""秦汉隋唐""宋元明清""大道之行"五个展厅，全面展示了山东古代文明发展过程与近现代奋斗历程，为观众呈现了山东地区从史前到近现代一系列走在前列的故事。图录浓缩了展览精华，使山东通史展的形象之美与精神文化内涵跃然纸上，向世界讲述了中国故事的"山东篇章"。

二、实践性成果

（一）学术会议

学术研讨会是博物馆学术交流的主要渠道之一。为加强与兄弟单位和科研单位之间的学术交流和知识共享，为博物馆学者搭建学术交流平台，增进博物馆科研工作的有效开展，山东博物馆依托展览、科研项目等积极组织开展学术交流会，以研促学，努力营造尊重知识、尊重人才、尊重创新的良好氛围，为博物馆深入开展研究和人才培养打下良好基础。

2011—2023年，山东博物馆先后举办了山东佛教艺术与考古学术研讨会、

"博物馆免费开放与公民文化权益保障"亚太地区馆长高层论坛暨国际博协亚太地区联盟理事会、"山东汉代石椁画像与汉文化研究"学术研讨会、"佛教造像碑与佛教艺术"学术研讨会、"东部沿海史前玉器与史前文明"学术研讨会、"如何让文物活起来"——博物馆展陈创意策划研讨会、植物文化与环境国际会议、第十三届全国民间收藏文化高层（山东）论坛、"黄河流域史前陶器与文明·社会"学术研讨会、2015全国首届甲骨文整理与研究学术讨论会、中国简牍学术研讨会、"鲁南古国青铜器与金文研究"学术研讨会、淄博窑与中国北方窑业技术交流学术研讨会暨山东省考古学会·山东古陶瓷研究会成立大会、"新时代博物馆展览提升与发展"学术研讨会、山东省一战华工史料建设与研究座谈会、"古代服饰研究与展示"学术研讨会、晚期铜器与金石学学术研讨会、山东博物馆展览提升与高质量发展研讨会等高水平学术会议。

2024年，围绕学术立馆理念，山东博物馆以建馆70周年为契机，拟于7月份组织举办"博物馆教育与研究国际研讨会""庆祝古代史研究所与山东博物馆建所建馆70周年甲骨学国际学术研讨会""纪念甲午战争130周年及近现代沉舰水下考古研讨会""中国博物馆协会社会教育专委会年会"等一系列高水平学术研讨会，扩大山东博物馆的学术影响力。

■ 图4-3-4　晚期铜器与金石学学术研讨会现场

■ 图 4-3-5 晚期铜器与金石学学术研讨会合影

（二）科研课题

山东博物馆以科研项目为依托，以人才培养为目标，持续推进重大科研项目以及各级各类科研课题的深入开展，有效拓展文物研究深度，为博物馆展览、教育等活动的开展提供强有力的学术支撑。

1. 国家社科基金重大项目"山东博物馆珍藏甲骨文的整理与研究"（批准号：14ZDB055）

该项目由山东博物馆与中国社会科学院甲骨学殷商史研究中心共同承担，于2014年立项，2022年结项。项目由中国社会科学院甲骨学殷商史研究中心主任宋镇豪担任首席专家，子课题负责人包括中国社会科学院古代史研究所研究员孙亚冰、山东博物馆书画部主任于芹等，6个单位的29位学者参加课题研究，其中我馆书画部张媛、汤铭、董倩倩、张祖伟等担任项目组成员。该课题主要对山东博物馆藏甲骨资料进行全面整理和研究。经过8年多的努力，课题组先后完成甲骨数量统计编号、甲骨真伪鉴定及材质辨别、甲骨文物级别登记，高清晰电子彩照拍摄，甲骨墨本传拓及拓片电子扫描存档，甲骨文的摹本制作及摹本电子扫描存盘，甲骨释文与文字简释，甲骨分期断代、组类区分及整理缀合与著录排序，甲骨著录表、检索表制作等7项子课题。课题最终成果编著为一部集学术研究与资料著录于一体的《山东博物馆藏甲骨集》。项目实施期间，在中国社会科学院古代史研究所的大力支持下，课题组先后主办了"全国首届甲骨文整理与研究学术讨论会"（2015）、"第二届全国甲骨文整理与研究学术研讨会"（2016）、"第三届全国甲骨文整理与研究学术研讨会"（2017）等，为山东博物馆藏甲骨的整理研究与著录工作提供了重要意见和成果支持。山东博物馆书画部还筹划举办了"片刻千载——甲骨文化展"，促进了项目成果的创造性转化和社会推广。

2. 银雀山汉简保护、整理与研究项目

银雀山汉墓竹简发现于1972年，由山东省博物馆和临沂文物组组织发掘，被列为"新中国三十年十大考古发现"之一，出土了写于公元前140年至前118年（西汉文景时期至武帝初期）的近5000枚汉简，其内容包括《孙子兵法》《孙膑兵法》《六韬》《尉缭子》《晏子》等古籍及古佚书。为进一步做好竹简保护、整理与研究工作，2015年，山东博物馆与中国文化遗产研究院合作"银雀山汉简保护、整理与研究项目"，书画部卫松涛、杨青参加项目，项目成果《银雀山汉简》孙膑卷和六韬、尉缭子卷由文物出版社出版。

3. 山东博物馆馆藏文物数字化保护项目

该项目于2019年得到国家文物局立项，2020年7月，经过调研、论证后全面启动。项目从提升观众服务、业务协同管理入手，旨在实现馆藏文物保护与利用的一站式协作管理，增强山东博物馆信息化安全保护效能。项目分为数字化项目和系统平台项目两大部分。数字化项目中"馆藏珍贵文物数字化采集和利用"部分采集馆藏服饰、陶器、铜器、玉器、书画、昆虫标本等藏品400余件，为各类展览提供了强大的数据支撑。

4. 山东博物馆藏珍贵革命文物数字化保护及山东省革命文物数据库建设项目

山东省文化和旅游厅"国家文物保护专项资金项目"《山东博物馆藏珍贵革命文物数字化保护及山东省革命文物数据库建设》（鲁文博函〔2020〕112号），由书画部与信息部合作完成，于2021年11月9日结项，完成项目内200件（套）馆藏革命文物的二维拍摄、扫描和三维信息采集工作，项目影像成果应用于2021年"让党旗永远飘扬——山东省庆祝中国共产党成立100周年主题展"和"初心——山东革命历史文物展"的文物二维平面展示、数字化魔墙展示和线上虚拟宣传等，提升了大众对革命文物数字化展示的认知。

5. 山东佛教造像文物数字化保护利用项目

山东佛教造像文物数字化保护利用项目于2021年底正式启动。项目主要针对山东博物馆及济南周边地区100件亟需进行数字化保护的佛教造像进行数字化保护，包括佛教造像三维信息采集与建模、佛教造像数字拓印与线图绘制、佛教造像数字资源管理系统建设、佛教造像数字展示内容设计等。2022年8月15日，本项目完成100件佛教造像的三维信息采集工作，并举行中期验收会。2023年底，山东佛教造像文物数据资源库建设完成。

6. 山东省考古成果数字化保护利用项目

山东省考古成果数字化保护项目是我馆2022年重点文物数字化保护项目。该项目于2021年启动，2022年底顺利通过验收结项。项目对山东省考古成果数字化保护利用的现状及需求进行梳理和分析，重点选取与山东历史文化进程相关的珍贵考古成果进行数字化保护，根据山东历史文化展改陈情况设计考古成果相关数字展项。项目选取330件珍贵文物进行三维扫描，建成2个知识图谱系统，分别应用于"海岱日新——山东历史文化陈列"史前展厅和商周展厅中。

7. 山东黄河流域水利碑刻调查与研究项目

自2021年起，我馆开展了山东黄河流域水利碑刻的调查，旨在进一步摸清山东黄河流域水利碑刻文物的家底，并开展保护工作。这是我馆落实习近平总书记关于"黄河流域生态保护和高质量发展"重要指示批示精神的重要举措。

8. 山东省社会科学规划文旅融合研究专项课题

"齐鲁文物的文化基因解构、转化与利用研究——以山东博物馆馆藏珍贵文物为例"（批准号：23BLYJ02）课题与"中华文明的五个突出特性"相适应，通过对全省珍贵文物的文化基因解构，构建文化基因谱系图，全面深入解读中华文明历史，有效推动中华优秀传统文化创造性转化、创新性发展，以全新的生物遗传学视角为地域文化的保护、发展与传承提供借鉴指导。

（三）学术论坛

学术论坛是山东博物馆学术立馆的重要途径和青年人才培养的主要阵地。近年来，山东博物馆积极打造学术论坛品牌，以论坛为平台，广泛开展学术研讨和交流，助力青年人才培养，有效扩大了山东博物馆的学术影响力。

1. 石刻论坛

石刻论坛是国内重要的石刻专题学术会议，突出强调专业性、学术性和思想性，意在通过开放性专业交流平台，汇聚国际国内在石刻研究、保护、展示和传承方面的专家学者和青年才俊，交流分享最新成果，促进学科发展。论坛

自2018年以来，至今已成功举办12届，开展学术报告80余场，千余人参与讨论，得到《中国文化报》、《大众日报》、凤凰新闻等10余家媒体报道，在海内外产生了广泛深远的影响，取得了良好的思想文化效益。

2. 古陶瓷青年论坛

为加强我馆与高校、文博单位的沟通交流，提升我馆业务人员的学术水平，打造"古陶瓷青年论坛"品牌，致力于青年鉴定人才的培养，2022—2023年，山东博物馆成功举办三届论坛，来自高校、研究机构和文博单位的30余位青年专家学者做主题发言，300余位业内同仁线上参会，研讨的内容包括古陶瓷研究、最新考古发现、古陶瓷的保护修复等，对于推进我国北方地区古陶瓷研究、加强学术交流、促进学科发展起到了积极作用。

3. 齐鲁青衿文旅论坛

2023年，山东博物馆积极响应省文旅厅关于青年人才建设的号召，开创"齐鲁青衿文旅论坛"，为山东省文博行业人才的培养与发展提供平台支持，吸引更多有志于文物保护事业的青年才俊参与到文物保护利用工作中，提高文博队伍的综合素质，实现文博事业的高质量发展。首期论坛邀请国内资深美术考古专家、北京大学郑岩教授到山东博物馆举办讲座，主题为"北齐娄叡墓壁画新读"。

■ 图 4-3-7　古陶瓷青年论坛现场

（四）讲座培训

山东博物馆举办全国和全省的行业培训，大力开展全省范围内的人才培养，积极发挥山东省博物馆行业领头雁作用。新馆成立以来，先后了举办了2013年度全省博物馆系统文物保管培训班，山东省文博系统青铜器鉴定培训班，博物馆展陈艺术讲堂（山东站），博物馆陈列设计与展览项目管理高级研修班，山东省文博系统陶瓷器鉴定培训班，2021年山东省文博系统书画鉴定培训班以及山东省文博系统瓷器研究、鉴定高级研修班，全国青铜器培训班等多个培训班，为全省建设具有较高学术研究水平和精湛业务技能的人才队伍打下坚实的基础，也为全国和全省各文博单位之间的业务交流、学习搭建起桥梁。

在学术讲座方面，由山东省博物馆学会承办的"齐鲁大讲坛"，邀请专家为观众讲解文博知识，服务观众万余人，获得强烈的社会反响。2021年，为满足文物鉴定工作需要，山东博物馆（山东省文物鉴定中心）、国家文物进出境审核山东管理处推出"山东博物馆文物鉴赏与辨伪系列讲座"，全面提高文博专业人员业务素质，加强文博机构工作人员交流学习。

■ 图 4-3-8 "齐鲁文博讲堂"海报

　　2023年，秉持学术立馆理念，山东博物馆推出"齐鲁文博讲堂"，遍邀全国名家，传道授业解惑，截至2024年上半年，举办学术讲座32期，有效提升了全馆员工的业务知识水平和科学研究热情，为建设人才高地打下了良好的基础。

　　为全面提升文物保护技术人才技术水平和学术素养，山东博物馆打造"山东博物馆文物保护科学与技艺系列讲座"学术品牌。2023年，山东博物馆邀请中国国家博物馆、上海博物馆、山东大学等知名文博机构和科研院所专家开展了7期系列讲座。

■ 图 4-3-9　刘延常馆长在"齐鲁文博讲堂"作讲座

表4-5　2023—2024年"齐鲁文博讲堂"学术讲座列表

时　间	讲座题目	主讲人
2023.6.8	秦汉都城的轴线、祭祀与相关问题	刘　瑞
2023.6.19	中华文明起源和早期发展视角下的东夷文化	栾丰实
2023.6.26	古城济南综论	崔大庸
2023.7.3	海岱地区聚落与社会——从旧新石器到早期青铜时代	孙　波
2023.7.10	考古实证与阐释齐鲁文化	刘延常
2023.7.17	泰山文化历程	周　郢
2023.7.24	理想与憧憬——大运河考古展开的历史画卷	林留根
2023.7.31	八主祭祀与齐国思想	李零、王睿
2023.8.14	中国青铜器与青铜时代	朱凤瀚
	铸造精湛：商周青铜技术与艺术	苏荣誉
2023.8.24	黄河文化专题讲座——提升博物馆业务工作能力和学术研究水平系列讲座之十	豆海锋、侯卫东、刘延常

时　间	讲座题目	主讲人
2023.8.28	物质与非物质文化遗产的博物馆研究与展示	于海广
2023.9.5	中国印章艺术三千年	陈根远
2023.9.11	宋元铜器掠影——我对六个问题的认识	王屹峰
2023.9.18	中华文明起源与发展的连续性及其文化基因	方　辉
2023.9.27	国际博协与中国博协的新愿景、新场景	刘曙光
2023.10.9	金石学与陈介祺	孙敬明
2023.10.16	山东古代石刻概说	赖　非
2023.10.23	地方博物馆基本陈列的策划和相关问题的探讨	陈　浩
	博物馆发展定位与业务管理	龚　良
2023.10.30	出土文献所见齐长城	燕生东
2023.11.6	怎样欣赏中国古代书画	余　辉
2023.11.13	数字人文与博物馆的创新应用——以上海博物馆数字化建设实践为例	刘　健
2023.11.20	渤海南岸地区盐业考古的发现与研究	王　青
2023.11.27	博物馆如何提高展教结合水平	郑　奕
2023.12.4	周代大东——胶东	任相宏
2023.12.11	科技助力博物馆的发展与成功	段　勇
2023.12.18	浅谈文物保护利用与博物馆高质量发展	李耀申
2023.12.25	中国古代乐制和乐礼起源	常怀颖
2024.2.4	关于山东汉画像石研究历史与现状的思考	郑　岩
2024.3.11	后视镜——当代博物馆展览创新之我见	陈同乐
2024.6.17	博物馆文创赋能美好生活——上海博物馆文创创新发展之路	李　峰
	从青铜礼器使用方法来看西周王朝的版图	〔日〕角道亮介

表4-6 文物保护科学与技艺系列讲座列表

期数	讲座名称	时 间	主讲人	主讲人介绍
1	馆藏文物预防性保护中国实践与发展趋势	2023.2.20	吴来明	文物保存环境国家文物局重点实验室副主任、研究馆员
2	馆藏文物保存微环境调控现状与趋势	2023.2.22	徐方圆	上海博物馆文物保护科技中心副研究馆员
3	馆藏文物预防性保护方法与实践	2023.2.23	唐 铭	中国国家博物馆文保院环境监测研究所所长、副研究馆员
4	科技赋能 创新引领——文物保护修复的实践与探索	2023.3.23	南普恒	山西省考古研究院科技考古与藏品管理部主任、副研究馆员
5	文物保护修复项目的实践与思考——以济南灵岩寺彩塑罗汉像保护为例	2023.9.21	蔡友振	山东省文物保护修复中心无机质文物保护部主任、副研究馆员
6	Ancient Man-made Blue and Purple Pigments	2023.9.22	Heinz Berke	德国籍瑞士有机金属化学与无机化学研究院原院长、教授
7	丝绸文物科学评估方法研究初探	2023.11.30	李 力	山东大学文化遗产研究院院长助理、副教授

2024年，为深入贯彻落实习近平总书记关于博物馆工作的重要论述和重要指示批示精神，进一步发挥全省博物馆宣传展示和社会教育服务功能，提升博物馆从业人员能力水平，促进全省博物馆尤其是革命类博物馆、纪念馆高质量发展，山东博物馆拟举办"2024年全省博物馆策展能力提升培训班""新时代革命文物保护利用专题培训班"等专题培训。培训班的举办，能够加强全省博物馆馆际学习和交流，推动全省博物馆创新发展，提升博物馆赋能经济社会高质量发展贡献度。

三、研究性成果

在展览举办、学术交流、课题研究的基础上，山东博物馆人才培养取得了显著成效，研究性成果丰硕。经初步统计，2010—2024年，山东博物馆研究人员申请厅级以上各类课题130余项，发表论文1000余篇，获得经过国家知识产权局认定的各项专利26项，完成包括《工业园区信息化管理系统通用要求》在内的行业标准3项，出版图书70余部（套）。各类研究成果展现了山东博物馆人才队伍水平和综合研究能力，为博物馆的发展打下坚实基础。

（一）论著出版

1."山东馆藏文物精品大系"

"山东馆藏文物精品大系"是中共山东省委宣传部组织策划的系列丛书，由山东省文物局、山东出版集团共同组织，山东博物馆主编，出版了《山东馆藏文物精品大系·玉器卷》（2019年版）、《山东馆藏文物精品大系·绘画卷》（2021年版）、《山东馆藏文物精品大系·瓷器卷》（2022年版）。丛书首次对山东省内博物馆玉器、绘画和瓷器类藏品进行全面系统的梳理、展示，讲述文物历史源流、背后掌故、流传脉络等，是对齐鲁文化数千年历史发展和卓越成就进行的一次全景式展现，堪称山东省馆藏文物的一次大检阅、大集合、大展示。

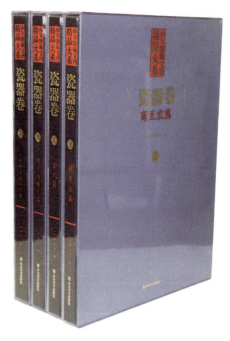

■ 图 4-3-10 《山东馆藏文物精品大系·绘画卷》与《山东馆藏文物精品大系·瓷器卷》

2.《齐鲁文物》

《齐鲁文物》是由山东博物馆主办的综合性文博类学术出版物，2012年创办，2015年更名为《山东博物馆辑刊》。2023年，重新更名为《齐鲁文物》。《齐鲁文物》自创办以来，始终致力于推动博物馆学科建设，坚持专业性、学术性，为山东乃至全国文博界搭建了一个相互交流、互相借鉴的高水平专业学术平台。

经过多年努力，刊物质量稳步提升，形成涵盖文物、考古、自然、展陈等类别的专业性刊物，得到同行专家高度认可。2024年，《齐鲁文物》计划出版馆庆学术特刊，围绕学术前沿和博物馆高质量发展组织稿件，体现博物馆学科建设成果，为全馆学术科研工作树立标杆。

■ 图4-3-11　《齐鲁文物》第1-3辑

3.《中国少数民族文物图谱·山东卷》

该项工作是纳入"十三五"国家重点图书、音像、电子出版物出版规划的项目，由国家民族事务委员会、国务院研究室、国家文物局共同主持，是一项重大文化典籍工程。该项目旨在全面反映我国少数民族具有代表性、典型性的文物资源状况和相关研究成果，系统展示历史上各民族通过交往、交流、交融，形成统一多民族国家的历史发展进程。《中国少数民族文物图谱·山东卷》分编委员会办公室设在山东博物馆，负责少数民族文物目录上报和图谱编纂出版的具体事宜。2023年完成中英文初稿，预计2024年正式出版。

（二）专题研究

1.《山东博物馆馆藏近代淄博窑民间陶瓷》

2021年7月，《山东博物馆馆藏近代淄博窑民间陶瓷》一书由文物出版社出版。该书介绍了山东博物馆2018年征集的560件（套）近代淄博窑民间陶瓷器的典型器物，极具民风民俗特色与研究价值。

2.《山东馆藏汉代石椁调查与研究》（全两卷）

国家文物局"山东地区馆藏汉代石椁画像研究"课题历时多年，完成省内多市县馆藏石椁画像的图像调查、拓片制作与报告整理工作。2021年8月，该项目的研究成果总结为《山东馆藏汉代石椁调查与研究》（全两卷），由青岛出版社出版。

3.《万州糖坊墓群》考古报告

为配合三峡水利工程建设，山东博物馆考古队在2001、2002、2005年对糖坊墓群进行了三次考古发掘，发掘总面积超过10000平方米，发掘西汉、东汉、蜀、六朝、清代墓葬100余座，由考古研究部负责编写考古报告《万州糖坊墓群》，该报告是"十三五"国家重点出版物出版规划项目长江三峡工程文物保护项目报告，由科学出版社出版。

4. 自然类书籍

依托丰富的自然馆藏，山东博物馆出版《山东鸟类志》《山东苔藓志》《昆嵛山苔藓志》《景宁苔藓植物》等自然类专著，以及《山东龙——穿越自垩纪》《虫·逢——世界珍稀昆虫标本展》《晶·彩——探寻神奇的矿物世界》等多本研究性图录，推动了对自然类馆藏的深入研究，为自然展陈的制作奠定了研究基础。

■ 图4-3-12　自然类书籍封面

5.《衣冠大成：山东博物馆"明代服饰文化展"策展笔记》

《衣冠大成：山东博物馆"明代服饰文化展"策展笔记》为国家出版基金"中国博物馆陈列展览精品·策展笔记"第一辑丛书中的一本。全书共分为序言（恰逢其时）、导览（衣冠大成）、策展（万毫齐力）、观展（同袍云集）和结语（意犹未尽）五个部分，对山东博物馆荣获第十八届全国博物馆陈列展览精品奖的"衣冠大成——明代服饰文化展"进行全面介绍，着重对展览策划理念和实践进行记录和总结，是一本展览策划可资借鉴的手册，也是一本了解明代服饰知识的指南。

6.《王铎的庚辰岁月》

该书是对山东博物馆藏《王铎诗文手稿册》纸本真迹的研究。王铎是明、清之际艺术史上的大家，具有重要的意义。《王铎诗文手稿册》计15000余字，此前未经发布，其艺术价值和文献价值都弥足珍贵。本书分为上下两编，计21万余字。上编考释手稿，将其书写时间精确定位于明崇祯十三年，填补了对王铎研究的空白，并纠正了以往研究中的诸多疏谬，将王铎年谱研究向前推进了一步；下编将新发现文物与以往研究相结合，重构了王铎在庚辰岁的叙事结构。

表4-7　山东博物馆出版图录、书籍一览表（2010—2024年）

序号	名　称	出版时间	编/著	备　注
1	山东省博物馆藏年画珍品	2010年	山东省博物馆	
2	山东省博物馆藏鲁绣精粹	2010年	山东省博物馆	
3	走进山东博物馆	2011年	山东博物馆	一套六册
4	山东白陶佛教造像	2011年	山东博物馆	
5	于希宁捐赠作品集	2011年	山东博物馆	
6	山东博物馆（图录）	2012年	山东博物馆	中英文版各一册
7	大羽华裳——明清服饰特展	2013年	山东博物馆	
8	张登堂捐赠作品集	2013年	山东博物馆	
9	刘国松捐赠作品集	2013年	山东博物馆	
10	齐鲁十老捐画作品集	2013年	郭思克	
11	齐鲁文物	2014年	山东博物馆	一套三册
12	启航——海上丝绸之路特展	2014年	山东博物馆	
13	玉润东方——大汶口—龙山·良渚玉器文化展	2014年	山东博物馆	
14	鲁荒王墓	2014年	山东博物馆	一套两册
15	山东博物馆（红皮图录）	2014年	山东博物馆	中英对照版
16	吴昌硕艺术展	2015年	山东博物馆	
17	齐鲁瑰宝——山东馆藏珍品系列展之一	2015年	山东省文物局	

序号	名　称	出版时间	编/著	备　注
18	许伯夷和他的世界	2015年	山东博物馆	
19	非洲野生动物大迁徙展	2015年	山东博物馆	
20	太阳契丹：大辽文明展	2015年	山东博物馆	
21	大河上下：黄河流域史前陶器展	2015年	山东博物馆	
22	东夷华彩——大汶口文化、龙山文化特展	2015年	山东博物馆	
23	永恒之城——古罗马的辉煌	2015年	山东博物馆	
24	沂南北寨汉墓画像	2015年	山东博物馆	
25	樊璋作品集	2015年	山东博物馆	
26	惟薛有序　于斯千年——古薛国历史文化展	2016年	山东博物馆	
27	皇帝眼中的西洋科技	2016年	山东博物馆	
28	山东地区两汉文明展	2016年	山东博物馆	
29	浴血齐鲁　彪炳千秋——山东抗日战争主题展	2016年	中共山东省委宣传部、山东省文物局	
30	齐鲁遗珍	2016年	山东省文物总店	一套四册
31	商周铜器与金文辑考	2017年	王恩田	
32	博物馆里的自然科学盛宴——环球自然日在山东五年回眸（2013—2017）	2017年	王　斌	
33	孝堂山石祠	2017年	山东省石刻艺术博物馆	
34	趣味简帛学	2017年	山东博物馆	一套四册
35	吴天墀画集	2018年	山东博物馆	一套两册
36	大君有命　开国承家——小邾国历史文化展	2018年	山东博物馆	
37	大哉孔子——圣像·圣迹图展	2018年	山东博物馆	
38	山东省博物馆青少年教育项目库	2018年	王　斌	
39	中正仁和——走进养心殿	2019年	山东博物馆	
40	中国福文化体验展作品集	2019年	山东博物馆	

序号	名　称	出版时间	编/著	备　注
41	香光馨远——董其昌书风	2019年	山东博物馆	
42	费县刘家疃汉画像石墓	2019年	山东博物馆	
43	山东馆藏文物精品大系·玉器卷	2019年	山东博物馆	一套四册
44	书画论集	2019年	陈梗桥	
45	陈梗桥书法	2020年	山东博物馆	
46	衣冠大成——明代服饰文化展	2020年	山东博物馆	
47	传承·创新——山东博物馆陈列展览（2010—2020）	2020年	山东博物馆	
48	三千玲珑——中国海洋贝壳展	2021年	山东博物馆	
49	山东博物馆藏近代淄博窑民间瓷窑	2021年	山东博物馆	
50	考工记——山东古代科技展	2021年	山东博物馆	
51	山东馆藏汉代石椁调查与研究	2021年	山东博物馆	一套两册
52	银雀山汉墓简牍集成（贰）	2021年	山东博物馆	
53	银雀山汉墓简牍集成（叁）	2021年	山东博物馆	
54	山东馆藏文物精品大系·绘画卷	2021年	山东博物馆	一套四册
55	山东考古百年成就展（1921—2021）	2022年	山东博物馆	
56	立新铸魂——山东革命文物红色基因解读	2022年	山东博物馆	
57	墨影春秋——山东博物馆藏全形拓片保护修复与研究	2022年	山东博物馆	
58	风华再现——邹平市博物馆藏文物保护修复与研究	2022年	山东博物馆	
59	博物馆观众评估	2022年	卢朝辉、席丽	
60	晶·彩——探寻神奇的矿物世界	2023年	山东博物馆	
61	山东龙——穿越白垩纪	2023年	山东博物馆	
62	海岱日新——山东历史文化陈列	2023年	山东博物馆	
63	虫·逢——世界珍稀昆虫标本展图录	2023年	山东博物馆	
64	衣冠大成：山东博物馆"明代服饰文化展"策展笔记	2023年	于芹	

序号	名　称	出版时间	编/著	备　注
65	明风雅韵——明代肖像画中的服饰探微	2023年	庄英博	
66	王铎的庚辰岁月	2023年	张颖昌	
67	山东馆藏文物精品大系·瓷器卷	2024年	山东博物馆	一套四册
68	《齐鲁文物》馆庆特刊	2024年	山东博物馆	
69	山东博物馆七十年（1954—2024）	2024年	山东博物馆	
70	一本博物馆——山东博物馆	2024年	山东博物馆	
71	齐鲁瑰宝——百件文物看山东	2024年	山东博物馆	

（撰稿：周浩然、李放）

第四节　社会教育与服务宣传体系

博物馆是社会教育的重要场所，具有广泛的教育功能。博物馆可以通过展览、教育活动等多种途径，为观众提供丰富多彩的社会教育服务。博物馆的社会教育与宣传服务是相辅相成的两个方面。社会教育是宣传服务的基础，没有丰富的教育资源，宣传服务就失去了根基；宣传服务则是社会教育的有力推手，没有有效的宣传，社会教育的影响力就难以扩大。只有在这两个方面都下足功夫，才能真正实现博物馆作为社会教育机构的使命与担当。

一、社会教育是博物馆的一项重要职能

博物馆的社会教育功能与学校教育、家庭教育不同，博物馆提供的是一种直观、互动的教育体验。在这里，每一件展品都是一个故事的载体，每一段历史都闪耀着智慧的火花。博物馆的社会教育不仅传递知识，还能促进情感共鸣和价值观的塑造。

（一）构建山东博物馆讲解服务新矩阵

山东博物馆一直秉承"以人为本"的服务理念，始终把高品质讲解服务作为观众服务的基础，构建多元化、多维度的讲解矩阵，更好地满足公众日益增

长的文化需求。

1. 科技赋能讲解，构建高质量讲解矩阵

山东博物馆借助大数据分析技术，深入了解观众需求，提供定制化讲解服务，结合传统文化的精髓和科技创新元素，为观众提供既富有教育意义又充满趣味性的参观体验。山东博物馆结合线上平台，打造无"围墙"博物馆，推出"云讲解"模式，举办"在家云游博物馆""云探国宝"等直播讲解活动，将精品展览和专业讲解服务带到云端，让更多人认识、了解山东博物馆的文物。山东博物馆录制讲解视频，多渠道发布，点燃观众的观展热情。2020年依托"衣冠大成——明代服饰文化展"，录制了关于"明衍圣公朝服"和"明衍圣公香色麻飞鱼袍"的讲解视频，身着汉服的讲解员向观众详细介绍了明代服饰文化，为观众带来了沉浸式的观展体验。

2. 完善管理制度，开展专项培训，推动讲解水平高质量发展

新馆开放之初，率先实行讲解员星级管理制度，建立系列管理制度，包括《山东博物馆讲解员星级评定标准》《山东博物馆讲解服务制度》《山东博物馆讲解员岗位管理条例》等，这些制度为讲解员的管理提供了全面的指导和保障。邀请专家集中授课，开展专项培训，如针对"中国甲骨文化展""山东文物精品巡展""清供展""馆藏清人临书展""沿着运河看年画"等展览的讲解工作，邀请专家对讲解员进行培训，结合交流讨论和答疑解惑，为讲解工作做好准备。

3. 打造多元化、复合型的讲解员队伍，为山东博物馆高质量发展增砖添瓦

山东博物馆组织讲解员参加国家级、省级各类赛事及红色宣讲活动，在比赛中屡获佳绩。2011年11月，山东博物馆选派讲解员参加"蓬莱阁杯"山东省第五届讲解员大赛，并获得团体一等奖。2015年，讲解员在山东省第六届讲解员大赛中取得优异成绩。2017年，在"全国博物馆优秀讲解案例展示推介活动"中，讲解员获得优胜奖。2020年，在"国宝讲述人（云讲国宝）——全国文博在线讲解直播推介活动"中，讲解员荣获"十佳国宝讲述人"称号。2023年，讲解员获得首届"最美文化遗产讲解员"荣誉称号，获得第四届山东省红色旅游五好讲解员大赛一、二等奖，获得"红动齐鲁·团结奋斗新征程"山东省第五届红色故事讲解大赛"优秀讲解员"称号。2024年，讲解员获得首届"博协杯"全国博物馆讲解大赛三等奖，获得"齐鲁瑰宝耀中华"2024年度山东省博物馆讲解大赛一、三等奖，获得"2024年山东省自然资源科普讲解大赛"二等奖。

图 4-4-1　2011 年 3 月讲解员为观众讲解

图 4-4-2　讲解员为团体观众讲解

■ 图 4-4-3　讲解员在汉画像石展厅讲解

■ 图 4-4-4　2022 年 8 月讲解员为学生讲解亚醜钺

■ 图 4-4-5 2022 年 6 月讲解员为俄罗斯代表团讲解

　　自2010年11月16日山东博物馆新馆对公众开放以来，山东博物馆讲解团队共讲解3.5万场次，先后为省部级领导、外国政要、驻华使节、国际友人以及社会各界人士提供了高质量的中英文讲解服务，出色地完成了各项接待任务，获得社会各界高度赞誉。

　　（二）博物乐学，主题研学百花齐放

　　山东博物馆盘活馆藏文物资源，实现创造性转化，让文物蕴藏的价值融入人们生活；通过举办主题展览，弘扬中华优秀传统文化，培育社会主义核心价值观，不断探索博物馆青少年教育模式，完善博物馆教育功能，逐渐形成了独具特色的教育推广模式。2010—2024年，山东博物馆开展各类教育活动5104场次，开发博物馆系列活动课程320项，研发学生自主研学手册96项。研学活动不再局限于传统的课堂教学，而是将教育延伸到课堂之外，让学生在更广阔的空间中接受教育。这种教育方式不仅更加符合学生的认知规律和学习需求，也更能够培养出具有创新精神和实践能力的新时代人才。

　　1. 多维度设计，研学活动系统化

　　新馆自2010年开馆以来，策划组织开展了一系列适合中小学生的研学活动。历史类有探寻黄河文明系列研学活动、知书系列研学活动、服饰系列研学活动、达礼系列研学活动、古代科技系列研学活动等。自然类有重返白垩纪系列研学活动、探寻非洲草原系列研学活动、解锁海洋中"人口大户"系列研学活动等。节俗类有"清明春雨绘纸鸢"活动、"迎兔王，过中秋"活动、"元宵节，猜灯谜"活动、"接福纳祥——拓印'福'字"活动等。从历史的纵深到文化的横向，从自然科学到人文艺术，每一块展板、每一件展品都是教育的载体，让青少年在沉浸式的体验中感受到知识的魅力。

■ 图 4-4-6　2023 年 4 月开展"清明春雨绘纸鸢"教育活动

■ 图 4-4-7　2021 年 3 月开展博物馆节俗系列之《论语》描红活动

■ 图4-4-8 2015年2月博物馆节俗系列之"闹年俗 动物大联欢"活动

2.形成长效机制，研学活动常态化

2012年，山东博物馆举办"金鱼送吉祥"、"张灯结彩度元宵"、"陪孩子一起做霓裳"主题服饰制作活动，开辟区域展示作品，力求真正做到寓教于乐，让孩子在动手的同时增长知识、开发智力，让孩子体验到博物馆之外体验不到的活动，学到博物馆之外学不到的知识。2013年，山东博物馆举办了"穿汉代服装、读竹简《论语》"主题活动，以灵活多样的讲解形式带领学生学习国学知识。2015年，山东博物馆开展自然类研学的主题活动，包括"探寻神秘草原——动物的领导力"、"探寻神秘草原——牙牙大不同之非洲野生动物的适应能力"、"探寻神秘草原——迁徙中的和谐生活"、"探寻神秘草原——多彩非洲"、"探寻神秘草原——动物大迁徙"、"缤纷童年"、"手绘省博——童话里的非洲野生动物大迁徙展"百米长卷绘画活动等。2017年，山东博物馆依托"考古山东""明代鲁王"等历史类展览，举办主题为"太阳的传说——制作徽章""书于竹帛——竹简编连""王爷驾到——明代'半桌'""美陶萌萌哒——认识陶器""王爷驾到——制作九旒冕""模拟考古坊——小小考古队"等系列研学活动。2024年，山东博物馆举办了"种语心

■ 图 4-4-9　2020 年 12 月"穿"越千年——华服美裳活动

愿——博物馆素养实践活动"、"家住蓝白间——老家印记"、"灯方年画照前程——大运河年俗"、"金石拓春+全形拓体验"等研学活动。青少年通过实地研学、亲身体验，可以加深对历史、文化和社会的了解，形成自己的见解与思考。

3. 丰富教育资源，研学活动品牌化

山东博物馆以观众满意为第一标准，策划实施了主题丰富、地域广泛的教育活动，积极总结博物馆教育项目经验，编写了《山东博物馆教育项目实施规范手册》。2022 年，为进一步深入学习习近平总书记在黄河流域生态保护和高质量发展座谈会上的重要讲话精神，努力实现保护、传承、弘扬黄河文化的要求，山东博物馆以黄河文化为主题，构筑了沉浸式交互研学空间，以沉浸式场景研学、混龄互助等方式开启了博物馆研学新模式，同步推出了"陶于河滨"黄河文化主题研学活动，采用新媒体和科技装置与展厅虚实互动，全方位、多视角诠释黄河文化的物质内涵、精神实质和时代价值，让文物讲述黄河文化故事，让黄河文化故事驻留研学者心中，让研学者成为黄河文化的传承者、传播者。

以种质资源内容为支撑，山东博物馆开发了集"学""娱""游"于一体的科普展览，让孩子们在了解种质资源的基础上，增长科普知识，激发对科学的兴趣，启发创新思维，引导孩子们在思考中学习、在体验中感悟、在参观中成长。以林草种质资源科普为主题，以"粒程"展为基础开展的"'标'记——植物腊叶标本制作"教育活动，通过200余件丰富多彩、形态各异的植物和种子标本，打造博物馆自然科学研学空间，带领儿童了解种子的多彩世界，探索种子的生命"粒"程。

2020年，在"2015—2019年度全国博物馆研学旅行优秀课程及优秀线路"评比中，山东博物馆申报的"家风家教邹鲁行"博物馆研学旅行线路荣获"最佳线路"称号，"华服美裳"和"知书——品隶书之美"两门研学课程荣获"优秀课程"称号。"陶于河滨"黄河文化主题研学课程成为2022年度全国文博社教百强案例。

人文素养是立德树人的重要内容，能够坚定青少年的理想信念、开阔青少年的视野、培养优秀的思维方式。近年来，山东博物馆充分发挥教育职能，推动博物馆教育资源开发应用，拓展博物馆教育方式途径，建立馆校合作长效机制。2023—2024年，山东博物馆成功举办两届"美丽山东"山东省青少年人文素养实践大赛。本活动推动了博物馆与教育事业融合，让更多青少年利用博物馆文化资源增强科艺融合能力、动手实践能力，激发青少年热爱家乡、热爱祖国、为家乡代言的热情，培养青少年文化自信，助力青少年成为文化自信的践行者。

（三）文物润心，打造"鲁博红"志愿者品牌

山东博物馆里有一群默默无闻的守护者，他们用自己的热情和汗水，为文化的传承贡献着自己的力量，他们就是博物馆的志愿者们。新馆自2010年11月对外开放以来，吸引了社会各界人士加入博物馆志愿者大家庭中。志愿者们用自己的行动，书写着一段段感人至深的故事。

1.多元参与，传承文化

在山东博物馆，志愿者们打破了单一的讲解工作，积极参与到社教活动、文物普查、5·18国际博物馆日及文化遗产日活动中来。他们用自己的行动，诠释着对文化的敬仰和对历史的尊重，为博物馆的发展贡献着自己的力量。

■ 图 4-4-10 志愿者为研学团队讲解

■ 图 4-4-11 5·18 国际博物馆日，志愿者为研学活动讲解

2. 志愿者荣获多个奖项

2011年10月，山东博物馆志愿者成功当选"2011全国十佳志愿者之星"。2012年，山东博物馆志愿者团队荣获"牵手历史——第四届中国博物馆志愿者之星团体"称号；2014年，山东博物馆志愿者获"牵手历史——第六届中国博物馆十佳志愿者"提名奖；2016年，山东博物馆志愿者团队荣获"牵手历史——第八届中国博物馆志愿者之星团体"称号；"你好，文物"山东博物馆志愿服务项目获山东省第二届青年志愿服务项目大赛金奖、第三届全国青年志愿服务项目大赛银奖。2019年，"你好，文物"志愿服务项目在第一届山东省青年志愿服务公益创业赛、示范项目创建活动中获得提名奖。2020年，山东博物馆志愿者团队荣获"牵手历史——第十一届中国博物馆十佳志愿者之星""优秀志愿团队"称号。

■ 图4-4-12 第三届中国青年志愿服务项目大赛银奖牌匾

3. 加强管理，完善志愿服务体系

志愿服务体系是山东博物馆公共服务体系的重要组成部分。根据新时代要求，博物馆成立了志愿者工作委员会，旨在构建中国特色、世界一流、系统完备、科学规范、协同高效的博物馆志愿服务体系。

（四）馆校合作，博物馆教育与学校教育相辅相成

当学校教育与博物馆资源相结合，学生们便能够在身临其境的体验中，更加深刻地理解课本上的知识，更加全面地认识这个世界。这种模式，不仅丰富了教学内容，更激发了学生们的学习兴趣和探索欲望。

1. 流动博物馆进校园、进社区，构建新型教育推广模式

山东博物馆流动博物馆先后走进菏泽市定陶区黄店镇周海小学和牛楼小学、军营，以及济南市的24所中小学及社区，以博物馆为媒介，传播中国传统

■ 图 4-4-13　2019 年 6 月 19 日流动博物馆走进大杨家庄村

■ 图 4-4-14　2020 年 10 月 4 日流动博物馆走进山东大厦开展线装书研学活动现场

文化，助力学校及社区的文化建设。2020年，博物馆跨界合作，走进商业综合体，如肯德基、山东大厦、CCPARK等，构筑文旅融合的教育推广模式。

2. 研学活动进校园，馆校合作有深度

博物馆与学校的合作，是一场知识与智慧的盛宴，是一次跨越时空的对话。它让我们重新审视教育的意义，重新认识博物馆的价值。2021年，我们将博物馆"知书"系列活动融入校本课程，突出与校本课程的有机融合，专项开展了"文物墨影 纸上春秋"——行走的思政课作品展暨第四届馆藏经典文物校园行活动。

博物馆的社会教育功能不言而喻。它如同一面镜子，映照出人类文明的演进轨迹；又如同一把钥匙，打开了通向智慧的大门。每一件展品都承载着厚重的历史，每一段解说都传递着深刻的文化。在博物馆，人们可以通过直观的展示和生动的讲解，感受到历史的厚重和文化的瑰丽，从而激发出对知识的渴望和对生活的热爱。

二、宣传服务是博物馆的一张名片

博物馆的宣传服务是其社会教育功能的延伸和拓展。在信息时代，如何有效地将博物馆的资源与魅力传递给更广泛的人群，成为博物馆面临的重要课题。博物馆的宣传服务，正是通过多元化的手段，如展览预告、特色活动、互动体验等，吸引公众的关注，激发他们的兴趣。同时，博物馆还积极利用新媒体平台，如网站、微博、微信等，与公众进行实时互动，让文化的传播更加快捷、便捷。

（一）拓展宣传渠道，提高山东博物馆影响力

在这个信息高速发达的时代，单一的宣传方式已经无法满足人们多样化的信息需求。山东博物馆借助社交媒体、线下活动等多种渠道，将展览内容、藏品故事、研究成果等传播出去，让更多的人能够接触到博物馆的丰富资源，增强与公众的互动，让公众在参与中感受到历史的魅力，进而激发对历史的兴趣和对文化的尊重。

（二）拓展媒体资源，与媒体建立良好合作关系

2018年10月12日，"大君有命 开国承家——小邾国历史文化展"在山东博物馆开展。本展览作为山东博物馆山东古国系列展览的第二个展览，在开展当天特别邀请了中新社、新华社、山东电视台、齐鲁电视台、《齐鲁晚报》、《大众日报》等25家媒体现场参加活动。2024年3月21日，"礼运东方：山东古代文

明精粹"展览开展后，博物馆积极探索媒体宣传的新途径，与30余家媒体联合开展了多种形式的宣传活动，媒体宣传报道235篇次，转发500余次。

（三）精准选择宣传方式，实现信息有效传递

在互联网上，我们通过官方网站、社交媒体平台等发布展览信息、藏品介绍、学术文章等，吸引网友的关注和讨论。在传媒领域，山东博物馆与媒体建立协作式联络网络，对日常展览及相关工作进行宣传，发挥新闻媒体的优势，加深观众对博物馆的理解。同时，山东博物馆还利用虚拟现实、增强现实等技术，为观众提供沉浸式的观感体验，让他们仿佛置身于博物馆之中。在媒体的社交平台上，我们利用微博、微信与大家互动，回答他们的问题，分享有趣的历史故事，让历史变得触手可及。与此同时，山东博物馆还多次举办线下活动，如讲座、研讨会等，吸引公众参与，让他们在亲身体验中感受历史的厚重和文化的魅力。2020年，山东博物馆依托多元化媒体在国际博物馆日、中国文化遗产日等重大节日宣传开展"遗产点亮丝路"山东佛教造像艺术展专业讲解，通过哔哩哔哩和微博等线上平台，传播齐鲁文化。山东博物馆还通过《大众日报》客户端推出"快来打卡！"，通过新时报微博和客户端推出"十大镇馆之宝，快来省博打卡吧！""别来无恙，山东博物馆"等话题。

当前博物馆的社会教育与宣传服务还面临着诸多挑战。如何在信息爆炸的时代抓住公众的注意力？如何满足不同年龄、不同背景观众的需求？如何平衡传统与创新的关系？这些都是博物馆需要不断思考和解决的问题。但正是这些挑战，推动着博物馆不断创新、不断进步，为社会教育与文化传播贡献更多的力量。

博物馆的社会教育与宣传服务是其生命力与活力的源泉。它们以独特的方式，将文化的种子播撒在每一位观众的心田，让人们在欣赏美的同时，也感受到文化的力量与魅力。在未来的日子里，山东博物馆会继续发挥博物馆社会教育与宣传服务的优势，为构建更加和谐、美好的社会贡献力量。

（撰稿：姜惠梅）

第五节　对外文化交流体系

山东作为中华文明的重要发祥地之一，有着丰厚的历史人文资源。改革开放以来，山东省对外文化交流活动日趋活跃，在服务国家文化外交大局、加强

友好合作交流、扩大齐鲁文化影响力以及促进社会发展和文化繁荣等方面取得了良好的成绩。博物馆作为收藏、研究、展示文化遗产的文化教育机构，是历史的保存者和记录者，也是保护和传承人类文明的重要殿堂。中华五千多年文明史遗留下的珍贵文化，蕴含着重要的历史、文化和艺术价值，承载着中华民族的灿烂文明，在促进世界文明交流互鉴方面发挥着特殊作用。

一、文化交流的黄金时期

山东博物馆自20世纪80年代起，便与日本、美国、法国、澳大利亚、韩国等国家开启了展览交流、人员互访、学术研讨等方面的交流与合作。2010年山东博物馆新馆建成并对外开放，在中国经济社会繁荣发展、国际和地区关系整体向好的大背景下，山东博物馆依托丰富的藏品资源和先进的展陈设施，乘势而上，开拓进取，对外文化交流频繁，成果丰硕，成为弘扬优秀齐鲁文化、增进文明交流互鉴的重要平台。2010—2019年，山东博物馆在美国、法国、英国、澳大利亚、日本、韩国等国家和地区举办了29次展览，同时也引进了来自意大利、西班牙、日本、韩国等国家和地区的18次展览，极大加深了交流双方人民之间的了解和友谊。

■ 图 4-5-1 在韩国举办"孔子和他的故乡：山东"展

表4-8　山东博物馆出境展览表（2010—2019年）

序号	时间	去往国家/地区	展出场馆	展览名称
1	2010年	美国	美国华美协进社中国美术馆	孔子展
2	2012年	日本	美秀美术馆	开馆15周年纪念展览（蝉冠菩萨像参展）
3	2013年	日本	山口县立萩美术馆和歌山县立博物馆	黄河与泰山展
4	2013年	中国台湾	佛光山佛陀纪念馆	"永远的孔子"文化展
5	2014年	法国	布列塔尼孔子学院	多彩生活——山东民间年画展
6	2014年	澳大利亚	阿德莱德艺术节中心	孔子智慧图片展
7	2014年	法国	吉美博物馆	汉风——中国汉代文物展（部分文物参展）
8	2014年	英国	大英博物馆	明：皇朝盛世五十年（1400—1450年）展（部分文物参展）
9	2015年	中国台湾	高雄市佛陀纪念馆	山东文物木版年画展暨民俗演示
10	2015年	法国	布列塔尼孔子学院	素手纤纤——山东鲁绣精品展
11	2015年	立陶宛	维尔纽斯市政厅	孔子的智慧图片展
12	2015年	中国香港	香港中央图书馆	大哉孔子——孔子儒家文化展
13	2015年	韩国	国立中央博物馆	古代佛教艺术展（金铜三尊像参展）
14	2015年	波兰	国家民俗博物馆	中国山东木版年画展
15	2015年	罗马尼亚	国家艺术博物馆	中国山东汉代画像石拓片展
16	2015年	日本	山口县立萩美术馆	中华服饰艺术展
17	2015年	中国香港	香港两依藏博物馆	三山五园文化巡展——18世纪古典与时尚艺术之美
18	2016年	德国	弗莱堡市纽伦堡市	多彩生活——山东杨家埠木版年画展

序号	时间	去往国家/地区	展出场馆	展览名称
19	2016年	韩国	汉城百济博物馆	孔子和他的故乡：山东
20	2016年	韩国	国立春川博物馆	中华服饰艺术展
21	2016年	中国台湾	台北中华艺术馆等	大哉孔子——圣像圣迹图展
22	2016年	泰国	曼谷中国文化中心	山东鲁绣展
23	2016年	中国台湾	佛光山佛陀纪念馆	山东博物馆藏扬州画派精品展
24	2017年	日本	美秀美术馆	美秀馆20周年展（蝉冠菩萨像参展）
25	2017年	美国	纽约大都会艺术博物馆	秦汉文明展（7件文物参展）
26	2018年	日本	山口县立萩美术馆·浦上纪念馆	山东古代陶瓷文化展
27	2018年	韩国	汉城百济博物馆	丝路东延：中韩文化的互动
28	2018年	韩国	国立韩古尔博物馆	山东博物馆藏清人临书展
29	2019年	韩国	首尔中国文化中心	迎春接福——中国山东杨家埠木版年画贺年展

表4-9　山东博物馆入境展览表（2010—2019年）

序号	时间	来自国家/地区	展出场馆	展览名称
1	2011年	韩国	山东博物馆	第六届中韩美术国际交流展
2	2012年	日本	山东博物馆	山东省·山口县友好30周年纪念展览萩烧——山口县陶艺展
3	2012年	日本	山东博物馆	山东省·山口县友好30周年纪念展览日本山口县观光物产展
4	2012年	日本	山东博物馆	山东省与山口县结好30周年回顾展
5	2012年	日本	山东博物馆	日本燕京书道交流协会山东书法展
6	2012年	西班牙	山东博物馆	西班牙当代艺术大师胡安·里波列斯雕塑、绘画展
7	2013年	中国台湾	山东博物馆	赤子心·故乡情——中国台湾地区山东籍现代水墨画家乡情展
8	2013年	欧洲	山东博物馆	欧洲经典美术大展

序号	时间	来自国家/地区	展出场馆	展览名称
9	2014年	中国台湾	山东博物馆	白线的张力——中国现代水墨艺术大展
10	2014年	中国台湾	山东博物馆	星云大师一笔字书法展
11	2014年	日本	山东博物馆	和歌山风光图片展
12	2015年	中国台湾	山东博物馆	姜一涵书画艺术展
13	2015年	中国台湾	山东博物馆	许伯夷和他的世界
14	2016年	意大利	山东博物馆	永恒之城——古罗马的辉煌
15	2017年	日本	山东博物馆	乡愁——日本近代浮世绘名品展
16	2017年	中国台湾	山东博物馆	一个东西南北人——刘国松创作回顾展
17	2018年	中国台湾	山东博物馆	缘生妙有　随缘自在——吴卿金雕木刻精品展
18	2019年	意大利	山东博物馆	不朽之旅——古埃及人的生命观

在这些文化交流活动中，山东博物馆经过长时间的实践，形成了多个典型交流项目和交流合作机制，成为开展对外文化交流活动的样板。

（一）典型交流项目：中华服饰艺术展

服饰是构成人类生活的重要因素，同时又是人类物质文化的重要组成部分。中国服饰历史悠久，而中国服饰的庞杂、浩繁也是世界其他民族难以比拟的。"中华服饰艺术展"共汇集展出山东博物馆馆藏具有代表性的服饰及相关配饰等共54件（套），按照传统服饰的分类进行陈列，集中介绍了明、清至民国服饰的形制、属性、功能以及500多年间服饰的流行、发展与演变进程，体现了中国灿烂的服饰艺术和文化。

在《中国山东省与日本山口县文化合作备忘录》框架约定下，山东博物馆于2015年12月12日至2016年1月17日在山口县立萩美术馆·浦上纪念馆举办了"中华服饰艺术展"。展览增进了日本民众对中国服饰文化与艺术的了解，进一步深化了两省县的友好关系和人民之间的友谊。继在日本成功展出后，为促进山东省与韩国江原道之间的友好关系，推动双方之间文化与学术交流合作，根据山东博物馆与韩国国立春川博物馆签订的协议，山东博物馆于2016年9月9日至10月30日在韩国国立春川博物馆举办了"中华服饰艺术展"。本次展览成功开启了两馆之间的合作与交流，展览受到当地民众特别是服饰研究学者的热烈欢迎，效果显著。

■ 图4-5-2 在日本举办的"中华服饰艺术展"海报

"中华服饰艺术展"展现了多个特点。一是与当地博物馆收藏文物同时展出，相得益彰。如在韩国举办展览期间，展览由"高贵典雅的明代服饰""简捷轻便的清代礼服""满汉交融的民间服饰""寓意吉祥的织绣艺术饰品""韩国收藏的中国文物"五个部分组成，详细展示了明清时期服饰的风貌，使韩国观众能近距离欣赏中国服饰之美，感悟中华文化的独特魅力。二是配合展览举办互动教育节目，宣传效果更加深远。在展览期间，每周三举办"与策展人的对话"专题活动，并为儿童观众准备了"中华最摩登"特别活动，孩子们可以为纸娃娃制作漂亮的明清代表服饰，把它们打扮成时尚的娃娃，通过这些活动来理解中国明清时期的服饰文化。三是通过举办讲座、发表论文、出版图录等促进学术交流。山东博物馆相关专业技术人员在日韩展览期间举办了与中国服饰文化相关的讲座，发表了《从明清服饰看中国传统服饰文化的演变》的研究文章，出版了日韩两种文字的图录，增强了该展的学术性和影响力。

　　该展览交流产生了重要意义和影响。一是深化了山东省与日韩对应地方的省级友好城市关系；二是加深了双方之间的文化与学术交流合作；三是增进了当地民众对中华服饰艺术和中国文化的了解，扩大了齐鲁文化的影响力。总之，"中华服饰艺术展"不仅展现了当时中国人的聪明才智和精湛技艺，而且体现了"明礼仪、讲服饰、重举止"的社会习俗与风尚。丝路文化，映照四海。在

"一带一路"合作倡议下，中日韩之间的相互交流与合作，增进了民众的了解和友谊，促进了友好关系的不断发展。

（二）典型交流机制：与日本山口县立萩美术馆的长效合作

自1982年缔结友好省县关系以来，山东省与日本山口县在政治、经济贸易、文化教育等多个领域开展了形式多样的交流与合作。基于两省县的友好关系，山东博物馆与山口县立萩美术馆·浦上纪念馆在文物展览交流方面互动尤为频繁，建立了长效合作机制，每五年举办一次山东省与山口县缔结友好关系纪念展，其间基本上每年还会举办一个山东文物系列展。近些年，山东博物馆组织了"黄河与泰山——中华文明之源与世界遗产展""中华服饰艺术展""山东古代陶瓷文化展"等15个不同主题的文物展览赴山口县立萩美术馆·浦上纪念馆展出，同时承接了日方组织的"萩烧——山口县陶艺展""乡愁——日本近代浮世绘名品展"等4个展览，极大地增进了双方民众之间的了解，特别是让日本人民了解了山东省丰富的文物资源及其展现的悠久历史和灿烂文化。

除了展览交流，山东博物馆与山口县立萩美术馆·浦上纪念馆还互派研修人员，如山东博物馆先后派出3人赴对方馆进行了博物馆管理、展览策划、宣传教育等方面的交流学习。双方在学术科研方面也开展了卓有成效的合作，共同研究了山东地区新石器时代的陶器等课题。

两馆之间广泛密切的交流合作不仅扩大了齐鲁文化在日本的知名度和影响力，也成为中日之间友好交流的典范。

二、疫情之下的文化交流

2019年12月，突如其来的新冠疫情让国际和地区间的往来变得慢了下来。博物馆以文物展览为主要媒介的传统文化交流模式也受到巨大冲击和影响，人员和文物展览交流几乎停滞。在此背景下，山东博物馆克服现实困难，积极开拓思路，创新交流方式和渠道，开展了一系列卓有成效的文化交流活动，在特殊情况下推动了齐鲁文化的对外传播。

（一）远程参展

2020年2月21日，第六届意大利国际考古及文化旅游大会在佛罗伦萨开幕。山东博物馆作为中国唯一一家受邀博物馆参加。尽管因疫情影响，山东博物馆代表团未能如期成行，但仍积极与大会主办方沟通协调，通过多种方式参与大会活动，向意大利民众宣传山东文化遗产和旅游资源，推介山东博物馆文物收藏和品牌交流展览。

　　山东博物馆向大会发去开幕致辞，并由大会主办方翻译成意大利语。致辞介绍了山东省的文化遗产和旅游资源概况，以及山东博物馆的馆藏文物特色、展陈设施和环境、对外交流合作等情况，表达了与意大利博物馆和考古界同仁共同探讨双方在人员互访、学术研讨、展览交流等方面开展合作的意愿，并特别感谢意大利政府和人民对中国人民抗击疫情所给予的支持。大会主席皮耶罗·普鲁内蒂、那不勒斯国家考古博物馆馆长、托斯卡纳大区和西西里大区的官员等都表达了对山东博物馆的支持，期待着未来的合作。

■ 图 4-5-3　意大利民众观看展板介绍

　　在展会现场，山东博物馆委托当地机构设立了独立展位，通过展板、宣传片、宣传折页等形式对博物馆及馆藏文物进行了多角度介绍，吸引了众多观众驻足观看。为推动展览"走出去"，山东博物馆精选了"黄河与泰山——中华文明之源展""汉画像石拓片展""木版年画展""鲁绣展""孔子展"等5个体现山东地区文化特色的品牌展览，通过简介材料向感兴趣的参会嘉宾进行推介。

　　2020年正值中意建交50周年，也是中意文化和旅游年，在此大背景下，山东博物馆参加此次大会既是一次探索文化和旅游融合的有益尝试，也有助于增进中意之间的文化交流以及两国人民的相互了解和友谊。

（二）文物图片展代替文物实物展

2021年7月20日，"中韩文化交流年——鲁韩交流周"开幕式在济南举行。山东省政府领导、韩国驻华大使等嘉宾出席开幕式并致辞。作为此次"鲁韩交流周"文化交流部分，山东博物馆与韩国汉城百济博物馆合作，互换文物图片，在对方馆内展出，两馆各自提供高清文物图片和文物说明，并翻译成对方的语言，然后通过邮件发给对方，在当地排版、制作、组织展出。

山东博物馆承办的韩方的"百济汉城时期的王城与王陵展"，展出百济王城和王陵出土的70件（套）文物图片，其中有三足陶、高杯、短颈壶等典型器物，也有从中国进口的越州窑青瓷、德清窑黑瓷等器物，揭示了百济与中国在陶器交易乃至礼仪、思想层面广泛而紧密的交流，为百济与中国的交流史提供了新的依据。而山东博物馆的"黄河与泰山——齐鲁文化展"也同步在韩国汉城百济博物馆开幕展出，展览选取63件（套）山东文物精品（图片），包括大汶口文化、龙山文化时期的陶器，商周时期的青铜礼器和酒食器，以及两汉时期的玉器等，向韩国民众展示了山东悠久的历史和灿烂的文化。作为此次展览的延伸，山东博物馆还派专家赴青岛，为当地韩国学校的学生举办了题为"齐鲁文化概说"的讲座，介绍齐鲁文化形成和发展的历史脉络，以及对山东人崇礼、仁义、勇敢、正直等性格的塑造和影响。

那一段时期，山东博物馆对韩文化交流活动频繁，分别在汉城百济博物馆、国立春川博物馆、国立韩古尔博物馆举办了"孔子和他的故乡：山东""丝路东延：中韩文化的互动""山东博物馆藏清人临书展"等多个精品文物展览，让更多的韩国民众加深了对中国历史和文化的了解。这次以互换文物图片展的形式进行的交流是在疫情影响下开展的一次有益尝试，进一步巩固了中国与韩国的友好关系。

（三）线上举办展览

2021年10月、11月，山东省文化和旅游厅先后与中国驻旧金山总领馆、卢森堡中国文化中心共同主办"跨越太平洋——中国艺术节"云端山东文旅周、"2021卢森堡·中国山东文化年"线上交流活动。山东博物馆负责策划的"衣冠大成——明代服饰文化展""石上史诗——中国山东汉画像石精品展""崖壁梵音——山东北朝摩崖刻经展"在此期间成功展出。展览基于实体展览大纲设计，主题突出，板块清晰，展品丰富，配以中外文版面词和展品说明，以线上图片展的形式在海外机构的官方网络平台推出，向当地民众展示优秀的齐鲁文化，取得了良好的效果。

（四）"云"上签署合作协议

由山东省政府、中国贸促会、日本贸易振兴机构共同主办的一年一度的"对话山东——日本·山东产业合作交流会"自2020年以来一直采用线上线下结合的方式进行，作为系列活动之一的文化和旅游产品推介会是其中一项重要内容。2020年，以"深化行业合作，实现产业共赢"为主题的"对话山东——'好客山东'文化和旅游产品线路推介会"在山东济南和日本东京、大阪三地连线举行，推介会上山东博物馆与山口县立萩美术馆云端签订合作协议，约定双方将围绕考古挖掘、文物保护及学术研究进一步加强合作。2021年，"孔子家乡 好客山东"文化和旅游产品推介会在济南举行，本次推介会以"深化交流合作，创新发展共赢"为主题，在山东济南设主会场，在日本东京、京都、和歌山、宫崎市、大分等地分别设分会场。会上，山东博物馆与日本山华美术俱乐部通过线上视频会议签署了交流合作框架协议，共同推动山东与日本文化和旅游交流开创新局面。

三、文化交流体系日臻完善

山东博物馆经过多年的文化交流实践，逐渐探索建立了一个平台多元、形式多样的对外文化交流体系。在充分利用文化和旅游部"海外文化中心部省对口合作"机制、"欢乐春节"活动品牌、山东省文化和旅游厅在海外举办的"山东文化年""文化和旅游周"等文化节庆活动，以及山东省与美国康涅狄格州、澳大利亚南澳州、日本山口县、法国布列塔尼大区等友好省州交流活动的基础上，山东博物馆与日本的山口县立萩美术馆、美秀美术馆，韩国的汉城百济博物馆、国立春川博物馆、国立韩古尔博物馆等多个国家文化艺术机构，香港孔教学院，台湾佛光山文教基金会等多个地区文化艺术机构也建立了长效合作机制，加强展览交流和人文交流。

（一）打造对外宣传的重要窗口

作为国家一级博物馆，山东博物馆依托丰富的文物藏品资源，精心打造了"海岱日新——山东历史文化陈列""山东佛教造像艺术展""汉代画像艺术展""走近考古""瓷·韵——馆藏明清官窑瓷器展"等10余个常设展览。此外，博物馆每年还平均举办10余个临时展览，诸如"衣冠大成——明代服饰文化展""山水清音——清代初期山水画展""片刻千载——甲骨文化展""玉润生香——馆藏精品玉器展"等，其中的"衣冠大成——明代服饰文化展"荣获第十八届全国博物馆十大陈列展览精品推介精品奖。这些精品展览吸引了大批国内外观众前来参观，每年平均接待观众200万余人次，其中，国（境）外观众3万余人次。山东博物馆已经成为展示和宣传齐鲁文化的新地标和重要窗口。

（二）搭建接待外宾的会客厅

山东博物馆也是山东省接待重要外宾的会客厅，每年接待大量各国或地区政要、政府代表团、友好团体、驻华使节等来访参观或洽谈合作，其中包括塞尔维亚总统夫人、澳大利亚南澳州州长代表团、日本山口县对外友好人士代表团、尼泊尔驻华大使、埃及全国邮政工会主席、美国旧金山亚洲艺术博物馆馆长等，年均接待重要外宾近千人。山东博物馆在促进山东省与其他国家和地区友好关系方面发挥了积极的作用。

（三）推动优秀展览"引进来"与"走出去"

为有效推动对外文化交流，山东博物馆特别重视文物展览的交流与合作，10余年来，已与美国、日本、韩国、意大利、西班牙、哈萨克斯坦等多个国家和地区签署了展览交流合作协议或备忘录，积极引进境外展览，组织优秀展览到境外展出。山东博物馆目前已经形成了多个成熟的对外交流展览品牌，如黄河文明主题展、佛教造像展、汉代石刻艺术展、孔子文化展、陶瓷展、明代服饰展、鲁绣展、木版年画展等，可以根据不同国家和地区的受众特点有针对性地组织展览"走出去"。

近些年来，山东博物馆引进了来自意大利、西班牙、日本、韩国等国家和地区的20余个展览，在美国、法国、英国、澳大利亚、日本、韩国等国家和地区举办了30多次主题多样、深受目的地民众欢迎的优秀展览，在配合重大外事活动、加深友好省州关系、扩大与"一带一路"合作伙伴人文交流等方面发挥了积极作用，有效提升了中国文化的影响力。

（四）加强人文交流

山东博物馆积极以文物展览为媒介，鼓励推动人文交流。2010—2023年，山东博物馆共有200余人次出访。派员赴外布展撤展、参加开幕活动、举办讲座、参加国际学术会议、进行研修和培训等，不仅密切了博物馆人员与出访地人员之间的友好关系，而且展示了山东省文博行业的优秀科研成果，进一步增

■ **图 4-5-4　西班牙民众在展览期间体验拓印**

进了与国（境）外同行的学术交流，在提高人员综合业务水平的同时，也增强了我们在国际上的学术话语权。

2023年，对外文化交流逐渐复苏，重新变得热络起来。山东博物馆接待境外来访人员达2300余人次；向境外派遣6个出访团组，共11人次，访问哈萨克斯坦、乌兹别克斯坦、意大利、西班牙、塞尔维亚、墨西哥、委内瑞拉等10个国家，签署合作备忘录，在展览交流、人才培养、学术交流等方面达成了友好合作意向。

2024年5月，在国家文物局、山东省人民政府、香港特别行政区政府发展局指导下，由山东省文化和旅游厅、香港特别行政区政府发展局文物保育专员办事处主办，山东博物馆、香港特别行政区政府发展局古物古迹办事处承办的"礼乐和合 探知齐鲁——山东文物特展"在香港文物探知馆开幕。此次展览所有文物均为首次赴香港展出。展览选取牙璋、蛋壳黑陶杯、亚醜钺等201件山东精品文物，以"玉之光""陶之礼""铜之华""乐之和""和合共生"5个主题，对比展示鲁港两地新石器时代、商周、汉代、明代的历史文化发展脉络和交流历程，展现山东和香港为中华文明多元一体、交流融合发展作出的贡献。展览得到了香港各界、广大观众和媒体的广泛关注，反响热烈，成为山东港澳周活动的亮点之一。

■ 图4-5-5　刘延常馆长与哈萨克斯坦国家博物馆代理馆长艾别克·西德科夫互赠展览图录

　　文明因交流而多彩，文明因互鉴而丰富。站在新的起点上，山东博物馆将继续深入挖掘中华优秀传统文化精髓，弘扬中华文化蕴含的人类共同价值，打造更多"中国故事、国际表达"的文化交流品牌，使其成为扩大中华文化国际影响力的重要名片。同时，通过展览交流、人文交流等方式共享人类文明发展成果。

（撰稿：李小涛）

第六节　管理体系

一、山东博物馆党组织建设

（一）山东博物馆党委和纪委

　　党的十八大以来，以习近平同志为核心的党中央持续推进全面从严治党，山东博物馆的基层党建工作在不断强化自身建设过程中发挥了重要的政治引领和政治保障作用。

　　随着新馆建成和博物馆事业蓬勃发展，山东博物馆党员规模也在不断发展壮大。2001年，山东博物馆党员人数为52人；2010年，党员人数开始超过100人；到2013年，党员人数为141人。为更好管理党员、发挥基层党组织作用，当时的山东博物馆党总支上报了成立党委和纪委的申请。

2015年12月8日，在山东省文化厅机关党委的部署指导下，山东博物馆召开全体党员大会，选举产生中共山东博物馆委员会和中共山东博物馆纪律检查委员会。

2015年12月29日，中共山东博物馆委员会和中共山东博物馆纪律检查委员会正式筹建完成。中共山东博物馆委员会由王斌、郭思克、王之厚、卢朝辉、郑捷、孙承凯、姜惠梅7名同志组成，其中王斌同志任书记，郭思克同志任副书记，其他同志任委员；中共山东博物馆纪律检查委员会由卢朝辉、于秋伟、孙承凯3名同志组成，其中卢朝辉同志任书记，其他同志任委员。

2021年12月10日，山东博物馆党委召开全体党员大会进行党委和纪委的换届选举，选举产生了新一届党委会和纪律检查委员会。新一届中共山东博物馆委员会由王勇军、卢朝辉、杨爱国、辛斌、张德群、郑同修、赵枫、姜惠梅、高震等9名同志组成，其中郑同修同志任党委书记，卢朝辉同志任党委专职副书记；新一届中共山东博物馆纪律检查委员会由于秋伟、张德群、陈辉等3名同志组成，其中张德群同志任纪委书记。

（二）基层党支部建设

党委筹建之前，山东博物馆党总支共设4个党支部，其中第一、二、三支部为在职党支部，第四党支部为离退休党支部。

2015年12月，随着馆党委的筹建，党委各支部组织架构也进行了重新调整。党委共设5个党支部，其中第一、二、三、四支部为在职党支部，第五支部为离退休党支部。通过此次调整，支部委员会的建设方面更加规范完善，各支委按规定设置支部书记、组织委员、宣传委员和纪律检查委员，离退休党支部因人员较多，还增设1名支部副书记。调整后的各支部，整体组织活力得到有效激发。

2014年12月，山东省文物总店并入山东博物馆。2017年1月，原山东省文物总店党支部正式作为一个支部纳入山东博物馆党委。随着馆店合并工作深入推进，经党委研究并请示省文化和旅游厅机关党委，同意山东博物馆党委下设6个党支部，山东博物馆党组织规模进一步扩大。

2021年3月，山东省石刻艺术博物馆并入山东博物馆。2022年8月，山东博物馆党委依据省文化和旅游厅机关党委批复，对下设党支部进行了重新调整。截至2024年3月，山东博物馆党委有党员173人，其中在职党员117人，离退休党员56人。

二、山东博物馆机构设置

自2010年11月正式对外开放以来，山东博物馆的事业发展得到省委、省政府及文化厅领导高度重视，也受到社会各界的广泛关注。按照建设"国际知名、国内一流"博物馆的要求，为促进博物馆事业健康、高效、快速发展，2013年，经馆领导班子研究并报省文化厅批复，山东博物馆对内部机构设置进行调整，将原有的办公室、政工科、考古部、保管部、陈列部、宣教部、自然部、文保部、信息部、文物鉴定办公室、保卫部、物业部、基建办公室等13个部门进行了调整，调整后设置办公室、财务部、政工部、典藏部、书画部、陈列部、宣教部、自然部、文物保护部、信息资料部、文物鉴定办公室、产业发展部、协会办公室、保卫部、机电设备部、基建办公室等16个部门；设45个科级职位，其中正科级职数16个，副科级职数29个。

2013年7月，山东博物馆进行了中层干部竞聘，通过竞争性选拔配备正科级干部13人，副科级干部25人。

2021年9月29日，根据事业单位改革有关要求和文博事业发展，山东省文化和旅游厅下发《山东省文化和旅游厅关于山东博物馆中层机构调整的批复》（鲁文旅人〔2021〕28号），同意山东博物馆中层机构调整为20个，包括办公室、人事部、党建与纪检办公室、保卫部、机电部、财务部、考古研究部、石刻文物保护研究部、典藏部、书画部、革命文物部、自然部、宣教部、陈列部、文物保护部、信息部、文化产业部、文物鉴定办公室、博物馆学会办公室、西馆区综合管理部。设置中层干部职位59个，其中正科级职数20个，副科级职数39个。

2022年4月，山东博物馆再次进行了中层干部竞聘，调整中层干部58名，其中正科级干部20人，副科级干部38人。

2023年11月，中共山东省委机构编制委员会办公室下发《中共山东省委机构编制委员会办公室关于省文物保护修复中心更名的批复》（鲁编办〔2023〕84号），将山东博物馆"承担全省各类文物鉴定的技术支持工作"职责划入省文物保护修复与鉴定中心；2024年1月，山东省文化和旅游厅下发《关

■ 图 4-6-1　中层干部调整述职大会现场

于撤销山东博物馆文物鉴定办公室的通知》，撤销内设机构文物鉴定办公室，相应核减中层领导职数1正2副。5月，结合博物馆事业高质量发展需要，经报省文化和旅游厅党组批准，山东博物馆撤销博物馆学会办公室、文化产业部两个部门，新成立科研规划部、社会服务部；同时，结合部门调整情况，在不改变干部职务级别和数量的前提下，对6名中层正职、4名中层副职的职务进行了调整。

三、人才队伍

党的十八大以来，以习近平同志为核心的党中央站在党和国家事业全局的高度，围绕我国人才事业和人才工作，作出一系列重要指示。另外，随着国家对文物工作的高度重视，一系列政策法规也相继颁布，如2016年国务院颁布《国务院关于进一步加强文物工作的指导意见》；2018年2月，中办、国办印发《关于分类推进人才评价机制改革的指导意见》；2018年10月，中办、国办印发《关于加强文物保护利用改革的若干意见》；2019年11月，人力资源社会保障部、国家文物局印发《人力资源社会保障部、国家文物局关于进一步加强文博事业单位人事管理工作的指导意见》以及2021年5月中央八部委联合印发的《关于推进博物馆改革发展的实施意见》等。在这样的大背景下，为配合山东博物馆新馆建设以及博物馆事业发展，山东博物馆立足馆情实际，充分解读、执行和利用好各项人才政策，稳步推进本馆人才队伍建设，充分发挥人才资源的引领和支撑作用，积极探索打造高水平人才培养体系，建立良好的选人用人机制，使人才队伍建设发挥出推动博物馆事业高质量发展的重要作用。

在人才招聘方面，为了新馆建设，自2009年以来，山东博物馆开始较大力度招聘和引进人才。2009—2023年，共招聘和引进专业技术人员109人。截至2023年12月底，山东博物馆总人数达到205人。

为深化人事制度改革，建立健全事业单位岗位设置管理制度，实现人事管理的科学化、规范化和制度化，2011年，在山东省文化厅人事处的领导部署下，山东博物馆开展并成功完成首次专业技术岗位竞聘工作。截至2023年，山东博物馆已开展岗位竞聘8次。2022年，在完成专业技术岗位竞聘的同时，山东博物馆开展了管理岗位的竞聘工作，这是自2011年山东省加快推进事业单位岗位设置和竞聘工作以来，山东博物馆进行的首次管理岗位竞聘，解决了管理岗位和工勤岗位人员长期岗位不动、待遇难变的问题，极大鼓舞和调动了广大干部职工干事创业积极性和主动性。

除岗位竞聘工作外，职称评审同样是关系职工切身利益的大事之一。2022年，山东省文化和旅游厅、山东省人力资源和社会保障厅印发《关于印发山东省艺术图书资料群众文化美术文物博物专业职称评价标准条件的通知》，为博物馆专业技术人员职称晋升和专业发展提供了更专业的遵循，极大激发了专业技术人员的科研动力，也为山东博物馆下一步造就高层次领军人物、打造高素质文化人才队伍打下良好基础。2011—2023年，山东博物馆共开展12次职称评审推荐工作，截至2023年底，山东博物馆有专业技术人员184人，其中正高级21人，副高级47人，中级85人，初级31人。良性有序的职称评审工作开展，有效完善了以品德、能力、业绩为导向的人才评价体系，促进我馆专业人才队伍建设，优化人才队伍结构。

■ 图 4-6-2　2023 年度新入职人员见面会

■ 图 4-6-3　2023 年专业技术人员岗位竞聘大会现场

四、制度建设

（一）制度的制订与完善

博物馆的创新发展需要制度保障。2015年，国务院通过了《博物馆条例》，鼓励全国博物馆发展。之后，各地市为深入贯彻落实《博物馆条例》的相关规定，相继出台了部分地方性法规，博物馆的制度体系建设受到越来越多的重视。

2021年，《关于推进博物馆改革发展的指导意见》强调，要完善博物馆管理体制和相关制度建设，推进博物馆治理体系和治理能力现代化。加强博物馆的制度建设日益成为博物馆科学发展的重要任务。

山东博物馆高度重视制度建设，自新馆开放以来，完成了三次全面的制度梳理和制定。第一次是在2014年，由办公室负责，编写了第一版《山东博物馆规章制度汇编》。第一版《山东博物馆规章制度汇编》的编写，参照了《故宫博物院制度汇编》的体例格式和内容，结合山东博物馆的具体情况和实际需要，为博物馆的发展提供了明确的制度保障。

第二次编写是在2018年，此次制度汇编的编写为了更好地体现科学性、全面性和可行性，编写过程中对工作过程进行了规范。本次编写由办公室牵头，负责《山东博物馆规章制度汇编》工作的总体推进，各部室抽调人员参与工作，负责本部门规章制度的编写。在此基础上，引进专业公司负责绩效考核框架的编写。此次专业公司的引入是山东博物馆制度体系建设的创新性探索，取得了一定的成效。

2022年，根据工作需要，山东博物馆对各部门进行了调整。机构调整之后，部室工作内容和职责发生了变化，制度方面也需

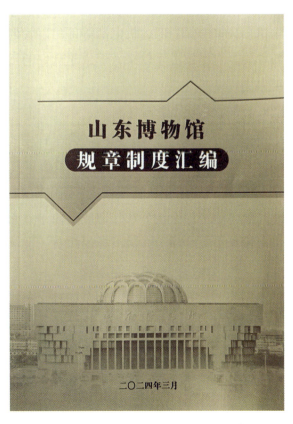

■ 图 4-6-4 《山东博物馆规章制度汇编》

要进行相应的修订和补充。

2023年5月，刘延常就任山东博物馆馆长，履新之初即提出了守正创新、续绘蓝图的发展目标，着力于科研提升和人才培养，多措并举，量才适用，充分调动起各部室及全体人员的工作积极性，在全馆范围内形成了高效赋能的工作氛围，达成了学术立馆的思想共识。在此基础上，馆长进一步提出了建设五大工作体系的发展思路，作为五大体系之一，制度的修订被再次提上日程。本次制度汇编成立了编写小组，由馆领导负责，人事部牵头，成立制度汇编工作小组，各相关部室群策群力，在原制度汇编的基础上，根据近几年及今后工作的发展需要，细化了制度条款，新增了纪委约谈制度、馆容环境卫生管理规定、对外合作与服务管理等多项制度内容，新版《山东博物馆规章制度汇编》于2024年3月编印完成。

山东博物馆制度体系建设工作随着多次工作的开展日益完善，在博物馆的高质量发展过程中发挥了越来越大的作用。

（二）以制度赋能管理

制度的生命力在于执行。以《山东博物馆规章制度汇编》为准则，山东博物馆办公室、保卫部、机电部等部门以管理赋能发展，各项工作提质增效，创新发展，自新馆成立以来，形成了良好的部门工作氛围，各项工作依规有序开展，成效显著。

1.严字当头，遵章守制

公文、公章、会议、合同、公车管理等是办公室的基本职能，办公室严格依据《山东博物馆印章管理规定》《山东博物馆〈事业单位法人证书〉管理规定》《山东博物馆会议管理规定》《山东博物馆合同管理制度》等相关规定，规范开展各项工作。在公章、证照的使用方面，指派专人负责保管及使用，严格遵照审批流程，把关登记，确保印章、证书使用的合法性和安全性。对公车的管理，严格执行派车审批制度及一车一档的规定，杜绝公车私用。会议活动坚持"厉行节约、反对浪费、规范简朴、务实高效"的原则，确保各类会议活动合理、合规、有序开展。为加强文化法治建设，设立法律顾问室，与馆办公室合署办公，有效提高了我馆依法决策、依法管理和依法办事的能力。

保证设备和人身安全是机电部的首要职责。机电部从规范流程和行为约束入手，全面推进机电设备规范化操作管理，筑牢第一道安全屏障，修订完善了《10KV变配电室管理制度》《暖通空调管理制度》《水泵房管理制度及物业管理办法》等制度20余项，制定《电梯应急救援预案》《山东博物馆防汛防台风应急预案》《山东博物馆锅炉事故应急预案》等多项应急预案以及展陈改造用电安全协议、高空作业交底书等双方协议，不断提高制度的指导性和可操作性，切实形成用制度管人、用制度管事的良好工作作风，为博物馆机电设备安全运行提供坚实保障。

保卫部秉持"人民至上，生命至上"的安全工作方针，时刻紧绷"安全无小事"这根弦。为有效落实安全主体责任，保卫部根据实际工作制定了安防、消防安全管理规定，展厅布展、撤展、施工管理规定，清场管理规定，库房管理规定，夜班巡查管理规定等诸多管理制度，保证各项工作正常开展。为提高博物馆自防自救能力，保卫部根据馆领导及上级主管部门工作要求，制定了防火防汛、防盗抢、防破坏、反恐防暴、疫情防控等多种应急预案。多种类应急预案的制定与完善，夯实了保卫部安全管理的制度基础，增强了安保队伍应对各种临突状况的处置能力。

2. 科学管理，提质增效

科学化和现代化管理是博物馆发展的必然要求。为提质增效，各部室在管理过程中进行了大刀阔斧的改革，从管理形式到设备改造，再到系统软件配备等，进行了全方位的改革和提升，向全面实现世界一流博物馆的目标迈出了坚实的步伐。

（1）档案管理

档案管理工作是办公室的主要业务工作之一，包括行政档案管理和文物藏品总账管理两部分。新馆成立以来，办公室高度重视档案管理工作，为规范档案管理，2014年规划了专门的行政档案室用于各类档案的存放。之后，随着档案资料的日益增多和对档案管理水平的科学性和规范性要求的不断提高，2022年，办公室申报专项资金扩建了行政档案室。行政档案室购置了专业的档案密集架、档案盒等档案管理设备，引进档案管理系统，规范档案管理体系。新档案室投入使用以来，陆续接收财务、人事、机建等多部室档案，推动全馆档案工作不断走向正轨。在《山东博物馆规章制度汇编》第三次修订过程中，新增了《山东博物馆机关档案管理规定》，办公室依规不断加强对档案管理和移交知识的普及宣传，使行政档案管理工作向着更加科学化、规范化的道路发展。

文物藏品总账管理围绕藏品展开，在整个博物馆藏品工作流程中占有重要地位，依据《山东博物馆藏品档案管理规定》《山东博物馆藏品总帐登记制度》

■ 图4-6-5　行政档案室

《山东博物馆资料藏品编目办法》等相关规定开展。为改变人工管理、手写提单的传统工作方式，实现藏品利用的自动化、规范化和现代化，办公室配合中科软股份有限公司，经过两年时间攻关，于2018年开发上线了"山东博物馆藏品管理系统"，大大优化了馆内藏品的日常工作及业务工作流程，定义出符合国家标准、满足本馆实际需要的藏品利用指标体系，为建设领先的数字博物馆奠定了基础。2023年，为提升纸质文物档案管理水平，办公室对藏品总账档案室进行了改造提升，申报专项资金购置了现代化档案保管设备，为纸质文物档案的管理提供了更安全的环境。

（2）固定资产管理工作

固定资产是博物馆的主要资产之一，是博物馆工作正常开展的物质基础，也是博物馆工作的一项重要内容。博物馆的固定资产种类多、数量大，管理工作中存在一些急、难问题。办公室克服人员少及工作量大等众多困难，积极推进全馆固定资产的盘点、报废等相关工作开展。近年来，除了完成固定资产的常规工作，博物馆积极推进原山东省石刻艺术博物馆及原山东省文物总店与山东博物馆合并后的房产、公车等固定资产的合并工作。2022年，部室调整后，办公室对固定资产进行了全面的清查盘点，对符合报废条件的固定资产按程序上报报废，同时不断加强固定资产管理，避免重复购置和浪费。

（3）机电设备管理

机电设备部将"精细化"理念融入机电管理全过程，逐步建立起详细的机电设备台账，做到"一机一人一码"，严格落实定人、定机、定责管理机制，遇到突发问题，专业人员能够及时获知，迅速查明原因，精准高效处置，极大地提高了设备管理水平和运行效率。自2010年新馆开馆至今，机电设备运行"零事故"。在安全生产的基础上，机电部深挖设备改造潜能，开展了照明灯具优化改造、绿色新能源光伏发电系统优化提升改造、库房通风管道改造、锅炉低氮改造、湿膜加湿改造、转轮除湿改造、废水回收再利用的中水系统改造等多项改造提升工程，有效提升了设备利用率，既做到了节能减排，又提高了设备使用的安全系数。通过一系列行之有效的节能改造工程，山东博物馆被授予全国首批"节约型公共机构示范单位"、"山东省节水型单位"、"济南市节水型单位"、"公共机构水效领跑者"等多个荣誉称号。

（4）安防消防管理

为维持安防、消防设备的正常运行，山东博物馆聘请符合资质要求的安防、消防维保公司对全馆安防、消防设备做日常巡查、维护保养和设备检修。保卫部人员发现设备故障时，及时以消防维保事项通知单的形式告知维保人员，维保人员立刻着手排除设备故障。在保障设备正常安全运转的同时，记录各设备的损耗程度，做到心中有数，居安思危。高频率、持续性的设备检修，保障了安防、消防安全系统全面、稳定运行，给博物馆的安保工作增加了坚实的技术防护墙。在技防的基础上，不断提高人防水平。山东博物馆定期对中控室值机员、展厅看管员、保安等安保人员进行安全文化培训及考核，提高其安全意识，增强其工作责任心。根据防火防盗、反恐防暴工作要求，山东博物馆制定反恐防暴应急预案，申请反恐防暴专用资金，购置防暴器材，应对突发状况。安保人员在入口安检处对来馆观众进行防火宣传及检查；为防止危险分子恶意闯卡，在南、北门入口处安装防撞破胎器，把潜在安全隐患控制在险情初级阶段。每月中旬，保卫部工程技术人员联合机电设备部门人员组织安全大检查；元旦、春节、劳动节、国庆节等重大节假日或大型展览活动前，在馆领导带领下，保卫部组织各部室主任对全馆的设备间以及强电、弱电设备和重点区域进行全面的安全隐患排查，做到源头防范、防患未然。完善的安全管理制度，稳定运行的安防、消防设备，训练有素的安保人员，稳步提升的安全意识，为全馆的安保工作打下了坚实的基础，构筑起博物馆安全的防护之门。

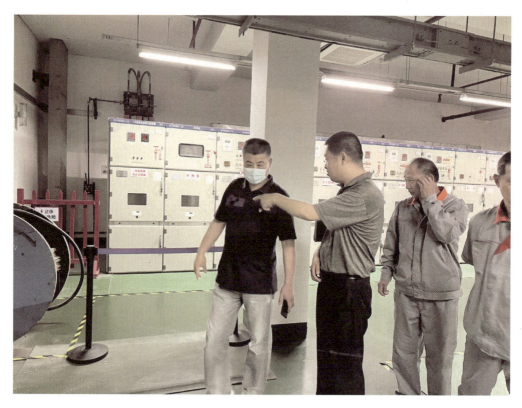

■ 图 4-6-6　分管领导巡查设备机房

■ 图 4-6-7　山东省机关事务管理局对山东博物馆进行水效领跑者遴选现场检查

（5）物业管理

在物业保障各项工作中，办公室本着"周到、细致、高效、奉献"的原则，依规开展各项活动。为提高职工生活质量，在馆领导的带领下，办公室不断加强和完善对职工食堂的管理。近年来，职工食堂的面貌得到了极大的改善，菜品数量和质量得到提高，面点花样、水果种类不断丰富，全体职工对食堂的好评率和满意度不断提升。在满足职工用餐的同时，为落实中央八项规定精神的要求，食堂承担了对外接待任务，节约开支、避免浪费的同时，保证了对外接待工作的正常开展。

■ 图 4-6-8　消防演练现场实况

在环境卫生方面，每年组织开展南、北广场的绿化养护和馆内各基础设施的维修、维护工作，维护馆内外环境安全。2023年，为进一步提升馆容馆貌，为工作人员和观众提供更温馨、舒适的工作和参观环境，全馆进行了环境的整体提升改造，对办公区域墙面进行全面粉刷，增加馆内外绿植数量和品种，完成南、北广场地面维护和绿化养护，全面营造干净、整洁、温馨的博物馆环境。

在物业公司管理方面，紧盯安全不放松，居安思危，警钟长鸣，不断加强对物业公司服务人员的安全教育，提升物业公司服务人员综合素质，规范会议室、学术报告厅、办公区、展厅等重点领域的服务内容、服务流程和服务标准，为全馆提供良好的卫生和后勤保障。

■ 图4-6-9 获"五星级平安单位"称号

3.履职尽责，担当作为

2019年底，新冠疫情出现，疫情防控成为博物馆工作的重中之重。为尽量降低疫情影响和有效防范疫情反弹，三年多以来，办公室、保卫部、机电部协同作战，在疫情防控方面发挥了积极的作用。办公室按上级规定，及时收集并按时上报疫情防控信息，制定疫情防控预案，加强防疫物资储备，加大消杀力度，在疫情防控形势和防控政策发生新变化的情况下，及时发布疫情防控政策及疫情应对方案，以科学的管理和有效防范，保障了博物馆各项工作的正常开展。保卫部严格做好疫情内部防控，不断完善疫情突发状况监测机制。为方便观众预约参观，开通了"文旅绿码"，为快速有效测量体温，山东博物馆购置了两套无接触热成像测温系统，安置在人员密集的南、北出入口。高效快速的体温识别系统与立式认证一体机结合，有效减轻了我馆疫情防控压力。在日常防控工作中，保卫部联合办公室、机电部、基建办等相关部门定期对馆内各区域进行重点安全检查，及时总结汇总防疫工作经验。

山东博物馆出色完成"新中国成立70周年"、全国两会召开、党的二十大召开、庆祝中国共产党成立百年华诞大型党史展开展等重大事件节点的安全维稳工作，锻炼了安保队伍，完善了安防体系，展现了博物馆人的责任担当。凭借扎实的工作业绩，山东博物馆连续5年荣膺"五星级平安单位"光荣称号。2021年，山东博物馆保卫部获山东省公安厅颁布的"集体二等功"一次。

（三）以管理赋能发展

山东博物馆正式成立于1954年，其前身可以追溯到1909年设立的山东金石保存所和1904年成立的济南广智院，至今已有110余年历史。2010年，山东博物馆新馆建成开放，在馆舍面积、展陈环境、自动化管理、文物保护等方面达到了历史最高水平，管理水平也随之迈上了一个新台阶。高效的管理有效推动了山东博物馆的高质量发展，使山东博物馆的陈列展览、宣传教育、藏品保管与研究、文创产品开发等工作不断取得新成就，实现新跨越。2012年，山东博物馆被国家文物局评为国家一级博物馆。

按照国家一级馆的要求，山东博物馆持续加强管理，以完善的制度为保障，优化管理体系，提升服务效能，在历次全国博物馆运行评估中成绩优异，为全省博物馆的发展树立了标杆。近年来，山东博物馆不断更新管理理念，秉持学术立馆、科研兴馆、人才强馆的发展总基调，带动博物馆管理体制创新，提升博物馆治理体系和治理能力现代化水平。全馆范围内形成了高效赋能的工作氛围，达成了学术立馆的思想共识，并于2023年正式提出了建设五大工作体系的发展思路，包括管理机制和治理体系、学术科研体系、陈列展览体系、社会教育与宣传体系、公共文化服务体系5个方面，为博物馆管理体系的完善理顺了思路、指明了方向，有效促进了博物馆各项工作的创新性和创造性开展，取得了丰硕的工作成果。2024年"5·18国际博物馆日"期间，经过全新改陈的"海岱日新——山东历史文化陈列"斩获"第二十一届（2023年度）全国博物馆

■ 图4-6-10　2024年5月28日央地共建实施工作专班工作会议

十大陈列展览精品推介"精品奖，继"衣冠大成——明代服饰文化展"获得第十八届（2020年度）全国博物馆十大陈列展览精品推介活动精品奖，"让党旗永远飘扬——山东省庆祝中国共产党成立100周年主题展"获得第十九届（2021年度）全国博物馆十大陈列展览精品推介优胜奖之后，再次荣登中国博物馆界的"奥斯卡"榜单，开启了山东博物馆陈列展览工作新纪元。

在管理机制不断完善和各项工作高质量发展的基础上，2024年，山东博物馆申报并成功入选中央地方共建国家级重点博物馆。中央地方共建国家级重点博物馆是由国家文物局、财政部共同认定，中央和地方联合共建的彰显中华文明、代表中国特色、引领行业发展的地方所属重点博物馆。山东博物馆的申报成功，开启了山东博物馆发展史的新篇章。

以央地共建为契机，山东博馆将制定完善的中长期发展规划，持续深化博物馆改革创新，在馆藏资源研究利用、博物馆学科建设、高层次文博人才培养、中华优秀传统文化和齐鲁文化基因解码等方面贡献山东博物馆力量，以点带面、辐射全省，培育新质生产力文博行业新亮点，带动全省博物馆整体水平提升，向世界讲好中国故事、山东篇章！

（撰稿：韩丽、周浩然）

中篇

横·深耕八方

第五章　砥砺奋进四十载　秉承特色立潮头

——山东省石刻艺术博物馆40年回顾与展望

第一节　石上史诗

　　山东省古代石刻艺术博物馆成立于1981年9月，是新中国成立后设立的首家省级石刻艺术专题博物馆，地址位于济南市青年东路6号，编制12人，设有办公室和业务室。1984年，山东省编办批准将山东省古代石刻艺术博物馆更名为山东省石刻艺术博物馆。2014年3月，山东省机构编制委员会办公室批复明确，山东省石刻艺术博物馆为处级事业单位，事业编制12人，主要职责为承担古代石刻文物的收藏研究、陈列宣传、保护利用工作，传播历史和科学文化知识；同年4月，经省直机关事业单位精简压缩后，编制减为11人。2021年3月，山东省事业单位机构改革，山东省石刻艺术博物馆并入山东博物馆。从建馆之初到2020年底，王思礼（1981.09—1984.12）、蒋英炬（1984.12—1991.10）、焦德森（1991.10—2005.06）、王永波（2005.06—2007.12）、李靖（2007.12—2010.06）、管国志（2010.06—2017.06）、杨爱国（2017.07—2019.08）、王斌（2019.09—2021.03）等馆领导先后主持过山东省石刻艺术博物馆的工作。

　　山东省石刻艺术博物馆自成立以来，主要从事山东地区古代石刻文物的调查、收藏、保护、研究及陈列展示等。馆内藏品分为石刻文物和石刻拓片两部分，其中石刻文物包括碑刻、造像、汉画像石等，由曲阜、嘉祥、金乡、广饶、益都（今青州）、莒南等地调拨而来，石刻拓片则是由馆内业务人员通过田野调查拓制而来，基本涵盖了山东地区自秦汉到五代全部的画像石、碑刻、墓

■ 图 5-1-1 山东省石刻艺术博物馆旧址

志、造像、摩崖刻石等，其数量和质量在省内首屈一指。截至2020年底，藏品达7000余件，包括珍贵石刻文物96件，拓片数千幅。

（撰稿：杨海天、王海玉）

第二节　学术科研

山东省石刻艺术博物馆始终将科研放在博物馆发展的核心地位，树立"学术立馆、科研强馆"理念，致力于编写学术出版物、开展科研课题研究、组织学术研讨活动等工作，力争对标研究型博物馆建设，以科研打造博物馆的核心竞争力。

一、开展调查，培养科研实力

山东省石刻艺术博物馆十分注重全省石刻资料的调查、整理与研究，1983年起，馆内专业技术人员便开始对全省范围内的石刻文物开展全面深入的调查与研究。

1983年，赴掖县（今莱州）的云峰山、大基山和平度县（今平度）的天柱山，对北朝摩崖刻石进行全面调查；1984年，继续调查云峰刻石，在天柱山新发现东汉中平三年（186）纪年刻石；1986年，赴汶上县调查水牛山刻经、山东秦汉碑刻，赴邹县（今邹城）调查铁山及岗山刻经；1987年，与微山县文化馆合作调查微山岛及两城镇汉代画像石遗存；1988年，继续调查山东北朝佛教摩崖刻经；1990年，赴邹县调查岗山、葛山、峄山刻经；1991年，赴泰安市调查泰山经石峪刻经、新泰徂徕山刻经；1994—1996年，调查山东历代墓志；1996

■ 图 5-2-1　1990 年于邹县传拓岗山摩崖刻经

年，调查济宁萧王庄东汉任城王墓黄肠石题字；1998年，与泰安市文物局、东平县文物管理所联合调查东平洪顶山北朝佛教摩崖刻经及周围诸山刻经；2002年，对东平湖北朝摩崖刻经资料进行整理，在平阴县天池山新发现一处北朝摩崖刻经；2004年，对微山、巨野、梁山、东平、肥城、平阴等地新出土的汉画像石进行详细调查；2006—2007年，先后赴威海、烟台、潍坊、淄博、德州、聊城、济宁、菏泽、枣庄、泰安等市及所辖市县补充制作部分古代石刻文物拓片；2008年，到全省各地对《齐鲁石刻大全》所需要的资料作补充传拓；2009年，赴文登调查圣经山《太上老子道德经》摩崖刻石；2010年，赴曲阜汉魏碑刻陈列馆制作41块汉代画像石拓片，赴沂南、沂水、苍山（今兰陵）等地传拓

■ 图 5-2-2　2014 年 11 月于平邑太皇崮进行调查、拓印工作

新发现的汉代画像石拓片；2015 年，完成对平邑现存古代石刻遗存的田野调查工作；2016 年，先后赴费县、沂南县开展"山东乡村古代石刻调查项目"；2021年，在省文旅厅的批准下，展开对山东黄河流域水利碑刻的调查，现已完成对济南、德州、济宁等 6 地市 172 统碑刻的调查。通过多年努力，山东地区唐五代以前的重要碑刻资料现已基本收集齐全，并仍在对新发现的石质文物进行调查研究，力争摸清山东石刻文物家底。

二、产出著述，展现科研魅力

作为专业性和学术性较强的科研单位，山东省石刻艺术博物馆始终致力于高水平博物馆学术出版，鼓励各科室人员积极发表学术论文，全面提升科学研究水平，助力博物馆高质量发展。四十年来，单位独立完成、合作完成，个人独立完成、合作完成的独立书籍或大型图书分卷（篇）共 85 部，业务人员在受到业内认可的正式出版的期刊或论文集上发表学术研究类文章共计 270余篇，其数量和质量无不体现出山东省石刻艺术博物馆对学术研究的重视与深耕。

表5-1　1981—2020年山东省石刻艺术博物馆出版主要著作一览表

著作名称	出版社	出版年份	编著者
云峰刻石全集	齐鲁书社	1989	山东石刻艺术博物馆 莱州市博物馆
汉碑研究	齐鲁书社	1990	中国书法家协会山东分会
北朝摩崖刻经研究	齐鲁书社	1991	中国书法家协会山东分会 山东石刻艺术博物馆
山东新出土汉碑石五种	天来书院（日本）	1991	坂田玄翔、王思礼、赖非
云峰刻石调查与研究	齐鲁书社	1992	王思礼、焦德森、赖非
邹县摩崖刻经	齐鲁书社	1992	王思礼、赖非、万良、胡新立
山东北朝摩崖刻经全集	齐鲁书社	1992	山东石刻艺术博物馆 中国书法家协会山东分会
泰山经石峪刻经	齐鲁书社	1992	山东石刻艺术博物馆
山东汉画像石精萃·邹城卷	齐鲁书社	1994	山东石刻艺术博物馆
文殊般若经碑	齐鲁书社	1994	山东石刻艺术博物馆 汶上县博物馆
汉代武氏墓群石刻研究	山东美术出版社	1995	蒋英炬、吴文祺
山东石刻艺术选粹（5卷）	浙江文艺出版社	1996	山东石刻艺术博物馆
山东新出土古玺印	齐鲁书社	1998	赖非
不为观赏的画作 ——汉画像石和画像砖	四川教育出版社	1998	杨爱国
中国画像石全集·山东汉画像石（1-3）	山东美术出版社 河南美术出版社	2000	蒋英炬、赖非、焦德森、杨爱国
汉代画像石与画像砖	文物出版社	2001	蒋英炬、杨爱国
书法环境—类型学 ——书法史的理论与方法	文物出版社	2003	赖非
书法类型学的初步实践	深圳金屋出版公司	2003	赖非
北朝摩崖刻经研究（续）	天马图书有限公司	2003	焦德森
齐鲁碑刻墓志研究	齐鲁书社	2004	赖非

著作名称	出版社	出版年份	编著者
山东北朝佛教摩崖刻经	山东文艺出版社	2004	赖非
山东汉画像石	山东文艺出版社	2004	杨爱国
幽明两界 ——纪年汉代画像石研究	陕西人民美术出版社	2006	杨爱国
走访汉代画像石	三秦出版社	2006	杨爱国
山东北朝佛教摩崖刻经调查与研究	科学出版社	2007	赖非
山东墓志精华（7卷）	山东美术出版社	2008	山东省石刻艺术博物馆
山东石刻分类全集（1—8）	青岛出版社 山东文化音像出版社	2013	管国志、杨爱国
赖非美术考古文集	齐鲁书社	2014	赖非
汉代武氏墓群石刻研究（修订本）	人民美术出版社	2014	蒋英炬、吴文祺
中国佛教石经·山东省（第一卷）	中国美术学院出版社	2014	山东省石刻艺术博物馆 德国海德堡科学院
山东书法全集（3卷）	山东画报出版社	2021	赖非
朱鲔石室	文物出版社	2015	蒋英炬、杨爱国、蒋群
山东佛教刻经全集	山东美术出版社	2015	山东省石刻艺术博物馆
中国佛教石经·山东省（第二卷）	中国美术学院出版社	2015	山东省石刻艺术博物馆 德国海德堡科学院
孝堂山石祠	文物出版社	2017	蒋英炬、杨爱国、信立祥、吴文祺
山东古代石刻精品拓片	黄海数字出版社	2017	管国志、于杰
中国画像石精粹（全六卷）	山东美术出版社	2019	杨爱国
中国石刻书法精粹（4卷）	山东美术出版社	2019	赖非、杨勇

表5-2　山东省石刻艺术博物馆著述获奖情况一览表

年份	题目	作者	获得奖项
1992	云峰刻石全集	山东石刻艺术博物馆 莱州市博物馆	第二届全国古籍优秀图书二等奖
1994	云峰刻石调查与研究	王思礼、焦德森、赖非	山东省第八届社会科学优秀成果三等奖
1998	汉代武氏墓群石刻研究	蒋英炬、吴文祺	山东省第十二届社会科学优秀成果二等奖
2005	山东汉代墓葬出土陶器的初步研究	郑同修、杨爱国	山东省第十九届社会科学优秀成果二等奖
2018	汉墓中的屏风	杨爱国	山东省第三十二届社会科学优秀成果二等奖
2020	临沂吴白庄汉画像石墓	杨爱国、李斌	山东省第三十四届社会科学优秀成果二等奖

三、项目带动，形成科研合力

在课题研究方面，2016—2017年，山东省石刻艺术博物馆与南开大学历史学院签约承担国家社科重大招标项目"元代北方金石碑刻遗存资料的抢救、发掘及整理研究"山东子课题，以《元代北方地区遗存金石碑刻汇录·山东卷》为成果顺利结项，收录160余通碑刻资料的拓片、照片、说明、录文，分作两卷；2017—2018年，由杨爱国主持完成了山东省社科规划项目"山东古代石刻与'一带一路'渊源关系研究"；2018年，孙洋主持的山东省人文社会科学课题"驼山石窟千佛造像的整理和研究"获批立项，课题组对驼山石窟5处洞窟的千佛造像开展田野调查、测绘和全方位记录，用考古学、历史文献法和美术史方法对造像内容进行分析和考证；2020年，山东省石刻艺术博物馆申报"山东省石刻艺术博物馆馆藏文物预防性保护"和"山东省石刻艺术博物馆文物数字化保护与利用"两个项目获得省文旅厅批复。

此外，山东省石刻艺术博物馆重视对外交流合作，2004年与德国海德堡大学东亚艺术研究所签定合作协议，共同开展"中德合作山东北朝佛教摩崖刻经调查与研究"项目，同年3月开始对东平洪顶山北朝佛教摩崖刻经进行详细的调查与测绘，目前已完成山东境内大部分区域的佛教石经调查，成果以中英双语陆续出版

■ 图 5-2-3　2006 年 2 月举行的中德摩崖刻经调查与研究项目汇报会

《中国佛教石经·山东省》（第一至四卷），向世界展现了山东佛教石经的艺术面貌和文化内涵，同时为早期佛教石经保存和中华优秀传统文化的抢救性保护作出了积极贡献。馆内业务人员也积极向外寻求合作，如参与山东省艺术科学重点课题项目"吴白庄汉墓石刻艺术研究及体验式展示形式探索"等，成果颇丰。

（撰稿：杨海天、王海玉、王悦）

第三节　服务大众

近年来，中国博物馆事业蓬勃发展，公益属性、社会效益日益凸显，博物馆教育、展示、传播等核心功能不断拓展，努力提高公共文化服务均等化、便捷化、多样化水平，让人民群众更加广泛、便捷地共享博物馆发展成果，是山东省石刻艺术博物馆努力追求的目标。

一、立足馆藏，打造特色展览

山东省石刻艺术博物馆积极克服没有展厅的不利条件，推出了画像石、摩

■ 图 5-3-1　2010 年 2 月于成都杜甫草堂诗书画院举办山东古代石刻拓片展

崖刻石、碑刻等各类专题拓片展，创新性地解决了以往缺乏固定展厅的难题，推广了山东古代石刻文物中蕴含的中华优秀传统文化。

　　1992年10月，在西安中国书法艺术博物馆举办"山东北朝摩崖刻经拓片展"，展出泰山经石峪、新泰徂徕山和汶上水牛山的刻经，这是山东省石刻艺术博物馆举办的第一个石刻拓片展。此后，山东省石刻艺术博物馆陆续在西安碑林博物馆、昆明市博物馆、上海美术馆、黑龙江省美术馆等文化场馆单位，北京大学、清华大学美术学院、中国美术学院等高校主办或联合主办展览60余次。2016—2019年，根据山东省文物局安排，山东省石刻艺术博物馆开展省内巡展工作，先后走进11个市级和县级博物馆或纪念馆举办展览13场，且多次配以相关主题的讲座等社会宣传教育活动。四十年间70余场展览，充分展示了山东石刻的文化魅力，拓展了博物馆公共文化服务形式，实现了博物馆的资源共享、优势互补，也扩大了山东省石刻艺术博物馆在全省乃至全国的影响力和吸引力。

　　相较于传统的文物展，拓片展具有轻便、灵活的特点，既能满足观众对文物原拓观赏、摹习的需求，又能避免文物本体出境审批流程长及石刻文物笨重难搬运的难题，非常适合进行海外展览，因此举办外展也成为山东省石刻艺术博物馆的重要工作之一。为了让山东石刻艺术跨过海峡、走出国门，山东省石

■ 图 5-3-2　2012 年 3 月于德国柏林举办山东汉代画像石拓片精品展

■ 图 5-3-3　2013 年 12 月于德国法兰克福举办山东汉画像石拓片展及画像石研究工作坊

■ 图 5-3-4　2016 年 10 月于波兰克拉科夫展览现场演示石刻拓印

■ 图 5-3-5　2018 年 3 月于日本东京举办"海岱石华·山东秦汉魏石刻书法艺术展"

刻艺术博物馆策划了"来自孔子故乡的古老石刻艺术——中国山东汉代画像石拓片精品展""石上史诗——中国山东汉代画像石拓片展""大空王佛——山东北朝佛教摩崖刻经拓片展"等专题展。自2011年起，山东省石刻艺术博物馆在我国台湾地区及国外举办展览共计16次，获得了观众的广泛好评，其中，2012年在德国举办的"山东汉画像石拓片精品国际巡展"获中共山东省委对外宣传办公室和山东省人民政府新闻办公室联合颁发的第十届山东省对外传播奖，"大空王佛——山东北朝佛教摩崖刻经拓片展（台湾）""汉魏遗韵——山东古代碑刻精品拓片展（台湾）"获山东省2016年度优秀对台交流项目奖。山东省石刻艺术博物馆，还积极探索与海外国家的线上文化交流互动，于2021年3月和10月分别在卢森堡中国文化中心举办线上展览"石上史诗——中国山东汉画像石精品展""崖壁梵音——山东北朝摩崖刻经展"，收效良好。

二、走进校园，发挥教育功能

近年来，为了响应教育部、国家文物局《关于利用博物馆资源开展中小学教育教学的意见》相关要求，山东省石刻艺术博物馆积极开展石刻艺术进校园项目，针对不同学校、不同学龄的学生策划展览和活动。

■ 图5-3-6 2019年5月在济南市舜耕中学为学生讲解石刻拓片中的历史故事

在济南特殊教育中心，山东省石刻艺术博物馆业务人员与手语老师配合，通过视频的形式向学生们宣讲古代石刻艺术，并让他们亲自参与拓片制作，学做结合、内容丰富、趣味盎然、效果集成；在济南市舜耕中学，山东省石刻艺术博物馆业务人员通过汉画像石为学生们讲述孝老爱亲、尊师重道、诚实守信等历史故事，并进行了拓片制作演示、师生互动交流等环节。石刻艺术进课堂活动既宣传了山东石刻艺术，又弘扬了中国传统技艺，激发了学生们学习历史、感悟历史的积极性，同时，山东省石刻艺术博物馆与上述两所学校达成进一步合作意向，并在广泛征求学校意见的基础上，采取更加灵活多样的教学方式服务师生、奉献社会。

三、走进社区，弘扬中华优秀传统文化

为了弘扬社会主义核心价值观，创建和谐健康、积极向上的社区和单位良好氛围，在相关部门的大力支持下，近年来山东省石刻艺术博物馆全面开展了以服务民生、提高社区群众文化生活为主题的"进社区"活动。

2015年以来，山东省石刻艺术博物馆充分利用国际博物馆日、世界文化遗产日等节日，与社区、辖区消防部门联合开展博物馆日宣传活动，向广大市民讲解文物、传统文化等知识，发放文物宣传页上千份，取得了良好的社会反响。2016年，山东省石刻艺术博物馆将一楼会议室打造为"道德讲堂"，为广大社区群众讲授中华优秀传统文化知识，既走出去到社区服务，又把群众引进来，深化社区共建共享理念。2019年，山东省石刻艺术博物馆对接青年东路社区居委会开展"双报到"共建活动，结合自身专长先后开展了"汉代画像石"专题讲座、制作石刻拓片、参观石刻库房等活动，不仅赢得了社区青少年及相关负责人的高度认可和赞许，也切实提升了山东省石刻艺术博物馆服务社会的能力和水平。

此外，山东省石刻艺术博物馆于2018年注册开通"山东石刻"微信公众号，坚持每周发布与古代石刻相关的科普性或专业性文章，不断提升微信公众平台的思想性、趣味性、可读性，为社会公众打造了一个宣传展示古代石刻艺术的学习园地、交流平台。该微信公众号也是全国唯一宣传和展示山东古代石刻的官方公众号。

（撰稿：杨海天、王海玉）

第四节　交流互鉴

由于种种原因，山东省石刻艺术博物馆缺乏独立专业展厅，因此石刻馆另辟蹊径，秉持"走出去"的理念开门办馆，在科学研究、人才培养、对外交流等方面，不断加大交流合作，以提升自身的关注度和影响力。

一、专注科研，打造学术品牌

自20世纪80年代起，山东省石刻艺术博物馆便积极组织举办各种学术会议：1984年和2007年，先后举办了第一届和第二届"云峰刻石国际学术讨论会"，为云峰刻石的调查和研究带来了新的突破与创新；1989年9月，与中国书法家协会山东分会、山东国际文化交流中心联合在泰安、曲阜两地举办"中国汉碑学术研讨会"，这是我国历史上第一次集中研讨两汉碑刻的大型专题学术活动，来自国内24个省市区，我国香港地区以及日本的著名书法家近百人出席会议；1990年，与中国书法家协会山东分会、山东国际文化交流中心联合举办"中国北朝摩崖刻经国际学术讨论会"；1991年，与中国书法家协会山东分会、山东国际文化交流中心联合举办"中国秦代刻石书学讨论会"；1996年，承办中国汉画学会第五届年会；2005年，与沂南县人民政府联合举办"沂南北寨汉画像石学术讨论会"，并主持相关的学术活动；同年，与河北邯郸市文物局联合在邯郸举办"第三届中国石刻经国际研讨会"；2012年，与山东博物馆联合主办"汉代石椁画像与汉文化研究"学术研讨会；2019年，协办"形象史学精品课程·汉画调研班"，带领学员对鲁中、鲁南地区的汉画像石进行了实地考察。山东省石刻艺术博物馆成功举办众多学术会议及活动，扩大了博物馆在国内外的影响力。

同时，山东省石刻艺术博物馆业务人员积极参加石刻艺术相关的学术会议、专题讲座等，努力提高自身业务水平。1989年，蒋英炬出席中国汉画学会成立大会暨第一届年会，并当选为中国汉画学会副会长；1993年，焦德森出席中国汉画学会第四届年会，当选为中国汉画学会副会长；2000年，蒋英炬、杨爱国出席中国汉画学会第七届年会暨学会成立十周年学术研讨会，并作大会发言；2002年，杨爱国出席中国秦汉史学会2002年年会暨学术研讨会，焦德森、万良、杨爱国参加中国汉画学会第八届年会暨学术研讨会；2004年，焦德森、赖非参加"中国北方佛教刻石学术研讨会"；2010年，杨爱国出席中国汉画学

■ 图 5-4-1 2012 年举办"汉代石椁画像与汉文化研究"学术研讨会

■ 图 5-4-2 2018 年 8 月第一届石刻论坛青年学者发言讨论现场

会第十二届年会，并被增选为中国汉画学会副会长。此外，山东省石刻艺术博物馆积极组织馆内业务人员参加各类业务培训班，据不完全统计，截至2020年参加业务培训15人次。

自2018年起，山东省石刻艺术博物馆坚持每年举办两届石刻论坛，努力打造自己的学术会议品牌。自创办之初，石刻论坛便定位为国际性高水平专题学术会议，旨在打造一个开放的专业交流平台，汇聚国内外石刻研究、保护、展示和传承方面的专家学者和青年才俊交流分享最新成果，加强学术交流，促进学科发展，广泛积聚发展力量。截至2023年12月，石刻论坛已成功举办12届共72场学术报告，成为目前国内同类会议中延续届次最多的会议，取得了良好的思想文化效益，在海内外产生了广泛深远的影响，已成为山东省石刻艺术博物馆对外学术交流的一个重要平台。

二、培养人才，助力文物保护

文物保护传承意义深远、使命重大，山东省石刻艺术博物馆深入贯彻落实习近平总书记重要讲话精神，认真钻研，学以致用，坚持保护与传承相结合，积极开展文物人才队伍建设。2020年6月，国家古籍保护中心批复同意设立国家级古籍修复技艺传习中心山东省石刻艺术博物馆传习所，聘任山东省石刻艺术博物馆退休研究馆员赖非为导师，馆内两名业务人员通过拜师仪式成为正式学员，同时欢迎其他单位、高校的青年学者参与。山东省石刻艺术博物馆传习所成立后，每年集中理论授课及野外实践授课共计200余课时，学员修复完成馆藏元碑拓片200余件（套），拓印碑刻、摩崖拓片100余件（套），熟练掌握各类传拓技法、传拓工具的使用和维护方法、古代石刻及石刻拓片真伪的鉴定方法等，大大提高了博物馆业务人员的专业技能，增强了与业内人员的交流与合作。

成立山东省石刻艺术博物馆传习所，是贯彻落实习近平总书记关于文物工作重要批示精神的举措，是加强文物人才培养、做好历史文化遗产保护传承、助力中华优秀传统文化高质量发展的有效手段。

三、加强对外交流互鉴，讲好中国故事

海外展览构架交流学习的桥梁，合作交流孕育共赢契机。山东省石刻艺术博物馆不仅积极推广海外展览，同时重视学术交流领域的深层次合作，与海内外学术机构建立起长久的友好合作关系。

一是"走进来"。1999年，英国牛津大学墨顿学院院长杰西卡·罗森博士、德国海德堡大学东亚艺术史系雷德侯教授率团来山东考察佛教文物和石刻，馆内专家与其进行了学术交流，本次交流为2004年"中德合作山东北朝佛教摩崖刻经调查与研究"项目奠定了良好基础；2002年，与山东孔子国际旅行社合作举办"中国·山东北朝摩崖刻经考察与学术交流"活动，包括美、日、韩在内的国内外专家学者90余人参加本次活动，参与人员来自著名大学、科研单位以及书道团体；2011—2014年，美国普林斯顿大学、韩国首尔大学、荷兰莱顿大学、英国苏富比艺术学院、日本迹见学园女子大学等众多国外高校先后率团来访，就山东古代石刻同馆内业务人员进行学术交流。

二是"走出去"。1999年，应日本立正大学佛学系邀请，焦德森、万良赴日本参加立正大学佛学系成立五十周年庆祝活动，并在"中国的石刻经文化讲演会"上作讲演；2003年，将英炬赴美国芝加哥大学、匹兹堡大学、耶鲁大学讲学，重点讲述山东汉画像石祠堂有关问题，受到美国该领域学者的欢迎和肯定；2005年，应美国普林斯顿大学邀请，蒋英炬赴美国参加武氏祠学术讨论会，并作"大树方位与诸图像意义"发言；2006年，山东省石刻艺术博物馆随省文化厅代表团到日本参观访问，并就博物馆的管理进行学术交流；2008年，赖非、

■ 图 5-4-3　1992 年蒋英炬馆长与澳大利亚昆士兰美术馆馆长考察中国陶器

杨爱国赴德国海德堡大学东亚艺术史研究所参加"中国石刻佛经国际学术研讨会";2013年,应韩国首尔大学东洋史学科邀请,杨爱国赴韩国参加"海外著名学者讲演会"。

(撰稿:杨海天、王海玉)

第五节　再开新局

2021年3月,经山东省事业单位改革决定,山东省石刻艺术博物馆核准注销,正式并入山东博物馆,原业务职能由山东博物馆新成立的石刻文物保护研究部继续履行。部门职能主要包括石刻文物田野调查研究、石刻拓片整理与研究、石刻拓片展览、石刻论坛、石刻宣传及承担馆内其他工作等六个方面。

"缣竹易销,金石难灭",石刻文物是中华五千多年灿烂历史极为重要的文化注脚和时代印记,从那一道道印记中我们能够找到中华文化的珍贵记忆,寻访刻印在石板之上的文化脉络。往古所以知今,博物馆的力量在于让人们了解过去、通达未来,正如镌刻在乾隆阅贡院御制诗碑上的"莫教冰鉴负初心"一句,早已随着时代的发展更新了释义,如今成为中华民族伟大复兴的"使命初心"。

不忘初心,牢记使命。山东省石刻艺术博物馆虽已退出历史的舞台,但石刻人不会忘记自己的初心和使命,用山东石刻文物讲好中国故事,让石刻文化定义历史坐标,在时间的轴线上,把握住历史、现实与未来;在精神的维度中,把握住时代精神、民族精神与核心价值。我们相信,石刻文物保护研究部未来定能在山东博物馆的领导下迎来新的发展机遇,新一代的石刻人也将努力把握住新时代文化的交锋、交流与交融,立足馆藏,放眼全省,打造山东石刻文物保护利用展示的新基地,用最深沉的文化自信讲好最精彩的中国故事。

(撰稿:杨海天)

第六章　沧桑风雨路　峥嵘六十年

——山东省文物总店简史

　　山东省文物总店成立于1961年，是全国影响较大的几家文物商店之一。其主要职能是保护和征集社会流散文物，为博物馆和研究机构提供店藏文物和研究资料，并为民间文物的收藏提供交流平台。

第一节　思源寻根

　　济南人文荟萃，文化昌达，曾经拥有几十家古玩店，在清末民国时期，与

■ 图 6-1-1　山东省文物总店营业楼

■ 图 6-1-2　山东省文物总店一楼营业大厅

潍县（今潍坊）、曲阜、益都（今青州）并称"齐鲁四大古玩市场"。在20世纪50年代中期轰轰烈烈的公私合营运动中，济南的多数古玩店实现了"公私合营"，新成立合作古玩商店、古玩委托店或委托小组，进入了新的发展阶段。1959年1月，敬古斋、宝丰泰、息洪阁、春浦阁四家私营的古玩店合并组成济南市历下古玩委托商店，经营地址在院西大街（今济南市泉城路西段），是山东省文物总店的前身。

敬古斋原址在布政司大街（今省府前街）路东，专营碑帖与古籍。主人王仁敬绰号王大个子，济南历城人，因全面抗战前夕收得晚清四大藏书楼之一的聊城海源阁所藏善本，在业内扬名。1930年夏，著名金石文字学家、文献学家王献唐（1896—1960）先生，在敬古斋购得海源阁旧藏清黄荛圃手校明程荣刻《穆天子传》、顾千里手校乾隆汪氏刻《说文解字系传》，如获至宝，遂镌刻印章"顾黄书寮"。子王笙甫（1900—1981），子承父业，精于古籍、碑帖鉴定，往来于潍县（今潍坊）、新城（今桓台），开辟货源，购得金石大家陈介祺所藏众多善本拓片。

宝丰泰原址在布政司小街（今省府东街）路南，主营楠木制作、修理红木家具、修治七弦古琴，兼营书画。主人刘汉卿（1888—1975），绰号刘大脚，济南人，精于楠木制作、雕刻鉴定。

息洪阁原址在尚书府街（后改称玉环泉街），主人霍介秋（1905—1986），济南历城人，精于瓷器、青铜器和珠宝鉴定，20世纪40年代曾受聘于辘轳把子街路南的茹古斋，后在自家中开店做古玩交易，其店名曰"息洪阁"。

春浦阁原址在鞭指巷北首路东，主营文物书画。主人刘桂锡（1908—1987），字春浦，济阳人，精于书画鉴定，少时曾随族叔父刘寿亭在东花墙子街路东文宝斋跟店主刘文启学徒，后在自家中开店，因其字取店名曰"春浦阁"，经常往来于曲阜故孔继涑府第，多得孔府遗物。

1960年9月24日，国务院批复同意文化部、商业部、外贸部《关于改变文物商业的性质和管理体制的方案》，决定改变各地文物商业的纯商业性质为实行企业经营管理方法的文化事业单位，作为国家收集社会上流散文物的收购站和临时保存所，统一划归各地文化部门负责领导。

根据文件精神，1961年2月，山东省文化局、商业局决定在济南筹建山东省文物总店，属省文化局领导，各专区及省辖市，按照实际需要，酌情设立文物分店，重点县（市）酌设支店，各分店、支店除由总店领导外，同时受当地文化行政部门领导。山东省文物总店以历下古玩委托商店为基础，以定息的方式将委托商店的全体人员及资金7000元接收，上级领导部门委派领导干部和部分工作人员，拨款8万元，于1961年7月成立，由山东省博物馆代管，负责收集流散在社会上的传世文物，并有计划地供应各地博物馆、研究机构和学校作为陈列或研究参考之用；有计划、有选择地供应国内需要和适当地组织出口；办理废旧物资中的拣选工作。店址最初设在济南市西门大街69号，店名为郭沫若题写。据1961年7月31日山东省文化局发往各专署（市）文化局《关于启用"山东省文物总店"印章通知》，"山东省文物总店"印章于1961年8月1日起启用。

（撰稿：范菲菲）

第二节　风雨洗礼

1961年刚建店时，文物库房及营业室总面积共有300平方米。全店职工仅8人，除原来"合营"划转的资东王笙甫、刘汉卿、霍介秋、刘春浦四人外，另有首任经理赵仲三、副经理李既陶等。赵仲三（1893—1984），名广殿，字仲三，平邑人。新中国成立初先后担任过曲阜县副县长、济宁市人民法院院长等职。1961年任省文物总店经理，为活跃文物市场、保护文化遗产做了许多开创性的工作。李既陶原名济甄，字既陶，后以字行，济宁人，精于书画、瓷器及碑帖鉴定，曾任山东古代文物管理委员会委员、陈列组组长。1961年，任省文物总店副经理兼省博物馆研究员。1963年，其所著《高凤翰》一书由上海人民美术出版社出版发行，是省文物总店历史上第一部公开出版物。

1963年，省文物总店成立两年来，收集了大量流散在社会上的传世文物，达到12400余件，销出文物4800余件，拨交给省博物馆第一批文物100余件。1965年，西门大街、院西大街等数条街巷被整合成为东西向贯穿老城的泉城路，省文物总店的地址遂变更为"济南市泉城路321号"。从成立到"文化大革命"前，经过5年的经营，省文物总店的文物收购和销售工作都取得了一定的成绩，人员发展到12人。

随着国家对文物流通的限制和专营，过去古玩店鳞次栉比的景象不复存在，偌大济南城，唯余省、市两家文物商店（1961年8月，济南市文物总店成立，前身是以私营翠宝斋为主组建的公私合营济南市三义委托店古玩部）。

"文革"开始后，所谓旧思想、旧文化、旧风俗、旧习惯遭到"猛烈攻击"，古文物被肆意破坏，旧书籍被肆意焚烧，人们对那些所谓"封资修"的古董退避三舍，生意自然清淡许多。1971年3月，当时的"省革委政治部文化组"下文，撤销省文物管理处、省文物总店，有关全省文物工作方面的事宜，均以省博物馆名义处理。省文物总店的一切购销业务被停止，藏品库房被封存，职工被合并到省博物馆，直到1973年，才以省博物馆一个业务组的名义，在旧址恢复营业，并建立了外销门市。

1975年，省文物总店独立恢复业务工作，成为直属省文化局领导的科级事业单位。次年，省文物总店编印了《流散文物鉴别手册》。手册对古瓷铜器、竹木牙雕、玉石翠器、珍珠玛瑙、古代字画、碑帖印章等进行了通俗易懂的解读，成为内部交流学习的指南。时任山东省计委主任的高启云为手册题名。

1977年，李笃忱出任经理。当时，山东省文物总店共有15人，机构设置有营业组、库房组。其主要工作任务：一是通过商业手段收集流散在社会上的文物使之获得保护；二是为博物馆和科研院校提供藏品和资料；三是将国家准予销售的文物外销，为国家赚取外汇。在当时特殊的历史环境下，人们将幸存的文物纷纷出手，省文物总店的文物收购工作由此取得了突出的成绩。

1978年，在各级领导的关怀下，位于西门桥头的新营业大楼破土动工。

（撰稿：范菲菲）

第三节 冬去春来

党的十一届三中全会以来，随着对内搞活、对外开放政策的实施，文物店的事业也焕发了生机。1979年3月21日，省文化局以鲁文字〔1979〕第23号文件发布《关于我省开放城市文物商店设外宾柜的意见》。根据文件精神，省文物总店设立了外销部及外宾购销专柜，来此购物的外宾、华人、华侨、港澳同胞等络绎不绝。

1982年，根据省文化厅鲁文组字〔1982〕第32号文件规定，省文物总店的机构设置为办公室、业务室、收购辅导部、保管部。到年底，职工人数发展到36人。是年3月13日，省文物总店向省博物馆移交文物仪式及移交文物展览在省博物馆举行，时任省委宣传部部长林萍剪彩，省文化局局长宋英讲话。此次一次性移交文物98件，按200%付款，为建店以来第三次向省博物馆移交文物，至此累计移交997件珍贵文物。

1984年，根据省文化厅鲁文字〔1984〕第50号文件通知，经省编制委员会批准，省文物总店成为处级事业单位，实行企业化管理，编制为37人。是年，卢传贞任经理，牛继曾、马登雨任副经理。是年年底进行机构改革，对原有机构设置进行调整。1985年，根据省文化厅鲁文字〔1985〕第83号文件，省文物总店的机构设置为办公室、保管部、营业部、书画部、保卫科。是年12月28—31日，全国文物先进集体、先进工作者表彰大会在京召开，省文物总店职工刘春浦作为先进工作者出席了会议。

1986年5月15日，经过各方的共同努力，历时八年营建、建筑面积3200平方米的新营业大楼正式开业。开业典礼隆重而简朴，时任山东省委书记梁步庭、省顾问委员会主任苏毅然、省委副书记兼济南市委书记姜春云、省纪委书记王众音等省市领导出席。由于营业面积扩大，营业项目增多，为实际工作需要，1987年，省文化厅鲁文字〔1987〕26号文件批复：根据鲁编字〔1986〕第65号文件批复，省文物总店编制由37人增加到77人，同意省文物总店机构调整为办公室、保卫科、保管部、业务室、收购销售部、营业部、泉城路门市部。

■ 图 6-3-1　山东省文物总店营业楼开业典礼

■ 图 6-3-2　参加开业典礼的嘉宾参观二楼书画展厅

1986年，新营业大楼开业。自此，"济南市共青团路1号"成为山东省文物总店的新地址。原来的老店改称"东店"，后来成为总店所属文苑金店，2000年在泉城路拓宽改造时被拆除。

新营业大楼位于西门桥畔，月牙泉边，南邻趵突泉，北望大明湖，背依五龙潭，地处济南市区商业和旅游中心，拥有主楼四层、地下一层，东副楼三层，北副楼二层。建筑立面为暖色瓷砖及马赛克贴面，底层南立面为大玻璃橱窗，入口为红花岗石贴面，大门上悬郭沫若书"山东省文物总店"匾额。主楼一层营业厅名"泺源居"，主要销售工艺品和仿古制品，包括洛阳唐三彩、北京景泰蓝、景德镇瓷器、皮毛布玩具、仿古铜器、首饰、象牙木雕、宜兴紫砂等。主楼二层营业厅名"撷英斋"，为国家批准设立的文物外销专柜，经营瓷器、铜器、漆器、书画、刺绣、古砚、首饰、珠宝翠玉、竹木牙雕等。东副楼二层营业厅名"墨云轩"，经营文房四宝、现代书画等。另设书画交流观摩室，名"观园"。

1986年年底，省文化厅任命薛寿莪为省文物总店经理，沈霞玲为副经理。1988年5月，省文物总店增设了收购部，将收购销售部改为销售部。是年11月12日，山东省流散文物工作会议在济南召开。会议认为：文物商店在改革中应进一步加强文物收购工作，并作为一项重要工作提上议事日程；在当前文物商贩串乡收购的暗流有增无减的情况下，文物部门要加强整体观念，才有力量同各种违法犯罪活动作斗争。文物收购在省内应打破区划分割，实行跨区收购。次年2月，总店撤销业务室，成立了政工科，将机构设置调整为办公室、保卫科、保管部、政工科、收购部、销售部、营业部、泉城路门市部；1991年9月，又增设文物修复部。1993年，宋玮任省文物总店经理，直至2019年退休。

从1986年搬迁新址后，到2016年停止营业的三十年间，省文物总店积极探索，开拓进取，在征集和保护社会流散文物、充实博物馆藏品资源、满足民间文物收藏需要等方面发挥了积极作用。

（撰稿：范菲菲）

第四节　再赴新程

随着改革开放的深化，文物市场不断开放，文物经营多元化格局逐步形成，国有文物商店的经营特权和优势丧失殆尽，改革成为必然趋势。2005年，国家文物局下发的关于国有文物商店改制的文件中，明确提出可将一部分国有文物商店合并到博物馆。

2014年12月30日起，省文物总店正式与山东博物馆合并，营业大楼停止营业，职工并入山东博物馆队伍，店存文物也随后被分批清点移交，并入山东博物馆馆藏。2021年2月，一度作为西门一带地标性建筑的文物总店营业大楼被拆除。在经历一甲子的风风雨雨后，省文物总店结束了它作为国有文物商店的历史使命。

省文物总店自建店以来，具有较高的鉴定水平，拥有了一批具有较高鉴定水准的专业经营人才。其中，在社会上有一定影响的专家有霍介秋、刘春浦、王笙甫、刘汉卿等人，济南著名藏书家张景栻在其《济南书肆记》中，将他们戏称为"商店四皓"。

霍介秋（1905—1986），山东省政协委员，山东省文物总店原营业部主任，著名瓷器、玉器鉴定专家。

刘春浦（1908—1987），山东省文物总店原保管部主任，著名书画鉴定专家。

王笙甫（1900—1981），山东省文物总店职工，著名碑帖鉴定专家。

刘汉卿（1888—1975），山东省文物总店职工，著名楠木制作、雕刻鉴定专家。

在过去的近六十年间，山东省文物总店通过一代代领导和员工的不懈努力，抢救、保护和储备了大量文物，其中不乏珍贵文物。自成立以来直至2014年底合并到山东博物馆前，省文物总店累计向山东博物馆提供了1900余件定级文物，皆为三级以上珍贵藏品，充实了山东博物馆馆藏。

在正式并入山东博物馆后，根据上级领导的指示精神，将店藏文物分批清点移交博物馆。2019年又对剩余的店藏文物及工艺品进行整理和评估，评估文物7万余件，新工艺及文房四宝3万余件，皆分批移交博物馆。其中，二级藏品23件，三级藏品335件。2021年1月在文物总店大楼拆迁前夕，一次性移交陶瓷、玉器、书画、杂项等各类文物3.9万余件。另外，根据文旅厅的指示精神，文物总店将剩余1万余件文物，移交划拨给省内各市县级博物馆，大大丰富了地方博物馆馆藏。

兹举数例入藏山东博物馆的藏品如下：

龙山文化红陶鬶，通高29.5厘米，口径10厘米，高流，流尖部外跷，圆唇，粗颈，短腹，三袋足，器表饰凸弦纹，整器造型优美古朴，庄重典雅，为龙山文化晚期的典型器物。

商代举方鼎，通高23厘米，20世纪60年代长清小屯出土。省文物总店征集4件，后移交山东省博物馆，此为其一。

元代玉龙芝纹灯盏，通高15.5厘米，最宽11.2厘米，属和田青玉，盏体型若钵，环口沿勾补连续回纹，支架用大镂空法，琢饰两条对称苍龙，间隔灵芝盘绕于足部，风格磊实奔放，颇具时代气息。

■ 图6-4-1 商代举方鼎

清代康熙釉里红加彩蔷薇花纹马蹄尊，高7.5厘米，口径8.5厘米，唇口，溜肩，斜腹渐收，浅圈足，足背窄细，造型秀美圆润，器壁两侧饰折枝蔷薇，花朵以釉里红绘就，发色鲜艳纯正，花叶、花枝以釉上五彩画成，红花绿叶交相映衬，超尘脱俗。

■ 图6-4-2 明海瑞等名人书札册之一海瑞信札

■ 图 6-4-3　清代寿山芙蓉石雕一苇渡江立像

明海瑞等名人书札册，纸本，计18开36页，内含海瑞、董其昌、王穉登、莫是龙、陈元素、祝允明等15位名人手札，经故宫博物院刘九庵先生鉴定，"除祝允明一札为后人临仿外，附宋荦跋亦伪，其余均属真迹，海瑞一札更为少见"，堪称海内孤本。

清代寿山芙蓉石雕一苇渡江立像，高34.7厘米，以寿山名贵品种芙蓉石为材，采用高浮雕法状摹达摩禅师一苇凌波的生动场景，是难得的清代早期雕刻精品。

（撰稿：范菲菲）

（注：本章参考年美《山东省文物总店的沿革》，见山东省文化厅史志办公室编《山东省文化艺术志资料汇编》第24辑，1992年，第255～258页。）

第七章　鉴微知著显本色　不辱使命勇担当

——山东省文物鉴定中心发展回眸

山东省文物鉴定中心和国家文物进出境审核山东管理处合署办公，山东博物馆设文物鉴定办公室，负责相关业务工作的开展。

第一节　机构沿革　使命未改

一、山东省文物鉴定中心

山东省文物鉴定中心的前身为"山东省文物鉴定委员会"。山东省文物鉴定委员会成立于2002年2月，是山东省文化厅设立的文物鉴定专业咨询机构，负责对全省馆藏文物，社会流散文物，国家司法、执法机关依法罚没、查扣文物以及确需评估价值的不可移动文物的鉴定，为文物保护和管理提供专业依据。山东省文物鉴定委员会与国家文物出境鉴定山东站合署办公，下设秘书处负责日常工作，挂靠山东博物馆。山东博物馆设立文物鉴定办公室，负责各类文物鉴定工作。

山东省文物鉴定委员会委员由省文化厅聘任，首批聘任委员32人，包括文博研究馆员21人，副研究馆员8人，省市拔尖人才4人，享受政府特殊津贴3人，集中了我省文博界文物鉴定专业精英，涉及陶瓷器、玉石器、青铜器、书画、杂项等文物鉴定各个门类。

2013年1月19日，山东省文物保护与收藏协会在山东博物馆召开成立大会，这是一个学术性、非营利性社会团体，旨在充分发挥支持文物事业的各界人士的作用，鼓励和引导全社会的力量关注和支持文物事业。2016年1月4日，根据

《最高人民法院　最高人民检察院关于办理妨害文物管理等刑事案件适用法律若干问题的解释》第十五条第二款规定"对案件涉及的有关文物鉴定、价值认定等专门性问题难以确定的，由司法鉴定机构出具鉴定意见，或者由国务院文物行政部门指定的机构出具报告"，国家文物局下发了《关于指定北京市文物进出境鉴定所等13家机构开展涉案文物鉴定评估工作的通知》（文物博函〔2015〕3936号），山东省文物保护与收藏协会被国家文物局指定为第一批涉案文物鉴定评估机构。根据通知精神和要求，原由山东省文物鉴定委员会承担的涉案文物鉴定工作改由山东省文物保护与收藏协会负责。山东博物馆文物鉴定办公室对外以山东省文物保护与收藏协会的名义开展相关文物鉴定工作。

2016年4月，按照国家文物局下发的《关于开展第二批涉案文物鉴定评估机构申报遴选工作的通知》（文物博函〔2016〕441号），认真准备申报材料，并在全省范围内遴选符合条件的涉案文物鉴定评估人员，向国家文物局申请山东省文物鉴定中心为第二批涉案文物鉴定机构。

2016年6月20日，中共山东省委机构编制委员会办公室《关于调整山东博物馆机构编制事项的通知》（鲁编办〔2016〕136号）决定山东博物馆加挂山东省文物鉴定中心牌子，增加承担全省各类文物鉴定工作职责。

2016年9月30日，国家文物局下发了《关于指定第二批涉案文物鉴定评估机构的通知》（文物博函〔2016〕1661号），通知指出山东省文物保护与收藏协会不再开展涉案文物鉴定评估工作，指定山东省文物鉴定中心为第二批涉案文物鉴定评估机构，开展妨害文物管理等刑事案件涉及的文物鉴定和价值认定工作。

山东省文物鉴定中心初期有5名专职文物鉴定评估人员，均已取得国家文物局文物进出境责任鉴定员资格；兼职文物鉴定评估人员29名，鉴定范围涉及陶瓷器、玉石器、金属器、书画、杂项、古文化遗址古墓葬、石窟寺和石刻、近现代重要史迹及代表性建筑及其他11个门类。

2019年10月，为了更好地开展涉案文物鉴定工作，加强文物鉴定专业队伍建设，同时也为了文物鉴定评估人员梯队建设，山东省文物鉴定中心依据《涉案文物鉴定评估管理办法》的有关规定，从全省文博系统增聘文物鉴定评估人员15人，通过省文化和旅游厅报国家文物局备案。山东省文物鉴定中心专家队伍的年龄结构、专业结构更加合理，形成老中青相结合的文物鉴定队伍，为做好涉案文物鉴定评估工作打下坚实基础。

2023年11月，中共山东省委机构编制委员会办公室《中共山东省委编制委员会办公室关于省文物保护修复中心更名的批复》（鲁编办〔2023〕84号）决定将山东博物馆"承担全省各类文物鉴定的技术支持工作"职责划入山东省文物保护修复与鉴定中心，山东博物馆不再加挂山东省文物鉴定中心的牌子。

二、国家文物进出境审核山东管理处

国家文物进出境审核山东管理处是国家文物局授权的代表国家承担文物进出境审核工作的专门机构，主要负责山东省各口岸申报进出境文物的审核事项。行政上由山东省文物行政管理部门领导、管理，业务上由国家文物局统一指导、监督。

山东是较早设立文物出境鉴定机构的省份之一，国家文物进出境审核山东管理处的前身为"山东省文物出口鉴定小组"，1977年7月13日成立，由9人组成，成立后与山东省文化局文物处合署办公。

1992年，根据文化部《文物出境鉴定管理办法》的相关规定，山东省文化厅报省长办公会批准，在山东省博物馆增加编制7人，用于承担文物出境鉴定工作。

1994年，国家文物局颁发九四版火漆印章的同时，统一更改名称，山东省

■ 图 7-1-1　国家文物出境鉴定山东站揭牌仪式

文物出境鉴定小组更名为"国家文物出境鉴定山东站"，使用A字头火漆印标识，负责文物经营单位外销文物的出境鉴定。

1997年，根据国家文物局关于加强文物出境鉴定任务的国家行政职能机构建设的意见、我省出境文物和其他方面文物鉴定工作的实际，山东省文化厅决定对国家文物出境鉴定山东站进行调整，调整后机构全称为"山东省文化厅文物鉴定组"，与原经国家文物局批准的"国家文物出境鉴定山东站"为同一建制，承担文物出境鉴定任务，公安、司法、海关、工商等部门查缉文物的委托鉴定，社会流散文物鉴定，以及其他受委托的文物鉴定工作。

2002年，根据国家文物局关于加强文物出境鉴定任务的国家行政职能机构建设的意见、我省行政机构改革后的实际情况，山东省文化厅决定对国家文物出境鉴定山东站进行调整，调整后的国家文物出境鉴定山东站为省文化厅领导的科级单位，编制7人，与山东省文物鉴定委员会合署办公，挂靠山东省博物馆，人员和事业经费由山东省文化厅统一拨付。国家文物出境鉴定山东站主要负责外销文物的鉴定，包括国营文物商店外销文物的鉴定、拍卖公司文物标的的鉴定、对外贸易公司经营文物监管物品的出境鉴定，以及持有人所有或从文物市场上购买文物的出境鉴定。此外，还有因修复、展览、销售、拍卖等原因暂时出入境文物的鉴定。

2008年，国家文物局重新审定文物进出境审核机构资质，国家文物出境鉴定山东站基本符合文物进出境审核机构各项规定条件，成为被授予文物进出境审核资质的14家机构之一，被授权更名为"国家文物进出境审核山东管理处"，负责从所在省（自治区、直辖市）各口岸申报进出境文物的审核事项。

国家文物进出境审核山东管理处受国家文物局委托，承担山东省各口岸申报进出境文物的审核工作，具体包括：

（1）机构或自然人运送、邮寄、携带出境文物审核；

（2）因修复、展览、销售、鉴定等原因临时进境及复出境文物审核；

（3）因展览、科研等原因临时出境及复进境文物审核。

国家文物进出境审核山东管理处认真贯彻文物法"保护为主，抢救第一，合理利用，加强管理"的方针，严格执行文物进出境审核的有关规定，认真履行文物进出境审核管理职责，为对外开放、保护国家珍贵文化遗产作出了重要贡献。

2023年11月，中共山东省委机构编制委员会办公室《中共山东省委编制委员会办公室关于省文物保护修复中心更名的批复》（鲁编办〔2023〕84号）决定将山东博物馆"承担全省各类文物鉴定的技术支持工作"职责划入山东省文物保护修复与鉴定中心，山东博物馆不再加挂山东省文物鉴定中心的牌子。按照编随事走，人随编走的原则，将山东博物馆10名事业编制、7名工作人员一并划入省文物保护修复与鉴定中心，国家文物进出境审核山东管理处划入山东省文物保护修复与鉴定中心。

（撰稿：王金环）

第二节　辨古识真　坚守初心

山东省文物鉴定中心和国家文物进出境审核山东管理处主要承担山东省妨害文物管理等刑事案件涉及的文物鉴定和价值认定工作、全省各口岸申报文物进出境审核工作、全省馆藏文物和馆藏革命文物评估定级工作、文物拍卖标的审核工作、常态化公益性文物鉴定咨询活动。山东省文物鉴定中心成立以来，全体同仁团结协作，齐心协力，辨古识真，致力于文物鉴定及相关业务工作的开展，为文物保护事业的发展提供了重要支撑。

作为国家文物局指定的我省唯一的开展涉案文物鉴定评估的机构，山东省文物鉴定中心始终站在文物保护第一线，与公安、检察院、法院、海关、纪检监察以及文物执法部门通力合作，严格执行《涉案文物鉴定评估管理办法》，组织备案文物鉴定评估人员按照文物鉴定评估程序的要求开展涉案文物鉴定评估和价值认定工作。据不完全统计，山东省文物鉴定中心共开展涉案文物鉴定评估约1000次，鉴定各类文物及其仿制品2万余件，鉴定古文化遗址古墓葬近400处。在做好省内涉案文物鉴定工作的同时，2016年受国家

■ 图 7-2-1　文物鉴定评估专家对委托办案机关提交的古文化遗址古墓葬进行现场勘查、鉴定

■ 图 7-2-2　文物鉴定评估专家对委托办案机关提交的涉案文物进行实物鉴定

■ 图 7-2-3　文物鉴定评估专家对委托办案机关提交的涉案文物进行实物鉴定

文物局委托，山东省文物鉴定中心组织有关专家赴淄博，对普照寺旧址进行现场勘查、调研，形成书面报告，上报国家文物局。2021年4月，山东省文物鉴定中心还协助安徽文物鉴定站对嘉祥被盗古文化遗址古墓葬进行现场鉴定，为同行提供鉴定参考意见。山东省文物鉴定中心始终坚持严谨科学的工作作风，克服人员少、压力大的困难，确保涉案文物鉴定的准确性、时效性，即使在疫情防控最严峻的时刻，山东省文物鉴定中心依然正常开展涉案文物鉴定工作。在可移动文物鉴定中，创新意识，引用科技手段，对部分文物进行科技检测，同时开展大型涉案文物鉴定活动，邀请省外涉案文物鉴定评估人员参与。在鉴定评估过程中，和同行交流涉案文物鉴定工作经验和心得，取长补短。不可移动文物鉴定的地点往往是荒郊野岭，环境恶劣，文物鉴定评估专家经常冒着风寒阴雨，或头顶烈日，或脚踏泥泞，但现场勘查测量一丝不苟，保证了不可移动文物鉴定的准确性，为有关部门提供定案和量刑依据，为依法打击文物犯罪，保护国家宝贵的文化遗产提供了技术保障。

■ 图 7-2-4　文物鉴定评估专家对公安机关提交的涉案文物进行实物鉴定

在文物进出境审核中守住国门。进出境审核是国家维护文化遗产主权的重要保障，国家文物进出境审核山东管理处是代表国家进行文物进出境审核的专门机构，具体承办省内国有文物商店外销文物鉴定、私人携带文物出境鉴定、临时进出境文物鉴定、出境展览文物查验、旧家具出境鉴定等事项。管理处先

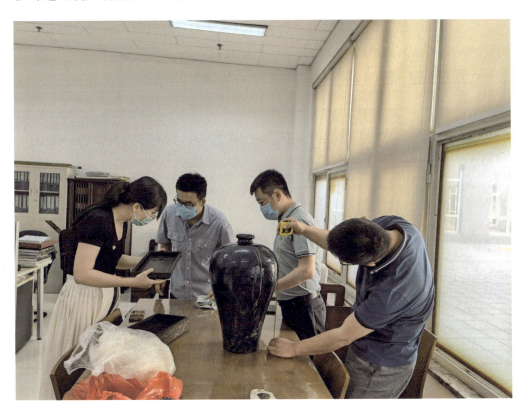

■ 图 7-2-5　文物进出境责任鉴定员对携运人申请出境文物及仿制品进行审核

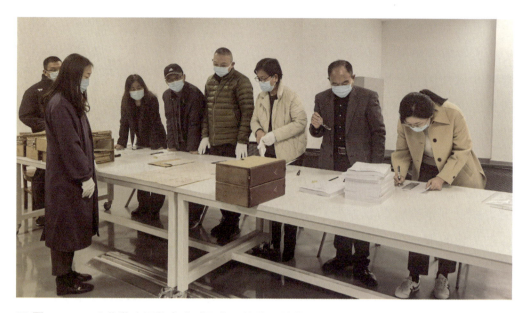

■ 图7-2-6　文物鉴定评估专家对国有文博单位馆藏文物进行评估定级

后为文物商店、国有博物馆出境展览、私人携带等开展文物进出境审核80余次，审核文物及文物监管品4000余件。应孔子博物馆的申请，先后两次对该馆"和和美美——亚洲文明展"日本平山郁夫丝绸之路美术馆的47件临时进境文物办理延期复出境手续。国家文物进出境审核山东管理处肩负神圣使命，为守住国门，始终如一，为保护国家文物安全作出应有的贡献。

在馆藏文物、革命文物评估定级工作中把握方向。作为文物大省，我省文

■ 图7-2-7　革命文物鉴定评估专家对烟台市馆藏革命文物进行评估定级

■ 图 7-2-8　文物鉴定评估专家在审核文物拍卖公司拟拍卖的文物标的

物事业方兴未艾，馆藏文物数量不断增加，文物藏品鉴定定级需求随之增多，山东省文物鉴定中心始终秉承原则，以《中华人民共和国文物保护法》《文物藏品定级标准》《近现代一级文物藏品定级标准》为准绳，开展文物藏品定级工作。山东省文物鉴定中心组织文物鉴定评估专家赴全省各地市级博物馆、革命纪念馆开展馆藏文物评估定级共计70余次，鉴定各类文物5万余件，开展革命文物认定定级61次，定级革命文物3506件。在馆藏文物、馆藏革命文物定级工作

■ 图 7-2-9　5·18国际博物馆日，山东省文物鉴定中心举办公益性文物鉴定咨询活动

■ 图 7-2-10　国家文物进出境审核山东管理处承办国家文物进出境管理工作会议

中，文物鉴定评估专家严谨敬业，一丝不苟，严把藏品定级标准关，出色完成文物定级工作任务，为各地文物收藏机构文物保护利用的深化提升提供基础支撑。同时，专家还为申请定级博物馆的业务人员传授知识，解答各种问题。专家走到哪里就把专业和敬业精神带到哪里，受到了各博物馆工作人员的好评。

　　在文物拍卖标的审核中遵章守制。山东是孔孟之乡、文化大省，经济繁荣，文化发达，文化艺术品交易不断活跃，文物拍卖标的审核申请逐年增加。中心积极配合省文化和旅游厅，组织文物拍卖标的专业审核，先后组织专家赴青岛、潍坊、济南、菏泽、德州、临沂等地对开展文物拍卖标的审核100余次，审核各类标的10万余件。经审核，400余件文物标的因不符合相关规定被建议撤出拍卖；一家文物拍卖公司因提交资料不符合相关规定，被暂停拍卖资质；另一家文物拍卖公司在审核前已举办拍卖活动，根据有关规定未予审核。专家组依据《中华人民共和国文物保护法》《文物拍卖标的审核管理办法》等相关法律法规和政策规章，严格把关，加强监督，认真审核文物拍卖标的，对于在审核过程中发现不能上拍的标的，山东省文物鉴定中心工作人员一方面及时上报省文化和旅游厅，一方面积极和文物拍卖企业沟通，详细解释其不能上拍的原因以及征集时应注意事项，为文物拍卖有序开展、助力文化发展提供了保障。

　　山东省文物鉴定中心始终坚持人民至上，以我为群众办实事为宗旨。为了积极引导和规范民间收藏活动，宣传普及文物保护的相关知识，倡导合法、理

■ 图 /-2-11　嘉祥公安局涉案文物移交仪式在山东博物馆举办

性的收藏理念，树立正确的舆论导向，满足广大市民的文物鉴定需求，山东省文物鉴定中心以国际博物馆日、文化遗产日等相关节庆活动为节点，先后举办各类公益性文物鉴定咨询活动40余次。与此同时，山东省文物鉴定中心不断创新公益性文物鉴定咨询模式，先后与山东光大拍卖公司、山东电视台文旅频道等合作，举办各类公益性文物鉴定咨询活动。近年来，先后为万余收藏爱好者鉴定各类收藏品数十万件，普及文物鉴定和收藏知识，解答市民有关文物法律法规方面的疑惑，对正确引导民间收藏发挥了积极作用。

在做好各类文物鉴定的同时，山东省文物鉴定中心工作人员利用工作之便，与社会各界广泛接触，积极促成文物捐赠，并举行捐赠仪式，先后举办许伯夷、贺郁芬捐赠抗战文物仪式、山东侨德实业有限公司捐赠青铜器仪式、于德琦先生捐赠于希宁书画作品仪式等。积极与办案机关沟通交流，促成涉案文物顺利移交。中共山东省纪律检查委员会、山东省监察委员会和嘉祥公安局先后向山东博物馆移交追缴的涉案文物等，其中中共山东省纪律检查委员会、山东省监察委员会移交山东博物馆文物、文物仿制品、木化石以及砖碛共15件（套），其中三级文物1件，一般文物6件，珍稀化石标本3件；嘉祥公安局移交山东博物馆被盗文物共49件（套），这批文物年代从战国晚期延续至西汉初期，涵盖青铜器、漆器两大类，器形包括杖、镇、壶、瓿、勺、鐎壶、灯、敦、矛、耳杯等，规格较高，保存较好，具有重要的历史、艺术、科学价值。2021年10月21日，在山东博物馆举办嘉祥公安局涉案文物移交仪式，山东省文化和旅游厅副厅长、省文物局副局长王廷琦，山东省公安厅刑事侦查局政委李向武出席仪式并讲话，山东博物馆馆长、山东省文物鉴定中心主任郑同修和嘉祥人民政府副县长、公安局长赵健签署了移交协议。这次移交活动受到了新闻媒体的广泛关注，20多家新闻媒体予以报道，为打击文物领域的犯罪、传承优秀文化、保护国家珍贵的文物资源起到了积极宣传作用。此次移交活动也为后续依法依规开展涉案文物移交工作作出良好示范。

■ 图 7-2-12　山东省文物鉴定中心举办各类文物鉴定培训班，图为授课老师在实物教学

文物鉴定人才缺乏是我们在文物鉴定中面临的一个严重问题。为适应我省文博事业发展的需要，进一步提升我省文博队伍的业务水平，加强同周边省份的业务交流与合作，培养文物鉴定人才，山东省文物鉴定中心除了派工作人员参加国家文物局举办的各类文物鉴定培训班，还承办全国文物进出境审核会议1次，举办全国文物进出境审核书画和钱币鉴定2个培训班，对济南海关工作人员培训1次，举办了全省文物保管，全省文博系统青铜器、陶瓷器、书画鉴定等5个培训班，举办学术讲座15次，举办"古陶瓷青年论坛"3次。我们的培训工作得到省文化和旅游厅的高度重视，省文化和旅游厅、省文物局领导多次出席开班仪式，并抽出宝贵时间亲临教室听授课老师的讲课。这些讲座和培训为全省培养一支具有较高学术研究水平和精湛鉴定业务技能的人才队伍打下坚实的基础，也为各省之间的业务交流搭建起桥梁。

（撰稿：王金环）

第八章　引领业务　聚力同心

——文博社团组织蓬勃发展

20世纪80年代以来，山东省文物博物馆事业发展取得了长足进步，形成了以山东博物馆为龙头，各市级博物馆为骨干，县级特色博物馆为支点，非国有博物馆为补充的博物馆体系。随着全省文物事业的蓬勃发展，山东省博物馆学会、山东文博书画研究会、山东金石学会均挂靠在山东博物馆办公。这三家学会的成立，为加强馆际之间的学术交流，实现全省博物馆高质量发展，提升博物馆研究水平，总结推广科研成果，深化博物馆专业能力建设，实现我省博物馆"专业办馆"提供强大支撑，为中华优秀传统文化的创造性转化和创新性发展作出积极贡献。

第一节　山东省博物馆学会

一、山东省博物馆学会的酝酿与成立

（一）山东学者对博物馆学会建设的早期探索

早在山东省博物馆学会成立之前，山东一些有识之士已经参与探索中国博物馆学会的成立事宜。20世纪30年代，中国博物馆事业取得了一定的发展，国内不仅有故宫博物院、国立历史博物馆等大型馆建立，博物馆的总体数量也在增加，博物馆开展了多种社会教育活动、参加国际文化交流，一系列博物馆学论著、译著出版，多部博物馆法规颁行。[①]在此背景下，当时来自国内35家大学、

---

① 王宏钧：《中国博物馆学基础》，上海古籍出版社 2001 年版，第84—87 页。

中
篇
横·深耕八方

图书馆、博物馆、国家部委、报社、地方教育厅等机构共计68人联合发起成立中国博物馆协会。①其倡议者中就有来自国立中央研究院的傅斯年、山东省立图书馆的王献唐两位山东籍文化名人。在这些人的倡议下，1935年4月，中国博物馆协会在北京成立，协会"以研究博物馆学术，发展博物馆事业，并谋博物馆之互助为宗旨"，推举出执行委员15人，发展机关会员30多个，个人会员120多个；下设专门委员会；发行会刊《中国博物馆协会会报》。这是新中国成立前由国内文化界和学术界名人探索创立的第一个博物馆协会，不仅有开创之功，也为中国博物馆行业组织的建设积累了经验。

（二）山东省博物馆学会的成立

新中国成立后至1976年底，中国博物馆事业经历了曲折的发展历程。"文革"结束后，国内的博物馆事业开始得到恢复和发展。1979年，由南京博物院和上海博物馆发出"关于成立中国博物馆学会的倡议书"。经过协商，中国历史博物馆、故宫博物院等8家单位发起，成立了筹备委员会。山东省博物馆响应号召，1980年10月23日，派副馆长宋居民赴四川成都参加中博协筹备委员会会议。1982年3月，中国博物馆协会在北京正式成立，山东省博物馆、济南市博物馆、青岛市博物馆参加了此次大会。这次会议也促成了山东省博物馆学会的建立，几家单位"在会议期间就山东省博物馆学会的筹建问题作过初步酝酿。回

■ 图8-1-1　山东省博物馆学会成立大会合影

① 吴昌稳：《保育文化 扶翼国家——1935年中国博物馆协会成立之考查》，载《中国博物馆》2016年第3期。

济后，这三个馆以中国博物馆学会团体会员的身份，正式发起成立山东省博物馆学会"[①]，并由山东省博物馆起草申请报告提交上级机关。1982年5月，经山东省文化局党组报请省委宣传部审核批准，决定年内成立山东省考古学会和山东省博物馆学会。在省文物局领导下，成立山东省博物馆学会筹备小组，并拟写《山东省博物馆学会章程》（草案）。同年11月，邀请济南市博物馆、青岛市博物馆等省内22家博物馆召开了筹备工作座谈会。1982年12月7日，山东省博物馆学会成立大会正式在济南召开，山东省成为继黑龙江、江苏、安徽、吉林之后第五个建立省级博物馆学会的省份。山东省博物馆学会的成立，开启了省内博物馆事业的新篇章。

二、逐步完善组织机构建设

完善的机构组织是社会团体有效开展自身活动的指挥系统。山东省博物馆学会历来注重组织机构建设。在上级主管部门的指导下和省内外同仁单位的支持下，根据各时期文博事业发展特点和新要求、新挑战，及时调整，各届学会都建立了一支高效、专业的组织机构，保障了学会职能的有效履行。

表8-1　山东省博物馆学会历届组织机构情况

名誉理事长	顾问	名誉理事	理事长	副理事长	秘书长	常务理事	理事	监事长
第一届（1982年12月7日）								
李子超 王众音 徐眉生	朱活 安作璋 刘敦愿		纪甫	刘谷 任迪善 宋居民 王思礼 张福臻	牛继曾	于仲航 等22人	于仲航 等58人	
第二届（1986年11月22日）								
李子超 王众音 徐眉生	朱活 安作璋 刘敦愿	纪甫 刘谷 任迪善 宋居民 秦亢青 等12人	卢传贞	蒋英炬 薛寿羲 周昌富 徐正大	周昌富	牛继曾 等9人	力树瀛 等48人	

① 山东省博物馆学会：《山东省博物馆学会会刊》，山东省肥城县印刷厂1983年印行，第9页。

名誉理事长	顾问	名誉理事	理事长	副理事长		秘书长	常务理事	理事	监事长
第三届（1993年3月10日）									
李子超 王众音 宋法棠 丁方明	于占德 安作璋 刘敦愿 朱活	纪甫 刘谷 任迪善 宋居民 等15人	张玉坤	王承典 蒋英炬 刘以文 周昌富		周昌富（兼）	王承典 等15人		
第四届（1997年9月17日）									
李子超 王众音 苗枫林 丁方明	朱活 安作璋 牛继曾 宋居民 薛寿栽		鲁文生 代理事长			周昌富	王承典 等18人	理事 80人	
第五届（2003年1月17日）									
				鲁文生 由少平 焦德森 宋玮 于海广 魏书训		鲁文生	于海广 鲁文生 等27人	理事 84人	
第六届（2017年12月28日）									
		蒋英炬 王永波 陈梗桥 等12人	郭思克	杨波 高爱东 吉树春 尹洪福 赵好		卢朝辉	孔祥民 刘建新 等13人	理事 单位45	王斌
第七届（2024年3月13日）									
		于海广 孙敬明 赖修田	刘延常	陈宇 夏文森 苏飞 杨金泉 刘新智 赵好 田永德 肖贵田 曾磊 张超 于芹		高震	马宁 马骏杰 等23人	理事 139人	单雪刚

山东省博物馆学会（以下简称"学会"）自成立时，就受到当时省委省政府的高度重视，时任中共山东省委书记李子超、副省长王众音为大会题词。副省长王众音同志出席大会，并做大会发言。第一届大会还聘请了李子超书记、王

众音副省长、山东省文物局徐眉生局长为学会名誉理事长，知名学者朱活、安作璋、刘敦愿为顾问，山东省文化局副局长纪甫为理事长，山东省文化局副局长刘谷和任迪善、山东省博物馆副馆长宋居民和王思礼、青岛市博物馆馆长张福臻为副理事长，牛继曾为秘书长。此外，还选举出理事58人、常务理事22人，共有来自省直和全省12个地市文博系统90人参加了此次会议。大会收到了来自中国博物馆学会和江苏省博物馆学会、山东省考古学会、山东省文物考古研究所等同仁学会，以及南开大学历史系博物馆学专业、山东大学历史系考古研究室历史文博专业的贺信。大会以党的十二大精神为指导，"以辩证唯物主义和历史唯物主义为指导，贯彻百花齐放、百家争鸣的方针，发扬实事求是、理论联系实际的学风，开展学术活动，促进博物馆物质文明和精神文明建设作出贡献"为宗旨。这届大会是山东省内外博物馆界同仁首次共聚一堂探讨博物馆建设、博物馆实践、博物馆学科发展的一次会议，在山东省博物馆学会史上留下了浓墨重彩的一笔。其确立的办会宗旨、聘请的省政府领导名誉顾问、知名学者顾问基本为第二、三、四届学会所沿用。

第四届学会期间，为了贯彻党中央、国务院关于社团工作的指示精神，根据省民政厅的具体要求部署，学会向省社团登记管理机关重新申请办理了登记注册；并按照中组部和民政部《关于在社会团体中建立党组织有关问题的通知》精神，于2000年7月报请省文化厅领导和机关党委批准，建立了党支部，由鲁文生同志任支部书记，周昌富、何洪源三位同志任支部委员，党支部挂靠在省博物馆党总支。为了监督学会各项权力机构履行职能情况，第六、七届学会增设监事会，由监事长1人和监事3人（第七届为2人）组成。学会党支部、监事会的建立，进一步完善了山东省博物馆学会的组织架构。

三、与时俱进推进学会建立完备的规章制度

学会章程等规章制度是学会换届选举和日常工作的指导和依据，是每届学会的重要组成部分。为了适应各时期博物馆行业发展变化提出的新要求，学会的章程制度也在与时俱进。山东省博物馆学会成立以来，学会的章程制度建设及在其指导下的业务经历了两个发展阶段。

第一至四届为第一阶段。首届山东省博物馆学会召开前，筹备组就参照当时的中博协章程和其他省份博物馆学会章程草拟了《山东省博物馆学会章程》，并经过济南市博物馆、青岛市博物馆等14家省内文博单位的充分讨论修改，经

过第一届全体会员代表大会通过施行。根据第一届学会章程规定，章程分总则、会员、组织、会费四章。此框架为第二至四届学会章程所沿用，并根据各时期行业发展特点对各章节下的具体条款进行调整、修改和增删。

第五至七届为第二阶段。随着第五届学会期间博物馆事业的迅速发展，学会章程难以适应新的形势与任务要求，尤其是1998年10月国家民政部颁布《社会团体章程示范文本》（以下简称《文本》）后，章程在内容设置、规范性和操作性等方面难以适应新时期学会工作。故自第五届学会代表大会召开时，根据《文本》要求，学会对章程进行较大幅度修改、调整，章节设置改为总则、业务范围、会员、组织机构和负责人产生罢免、资产管理使用原则、章程修改程序、终止程序及终止后财产的处理，共七章。同时各章节下的具体条款进行了详细的解释、规定。到第六届时又增加第八章附则作为补充。第七届学会章程调整为十章，增加第五章分支机构、代表机构，第六章管理制度和矛盾解决机制，按《章程》规定，学会自第五届起，实施法人代表制度，学会会长为法定代表人，这是推进社团工作现代化管理的重要体现。第五届学会历时14年，在此期间，文博事业发展日新月异，第五届学会章程总体上仍有效发挥了业务指导作用，反映了修改后的第五届学会章程的长远性和适用性。至第七届学会时期，逐渐建立了《山东省博物馆学会章程》《山东省博物馆学会会费收缴管理办法》《山东省博物馆学会换届选举办法》三大学会规章制度，使学会重要工作有章可循、有据可依，推动学会工作朝着规范化、制度化方向发展。

四、学会专业委员会的建设与活动

建立各方向专业化委员会是现代博物馆发展的必然趋势，是推进省内、国内博物馆业务联动的重要举措。山东省博物馆学会专委会的建设经历了由少到多、由偏到全的发展过程。

（一）早期专委会的建立与活动

1.陈列艺术研究会

根据第二届《山东省博物馆学会章程》中关于建立"专业学科研究会"的建议。结合我省博物馆事业发展的实际情况，1987年6月9日，在烟台召开成立山东省博物馆学会陈列艺术研究会（以下简称"艺研会"）大会，会上通过《山东省博物馆学会陈列艺术研究会工作条例》（以下简称《条例》）。《条例》规定了艺研会属性、主要任务、入会条件、领导设置、工作地点、经费来源等，体例完备。艺研会是山东省博物馆学会下设的第一个早期专业分支机构，为博物馆从事陈列艺术设计工作的会员开展本专业学术研究活动提供了组织保证。成立之后的艺研会加强自身学习的同时，开展了多项针对省内博物馆的业务指导活动。

1987年6月，艺研会成立时即在烟台召开了第一次陈列艺术现场研讨会。与会人员围绕烟台市博物馆的展览在陈列设计上大胆创新，对声、光、电新技术、新手段等先进经验，进行了深入集中的讨论，并对我省博物馆陈列艺术设计工作提出了合理化建议。

1988年初，陈列艺术研究会组织部分会员到北京、西安、甘肃、四川等地观摩学习，开阔了思路和眼界。

1988年11月，中国博物馆学会陈列艺术委员会在辽宁锦州召开第二届代表大会暨第二次学术讨论会，青岛市博物馆王集钦、蒲松龄纪念馆王幼学、烟台市博物馆祝国林作为正式代表参会。王集钦同志当选为第二届艺委会副主任委员。

1989年11月，陈列艺术研究会在威海召开第二次学术讨论会，会议代表23人，参会论文16篇。会议期间，代表们一方面围绕陈列艺术设计的有关问题进行了理论探讨，一方面对刘公岛甲午海战纪念地的陈列方案进行了论证。

1998年8月24—26日，学会应龙口市博物馆邀请，组织省直文博单位及烟台市博物馆的部分专家学者赴龙口，就龙口市博物馆基本陈列改造问题，同该馆的陈列内容与形式设计人员一起，举行了小型专题研讨论证会。大家结合该馆的环境、展厅布局、结构等实际问题，对该馆的陈列改造问题，从内容到形式各个方面，进行了全面深入的研讨论证。

1995年7—9月，学会应聊城地委宣传部的邀请，组织了部分艺委会成员，数次赴聊城，帮助完成孔繁森纪念馆陈列艺术设计和施工布展。1996年初，学会再次应聊城地委邀请，派员赴聊城，为"前进中的聊城"大型展览进行总体设计和艺术设计，并指导制作与施工布展。学会还组织相关人员，帮助潍坊市风筝博物馆、济宁市博物馆、威海甲午战争博物馆、临淄古车博物馆、章丘市博物馆以及莒县刘勰故居遗址博物馆等十几个地市县级博物馆的陈列方案，进行论证、艺术设计和制作等。

1999年8月27—29日，学会应威海市中国甲午战争博物馆的邀请，组织省直文博单位的5位陈列内容与艺术方面的专家学者赴威海，中国甲午战争博物馆的

■ 图 8-1-2　书画摄影家联谊会为孔繁森博物馆捐赠作品

部分专业技术人员一起，就该馆基本陈列改造以及炮台遗址的复原陈列等问题，举行了为期三天的小型研讨论证会。会上，大家根据现场考察的实际情况，结合中国甲午战争博物馆的特点，就基本陈列改造以及炮台遗址复原陈列的一系列问题，进行了认真地研讨论证，并最终形成了一个主题框架思路，为该馆的改陈工作提供了一个很好的基础。

山东省博物馆学会艺研会的活动，是学会早期分支机构工作的代表，对省内文博单位陈列艺术研究和实践发挥了重要作用。

2.山东省博物馆学会书画摄影家联谊会

为了推动我省文博界的书画、摄影创作与理论研究，1995年，学会在潍坊成立山东省博物馆学会书画、摄影家联谊会。联谊会突破了以往只在文博系统内发展的局限，开门办会，将文博系统外的部分知名书画、摄影家，团结到博物馆学会的行列。当年年底，学会书画家摄影家联谊会举办了全省文博系统书画、摄影作品展，展出作品120余幅。展览在淄博首展以后，相继在潍坊、龙口、青岛、莱州、菏泽、济南等地巡回展览，历时共计一年。1996年下半年，学会组织文博界书画家赴聊城，为孔繁森纪念馆捐献书画作品50余幅，并在馆内举办了捐献书画作品展。1996年元旦，学会组织驻济部分书画家联谊会成员赴省武警总队进行现场创作的拥军活动，受到武警官兵好评，加深了军民之间的情谊。1997年6月中旬，学会书画家联谊会在济南举办"庆祝香港回归全省文博系统书画大展"，展出作品200余幅。1997年12月16—18日，山东省博物馆学会书画摄影家联谊会在泰安市泰山饭店召开，会议总结了1997年的联谊会工作，并对1998年的工作设想进行了研究和规划。

（二）新时期学会各专业委员会的建立与活动

第五、六届学会以来，学会专委会进入新的发展阶段。尤其是第六届学会期间，博物馆发展日新月异，专业化分工越来越强，为了方便省内博物馆开展各专业方向业务工作，山东博物馆学会对标中博协各专业委员会的设置，建立了较全面的分支专业委员会机构。自2018年至2023年，相继成立了山东省博物馆学会文物保护技术中心、陈列艺术专委会、社会教育专委会、展览交流专委会、保管专委会、研学专委会、陶瓷专委会、安全专委会、志愿者专委会、数字化专委会、革命专委会、文创产品专委会12个专委会。

各专委会成立以来，完成了多项相关业务培训。2019年11月8—9日，由山东省博物馆学会陈列艺术专业委员会和日照市博物馆承办召开2019"新时代博物馆展览提升与发展"学术研讨会暨山东省博物馆协会陈列艺术专业委员会年会。2020年，受疫情影响，学会各项线下活动无法正常开展。但各专委会仍想方设法突破困境，保管、安全、研学专委会先后以线上形式举办了"第一届山东省文博保管大讲堂"培训班、"第一期文博安全业务线上培训班"，组织会员单位参加由复旦大学主办的"第五届旅游行为研究学术研讨会"。三个会议共吸引来自全省200余家文博单位近2000名学员的参与和讨论。会议打破线下地域和时间限制，变不利为有利，向更多文博同行提供了专业的业务培训，收到了良好的行业效果。

五、学术研究

（一）学术会议

山东省博物馆学会从建会之初就十分注重学术发展，第一至四届学会时期，在学会成立和换届之际、届内均紧扣当时博物馆学领域重要论题，召开学术研讨会。第五届学会起，学会主动作为，多次承担了大型重要学术会议，有力地促进了省内外博物馆界的交流和博物馆学研究。

1.第一至四届学会学术会议

1982年，在济南召开《山东省博物馆学会第一次学术讨论会》，应邀前来

■ 图 8-1-3　山东省博馆学会第二届代表大会第三次学术研讨会现场

参加会议的有中国博物馆学会和江苏省博物馆学会，以及全省各地区、各系统的20个博物馆和12个文管单位。学会收到论文49篇。通过会议论文讨论，有以下收获：明确了博物馆学是一门独立的学科，对当时博物馆系统内对博物馆学科的确认起到了肯定作用。对博物馆地位、性质、作用有了明确的理解，党的十二大提出的博物馆要为两个文明建设作贡献成为博物馆学研究的重要导向。会议论文从博物馆业务实际工作出发，在藏品保管、文物征集、陈列展览、人才培养、宣传讲解、体制改革等方面都有论述，促进了博物馆学分支的研究。

　　1985年，为将博物馆学的研究进一步引向深入，山东省博物馆学会在济南召开第二次学术讨论会，会议收到论文34篇，议题范围涉及博物馆学理论和应用的各个方面。1986年11月21—24日，在淄博召开第三次学会讨论会，会议收到论文34篇，选用29篇。其中关于社会效益问题22篇、县级博物馆发展建设问题5篇、其他2篇，反映了当时各馆已经注重博物馆社会功能的探索。1989年5月17—19日，在聊城召开《山东省博物馆学会第四次学术讨论会》，出席会议代表49人、提交论文48篇，会议以"在当前改革开放的形势下，如何做好博物馆工作"为主题，会议论文以博物馆学基础理论和应用理论为主要方向。1990年10月，在潍坊召开第五次学术讨论会，收到论文25篇，全部论文均以保管征集工作为中心议题，从不同侧面对保管工作理论与应用进行了广泛而深入的探讨。早期的学会学术会议基本集中在博物馆主要功能、职能方面，适应了当时博物馆发展的时代要求。

2.第五、六届学会期间学术会议

第五、六届学会期间，学会主办、承办、联合举办的各项学术会议朝着纵深、联合、国际化多方向发展，极大地扩展了交流和宣传平台。

2010年4月，学会邀请省考古所、山东大学、济南市文物局、山东博物馆等单位的专家学者，组织举办了"鲁西南汉墓学术研讨会"。

2011年9月，学会承办了"博物馆免费开放与公民文化权益保障"亚太地区馆长高层论坛暨国际博协亚太地区联盟理事会会议。时任国家文物局局长单霁翔，以及来自韩国、马来西亚、孟加拉国的国际博协亚太地区联盟理事，中国博物馆协会第五届理事会副理事长、常务理事及全国28个省市区40家博物馆共计60余位馆长出席论坛。

2012年9月、2013年12月、2014年8月，学会分别主办了"汉代石椁画像与汉文化研究国际学术研讨会""佛教造像碑与佛教艺术学术研讨会""植物文化与环境国际会议"。

2018年，举办山东省社科联"2018年度省级社科类社会组织学术活动月"系列活动。同年，由山东省博物馆学会、烟台市文物局共同主办，烟台市博物馆学会、烟台市博物馆共同承办"藏品数据管理与应用"学术研讨会，来自省内外46家文博单位100余位专家学者参会研讨。

2019年，联合日照市文化和旅游局主办了"新时代博物馆展览提升与发展"学术研讨会。同年，山东省博物馆学会、青岛市博物馆学会联合主办"刘埔国际学术研讨会"。

2023年8月，由山东省社会科学界联合会主办，济南大学、山东省博物馆学会承办的"山东社科论坛2023——黄河流域文旅融合新路径与新模式"在山东博物馆举行，来自国家非物质文化遗产展览展示研究中心、省内外博物馆和大学共计200余位学者参加论坛，为推动黄河流域生态保护和高质量发展贡献了智慧力量。

（二）打造公益教育学术讲坛

为了发挥博物馆在社会公众文化传播教育方面的作用，学会打造"齐鲁文博讲坛"公益品牌，邀请国内外知名文物保护、文物鉴定、文物研究等方面的专家学者到讲坛作学术报告。第五届学会期间举办了"从故宫到故宫博物院"（故宫博物院院长单霁翔）、"论中美博物馆界的展览合作：当前形势、机遇和挑战"（美国旧金山亚洲艺术博物馆馆长许杰）、"品读博物馆"（加拿大皇家安大略博物馆副馆长沈辰），以及"明代民窑青花""中国古代玉器鉴赏""清宫帝后服饰""鉴事感言"等20余个专家讲座。同时与山东省社会科学界联合会共同举办了100多期"齐鲁大讲坛"。为文博圈和关注热爱文博行业的社会大众提供了一堂堂专业生动的文化课。

（三）积极参加文博博览会，扩大博物馆交流合作

学会于2006年、2012年、2016年分别参加了第一届、第四届和第六届山东省文化产业博览会；2008年、2012年、2014年、2016年、2018年、2022年赴北京、厦门、成都、福州、郑州参加了六届全国"博物馆及相关产品与技术博览会"，展示山东省博物馆事业发展成就、文化产业新发展、新科技应用等。

（四）学会刊物、出版物

山东省博物馆学会自成立第二年，为了记录各届学会换届和交流省内博物馆情况。自1983年、1987年出版《山东省博物馆学会会刊》两期。1983年会刊全文收录第一届学会成立时领导发言、章程、会议组织机构，及第一次学术会议文章50篇。1987年会刊为第二届学会代表大会特辑，收录会议所有讲话、章程、选举结果、日程等，并附录陈列艺术研究会工作条例、成员名单、会议纪要等第一、二次学术会议名单。两期会刊保留了学会早期活动的珍贵资料。

1988年，山东省博物馆学会编辑出版《博物馆学与博物馆工作》，选取第一、二次学术会议论文30篇。包含博物馆学理论、博物馆陈列设计、保管、文物研究、国外博物馆史料等方面，其中陈列、保管、文物研究多是结合博物馆工作实际的实践性研究，较全面展示了当时省内基层博物馆的研究方向和关注重点。

1990年，为了及时沟通会员间的联系，交流学术信息，学会创办了《山东博物馆通讯》作为新的山东省博物馆学会会刊。截至2012年（2012年后停发），共出版10期，刊发文物学、博物馆学、考古学及相关学科的理论成果300余篇。通讯在发展过程中陆续设置了动态简讯、新馆风貌、藏品介绍、论点摘编、工作研究等栏目，及时反映研究和学术动态，成为会员间相互沟通信息的桥梁。

1993年，由学会副会长蒋英炬、周昌富编撰的《山东博物馆通览》经中国广播电视出版社出版发行。该书介绍省内16地市共计88家博物馆、54家文物管理机构、8家文物店、145处文保单位名录。这是第一本系统介绍我省各地市博

物馆、文物管理机构、文物店、国家级和省级文保单位概况的工具书。

六、赛事、评奖

（一）设立山东省博物馆学会优秀学术成果奖

1985年，学会为鼓励科学研究，设立山东省博物馆学会优良学术成果奖，每两年评选一次。1991年9月7日第三次学会评奖时，经学会常务理事会决定，学会优良成果奖改为学会优秀学术成果，每两年评选一次。该奖项创立以来至2023年已完成共二十届评选工作，省内文博系统工作者踊跃参评，极大提高了系统内工作者专业研究热情。

（二）承担国家级课题基金、省级课题推荐报送和评奖活动

山东省博物馆学会还承担山东博物馆职工国家级课题和省级课题申报工作。近年通过学会推荐申报并获得通过的国家级课题项目4项，完成山东省社会科学界联合会社科课题及山东省文化和旅游厅省级课题推荐申报工作。学会组织专家对课题审核把关，提高了博物馆各级各类课题的通过率。

七、承担上级单位委托工作

（一）承办上级单位开展的文博业务工作评奖活动

1. 多次举办文物讲解大赛

为了推动山东省内博物馆讲解工作、陈列展览工作、社会教育工作走向新高度，鼓励和表彰博物馆的优秀典型，树立学习榜样，山东省文物局、山东省文化旅游厅自20世纪90年代起就设立相关评奖工作。山东省博物馆学会承担或协助了上级主管机构的评奖工作。完成了1992—2001年四届"爱我家乡文物"讲解大赛的评比会务工作。

2024年5月12日，由山东省文化和旅游厅、共青团山东省委、山东广播电视台联合主办，山东省博物馆学会承办的"齐鲁瑰宝耀中华"2024年度山东省博物馆讲解员大赛在山东博物馆成功举办。大赛旨在进一步发挥新时代博物馆的社会教育功能，提高公共服务水平，提升讲解队伍业务能力，着力打造政治素质好、业务水平高、充满活力的新时代博物馆讲解人才队伍。本次大赛分为专业讲解组和社会讲解组，来自全省16市的200余名比赛选手经过激烈角逐，最终评选出一等奖10名、二等奖10名、三等奖10名、优胜奖20名，优秀组织奖9个单位。

■ 图8-1-4 "齐鲁瑰宝耀中华"讲解员大赛颁奖现场

2.举办全省十大优秀社教案例、十大精品展览评选

完成2015—2023年连续五届山东省博物馆十大优秀社会教育活动案例评选材料整理和汇总报送工作及奖牌证书制作发放工作，5届共评选出100项"十佳"和"优秀"案例。完成2012—2024年共7届山东省博物馆十大精品陈列展览评选工作和奖牌证书制作发放工作。6届共评出陈列展览"精品奖""优秀奖""优秀合作奖"共143项。

（二）完成省内博物馆设立备案审核

2019年，受省厅委托，山东省博物馆学会组织专家完成对济宁市孝和文化博物馆、任城区芳元红色经典文化博物馆现场审核工作。2021年，受省文化和旅游厅委托，完成对临朐县中医药博物馆、潍坊华艺雕塑博物馆、山东省中医药文化博物馆、海阳市绿灯民俗文化博物馆、烟台亚东工业博物馆、招远东莱金石博物馆、恒利钟表博物馆、恒德钱币博物馆、招远市文峰古籍善本博物馆现场审核工作，并形成评审报告以学会正式文件上报。2022年协助山东省文化和旅游厅完成343家山东省博物馆民办博物馆备案材料汇总整理工作。

（三）对省内博物馆开展陈列专项资金补助

受省文旅厅委托，我会承担了2020年博物馆免费开放专项资金陈列布展项目申报的评审工作。我会于2019年9月11日组织召开专家评审会，邀请山东大学历史文化学院、山东大学博物馆、山东博物馆、山东石刻艺术博物馆等专家对全省14个展览项目进行评审，通过12项，未通过2项，并附详细评审意见，顺利完成省厅委托任务，为专项资金合理合规发放打下基础。

（四）以评估促建设、提高博物馆综合质量

为了加强国家对博物馆事业管理、提高博物馆建设及运行水平，推动博物馆体制机制创新，促进博物馆事业发展。国家文物局委托中国博物馆协会自2011起开展全国博物馆一、二、三级馆定级评估工作，2013年起开展国家一、二、三级博物馆运行评估工作。受上级主管单位委托，在中国博物馆协会的指导下，山东省博物馆学会承担了省内历次一、二、三级博物馆定级评估工作和运行评估工作。评估期间，学会负责聘请省内文博系统和高校专家，采取评估前培训、评估中发现问题为导向，以促改提升为基本原则，采取统一培训、集中审核、精准指导三步走工作方式，有效提升了我省博物馆办馆水平和通过终审数量。其中，2020年山东省一、二、三级馆的定级评估工作，取得了通过总数和各级通过数量均列全国第一的佳绩；2024年公布的第五批定级评估工作，山东省申报一级博物馆通过数量全国第一。

经过四十年的发展，山东省博物馆学会正朝着一个组织现代化、职能专业化、功能多样化的综合方向发展。在一代代学会人的接力传承下，学会工作必将向着广阔的征程阔步前进！

（撰稿：胡秋莉）

第二节　山东文博书画研究会

一、山东文博书画研究会的建立

山东文博书画研究会前身为1995年底在潍坊成立的书画、摄影家联谊会，是山东省博物馆学会下设的一个专委会。随着社会形势发展，山东文博界书画人才的不断充实聚集，为了充分发挥文博界书画人才的战略优势，加强彼此间交流，繁荣拓展山东文博事业及工作需要，在上级主管部门同意并遵照国家有关政策规定，1999年7月，书画、摄影家联谊会正式更名为山东文博书画研究会。新成立的山东文博书画研究会是一个在山东省民政厅登记注册，由山东省文旅厅、山东博物馆主管，具有独立法人资格的公益类一级社团组织。其业务范围是组织开展书画理论研究、书画鉴赏、艺术交流、艺术培训，组织书画作品展览、书刊编辑、咨询服务等。

二、山东文博书画研究会的组织建设

从1999年成立至2024年，山东文博书画研究会已经连续举办四届，每届任期5年。第一至第三届研究会会长为山东博物馆原艺术设计部主任、研究馆员王辉亮同志。山东文博书画研究会成立初期，其会员为来自山东省内各地博物馆，文博系统的20余家单位近百人。多年来，研究会在缺少资金，工作环境条件差等困难面前，在会长的带领下，全会成员缘于对书法、绘画的热爱，不退缩、不畏艰难，逐步地使研究会走向正轨。第四届会长为晏建萍同志，现有理事会成员46人，会员120人。从建会之初至今，研究会发展成为设有山水画院、人物画院、花鸟画院、书法篆刻院等门类齐全的部门，是山东文博界书画研究、鉴赏、创作较权威的艺术学术团体。理事会始终坚持正确的政治思想和文艺方向，坚持"二为"方向和"双百"方针，弘扬主旋律，在上级主管部门亲切关怀指导下，立足文博事业，团结全省文博界及社会各界有影响、有成就的书画名家，并致力于推动中华优秀传统文化的挖掘、研究、继承和发展，推进人才培养、

■ 图 8-2-1　山东文博迎春书画展开幕式

艺术创新的专业性艺术团体。

本研究会自成立以来，逐步建立健全组织机构，规范章程及入会条件，以人民为中心创作导向，以美的发现和美的创作反哺社会，奉献人民，以党建促工作，发挥本会文博特色优势作用，汇集大家力量，打造文博品牌，做好社会的桥梁和纽带，书写新时代发展和社会进步的新篇章。

三、山东文博书画研究会的活动

山东文博书画研究会紧跟形势，"走出去""请进来"参与社会实践，适时推出系列主题鲜明、艺术精湛，人民大众喜闻乐见的高层次、高品位书画展览和巡展交流活动。通过展览活动，使山东文博书画界在社会的知名度和美誉度极大地提高，显示了山东文博书画界的发展潜力。研究会组织成员送书画进军营拥军爱民、书画送企业、乡村及社会慈善捐赠等各类形式服务社会公益活动，在社会上产生很大影响，多次受到上级领导和社会的赞扬好评，为山东的文化艺术大发展作出了积极贡献。为此山东省民政厅、山东省文联分别向山东文博书画研究会颁发了"优秀社团组织""最佳组织奖"证书，以资鼓励。

（一）组织会员进行书画艺术展览交流

1999年12月10日，由国家文物局主办，故宫博物院承办的"新中国文物事业五十年书画展"在北京故宫博物院珍宝馆举办。山东文博书画研究会成员王承典、王辉亮等九位会员代表山东文博界创作九幅书画作品参加展览，并被展览画册收录。

2013年11月22日，由山东当代花鸟画院、山东文博书画研究会主办的"松风竹月书画展"在西街工坊创意产业园美术馆开展。

2013年12月21日，"齐鲁十老"捐赠国画作品展在山东博物馆举行。"齐鲁十老"为彭昭俊、车天德、王旭东、王辉亮、王立志、吴泽浩、张登堂、康庄、李方玉、解维础。

2015年4月13—18日，山东文博书画研究会与山东当代花鸟画院、山东省艺术研究院、济南柳泉阁美术馆联合主办的"当代翰墨——齐鲁书画名家十人展"在齐鲁七贤文化城美术馆开展。

2016年5月21日，山东文博书画研究会与济南市博物馆、济南博物馆协会联合举办"济南市文博书画齐鲁行展"。

2017年6月3—10日，"柳色青山印——三人书画联展"在济南东方玉器艺术博物馆展出，山东省文博书画研究会会员参展。展览内容植根于传统，展现"柳色青山映，闲坐但焚香"的田园闲淡意趣。

2019年1月22日，山东省内部审计师协会联合山东老年书画研究会、山东文博书画研究会等单位，在山东省老年干部活动中心举办了山东省"内审协会杯"迎春书画邀请展。

2019年，山东文博书画研究会、崂山区文学艺术界联合会、崂山区红十字会联合主办"文艺回乡　情满崂山——文艺回乡爱心公益展暨王辉亮花鸟作品展"。王辉亮先生是山东青岛人，是从山东博物馆走出去的书画艺术家、中国美术家协会会员、山东文博书画研究会会长、山东省当代花鸟画院常务院长、山东省书画研究等画院艺术顾问。从艺60多年来，笔耕不辍，此次展览是他对艺术的追求、对家乡的情和爱的一个体现。同时王辉亮先生向崂山区红十字会现场捐赠了两幅作品，用于筹集公益款项、助力乡村文化振兴。

2019年4月12—15日，中华传统文化网、法治山东网在山东省图书馆举办"墨韵春风——齐鲁书画五人展"。山东文博书画研究会副会长郭执铨的作品参展。

2021年11月，由山东博物馆主办"山东文博书画研究会书画精品展"在临清市山东运河美术馆举办。我会会长晏建萍及书画家50余人参加开幕式。展览展出书画作品80件，包括山水、人物、花鸟，真、草、隶、篆精彩纷呈，受到观众高度赞誉。

2022年12月，"翰墨飘香颂盛世，黄河文明谱华章"山东文博书画邀请展在日照市博物馆展出。展览由山东博物馆、日照市文化和旅游局、山东文博书画研究会等6家单位主办。本次展览聚焦波澜壮阔的黄河文化，展出了书画家们创作的彰显黄河文化气象与精神的精品力作，旨在弘扬中华优秀传统文化，增强文化自信。

（二）举办建党、拥军等展览

1. 多次举办庆祝建党书画展

2001年5月15日，为纪念中国共产党成立80周年，由山东省博物馆、山东文博书画研究会主办的"新世纪华夏文博书画名家邀请展"，在山东省博物馆开展。

2016年，山东文博书画研究会举办庆祝建党95周年"文心意象"文博六家书画展。展出山东文博书画研究会王辉亮、弭金冬、谢朝林、伊和君、郭执铨、周群6位书画家的百余幅书画新作，表达山东文博书画界对党95周岁生日的殷殷祝福。五彩丹青，营造春光融融、万物生辉的韵致，传达书画家对生活、对艺术的热爱之情。

2021年5月，由山东省文旅厅主办"初心如磐向未来——庆祝建党100周年书画摄影作品展"在线上展出，山东文博书画研究会组织成员王辉亮、晏建萍等十位同志，以饱满的热情携手同创的10幅作品入选展览，并被置为版面头版展示，获得好评。

2021年5—9月，山东博物馆、山东文博书画研究会等主办"翰墨丹青迎华诞——山东文博书画研究会庆祝建党100周年书画精品巡展"。展览先后在济南市博物馆、东平市博物馆、济宁市博物馆展出，展出书画作品100幅。参展作者满怀深情、浓墨重彩，表达对党和祖国美好祝愿。通过对外交流，增强了友谊，扩大了宣传。

2. 开展书画拥军活动

山东文博书画研究会自成立全今，每临近"八一"建军节都组织会员积极开展文化送军营公益活动，大力支持部队的文化建设，已成为我会保持的文化拥军优良传统。据不完全统计，拥军活动共组织20余次，创作书画作品1000余幅，全部赠送部队官兵。本会曾到过原济南军区政治部、文化部、后勤部、联勤部及下属连队、山东省军区政治部、老干部休养所、山东省武警总队、武警济南第一支队等部门。会员们现场挥毫泼墨创作精美书画作品，表达对人民子

■ 图 8-2-2 山东文博书画研究会开展拥军活动

弟兵无私奉献，保家卫国的崇高敬意。本会也将继续发扬拥军传统，为推动双拥共建，军地融合发展贡献力量。

此外，在2004年8月山东省文联主办、山东省美协承办"纪念邓小平同志诞辰100周年书画大展"上，荣获"最佳组织奖"。

（三）通过书画作品积极参与赈灾、救助等社会公益活动

2008年6月，由山东文博书画研究会发起"支援四川地震灾区向山东省慈善总会捐赠书画作品仪式"在济南市博物馆举行，我会成员王辉亮、周群等38位同志创作的98幅书画作品，通过省慈善总会（或拍卖）捐献给四川地震灾区人民，用于灾区人民的救助，展现了文博书画研究院人一方有难八方支援的精神。

2008年12月，由中国文物保护基金会发起"抗震救灾"中国书画赈灾义卖活动在北京举行，所得善款用于灾区文化遗产保护工作。本研究会组织王辉亮、陈梗桥、杜显震、崔明泉、赖非、周群、谢朝林、弭金冬、李方玉、张德新、代表山东文博界创作10幅书画精品捐赠灾区。

2017年3月，由山东文博书画研究会发起"奉献爱心"为山东省残疾人福利基金会捐赠书画作品在济南举行。我会组织王辉亮等十位书画家捐赠50幅书画作品，体现了中华民族扶弱助残，乐善好施的传统美德。

（四）助力校园书画教育活动

2007年，济南市博物馆和山东文博书画研究会承办了济南市第二届"迎六一少儿书画艺术展"，并推出了"扬济南名士风采，塑和谐校园文化"为主题的"济南多名士"展览。

2013年1月26日，济南市博物馆联合中国楹联教育基地济南德兴街小学在济南市博物馆共同举办"学楹联文化展书法风采——第一届文博杯迎新春青少年楹联书法笔会"活动，山东文博书画研究会派专家为参赛作品评奖。

在新时代的征途上，山东文博书画研究会以博大精深的优秀书画为根基、承古扬今，积极发挥自身力量，为社会发展作出力所能及的贡献。今后山东文博书画研究会将发展更多的省内文博系统书画专家和从业者入会，并致力于将研究会建设成为山东文博书画界的优秀交流宣传阵地。

（撰稿：周群）

第三节　山东金石学会

一、山东金石学会的建立背景

山东金石学会的成立，是基于山东省境内丰富的古代石刻碑碣和青铜器遗存等金石资源，及深厚的金石学研究传统背景。山东有"全国汉碑半山东"的美誉，还是国内汉画像石主要分布区之一，嘉祥武氏祠、长清孝堂山石祠蜚声海内外。山东也是青铜器收藏大省，包罗丰富、名器迭出。山东还开创了金石研究先河，历史上名家辈出、硕果累累。春秋时期孔子于陈国太庙作"楛矢石砮"之鉴、齐景公游纪地得朱文铜壶等事迹，是最早释读青铜器铭文的典范，为金石学滥觞。宋有赵明诚、李清照夫妇金石巨著《金石录》问世。清代前中期有推动乾嘉时期金石学发展的《山左金石志》及地方金石代表作《益都金石记》；晚有道光以降《济宁金石志》《古金所见录》《玉函山房辑佚书》《金石苑》《簠斋印集》《捃古录》《十钟山房印举》等众多金石著作；民国至建国初期有王献唐、傅斯年、吴金鼎等金石名家①。丰厚的金石文化遗存和研究传统为今天金石学会的成立打下了坚实的基础。

二、山东金石学会的成立

为了团结省内文博行业更多的金石研究者，继承发展山东悠久、优良的金石研究传统，2021年6月，由山东省石刻艺术博物馆和山东博物馆联合省内各地市博物馆发起，经山东省文化和旅游厅同意，成立山东金石学会。2021年7月，山东省民政厅通过了山东金石学会成立的预审，随即成立了山东金石学会筹备委员会。2022年12月30日，山东金石学会成立大会召开，30余家文博单位、科研机构和部分会员代表共130余人参加了成立大会。会议表决通过了《山东金石学会章程》，选举产生了学会理事51人，选举赖非为首任会长，孙敬明、原旭东、吕金成为副会长，张德群为秘书长，管国志为监事长。学会下设秘书处，在山东博物馆办公，王辛慈、徐倩倩、布明虎、李放担任副秘书长，李宁、刘安鲁、李思、杨海天担任秘书。学会现有单位会员25家，个人会员341人，活动

---

① 孙敬明：《山左金石学与钱币学史略》，载《齐鲁钱币》2011年第2期。

■ 图 8-3-1　山东金石学会第一届第一次理事会大会现场

场所设在济南市公和街4号。

三、学会工作开展情况

山东金石学会成立以来，怀着强烈的使命感和责任感，以做好山东金石文化传承和弘扬、"振兴山东金石学"为目标，调查、科研、展览交流多方面工作并举，开创了良好的工作局面。

（一）举办金石展览

金石文化的展示与传播是学会工作的重要内容之一。为此，学会成立以来陆续主办、参加了一系列金石类文物拓片展览，对弘扬金石文化起到了重要作用。

2023年1月，山东金石学会会长赖非、副会长原旭东参加浙商银行（山东）美术馆举办的"金石契·翰墨缘——赖非、原牧之书画展"，展出作品近百件。浙江与山东金石渊源，文脉流长，浙商银行以金石文化立足山东，与金石学会协力发展，共促提升。

2023年3月，山东金石学会会长赖非先生在滨州市博物馆举办"邹鲁石华——齐鲁汉魏石刻精品拓片题跋展"，展出赖非先生题跋的邹城汉画像石、摩崖石刻精品拓片作品29件，均为邹城汉画像石和北朝摩崖刻经作品中的经典代表作品。

2023年5月，山东金石学会在胶济铁路博物馆举办的"赖非金石题跋展"中，展示赖非先生题跋作品90余幅。

2023年6月，山东金石学会与莒县政协、宣传部、文旅局联合举办"庆七一莒地拓片展"。此次所展金石拓片是从公、私收藏的300余件陶器、瓦当、模具、青瓷、碑刻等器物上拓印而来，共计整合成187幅作品。展品时代既有从春秋到汉代不同形态的"莒"字拓，也有在我国文化史上占据重要地位的汉代汉画像石《亲吻图》的拓片，更有存量丰富的明清至民国期间莒地丰富的各类碑刻拓片，展现了春秋至民国期间2000多年莒地金石丰富的人文历史文化。

2023年7月7日，山东金石学会、济南市广播电视台、济南市博物馆等7家单位主办"常与善会"金石的故事·山东金石文化系列活动在济南市千佛山风景区济南城市文化会客厅举行。本次活动中，山东金石学会会员有拓片题跋作品50余件参展。活动旨在发掘山东区域金石文化蕴含的丰富的历史信息和艺术价值，传承和弘扬金石文化以及传拓艺术，不断推动中华优秀传统文化在传承中发展，在发展中传承。

2023年9月，山东金石学会与浙江绍兴会稽金石博物馆及浙江玉环市文旅局联合举办"汉晋画像，添彩亚运——全国名家题跋展"，向亚运盛事献礼。

2024年1月1日，由山东金石学会、中共济南市济阳区委宣传部、济南市济阳区文化和旅游局、山东体育学院齐鲁体育文化博物馆主办，济阳区博物馆（美术馆）承办的2024年元旦"金石新年"书画展开幕。

（二）组织会员开展石刻田野考察

2023年4月21—22日，学会组织开展了"僧安刻经田野考察"活动。考察了平阴崇梵寺遗址、书院山石刻造像、东平洪顶山刻经群、泰山经石峪等地点，并在泰安博物馆召开了研讨会，分析僧安道壹书法在早、中、晚时期书写技艺上的变化，收到积极效果。2023年，山东金石学会还组织会员先后赴青州、嘉祥、泰安等多地进行传拓实践活动，在实际操作中学习传拓技术，观摩学习石刻实物，参与活动的会员都得到了不同的收获。

（三）开展金石文化学术研究活动

1.举办、参加金石学学术讲座

金石学会充分利用学会专业资源，组织学会的金石研究专家为会员及金石

爱好者开展学术讲座。

2023年10月9日，山东金石学会副会长孙敬明在山东博物馆作题为"金石学与陈介祺"的学术讲座，介绍了山东金石学在我国金石学史上的地位，及以陈介祺为代表的金石学家为中国金石学发展作出的杰出贡献。10月16日，山东金石学会会长赖非在山东博物馆作题为"山东石刻概说"的学术讲座，介绍了从秦汉碑刻到北朝刻经、云峰刻石群及山东地区的墓志，全面概述了山东的石刻保存与研究现状。

2. 出版多部金石研究成果

山东金石学会成立短短一年多，由会员主编、撰写的金石著作，研究文章屡结硕果。其中，著作类有《云峰刻石》《朱复戡自用印集》《寿光历代碑刻》《古莒瓦当》，刊物有《印学研究》第十八辑。论文有发表在核心期刊的《烟台市博物馆藏有铭铜器》等。山东金石学会的这些科研成果为传播山东金石学文化提供了重要的学术支撑。

3. 承担主管单位委托项目

2023年7月，山东金石学会受山东省文化和旅游厅委托，对国家文物局组织编修的《第一批古代名碑名刻文物目录》中入选的山东古代碑刻进行校勘。学会高度重视，组织专家把关，参加成员加班加点，保质保量完成了校勘工作。

山东金石学会成立短短一年多时间，各项工作有序开展，学会工作逐步走向正轨。面对省内丰富的金石资源，如何在前人研究基础上阐释新意、突破创新，如何做好金石文物的传承保护与深化研究，都是金石学会今后工作面临的重要问题。前事不忘，后世之师，山东金石学会将在继承前人成果的基础上，迎接挑战，全力承担起振兴山东金石学研究的大旗！

（撰稿：李放）

下 篇

忆·行者无疆

王恩田哲嗣王戎访谈录

被采访人：王　戎（王恩田哲嗣）

简　　介：王恩田，山东省博物馆原研究室主任、研究馆员，主要从事先秦史、商周考古、古文字研究等工作。

采访时间：2024 年 3 月 6 日

郭云菁　王戎老师您好，在馆庆70周年之际，我们想要对博物馆的老专家学者做一个专访。请您介绍一下自己的情况。

王　戎　王恩田先生是我父亲，我从小在他身边，学习、工作都受到他很大的影响。我是学图书馆学的图书管理专业，但是做了将近一辈子的编辑，在《东岳论丛》史学编辑岗位上也工作了将近20年。父亲去世之后，我就着手编纂了《王恩田学术文集》，一共200余万字，商务印书馆现在已经出版两部，还有一部计划今年出版。我在编纂文集的过程中感觉到父亲的学术功底深厚。他的学术体系既宏大又精深，文集编纂过程也是我学习的过程，让我感触最深的就是这一点。

郭云菁　如您所说，王恩田先生的学术成就十分突出，那么在此之前先生的求学和工作经历是怎样的？请您谈一下。

王　戎　我父亲是1961年北大历史系考古专业毕业的，在求学期间自学了甲骨文和金文，这为他日后的工作和研究打下了非常扎实的基础。在学校的时候，他把北大藏的甲骨片基本都通读了，对甲骨文的研究，在他求学期间就已经达到了一定的深度。

他毕业的时候坚决要求到最艰苦的地方去。本来报的志愿是宁夏，但那一年宁夏没有招人，然后就到了青海图书馆。当时参与筹建博物馆，但是过了两年之后，因为正值三年困难时期，筹备项目也就下马了。

在这期间他考过一次唐兰先生的研究生。这件事挺有意思的，他毕业之后对甲骨文和金文特别熟，但是唐兰老师出的题目是考《说文》（《说文解字》的简称，下同）。我们现在搞古文字，路径也是从《说文》开始往上推，战国文字、金文、甲骨文这些都是以《说文》为基础。但是他是直接从甲骨文、金文入手的，对于《说文》并不熟悉，因此第一年没有考上。博物馆项目下马之后他就感觉失业的风险挺大的，于是做了两手准备，一是想考胡厚宣先生的研究生，再一个是联系山东省博物馆。山东省博物馆的调令提前来了，他就放弃了研究生考试，直接来到省馆了。

郭云菁　先生是从1964年以来一直就在博物馆工作？

王　戎　是的。我父亲是1964年入馆工作，当年参加了齐国故城的调查钻探工作，也主持过齐故城的发掘工作。到了1965年秋和1966年春，他主持了益都（今青州）苏埠屯商代大墓的发掘。大家都知道亚醜钺，除了亚醜钺，还发现了弓，有二三百件，大概是和甲骨文中所说的"三百射"有关，证明这一处地方是个军事要塞或者军事据点，属于商人的势力范围。

从1976年到1980年，他在淄博主持淄博瓷窑遗址的发掘工作，这项工作也填补了我们山东陶瓷发展史的空白。

1981年，山东省博物馆和考古所分开了，他仍然留在博物馆。后来博物馆成立了研究室，他担任研究室主任，从此之后他专心做学术研究，这大概是他学术研究上的一个分水岭。前期他是田野考古工作和书斋研究工作两者并重，后期专注于学术研究，很多大的研究成果就都出来了。

在此之前，他有一篇文章《概述近年来山东出土的商周青铜器》受到广泛关注，文章署名是齐文涛。大家都知道山东省博物馆有个齐文涛，不知道其实是我父亲，很多人过来问你们馆齐文涛在哪儿。因为处在特殊时期，编辑部认为个人不合适发文章，所以就给了他一个笔名叫"齐文涛"，这个笔名现在被学界所熟知了，知道是王恩田先生了。

郭云菁　他这个笔名以后有没有再用过吗？

王　戎　没有再用过，但是这篇文章的影响很大。

郭云菁　它是一个正式的笔名，而且这篇文章确实很有学术价值。王恩田先生既在田野一线工作，发掘了许多重要的考古成果，同时在学术研究方面笔耕不辍，取得了丰富的研究成果，在深度上和广度上都为学界所瞩目。作为我国著名的古文字学家、考古学家和先秦史专家，他能取得如此卓著的研究成果，是否有科学和理性的研究方法值得我们学习和借鉴呢？请您谈一下这个方面。

王　戎　我父亲对于甲骨文、金文，还有文献，都非常熟，这是一个方面。再一个方面，关于马克思主义的唯物史观的应用和研究，他终身都在探索。他在一篇文章里明确指出：我的指导思想就是马克思主义的唯物史观。他不认为马克思主义已经过时了，相反地，认为解决好中国古史的问题就是用唯物史观。举个例子，他有一组文章，讲到婚姻制度，大汶口的王因遗址，里边有同性埋葬的墓葬，学界对此没有解释。除了王因，还有宝鸡北首岭、潍坊前埠下遗址，都有同性墓地的这种情况。

我们知道进入父系社会之后，一般是夫妻共同埋葬，一男一女，但前面讲到的这几处墓葬是多男在一块，多女在一块，对此学界没有解释，也不好解释，但是如果运用马克思主义唯物史观就比较容易说通了。因为这个就是一种群婚的遗存，叫普那路亚婚，即那一群男人是这一群女人的丈夫，这一群女人是这一群男人的妻子，这是可以解释得通的一个现象。

另外比如说在土地制度、继承制度的研究中，我父亲都应用了马克思主义原理，马克思没有看到中国的材料，但是中国古史和马克思主义是能够挂钩的，能够讲得通，而且不仅是一处，是多处都相符合，很多矛盾也可以解开。所以他终生在探索一个事情，就是马克思主义的唯物史观究竟适不适合中国的国情，马克思主义是不是放之四海而皆准的真理。通过他的探索，他认为这是一个比较先进的方法论，可以用来研究中国历史，这是他的一个指导思想。

他之所以做出了很多成就，还有一些具体的方法。一个就是他对甲骨文研究得相当深入，一会儿我们举个例子可以说明。他的方法就是使用甲骨文、金文、民族志和文献材料，以多重证据来考证古史，就是这几处都要相合，而不是说甲骨文只解决甲骨文的问题，不牵扯其他的，他认为这是一个普遍联系的关系。他这种能力是比较强的，能同时兼顾多个方面。他是学考古的，能分析考古材料的对错，应用到什么程度。比如说一件铜器，可能上面没有文字，断代就比较困难，但是他可以考察同期出土的陶器，用陶器作为断代的一种参考，还要和传世的文献相对应起来。我认为这是比较先进的研究方法，很少有人能够在这几个方面都有很专深的研究能力，所以说这对多数人来说会是一种限制，因为他对这几个方面都熟，他联想也就特别丰富。

郭云菁 学术研究应该是大胆假设、小心求证和多方验证的过程，先生兼具了这几个方面的学科优势，因而能成为研究深度和广度上都能兼具的非常难得的一位学术权威。我们之前有提到先生的研究，那么先生有哪些代表性的研究成果？请您介绍一下。

王　戎 他的研究成果，我们先讲全国的还是先讲山东的呢？

郭云菁 可以先讲一下全国的大范围的研究成果。

王　戎 好的。他有一项比较突出的成果是客馆制度的研究，我认为体现了他很多方面的功力。客馆制度它最先是解决甲骨文和金文中的一个字的，客馆的"馆"，过去被隶定成"𠂤"，甲骨文中就有"王作三𠂤右中左"，学界认为这个"𠂤"可能就是"师"，或与"师"相关，但"师"有时候可以省略这个"𠂤"，所以说两者有区别，写作"𠂤"字的这个，有它单独的意义，父亲认为这两个字不能混淆。经过他的研究，这个字应该就是"官"字的初文，当官的官，其实就是客舍，就是两间并列的房子。为什么和"师"有关系呢？因为客馆可以驻军。古代有客馆制度，就像现在的招待所，我们出去行军也好，使者出访，中间需要有休息的地方，而这个地方囤放着粮草，客馆可以是在有市的地方，市场的市，有大的也有小的，在都城和诸侯方国都有这种客馆制度。所以说看似是研究了一个字，但其实背后涉及先秦的军制，因为先秦的客馆很可能有驻军，而且跟祭祀制度有关。甲骨文里有记载，在客馆里杀了几头牛用来祭祀，客馆既有祭祀的功能，又有驻军的功能，这一点非常重要，军队驻扎在客馆里边，说明先秦时期还没有常备军。

郭云菁 是不是可以这么理解，有的客馆是有驻军，有的却是在集市中供普通百姓用的？

王　戎 对，它是有多种多样的功能。这是他在古史研究中非常重要的一个成果。

郭云菁 所以说这就是通过释读一个字，解读了一个先秦的制度。

王　戎 对。而且你看这里应用的是甲骨文的材料，甲骨文里面有好多"某馆"，就是某地的客馆，解决了非常多的问题。他释读出这个字之后，前面那个地名也就知道了。这是甲骨文的材料，到了金文后期就和"师"分开了，所以说这个"师"它往往可以把表示客馆的"𠂤"这一半给省掉，就是这样的客馆制度。

关于客馆制度的研究，并不限于古文字，同时采用了一些考古资料和民族志的材料，而最终解决的是古史的问题。我之所以把这一点提出来先讲一下，就是因为这体现了他的研究方法，他的多重证据的使用能力。

另外他在古史方面研究了很多制度性的问题，比如说对于婚姻制度、土地制度、继承制度的研究，还有昭穆制度、丧葬制度、建筑礼制等方面他都做了深入的研究，因为他背后有一个大的学术体系，他用唯物史观去分析这些问题，感觉可以用来解决古史问题。所以说他对先秦古史制度的研究是独树一帜的。

郭云菁　先生他不只是在古文字、历史、考古等领域做学术出成果，同时，他也是在用他的学术理念和学术成果来验证马克思主义的唯物史观。所以感觉他做得既精深又宏大，我觉得对我们的帮助也特别大。

王　戎　对。比如说研究继承制度，继承制度是和婚姻制度相关联的，如果不是在一夫一妻的婚姻制度状态下，就不能够产生嫡长子继承制。如果连确定的配偶都不知道是谁，嫡长子就不知道从哪里来。继承制度又和昭穆制度联系起来，昭穆制度关系到庙里的牌位怎么放，所以又跟丧葬制度连接在一起，下葬的时候具体应该葬到什么地方。客馆制度跟先秦军制、戍守制度连接在一起，土地制度又与货币制度，跟商人阶层连接在一起，这些方面正如马克思主义哲学所述，任何事物都不是孤立存在的，而是普遍联系的。

我父亲认为所有的制度放在一起得配套，经济达不到一定的层面，在这个层面的上层建筑它就不可能配套，就可能出问题。他要把这一套都放在一起讲，看能不能讲得通，我感觉他的学术体系相当庞大，在他力所能及的范围内，婚姻、土地、继承、公室、王权、货币等，他进行了研究，不仅体系庞大，而且钻研得特别深，是平常人难以达到的一种深度。

接下来讲一下复合族徽。族徽这个概念是郭沫若先生提出来的，或单独存在，或放在金文的末尾，是族的标志。族徽概念提出来之后，我父亲的贡献应该是提出了复合族徽的概念，有些铜器上不只有单个族的标记，甚至有五六个族或更多，共同存在，多个单体族徽组合在一起，称作复合族徽。复合族徽表明了这个族的来源，比如说商人的子族是个大的族群，其中一支和刀族联姻，所以新族就在"子"这个族徽的基础上加个刀字成为"子刀"，标明了他们的族源。多个族徽在一起的现象，代表一种氏族的分化。据我所知，大概是我父亲最先提出来的复合族徽这个概念。

郭云菁　这也很好地诠释了"透物见人"的理念，我们看到的比如说青铜器，它不只是一个器物，它还象征着氏族或者家族的一种传承。

王 戎 它传递的信息非常庞大，非常丰富。我父亲曾经想编一本《商周氏族谱》，最后没有完成，很可惜。因为《商周氏族谱》出来之后，比如我们知道某件族徽铜器的出土地点，那么就代表这个族群的居地在这个地方，再跟甲骨文相对照，就可能会知道这个族的婚姻关系，他们和谁是联邦、同盟，都可以分析出来，这个意义就相当大。

郭云菁 这是先生未竟的一个事业，也是我们可以去做的一个研究方向。

王 戎 当然，这个非常重要。另外《陶文图录》也是他的代表性成果，我父亲是20世纪60年代到山东临淄。临淄地表的文化层特别丰富，当时可以捡到带字的陶器残片。那时他就注意到了陶文的重要性，因为到了战国时期，古文字有一个大的发展，只有在形声字出现之后，文字才可能很好地记录语言，光靠象形和会意是做不到这一点的。但是这个时候由于书写的介质不容易保存下来，对研究会有影响，我们研究西周之前还可以用金文，到西周之后金文衰落了，但当时又是个文字大发展期，陶文就很好地保存了这些信息，所以他意识到陶文重要性，40多年不断地搜集，已经著录的、没有著录的和新出土的，都在他的搜集范围之内。

我们馆陶文的收藏是极为丰富的，大概已刊和未刊的拓本就有20余种，还没有经过著录的陶片大概有2000件。父亲在田野考古调查时捡拾到一些带有文字的陶片，也保存到馆里。他退休之后得知新泰发现陶文，第一时间就赶到那里去做了释读。他有一个宏大的计划，要出一套陶文大系，包括通论、图录、字典、诂林、来源与著录表等五部分，因为这个事情就他一个人做，他一个人干这么大一个工程，而且是全国范围内的整理工作，最后只出了图录和字典，其他的就没有时间做了。应该说《陶文图录》是一个集大成之作，一直到现在都没有再出现超越它的著作。在此之前，高明先生出版的《古陶文汇编》大概收了2600多个陶文，而我父亲这个《陶文图录》是12500件的体量。

郭云菁 它收录陶文的年代是从什么时候到什么时候的呢？

王 戎 时间跨度很广，包含所有历史时期的陶文。高明先生是按照时代分的，并注明了出土地点，比如说山东出的陶文，河北出的陶文等。在高明先生之后，李零先生出的《新编全本季木藏陶》是按照国别去分类的。我父亲是既按时代又按国别，国别就是齐国、燕、三晋与两周、秦国与秦代这么分的，他比之前的研究成果等于说又进了一步，第一卷是战国之前，第二到六卷是分国别的，还有伪品存疑，还有秦汉以后的。兼顾时代和国别的分类方法，使读者使用起来特别方便。

郭云菁　确实是一个集大成的作品，同时也是一个可以常备案头的工具书类的成果，非常珍贵。刚才您谈了先生全国范围内的研究成果，先生常年工作和生活在山东，请您重点介绍一下先生关于山东地区的学术研究成果。

王　戎　我们从甲骨文方面来说，他有一个著名的成果是征人方路线图，用的材料是帝乙帝辛时期十祀征人方的一组甲骨。这组甲骨文中有时间有地点，它们之间具有很强的关联性，以往的很多学者都对此做了比较专门的研究，分歧是比较大的。李学勤先生认为"人方"的位置是在陕西，陈梦家先生认为"人方"位置大概是在安徽，而我父亲认为这个"人方"的位置是在山东。"人方"就是夷方，夷就是东夷，《左传》里边有"纣克东夷而陨其身"的记载，说明帝辛是往东打的这条路线。陈梦家也曾做出一张路线图，但是我父亲采用了董作宾先生的甲骨复原法来做路线图。

甲骨复原法是董作宾先生的首创。因为甲骨出土是碎的，它后面有烧灼的纹，也有它本身的纹路，它本身也不是一个平的东西，在地层叠压下它出土基本就是碎的，都是一些很小的片。他先画一个甲骨的图，因为它们之间有时间联系，不必等凑齐这一整版所有的甲骨碎片，就可以提前把甲骨片摆放在正确的位置上，就像化学元素周期表一样，这个方法叫遥缀，缀合的这两片或多片有时间关系，不用把它茬口对齐，就可以把它拼在一版甲骨上。

我父亲把这个方法又进一步发展了，主要是对适用范围增加了限定，有三个限制条件：一是仅限于乙辛卜辞；二是仅限于卜旬、卜夕和周祭甲骨；三是仅限于腹甲，其他的不能乱往里边放。他把原来的征人方大约75条材料，用甲骨复原法增加到170条，大大丰富了可用的材料。由此而来，使征人方途经的地点由37处大约增加到45处。首先是做了这么一个工作，先是极大地丰富了材料，然后就是定点，怎么把甲骨上面的地点落到地图上，这是个非常难的工作。研究古地名难就难在古地名是到处游移的，地名往往是人名，也是族名，这个族可能带着这个地名到处跑，族人走到哪儿，那个地方就叫什么名，所以说古代地名多有重复，研究起来很有难度，不好解决。我父亲首创了一个国族名铜器定点法，因此他提出了这个铜器定点法，甲骨文中的族名往往会出现在铜器铭文中，某地出土某族的铭文铜器，可以说明这个族在某一段时间内在这个地方居住、生活。比如说1973年兖州中李宫出土了索族的器物，索族就是周灭商之后分给鲁国的殷民六族中的索氏，殷民六族有条氏、徐氏、萧氏、索氏、长勺氏、尾勺氏，都在鲁国周围。索器出在兖州中李宫村，甲骨文十祀征人方路线当中有个索地，铜器有个索族，两者交叉，索这个地方就能定在兖州，路线图中的杞就定在新泰了，商就定在了泰安道朗龙门水库附近，等等，这一条路线有几十个地点做支撑，都依此安排好了。

他又按照日行军三十里为一舍的规律来进行验证，从一个地点到另一个地点，按日行军三十里来算，看距离是否在这个范围内。如果距离超过很多，比如日行军一百里才能到，肯定就是错的。从十祀征人方路线图上看，可以推算从一地到另一地的行军时间，比如四天的时间，按三十里为一舍，就是一百二十里，那么两地相距在一百二十里到一百五十里范围内是合理的。超过少许可以，但超过太多不可以。再一个方面，少走是合理的，比如用了四天时间可能只走了一天的路，也是合理的，可以少走，但绝对不能多走。反过头来他按这个规律对每一处地点做了验证，也就是说他这一条路线有几十个支撑点。后期研究中可能发现有一两个地点定得不准确，但是如果说整条路线这几十个地点都推翻了，恐怕不容易。我们可以进行个别的调整，但是这条路线我感觉总的来说问题不大，是能够站得住脚的。可以看出他是把历史当作一种科学来进行研究。将甲骨文中的地名、金文中的族名交叉得到征人方路线的地点，再和文献相对应，最后进行验证，这就是国族名铜器定点法在征人方路线研究中的应用。

值得一提的还有，在他研究的路线当中有一个"副产品"，就是"泺"这个字，这个"泺"就是我们泺源大街的泺，这个字跟济南建城史有关。原来关于济南最早的文字记录是《春秋》中的"公会齐侯于泺"，我父亲这个发现把济南建城史提前到了商代。"泺"的确定是不容易的，有一个武丁的卜辞上面有这个"泺"，罗振玉和丁山两位先生，他们认为可能是济南这个"泺"，但是这个材料被我父亲舍弃了，因为这片武丁卜辞是一个残辞，没有证据说明这个"泺"字跟济南有关系。而我父亲用的十祀征人方这条路线里面的"泺"，是与周围的索地等有时间关系的。所以说"泺"这个具体地点的确定，把济南有文字可考的历史提前到了商代。现在我们讲济南史，好多人都知道从甲骨时代济南就有"泺"这个地名，至于是怎么来的，背后的逻辑很多人是不知道的。2002年我父亲在《济南大学学报》上发表了关于济南建城史的这篇文章，确定"泺"在济南，这其实是研究征人方这组卜辞的"副产品"，也是他对济南、对我们家乡作出的一个贡献。

郭云菁 这是一个学术上的额外收获，但是对于济南来说确实是特别宝贵的一个里程碑式的成果。先生把学术研究能够做到这个程度，真的是很不容易的事情。

王　戎　下面我再来谈一下纪莱一国说，纪国和莱国都在现在的胶东地区，齐国建国时候"营丘边莱"，营丘边上就是莱国。多年来大家没法把莱国和纪国的版图分开，版图好像是重叠的，大家注意到这个事，也做出不同的解释。王献唐先生很形象地说这是插花地，犬牙交错。但是我父亲发现这个问题的另一个方面，这么两个相邻的国家，疆域几乎完全一样，几百年来没有战争，没有婚姻关系，没有任何的文化交流，这个现象解释不通，怎么也得发生点事吧。经过他的研究，他认为这应该是一国两名，用一国两名来解释是比较合适的，当然他有文献的证据，也有考古和金文的证据。

杞分二国这个我觉得也应该重点讲一讲，我们也体会一下他的治学精神。杞国很有意思，《史记·陈杞世家》中提到："杞小微，其事不足称述。"就是太小了，没什么可说的。我们知道周灭商之后，找了一位叫东楼公的夏代后裔封到了河南的杞县，在《左传》里边又出现了鲁国经常欺负杞国，经常侵略它。《左传》里对它的称谓也不同，一会儿称"杞伯"，一会儿称"杞子"。它的使臣来觐见鲁国国君的时候，使用夷礼，鲁国国君就很不高兴。它和鲁国有很密切的交往。关于杞国的史地问题总的来说很纷乱。杞国史的研究大概有四层矛盾，我们主要讲第一个矛盾。鲁僖公十三年夏，诸侯在"咸"这个地方会盟，会盟的议题就是"淮夷病杞"，淮夷对杞国侵略骚扰。鲁僖公十四年春，齐桓公把杞国迁到山东的缘陵，也就是把河南的杞迁到山东。但是这里就出现一个矛盾，这条材料是鲁僖公十三和十四年，在此之前的七十年，有一条材料说"莒人伐杞，取牟娄"，就是说日照的莒国打杞国，并且轻松获胜，莒国国小兵微，打河南的那个杞，几乎是不可能的，两国隔着有八百到一千里的距离，而且还轻松地占了一块地方。所以说这个矛盾是根本性的，解释不通。

班固注意到了这个矛盾，他说"先春秋时徙鲁东北"，就是为了弥合这个矛盾，假定河南的杞在春秋之前就迁到山东了，这样不就能说通了吗？但是这样一来又跟僖公十四年这个材料相矛盾了，所以说从班固那就开始解释这个事。杜预解释说"推寻事迹，桓六年，淳于公亡国，杞似并之，迁都淳于"，在山东潍坊那里有个淳于国，杞国把它吞并了，这样也解释不了这个矛盾。杜预创造了一个三迁说来解释这个问题，也是为了弥合史料的矛盾。后来到了清代咸丰年间，从新泰出土了杞伯器群，因为不是嫁闺女的媵器，所以说这个杞应该在新泰还居住过一段时间。史料之间的矛盾越来越复杂。后来王献唐就创造了四迁说。现在我看到网上有七迁说，而且还有人把杞国说成是中国的吉普赛人，到处流浪。用迁徙说来解释杞国的史地问题，其实是一种很不严肃的历史观。

我父亲提出一个观点，他认为杞分两国，周代封的杞在河南，僖公十四年的那条材料讲的就是这个周代封的杞国。而莒国攻打的杞是在新泰，是商代封的一个杞国，所以它用夷礼，和鲁国发生矛盾斗争的都是这个商代封的杞，这样就成功地解决了所有这些矛盾。证据就在我们刚才说的征人方路线图中，图上有杞，依靠国族名铜器定点法，证实从商代一直到周代它都在这里，这个杞就没动过。我父亲的这个观点后来被验证了，因为杞和淳于是一国两名，他这篇文章于1988年发表，当年新泰陆续出土淳于戈，立刻就被验证了，在泰安境内现在已经出了六七把淳于戈。

河南的杞是周武王封的，可以称为周杞，后来被齐桓公迁到了山东缘陵。这个商代封的杞一直在新泰，就在鲁国的边上，所以鲁国老是打它，它就没动过。这个结论出来之后，还有一条材料也就被用上了。有一条《史记》的材料是被历来学者都忽视的。《史记》讲到，楚惠王"四十四年，楚灭杞……楚东侵，广地至泗上"，楚国往东扩张地盘，扩张到泗水流域，就是新泰一带。如果不知道杞国在新泰的话，这材料就用不上。楚国如果是灭掉缘陵的杞国，那么和"广地至泗上"就对不上。杞分二国说出来之后，这条史料也能对上号，所以一通百通，从甲骨文、金文一直到文献全能讲得通，现在杞分两国基本上是被学术界接受的成果。

郭云菁　这个过程确实是非常坎坷，但是很精密，通过抽丝剥茧，得到了多方验证，这个观点确实能立得住脚，被学术界公认，真的是非常难得。接下来关于陈庄遗址，您看是不是可以简单介绍一下？

王　戎　陈庄遗址是2008年到2010年进行了首次发掘，那时候我父亲已经退休多年。我从《齐鲁晚报》上看到登载的"丰般作文祖甲齐公"等铭文，发现铭文里边释错了一个字，我就拿这个报纸给他看。他一看就特别震惊，赶紧联系发掘部门，去山东省文物考古研究所获得了一些材料，详细询问了发掘过程。"齐公"铭文的发现是非常重要的，齐公就是齐太公，这个是在建国几十年我们考古工作中从来没发现的。见于文献记载的人物在金文里基本都出现过，但是唯独齐太公师尚父，我们从来没有见过。

一般来说，能称"公"的往往是第一任的国君。齐国可能是个侯国，它的第一任国君称齐太公。陈庄遗址还出土了四乘的车马，四匹马是站立状态被埋进去的，属于国内首次发现。遗址还出土了70字铭文铜簋，我父亲释作申簋。铭文中提到周王赏赐的彤弓、彤矢、马四匹，这些都是诸侯国级别的。当时省里开了一个座谈会，由博物馆和考古所举办，李学勤先生、朱凤瀚先生、林沄先生、李零先生、张学海先生和我父亲都参加了会议。对诸侯国级别这个事，大家都比较认可；但对于国名大家有争议，我父亲认为这就是齐国，陈庄应该是齐国始封地营丘，这个也是比较重要的。但是学术界到现在争论很大，我很难理解。因为墓葬是齐国的，出土了齐公祖甲铭文铜器，就是说器主人的祖父就是齐太公，又是诸侯级别的，又在鲁北地区，这个如果不是齐，还能有谁符合这个条件呢？这是一个简单的逻辑，打个比方我管他叫爷爷，但我却是其他人的孙子，这种解释很难理解。

　　学界可能认为这是个"丰"国，或是个其他什么国。我也对陈庄的问题比较关心，也做了研究。国别问题得出结论之后，就会把所有的问题都解开了，这是问题的关键。首先这是谁的墓，是谁在这个地方生活的，现在学术界争论很大，我父亲认为是齐国的。第二，陈庄这个城特别小，是个袖珍城，而且只有一个门。我们知道城门应该是四通八达的，它不光便于防御，还要便于交通，应该有两个门以上。陈庄城很小，只有一个南门，我父亲认为这不一定是城墙，可能是坛墙，来保卫中间的祭坛。陈庄祭坛是绝无仅有的，是一个用花土构筑的九层的圆台，新中国成立后一直到现在的考古发掘中从来没见到过的。我父亲认为这个是天坛的遗址，如果在陕西周人的老家和洛阳这两个地方都发掘不到，陈庄祭坛就是中国仅存的最早的祭天的物化标志。

　　郭云菁　在这个地方有个九层的祭坛，它这属于僭越吗？

　　王　戎　我们现在有多种理解。原来以为只有天子才能够祭天，但是它有一个标准，有一个时间，什么时候天子不允许其他人祭天了。我的理解是周人和齐国的关系特别好，齐国很有可能是带着周人的敬天理念过来征服东夷，祭天的思想是周人的思想，可能那个时候筑天坛还不属于僭越。但是到了昭王、穆王之后，就只有天子祭天了，这是礼制了，其他人都不能祭了，如果一般诸侯还祭天就是僭越。我们知道后来的齐哀公被逮住烹杀，正好解释了这里的天坛很有可能就是齐哀公被杀的原因，对一国国君实行烹杀是非常严厉的，烹杀是当众进行，有杀鸡儆猴的作用，公开处决是很重的刑罚。所以说我父亲关于陈庄西周遗址的研究结论一出来这几个矛盾就全能解开。

郭云菁 听您对先生的研究娓娓道来，感觉先生的研究就像是解谜一样，特别有深度，同时也引人深思，感觉对于我们年轻一代的研究者来说很受启发。他的研究思想、方法以及他的这种执着坚守的精神，非常值得我们学习。您作为先秦史的学者，同时也是核心期刊的编辑，请您谈谈先生对您本人在学术和工作等方面的影响。

王　戎 我父亲一直在省博物馆工作，不像其他学者，在大学里面任教，有比较多的学生，学术观点能够广泛地被大家知道。我从小生活在他身边，交流得也比较多，耳濡目染之下，知道他的一些观点、研究方法，但也只是粗浅地了解。在我担任了历史学专业编辑之后，特别是在编纂了《王恩田学术文集》之后，才对他的学术成果有了非常深入的了解。

我跟他学习的经历，其实都是在生活当中的经历。举一个小例子，我是学图书馆学的，专门学习过工具书的使用。他之所以作出这么大的贡献，在治学当中的一个捷径，就是他能够熟练地使用各种工具书。他曾经跟我说过，古人皓首穷经，一辈子就搞一本书，甚至三代人只搞一本书。为什么呢？是因为他们没有检索的工具书。他用的最多的就是哈佛燕京学社编的那套引得系统，如《春秋经传引得》等，他要查哪句话，直接先找工具书。我们感觉他对于文献很熟，其实不太准确，他绝对没有达到顾颉刚先生那样对《尚书》倒背如流的熟悉程度，其实他一开始对文献并不是特别熟，而是在研究学习当中，通过工具书的反复使用才变得越来越熟。

他在我学了工具书使用之后，经常让我通过那套引得系统查找典籍中的字词。我对四角号码检字法、部首检字法搞得比较熟，后来他还比较依赖我这个方面。其实就像我们两个人的一种游戏一样，比如有时候他查典籍，同样找一句话的出处，我用电脑上网找，他用工具书找，看看谁更快，往往他的速度确实很快。因为网上的资料找到之后，要辨别一下它的真伪，网上的不一定准确，在这个过程中他的结果就出来了，他就是用工具书用得非常快。如果说有捷径的话，熟练使用工具书是一个比较有效的治学捷径。但是他工作的时间很长，工作强度超大，我们可以学习但是很难做到，他几乎连五分钟的闲暇时间都没有，他全天都是在工作。

郭云菁 可以说先生把全身心都扑在学术上，都贡献在学术研究上。

王　戎 没错。他原来爱好是非常广泛的，我曾经看到他在青海的时候搜集的当地民歌、谚语、民谣，二指宽的小纸条，用小字抄得密密麻麻的。

他在青海只待了两三年的时间，但是积累了那么多。他上学时的梦想是当作家，但是他进入北大的时候听了一个讲座，北大中文系的老师说我们不培养作家，是社会培养作家，所以他感觉很失望。这时候他凑巧听了苏秉琦先生的报告，说中国未来几百年需要大量的考古人才。当时三门峡水库那边有些发掘，他热血沸腾，一头扎到考古上面了。他吹拉弹唱都会一些，唱男高音，刚到山东的时候还在山东剧院表演过《打渔杀家》。我上学的时候的音乐课本，他拿过来就可以把简谱唱出来，我都很奇怪他在哪儿学的。他多才多艺，篮球、乒乓球、游泳都会。

但是自从我记事以来，父亲和这些东西基本上就绝缘了，我看到他所有时间基本上都是坐在书桌前。我有一段时间住在他那，给他打印稿件，我的工作强度根本比不上他。他吃完晚饭工作完之后睡觉了，睡一会起来又开始工作，我就紧跟着在后边打字，跟不上他的节奏，他的工作强度是非常大的。

郭云菁　他真的是醉心于研究，以至于其他的都不是很感兴趣了。现在有一个词叫心流状态，就是忽略了所有一直醉心在一件事上面的状态，特别专注和执着，真的非常令人敬佩。作为先生的家人，在您的印象中，先生在生活中有什么跟家人亲朋互动的趣事呢？

王　戎　他的趣事可真不多，主要是他这种工作的状态太突出了，以至于让人忽略了他的其他方面。曾经在编《陶文图录》的时候，他搜集了几万件陶文拓片，第一项工作就是要把重复的剔除，就是去重工作，因为有的拓片是多种书都著录过的，或者是同类的拓片被多次著录的，他要把这部分剔除。首先需要把相同字的拓片集中到一起，于是几万张拓片在几间屋子全摊开了，每一个平面的地方都摆上了，跟雪片一样。他坐在书桌前拿着一张拓片说："来，这个字在北屋床上哪个地方，你去那儿找，找到就放在一起。"我到他说的那地儿，相同的、相近的拓片一大堆，他说的那个就在那里。那时候他70多岁了，我想他这脑子像计算机一样，如果说一些文献经过多次的阅读，经过多年是可以记住的，然而几万拓片摊开之后，在一片纷乱之中他仍然能记住精确的位置，简直不可思议。最终一起比对看，留下最好的、最有代表性的，其他的剔掉，这样还剩下一万两千多片。

郭云菁　确实特别不容易，感觉先生既是一个学者，又像一个侦探，一直在抽丝剥茧地解谜，他的这种令人震惊的毅力和对学术的执着，确实是非常让人敬佩的。我们后人可以去学习先生这种治学的方法，比如您刚才提到的工具书的使用。作为一名学者，也是先生的学术出版工作中的合作伙伴，您对我们年轻一代的专业技术人员有什么期望或者有什么建议吗？

王　戎　我今天主要是以先生后人的身份来接受采访，同时我也是一位专业的编辑，一位史学工作者，还是我们山东博物馆的一位忠实粉丝。我小时候就生活在博物馆的院内，当时在上新街那个地方，也经常去广智院那个地方游玩，因此对博物馆有非常深的感情。山东博物馆的馆藏资源非常丰富，有很多值得研究的藏品。我们一是要做陈列展览，再一个是古史研究，也有得天独厚的条件，我们古史研究和陈列展览应该是两方面并重的。

在学术方面，我父亲作出了榜样，我自己也是沿着他这个路子在走。方法论要坚持马克思主义唯物史观。我父亲不是中共党员，从自身的学术研究中认识到，马克思主义唯物史观确实是一门科学，值得好好对待。唯物史观在中国古史研究这条路上面的应用，我觉得还不够，还有很多重要的内容值得深入研究。先生这条研究路径是适合他自己的路，但对学界而言，他取得的这些成果还只是一个开端，很多重要的问题还没有解决，很多课题还值得深入研究。只要是有心，以我们宏富的基础，辅之便捷的信息传递，我相信青年学者肯定会做出更大的成绩。

（采访人：郭云菁　整理者：郭云菁）

牛继曾哲嗣牛国栋访谈录

被采访人： 牛国栋（牛继曾哲嗣）

简　　介： 牛继曾，山东省博物馆原馆长、研究馆员，主要从事博物馆管理、陈列展览策划等工作。

采访时间： 2024 年 4 月 26 日

说　　明： 本篇访谈录由牛国栋根据采访要求撰写，原名《父辈的身影》。

上　篇

在我儿时记忆里，父亲总是和广智院联系在一起的。

1950年1月，父亲从省立济南中学毕业不久，入职山东自然科学教育研究所，父亲和他的同事都简称其为科教所。听父亲说，这一机构1949年1月在已属解放区的益都（今青州）成立，三个月后随山东省人民政府迁至济南，所址在经七路纬一路，所长徐眉生、副所长秦亢青，两人后为省博物馆首任正、副馆长。

徐眉生早年毕业于北平高等师范学堂生物系，20世纪20年代，他在山东省教育厅教育训练班任教，1928年10月，赴临沂任省立五中校长。在他带领下，仅四五年的时间，省立五中便成为鲁东南地区最有影响力的学府。徐眉生熟悉教育，他发起成立科教所的主要目的和职能便是搜集、研究和制作数学、物理、化学、历史、地理等教学仪器、自然标本、模型，以及地图及科普挂图等，为教育科研服务。

科教所设理化、生物、地学、编绘四个组，其中编绘组长由吴天墀担任，他从事教育工作多年，20世纪20年代曾任山东大学工科讲师。在他牵头下，编绘组与生物组默契配合，在两年的时间内，绘制了十几种科普及教学成套挂图，其中有《从猿到人》《人体生理卫生》《脊椎动物》《孢子植物》《裸子植物》《种子植物》《被子植物》《海洋》等，其题材内容、手绘技法、色彩运用等，均受到省内外科普、教育界同仁的好评，尤其是《从猿到人》和《海洋》等系列挂图，列入"介绍自然科学常识挂图"系列，采用进口道林纸彩印，由上海新亚书店出版，中国科技图书联合发行所总发行，并在汉口、重庆和贵阳分销，成为华东、华中和西南区域中学形象化教学之利器，也使科教所在新中国初期的科普教育界小有名气。

公余之暇，吴先生尤擅画虎。父亲晚年曾撰文《北方"虎王"吴天墀》，发表在1994年的《春秋》杂志上，并被收录在山东美术出版社出版的《画家吴天墀》和中国文史出版社出版的《吴天墀画集》中，专门论述其绘画成就。

1952年10月，全国文化教育机构进行调整，省文教厅决定，由科教所接管私立广智院，合并改组为山东自然博物馆筹备处，包括父亲在内的全所47人搬至广智院办公，与广智院留守副院长袁叶如等12人共同组成工作团队，两家机构拥有的各种标本、仪器、资料等3215件都成为筹备处藏品。正是从这一时期开始，父亲遂成为省博物馆前身的首批职员，成为新中国第一代博物馆人。他目睹并亲身经历了省博物馆由创建之初到蓬勃发展的过程。他43年的职业生涯中，除两年到省文物总店任职外，绝大部分时光是在广智院度过的。

广智院始建于1904年，由英美基督教机构投资，其主要功能是展览展示、宗教礼仪与科普教育，其收藏及陈列内容分为天文、地理、矿物、动物、植物、历史、艺术、文物等十三大类、两千余组，万余件藏品。胡适、老舍、陈嘉庚、王大珩等文化学者都曾来此参观并给予很高评价。这里遂成为我国早期具有社会影响力的私立博物馆之一。

广智院不仅展陈内容丰富，其建筑形式及功能设置也颇为考究。房舍采用中国传统庭院式对称布局，坐南朝北，南高北低，南依圩子墙，北靠老城腹地。其中陈列大厅空间高阔，屋顶设有大面积采光井和玻璃天窗，采光充足，易于通风，有利于陈列与观赏。南段小礼堂，精巧别致，有两层坐席，可同时容纳六百人，与旧军门巷新华电影院规模相同，直到新中国成立前夕仍放映电影。院内步道系统采用中轴线设计，从北大门进入，经展厅室内引廊、室外连廊及鹅卵石径等将各幢单体建筑空间串联。建筑采用砖木结构，青砖灰瓦，翘檐花脊，辅以砖雕、石雕等装饰造型。每座建筑底部为半地下室，旨在防潮，并配有完备的排水系统。院东西两侧为透景花墙，与院外隔而不堵，透而不露。房前屋后及道路两旁芳草如茵，百花争艳，西方园林中的绿篱、"爬墙虎"也被广泛栽植。

1952年12月，省自然博物馆筹备处派工作人员参与了山东省暨济南市在珍珠泉畔举办的"庆祝建国三周年山东建设伟大成就展览"，随后将此展移至广智院，进行部分内容调整后继续展出，这应该视为新中国成立后广智院旧址举办最早的展览。父亲说："当时大家凭着一股热情、一股干劲布置展览，接待和讲解，但究竟什么是博物馆，怎样做博物馆，大家知道得很少，青年人对此茫然，有些专长的老知识分子对办博物馆也缺少经验，只能摸索着干。"

1953年10月18日，文化部文物局副局长王冶秋来济南，在广智院小礼堂做了题为"怎样办博物馆"的报告。他作为新中国文博事业的开拓者和奠基人，对地志博物馆的性质、特点和任务进行了深入浅出的阐述，这对父亲影响很大。父亲曾撰文《忆冶秋局长在山东省博物馆的言谈》，收录在国家文物局编，文物出版社1995年10月出版的《回忆王冶秋》一书中。

王冶秋讲话的第二天，文化部即批准山东省人民政府文物管理委员会（简称省文管会）的陈列、文物保管部分与省自然博物馆筹备处合并，成立山东省博物馆筹备处，省文管会驻地世界红卍字会济南道院旧址及所藏文物遂划归省博物馆筹备处。

济南道院建于20世纪三四十年代，与广智院相同的是，也地处南圩子墙内，占地1.61万平方米，为仿古宫殿式建筑群，院落四进，坐北朝南，对称布局，建筑精细，多为琉璃瓦覆顶，气势恢宏。最后一进院落主要建筑晨光阁（后改名文光阁），系全院制高点，三檐三层，是当时济南两道城墙以内的最高建筑。整座建筑群堪称民族建筑风格与近现代工艺完美结合的典范。

从这时起，馆内人员称广智院旧址为东院，称济南道院旧址为西院，而济南道院附设华育小学旧址则谓之西小院。在当时各省市文博系统"一穷二白"的情况下，能拥有这样两座如此规模的馆舍者不多，令省内外同行羡慕不已。王冶秋先生曾经要求"博物馆应该是环境舒适、精神沐浴的场所"，这两处馆舍都很够格。

1954年8月15日，文化部文物局正式确定山东省博物馆筹委会为全国省级地志博物馆试点单位，这一天也被视为山东省博物馆建馆纪念日。

省博物馆筹委会的组成，绝不仅是展览场馆及藏品的叠加与扩充，更是专业队伍的壮大和提升。有了考古、古代文献研究及金石书画鉴定等专业学者的加盟，博物馆从业队伍如虎添翼。时为省文管会副主任兼省博物馆筹委会副主任的王献唐则是山东文博发展史上的标志性人物。

王献唐早年就读青岛礼贤书院，先后在济南《山东日报》和《商务日报》任编辑。1929年他任省立图书馆馆长，兼任山东通志局筹备主任和齐鲁大学讲师。他一生勤于著述，身有遗稿数百万言。他长于文物鉴定，精于目录学，诗、书、画、印功力深厚。全面抗战爆发后，为使馆藏古籍善本、书画与金石器物精品免于战火，他与时为省图书馆编藏部主任屈万里及工友李义贵，护送文物精品南迁，历时一年零一个月，行程七千里。1950年冬，这批文物完好无损，完璧归赵，后成为省博物馆藏品。

为筹备山东地志陈列展览，王献唐主持了历史部分的陈列主题结构设计，并对陈列大纲多次提出具体修改意见与建议。1956年2月13日，山东省地志陈列展览在西院正式对外开放，这是新中国举办的第一个大型地志展览，在全国文博界引起强烈反响。文化部文物局在济南举行了具有现场会性质的全国地志博物馆工作经验交流会，这也标志着省博物馆正式对外开放。

陈列内容包括"自然之部""历史之部""中华人民共和国时期之部"等三大部分，其中历史部分之"近百年史"陈列还在筹备，当时没有开放。此展专门印制了陈列内容简介、陈列路线示意图和《参观规约》，特别说明："个人参观每票二分，标尺以下幼童免费。军警及烈军属有证明者领取个人免费票。团体观众持介绍信换取团体免费票。二十人以上的团体观众请先期来馆联系，以便安排日程。"

当时文博专业人才匮乏，文化部文物局遂与北京大学历史系、中国科学院考古研究所在北大联合举办考古训练班，1952年4月至1955年共举办四期，每期三个月，山东先后派出杨子范、王思礼、台立业、刘云生等人参加，他们后来都成为省博物馆的中坚力量。1956年9月，父亲赴北京周口店参加中国科学院古脊椎动物与古人类研究所举办的首期古生物化石发掘与修复培训班，为期三个月，并于次年在北京参加了长达一年的首都历史与建设博物馆筹建工作，这些都使年轻时的父亲得到很好历练。

在博物馆各项业务中，父亲从事最多的是陈列工作。1959年7月，父亲参与山东革命史新民主主义时期部分的展览陈列。1963年至1977年期间，他任陈列组（后改为部）副主任、主任，主持举办了"山东近百年史"展览，弥补了基本陈列一段历史空白。1972年上半年，父亲主持"山东文物展览"各项筹备工作，并于5月23日对外开放，这是自1966年5月省博闭馆六年后的第一个展览。1975年，父亲主持了"山东革命文物"展览。

1982年12月，山东省博物馆学会成立大会暨首届学术讨论会在济南举行，父亲当选为首任秘书长，并编辑出版了首期学会会刊。1983年3月，父亲在中国博物馆学会首届学术讨论会上的论文《略谈博物馆学的组成部分——陈列学》收录在文物出版社出版的《博物馆学论集》中。

父亲还参与业务培训工作，曾到淄博临淄，为北京大学历史系举办的考古短训班讲授革命文物专题课；到文化部国家文物局泰安培训中心，向全国各地的学员们讲授"博物馆学陈列工作"和"中国当代博物馆学概要"。

1989年4月，父亲撰写的《对山东省博物馆陈列体系的基本构想》，收录在山东教育出版社出版的《博物馆学与博物馆工作》一书中，成为博物馆陈列的基本依据与重要参考。父亲与他人共同编著的《山东文物纵横谈》和《山东近现代画史》，分别由中国广播电视出版社和中共党史出版社出版。

下　篇

1959年底，父亲成了家，馆里给分了房，父母及姑奶奶一同由南门前帝馆街搬进广智院，以馆为家，安顿下来。1961年春天，我便出生在这里。童年时代的我，仰望着父亲和他的同事们，他们那代人中的大部分，一生默默无闻，有些后来也成为各领域的翘楚。在我眼中，他们都是邻家的伯伯、叔叔和阿姨，那样寻常，那样和蔼可亲。直到如今，在这座大院子里所看到过的林林总总，那些人和那些事，还时常在脑海中闪回。

当时的广智院以小礼堂为界，北为展览区，南为办公区，职工宿舍散落其间。展区北大门没有展览时呈关闭状态，几户人家从小铁门出入。办公区则经西花墙外的胡同从西门进出。胡同西侧便是省立二院，即今齐鲁医院和时为街办小冶金厂的南关基督教堂旧址，今为齐鲁医院营养食堂。

当时馆里上下班和做工间操还沿袭着敲钟报时的传统。一口不大不小的铸铁钟挂在西门内一棵高高的老槐树上，敲钟的任务每每由传达员张大爷来完成。他吃住在传达室，面庞红润，脑门光亮，报时也精准。每当他用长长的绳索拉响铁钟时，树上和屋檐上的燕子与白鸽惊飞，盘旋在空中，动听的鸽哨声也时近时远。

西门内左侧便是王冶秋当年作报告的小礼堂，"文革"时放映过幻灯片《沈秀芹先进事迹》，还上演过活报剧《一块银元》。后来成为馆长的卢传贞当时头扎羊肚子白毛巾，嘴上粘着假胡子，饰演剧中老爹，有着浓重鼻音的车英华饰演女儿。

小礼堂南侧是一长溜的两层办公楼，楼西头的楼梯很陡，各部室人员都集中在此办公。办公楼南侧有幢两层带阁楼的别墅，外立面布满"爬墙虎"，旧时为广智院院长宅邸，后为馆长办公室，父亲曾办公于此。别墅南侧有小花园，每至春天，海棠花开，芬芳艳丽。

别墅东南方是篮球场和食堂。馆里篮球爱好者不少，后来成为考古学家的张学海便是其一。他个头不高，江南人，平时斯文，打起球来却生龙活虎。这块场地还用来进行拔河比赛。翻看历史照片和父亲的相册时，我发现一个有趣的现象：民国时期的广智院，合影多在展厅门前台阶处；20世纪50年代的合影大多以小礼堂为背景；60年代末开始，这块球场成为职工合影的主场地。

食堂是座两面坡顶的红砖大瓦房，在广智院一派青灰色基调的建筑群落中属于异类，显然是后来加盖的。伙房与餐厅之间用玻璃木隔断分离。苏师傅是伙房的大拿，据说他旧时曾在大户人家当厨，后来做大锅饭也兢兢业业。食堂饭菜大都自己加工，所蒸窝头没有尖，而是用马口铁模具扣出来的梯形圆筒子。白面馒头不是半圆，而是一排安装在木板上的刀具切出来的准长方形，人们叫它发面卷子。

餐厅里除了几张圆形餐桌，还有一张墨绿色乒乓球案。后来成为汉画像石研究专家的蒋英炬球打得好，拉弧圈有些专业水准。餐厅北墙上有放置碗筷的木制多宝格，大伙吃完饭刷完碗，都将搪瓷碗、钢精勺、竹木筷子放在格子里。格子并非固定到人，却有条不紊，一点不乱。学考古出身的张其海吃饭时喜欢用西式刀叉，吃窝头也用刀切，再用叉子送到口中，他那副亮晶晶的刀叉在架子上格外醒目。

小礼堂与办公楼中间有青砖垒砌的带有顶棚的连廊，连廊中间有月亮门，通向东跨院，也是我回家的必经之地。东跨院中央是个空场子，有几棵大槐树，南北两端各有一排平房，南排平房东首住的是赵仲三，听父亲说他是位"老革命"。1961年，由省博物馆代管的省文物总店成立，赵仲三为首任经理。我对他家印象最深的是破了坐垫露出棉絮的木转椅，还有一架落地钟，钟摆左右摇晃，嘀嗒作响。他家西邻是高洁家的院子，其中有四棵石榴树，盛夏榴花似火，秋日硕果累累。

院子北侧那排平房，中间有个拱形门洞通往我家，门洞东边是刘士荣和房志敏家，仅两间房子，却是个独院，有属于自己的一方天地。门洞西边是模型组，标本和模型制作专家王因陈、刘天恩、牛仲山、董典之、孟振亚，青铜器修复专家潘成琳等都集中在此。60年代后期，模型组门前木头案子上摆放着一只巨大的海龟，估计是要做成标本，经过处理后在那里晾晒。

过了门洞见到的第一户人家是杜明甫家。他身材消瘦，有着大大的眼袋，常穿深色中山装，不太爱说话。杜宅北侧有幢与展厅连在一起的小楼，空间逼仄，楼梯狭窄，这便是徐眉生家。他身材微胖，有着大大的脸盘，见人面带微笑。

徐家西邻斜坡屋顶下是董典之家。他心灵，其子胖胖哥手也巧，会做各种木玩具。董家西侧是个玻璃花房，斜坡玻璃顶子上有苇箔做成的帘子，用来调节进光量。花房里没有崔健歌中的姑娘，护花使者则由胡大爷担纲。花房正对的南墙根下有石磨，周围邻居都到这里磨各种面。

从门洞进来向右拐便是我家。这原是展厅东南寓的配房，是间会客厅，有20多平方米，屋门朝东，面对广智院东花墙。屋北侧几米之遥是间半开放的棚屋，里面存放着20多米长的大鲸鱼标本，我每次回家，总是先隔着木栅栏看看这头大怪物，闻闻那里散发出来的奇特味道，长大后才知道那是防腐用的福尔马林药水味儿。

而北院展厅的北侧的那几户人家，让我印象最深的是临街北墙都是高高的六角形窗户。郑钧培家每到冬天喜欢切下青萝卜头用水泡着养萝卜花，放在南窗台上，开着金灿灿的小黄花。

对有些长者，我虽记不清他们具体住在哪里，但他们留在广智院里的音容笑貌令我难以忘怀。像见人彬彬有礼、说话京腔京韵的王绪，是位"老北京"，生物学出身，遇事则亲力亲为。后到烟台市博物馆任职的李前亭，二胡拉得好听，《骏马奔驰保边疆》被他演绎得令人心潮澎湃。后来成为国内知名考古学家的郑笑梅，平日笑容可掬，争论起问题来常常面红耳赤，据理力争。后去青州博物馆任职，发现龙兴寺石佛有功的夏名采，在广智院时却喜欢开玩笑，更

357

喜欢打毛线活，还常常是边走边打。工作主要是写展览说明牌的杜显震，空余时间爱在扇面上写"江山多娇""风景独好"，后来成为书法家。法惟基平时常自言自语，临魏碑却是一绝。从最早的文管会就一直兢兢业业、默默无闻从事文物保管工作的刘敬亭，整理编著《山东省博物馆甲骨墨拓集》，收录了馆藏每一片甲骨拓片，成为这一领域专家。考古发掘时遇到塌方被砸伤脖子的刘承诰，有很长时间戴着颈托上班，依然是那样乐观，后来成为字画、翡翠等杂项的鉴定专家。王金惠硬笔书法极好，所刻蜡板可视为字帖。资深讲解员邓学孟，解说起文物来字正腔圆，富有感染力和亲和力。

20世纪70年代初，有两位先生先后调来省博物馆，后来都成为国内知名学者。一位是朱活，他身体矮小瘦弱，似无缚鸡之力，却是享誉国内的古钱币研究大家，他的《古钱新探》是这一研究领域绕不过去的专著。另一位是吉常宏，他在馆里没几年时间，向全馆人讲授"文物考古与历史文献关系"和"古代汉语"。那时他负责馆里的资料室，父亲带我去拜访他，说有问题可以直接向其请教，腹中空空的我当然提不出啥问题，是他推荐我看《古文观止》。后来他参与王力主编的《古代汉语》，并出版专著《古人名字解诂》，成为国内知名的训诂学家。

20世纪70年代初，这座相当完整的建筑群开始支离破碎起来。当时省博物馆拥有了嘎斯69中吉普和大卡车。为方便车辆通行，那座精美的月亮门和室外连廊遭拆除。花墙子也以安全为由将砖孔堵得严严实实。那座精美的小礼堂，建起方头方脑的库房楼，以存放汉墓竹简而被称为竹简楼。广智院从此被拦腰斩断。1992年，省博物馆迁新址后，竹简楼及其以南区域划归时为山东医科大学附院，即今齐鲁医院，那座院长别墅和两层办公楼随即被拆除。

父亲热爱他所从事一生的博物馆事业，对馆里的一切如数家珍。他也深爱这两处大院子里的一砖一瓦，一草一木。他在接待外单位、外省市的参观交流者时，经常说起广智院的建筑之美，也对广智院后期被"肢解"深感惋惜与无奈。山东建筑大学张润武教授后来曾对我说，他当年为撰写《图说济南老建筑》各卷时，曾寻访省博物馆，是父亲接待了他，并给他提供了相关情况与资料，广智院旧址和济南道院旧址收录在该书的"近代卷"中。

1969年春天，父亲要随馆里全体人员赴邹平见埠村搞"斗批改"。为方便母亲照料我和弟弟，我家便从广智院搬至小清河畔的母亲单位宿舍。我留恋广智院里度过的童年时光。离开后的最初几年，我常回广智院看看，找儿时的玩

山东博物馆七十年（1954—2024）

伴，看看那些老房子、石榴树和丁香花。1987年，我有了一台120海鸥4A型相机，所拍的第一支黑白胶卷便对准了广智院，并为父亲与那座他曾经办过公的小楼拍下一张合影。

1991年6月，父亲主持省博物馆工作。当年8月1日，千佛山新馆举行隆重奠基仪式。省文物局成立由局领导挂帅的新馆陈列领导小组，父亲任领导小组办公室主任，他主持召开新馆陈列工作动员大会，布置分配展陈筹备工作。同时，他督促建筑施工周期，从而确保了1992年10月新馆主体工程竣工。省里六大班子主要领导出席了隆重的落成典礼。与此同时，馆内日常工作照常进行，西院还举办"孔子文化大展""91世界旅游日暨首届中国旅游书画艺术节""山东对外文化交流展""山东民间文化艺术展""人体与健康"等展览。因劳累过度，新馆工程竣工典礼一周后，父亲病倒在新馆现场。

1993年春，父亲退休后，依然对博物馆事业充满深情与眷恋。他回眸总结走过的路，也憧憬美好未来。他饱蘸笔墨，撰写《山东省博物馆简史》，被收录在《山东省文化艺术志资料汇编》第二十四辑中。他还依据自己工作四十年所积累的笔记、日志等资料，整理撰写出《山东省博物馆工作纪事（1952.10—1992.11）》，上起自科教所接管广智院之日，下止于他卸任馆长职务之时。在看似冷峻、枯燥与细碎的文字里，最有温度的是他对同事们为博物馆事业所作贡献的记述，字里行间中看得出他非常敬重那些学有所长、在博物馆各专业领域里取得成就的同事们，他为有这样一个集体而骄傲与自豪，也为同事们所取得的每一项业绩鼓与呼。他的这些据实写作，也成为馆史的重要补充与参照。

我家再次搬回到博物馆是在1979年，住进了西小院内刚刚建起的五层宿舍楼，与济南道院文光阁朝夕相处。这座有着九层石阶和中式门楼的小院原是座大四合院，20世纪50年代王献唐曾居住在这小院的三间房子里。在我家住的这栋新楼上，抗战时期参加革命的老前辈、馆里的老领导秦兀青，副馆长南玮君，老馆长卢传贞，书画鉴定专家、书法家关天相、陈梗桥，考古学家张学海、王思礼，考古学及古文字学家王恩田，文物摄影及暗房技术专家冀刚，第一代讲解员邓学梦、赵丽华、王晓燕，书画装裱专家杨正旗，古陶复原考古专家钟华南等，都与我家为邻。

当年与王献唐一同南迁的李义贵由文管会职工合并到山东省博物馆，默默无闻地工作到退休，他与我父亲住同一单元。与他一墙之隔的关天相，系民国济南画坛"四大家"之首关友声的族侄，广识博学，尤擅书法，金文最佳。

千佛山建新馆时也新建有职工宿舍，原本父亲是有条件搬新家的，但父亲没搬，依然住在这栋老楼上。无论卧室窗户还是阳台，都能近观济南道院的大屋顶。看得出父亲这一生能与这两处"国宝级"的大院为邻，便心安理得。只可惜父亲过早离开了这个世界，无法给我讲更多的博物馆奇妙故事。

白云哲访谈录

被采访人： 白云哲

简　　介： 白云哲，山东省博物馆原保管部、陈列部研究馆员，山东省文物鉴定中心文物鉴定评估专家，主要从事文物保管与研究、文物鉴定工作。

采访时间： 2024 年 3 月 13 日

郭云菁　白老师，您是咱们山东博物馆的古陶瓷鉴定专家，请您介绍一下您是如何进入山东省博物馆工作的，以及什么机缘促使您从事了古陶瓷研究这项工作。

白云哲　我是 1964 年毕业于北京大学历史系考古专业，由国家分配到馆工作。1963 年我在侯马实习，它是东周时期晋国的国都，和临淄（齐故城）相似。侯马在进行春秋战国（时期）大型遗址的考古发掘，这边临淄的齐国大型遗址开始考古调查，（正好）缺人。（当时）国家文物局局长的秘书姓谢，那一天他在侯马，把我们四个人叫到一块，问都是哪儿的人，我说我是河北人。他说："河北人上山东去吧。"因为我来这是正合适的，那边是晋国大型遗址，这边是齐国，结果我就来（山东省博物馆）了。

来到博物馆后，我跟着王思礼同志干了一年的文物管理工作。1965 年 10 月，保管组的组长盖老先生去世了，馆里决定把我和群工组的讲解员王金惠同志调到保管组。在那个学雷锋的时代，我服从安排，进保管组负责保管书画。1966 年，文化部在北京办文物鉴定培训班，我和王金惠两人去北京参加学习班，我去陶瓷组，王金惠去玉器组。陶瓷组由故宫博物院陶瓷鉴定专家耿宝昌先生执教。我们3月中旬去，6月底结束。

在学习班学习之后，我对陶瓷器的鉴赏工作产生了浓厚的兴趣，就有意识地学习相关资料。1974年，我跟唐士和同志一起，请省文物总店文物鉴赏家霍介秋先生到文物库房，结合实物进行讲解，效果非常好。当时有关陶瓷的研究著作及图录很少，我只好利用出差的机会，到故宫陶瓷馆、中国历史博物馆历史陈列室、上海博物馆陶瓷陈列室、景德镇陶瓷馆参观学习。有一次，我在故宫陶瓷馆连续看了七天，一件一件地看，所有文字介绍全部抄下来，以此方法来提高自己对陶瓷文物的认识及鉴赏能力。

20世纪70年代，国家恢复各省市文物商店的外销文物的营业项目，但是必须经文物行政部门组成的文物鉴定小组鉴定，可以出口的文物必须加盖火漆印。省文化厅文物处成立出口文物鉴定小组，成员由我和省文物总店的文物鉴定专家刘春浦先生、台立业同志三人组成。我们对山东省文物总店、济南市文物商店、曲阜文物商店、青岛市文物商店、烟台市文物商店及青岛外轮公司文物店申报的出口文物逐件进行鉴定，符合出口标准的登记造册，加盖火漆印。海关凭购买发票及文物上的火漆印就可放行，确保国家重要文物不流失国外。我参加这项工作，首先要维护国家政策的严肃性，敢向一切错误行为说"不"。同时这也是我向刘春浦先生、台立业同志及各地文物商店的同行们学习的机会，使得自己陶瓷及其他文物的鉴定技能有所提高。

2002年12月，山东省文物鉴定委员会成立，成员32人，我是其中的一个。

2011年秋，应青州博物馆之邀，山东省文物局指派我与山大于海广先生、潍坊市博物馆孙敬明先生、青州博物馆夏名采馆长，一同对青州馆近年入馆的文物进行鉴定，并评估判定藏品级别。

在这之前，我与省考古研究所吴文祺同志一起，对泰安市博物馆部分藏品进行鉴定定级工作。我对该馆馆藏明清瓷器中清代皇帝御赐泰山的祭器十分重视，认为这是泰安历史及泰山文化的重要遗物，级别必须上调。这个想法深得馆长及保管部同志的赞许。

2011年1月26日，菏泽沉船出土的元代青花瓷器在山东博物馆展出。为配合此次展出，馆领导决定由我结合沉船出土的元青花瓷器，在演讲大厅向社会文物爱好者介绍元青花瓷器的鉴定知识与技能。等我讲完后，记者们登上讲台，向我提出有关问题，我一一回答。名片散发完后，一些热心听众上台要求签名，场面十分热烈，说明广大群众对历史文物的热爱与关心程度。

2011年3月24日前后，山东省公安厅在淄博市博山区举办了全省侦办涉及文物犯罪业务骨干培训班，为期七天。我应邀讲授陶瓷鉴定常识与技能，张颂斌同志讲解铜器鉴定。通过学习，公安人员丰富了文物常识，增强了保护国家文物的责任感，增加了打击文物犯罪的能力。

郭云菁　白老师，请您给我们讲一下您负责的重要的或者印象深刻的工作，以及这项工作对单位和个人产生了什么影响。

白云哲　我工作30多年来，参与了一些与业务相关的较大的活动，收获很大，也有一些成绩，主要包括参加在故宫博物院举办的出土文物展览，参与赴日山东文物展的筹备与展出工作，参加国家文物局主编《中国文物精华大辞典》的编写与汇编工作，参加山东省文物局主编《山东文物精萃》的编写与汇编工作。

1971年5月，国家文物局局长王冶秋同志亲自策划，在故宫博物院的慈宁宫举办了出土文物展览，有九个省市博物馆和社科院考古研究所参展，7月1日正式展出。山东省博物馆应邀参加，我和王金惠等同志参与展出工作。参展的文物中有邹县野店刚发掘的大汶口文化陶器，益都苏埠屯商代大墓出土的亚醜铜钺以及青瓷豆，济南市无影山汉墓出土的西汉彩绘陶乐舞杂技俑群，邹县明代鲁荒王墓出土的琴棋书画、古籍善本、冠冕袍服、漆木家具、彩绘木雕车马、仪仗俑群等。

郭云菁　请您展开来讲讲咱们山东的参展文物吧。

白云哲　益都苏埠屯商墓出土的青瓷豆，在展览中不太显眼，但是这件东西在陶瓷史上的地位却很重要。中国陶器始于一万年前，而瓷器开始烧制的时代，长期以来被认定为三国时期，然而这件文物是商代晚期墓出土的，与两件亚醜铜钺放在一起。它的胎釉不像釉陶，反而更像青釉瓷器，所以我就在说明牌上写"青瓷豆"，把"瓷"字写上去了。北大考古学教授宿白先生是这个展览所请的文物专家，他看后也认可我的说法。（与此同时）河南也展出了洛阳出土的商周青釉瓷器，由此引起了文物界特别是古陶瓷研究人士的关注。

1972年，国家文物局在故宫博物院武英殿组织了全国的文物精品展，主要是挑选为出国展览的文物，也有些早期的瓷器。早期瓷器引起了更多的关注，经过几年多次的学术研讨会讨论，中国瓷器的烧制时间确定始于商代，东汉以前称为"原始青瓷"，从东汉开始出现标准的瓷器。一件小小的青瓷豆引起了一场学术大讨论，把中国烧制瓷器的历史提前了1000多年。

出土文物展开展后，《人民日报》发表了重要新闻稿，用整版篇幅，图文结合，全面介绍出土文物展的文物。《人民日报》整版新闻稿发表后，中外文杂志，如日文版《人民中国》及《人民画报》等闻风而动，有一晚上八个杂志社的记者同时对文物进行拍照。中国新闻纪录电影制片厂还拍了20分钟的专题片。出土文物展很快轰动了全国。

外国各类代表团到北京后均要参观故宫及出土文物展，一天大约有十组外宾。接待外宾的单子都要先交到我手里，我安排九个省市相关单位的同志去接待和讲解。1971年7月9日，美国总统顾问基辛格秘密访华。10日，参观故宫及出土文物展。1972年2月21日，美国总统访华代表团，由叶剑英委员长陪同参观故宫及出土文物展，王冶秋局长为尼克松总统进行讲解，北京大学考古学教授宿白先生为尼克松夫人介绍文物，我为国务卿罗杰斯介绍文物。

1972年9月25日，日本首相田中角荣率团访华期间，由郭沫若先生陪同参观故宫和出土文物展，王冶秋为首相田中角荣讲解，我为外务大臣大平正芳介绍文物。我在那里工作了一年半，咱馆讲解员王金惠和王晓燕等同志轮流去讲解。1972年10月，我回到济南，仍做文物保管工作。

郭云菁 白老师，这个出土文物展无论从博物馆界还是从外交层面上看，都是非常重要的一次展览，您在其中作出了不少贡献，也提升了山东博物馆的影响力。除此之外请您再给我们讲一下您负责的其他重要的工作吧。

白云哲 好。那是1984年的春天，山东省政府与日本山口县政府联合决定筹备山东省文物展，赴日本山口县、东京、大阪三地展出，展期半年。山东省文化厅厅长肖红、山东省文物局局长刘谷及文物专家杨子范、蒋英炬等人负责筹备工作。我负责一些具体工作，包括参展文物的接收、管理、展示工作。我曾随刘谷局长到国家文物局外事处、文物处，汇报文物展的筹备工作情况，确定参展文物的目录，还到国家文物局下属单位中国文物交流中心，征求对参展文物估价目录的意见，拟出初稿送交省文物局，经省政府批准之后，将其列入协议书，如果文物出国期间发生事故，以此为标准赔偿。我办这个事有个有利条件，中国对外文物交流中心里面一个处长是我大学的同班同学，所以办事的时候我有个助力。

（手拿两张老照片）你看上边这张是刘谷局长和日方商量如何进行交接。下边那张是具体交接，文物交接是由我来负责。大家工作非常细致认真，从1984年4月到1986年4月，展览筹备了整整两年。1986年4月，我负责完成了协助日方进行的文物拍照工作、文物囊匣的制作及装箱工作，中日双方完成了展品移交工作。山东武警战士持枪押车，护送文物进京，顺利出国，安全到达日本山口县如期展出。6月初，刘谷局长通知我与张从军、王永波同志组成东京站随展组，我任组长。7月1日，三人由北京飞至东京，参与展出活动。

在东京期间，我们除日常接待重要宾客及展室文物的安全情况检查外，休息日可外出进行一些参观活动。东京国立博物馆文物专家西田守夫先生主动邀请我们参观东京国立博物馆，并在出光美术馆向我引见了三上次男先生，他是日本研究中国陶瓷史的著名学者。

9月1日，我们随文物转至大阪市。办完文物交接手续之后，我们与鲁文生、吴文祺同志一起应邀参观了大阪市立东洋陶瓷美术馆，重点看了中国瓷器的展出，并与该馆馆长交流了陶瓷收藏与研究的状况。大阪市立东洋陶瓷美术馆是日本收藏、展出、研究中国陶瓷文化水平最高的博物馆。9月5日，我们三人由大阪回到北京，一切顺利。

在两年多的工作中，我不仅做了自己负责的工作，还与国家文物局、北京市文物局、中国文物交流中心、故宫博物院、中国历史博物馆等单位的领导有所交往，协助领导解决一些棘手的问题，深得肖红厅长、刘谷局长的信任与关怀，也得到了日方有关人士的好评。

1982年夏，我和省考古所吴文祺同志随同省文物局刘谷局长到贵州省贵阳市参加全国文物工作会议。国家文物局布置了《中国文物精华大辞典》的编写任务。会后，山东各地市县文博单位将所收藏的文物精品的照片及文字说明稿集中于我这里。省馆的陶瓷、青铜器、玉石器等类文物，由我编写文字说明稿，书画类则由陈梗桥同志编写说明稿，王书德同志负责摄影工作。全省报来的材料由我和陈梗桥进行分类整理、遴选及文字修改工作。1984年镇江会议，将辞目报送国家文物局组织的专家组，由耿宝昌、史树青、马承源、刘九庵先生分别进行挑选工作。

1986年9月初，我从日本回来后，向刘谷局长汇报东京文物展出情况时，刘局长提出国家文物局要求我参加《中国文物精华大辞典》的汇编工作。几天之后，我就到北京报到了。《中国文物精华大辞典》由国家文物局担任主编单位，副局长彭卿云同志为总主编，由香港商务印书馆印制繁体字版，面向全世界发售。香港商务印书馆加入了世界出版系统的相关组织，有资格向全世界发售图书。上海辞书出版社印简体字版，面向中国大陆发售。这部书还有繁体字版本，面向我国台湾地区发售。

郭云菁　原来这部书有这么多版本啊。

白云哲　是的，有三个版本。这部书1992年出版，1995年12月曾获得第二届国家图书奖。《中国文物精华大辞典》分为四卷，《陶瓷卷》由故宫博物院耿宝昌先生为分卷主编，故宫博物院研究员叶佩兰同志和我为分卷副主编；《金银玉石卷》由国家博物馆史树青先生为分卷主编，浙江博物馆研究员周其忠先生和我为分卷副主编。

《陶瓷卷》又包含陶器和瓷器两部分，陶器类由我负责辞目的整理、修改及增补工作，瓷器类由故宫博物院叶佩兰同志负责整理。《金银玉石卷》大部分辞目由浙江省博物馆周其忠同志进行整理，其中玉器、石器、砖瓦类辞目，由我进行整理、修改及增补。我将修改后的辞目送交史树青先生审核，老先生对每个辞目的内容、字、词、句及标点符号都仔细审阅与修改。史先生认真负责的治学精神及一丝不苟的工作方法，确实值得我们晚辈学习。

我是1986年9月去报到的，到1989年5月才完成了辞目的修改与增补工作。当时还没有用上电脑与复印机，全是用手抄写。在北京工作期间，国家文物局招待所无食堂，局机关食堂只供午餐，早晚餐得自己解决。当时工资较低，生活上困难多多。参与编书的外地同志只有我和周其忠，我们相互鼓励，只有坚持才能修成正果。通过几年的工作，我亲受国家级老专家的指导，专业知识、研究方法及治学态度有了极大的丰富与提升，这才是最重要的收获。

1992年夏，上海辞书出版社组织专家对《陶瓷卷》样稿进行核对，叶佩兰同志因身体原因不能参加。出版社提出，经彭局长批准，由我对《陶瓷卷》全卷进行最后的核对，尤其是对瓷器部分进行了技术性修改，提高了内容及文字方面的一致性和准确性，同时得到了出版社领导及编辑人员的肯定。上海辞书出版社的社长、主任及编辑人员，对周其忠和我的工作很满意。1992年社里出具信函，对我在《中国文物精华大辞典》出版过程中的编写与汇编工作，有详细而具体的统计及说明，对我评正高职称起到了不可或缺的作用。

在此之后，山东省文物局计划出版《山东文物精萃》一书，由山东美术出版社负责出版，内容包括玉石器类，陶瓷器类，青铜器类，书画类，金银、漆木、织绣类，由全省文博单位选送的217件文物组成，每件文物都有精美的彩色照片及简明扼要的文字说明，其中46件文物的说明是由我编写的。

1994年，省文物局指定我和郭思克、崔明泉、张从军、杨波五人，对全书辞目进行分类整理及释文修改工作，并撰写分类前言。我负责陶瓷类、金银类、漆木类和织绣类，共计101件文物，占全书的近二分之一。我们分类整理之后，将全书草稿送交山东美术出版社。省文物局由少平副局长指定我代表省文物局对全书进行校对，同时出版社刘社长也告知我，让我负责全书的审核工作。1996年该书正式出版。出书十年后，我的朋友魏然同志在英雄山文化市场发现了《山东文物精萃》最后校对的书稿，购买后送给了我以作留念，书中到处都是我修改的笔迹。

郭云菁　白老师，据我所知，明鲁荒王墓出土文物的编目工作是您完成的，您能否介绍一下？

白云哲　1989年5月，从北京回到博物馆陈列部，我向牛馆长谈了自己的想法，想做鲁荒王墓文物的编目工作。经馆党支部研究决定，我不离开陈列部，但可以在保管部做鲁荒王墓文物的编目工作，由保管部将文物移到一个独立的库房，并办理文物交接手续。

鲁荒王墓常年积水，文物都是从水中捞出来的，大部分需要技术性的清洗、复原、修复等，使其比较完整地保存下来，才能分类编目，易于收藏、保护、研究及展示。

首先是对六件瓷器进行整理、编目工作。罐、瓶、盘皆为青白釉，饰云龙纹，放在水盆里轻轻一刷洗，釉面就脱落了，失去了光泽。此现象的产生，只有一个原因，即六件瓷器是朱檀死后烧制的明器，火候不足，瓷化程度极差，长期泡水，致使釉质软化，极易脱落。虽是明器，也是少见的"洪武瓷"，极具历史价值。（梅瓶的）瓶盖遗失，酒气散尽，实属遗憾。

冠带配饰及袍服类文物，由中国社科院考古研究所白荣金、王予二位文物专家，亲自参与清洗、熨平，用新棉布做衬里以增加牢固程度。馆里王玉梅、唐士和等同志参与辅助修复。九旒冕和九缝皮弁完全是白荣金、王予两位专家清洗、复原的，并加了内衬，十分牢固。冕上部綖板前圆后方，冠下方的金池前大后小，金簪由右耳向左耳方向穿插，皮弁也如此。

鲁荒王墓出土了三件书画，均由故宫博物院修复厂（位于故宫中的慈宁宫之后）进行修复与装裱。宋秋葵蛱蝶图卷出土后，画面中的秋葵和金字都粘在背面了。首先将画面和金字移至原位，再添加乾隆时金粉进行修补复原。宋高宗金字御题诗，大多笔画移位，分辨不出是哪个字，只能依据郭沫若先生的意见修复。后经启功先生看后，他在一张有红色横格的纸上将诗文临摹一遍，将

"藥"字改成"葉"字,"世"字改成"無"字,"憂"字改成"獨"字。遵照启功老先生的意见,重新修改了金字。

鲁荒王墓出土了七部古书,国家文物局王冶秋局长亲自安排我和王晓燕同志去北京图书馆,请肖振邦老师傅(已退休)在故宫博物院修复厂对出土古书进行修复。

鲁荒王墓积水中捞出了大量的漆木器与车马俑类文物,脱水工作不可拖延。郑笑梅老师主动承担,利用锯末逐渐降低湿度的办法对文物进行脱水,防止干裂变形。经过编目,进入正常的库房管理及展示活动。几十年了,我只要看到展室的木俑仪仗队,就想起郑老师,她真不愧为一位考古学家。

随着大家认识的深入与提高,鲁荒王墓出土文物的修复、库房管理、研究及展示工作将会呈现更多的研究成果。

(以上)这些就是我负责的比较重要的工作。1998年10月18日馆里给我办理了退休手续,这是我在馆工作的第三十五个年头。

(采访人:郭云菁　整理者:朱仲华、郭云菁)

蒋英炬访谈录

被采访人：蒋英炬

简　　介：蒋英炬，原山东省文物局副局长，原山东省石刻艺术博物馆馆长、研究馆员，山东省文物鉴定中心文物鉴定评估专家，长期从事文博事业与考古研究工作，致力于秦汉考古与汉代画像石研究。

采访时间：2024年3月14日

郭云菁　蒋局长您好，在建馆70周年之际，我们想要给您做一个专访，请您回忆一下您刚进入山东博物馆工作时的情景。是什么机缘让您来到博物馆工作的？

蒋英炬　我是个老博物馆人了。我是1960年从学校毕业以后，由国家统一分配工作的。我来到山东以后先在山东省文物管理处工作，主要是做文物保护管理与考古调查发掘工作。我在省文物管理处的工作时间不长。到1961年，国家提出"调整、巩固、充实、提高"这八字方针，机构也在调整，山东省文物管理处与山东省博物馆合署办公，实际上对外还挂"山东省博物馆"和"山东省文物管理处"两个牌子。在单位内部，我们这些业务人员就组成了山东省博物馆的一个文物组，从此我就在山东省博物馆工作了。我记得有张老照片，是1961年两个机构合并时全体人员的合影照片，很有纪念意义。

1981年，山东省文物考古研究所（以下简称"考古所"）成立，我又到了考古所，是当时的临时负责人。20世纪80年代以来，我的工作变动就多了。1982年我从考古所又调到省文物局，1984年我从省文物局又到了山东省石刻艺术博物馆（以下简称"石刻馆"），1990年我从石刻馆又回到省文物局，1995年我再次回到石刻馆，最后转了一圈又回到了博物馆。

郭云菁　请给我们谈谈您在博物馆从事的重要工作。

蒋英炬　20世纪80年代以前，我主要在省博物馆文物组工作。实际上那时候的专业人员碰到什么任务就干什么，经常有文物保护管理的任务，叫你调查你就调查去，叫你发掘你就去发掘，但是对自己的业务工作也有好处，各种业务知识都有所积累和提高，也为日后的专业研究打下了比较扎实的知识技能基础。

在这个时候，我的主要考古工作有各地新石器时代文化遗址调查、发掘，九龙山的明鲁荒王墓就是在这个时候发掘的。在临淄齐国故城我们调查钻探了两年，齐国大、小故城的钻探记录总结都是我写的，并首次划出齐国故城遗址重点保护范围。还有银雀山汉墓的发掘，当时的清理工作是我和吴九龙两人下到椁室中去的，其中1号墓大部分完整的竹简，是我亲手用一块薄木板从底部托出来的。我拿着竹简去国家文物局找了王冶秋局长，请示对竹简处理的办法。

郭云菁　银雀山竹简发掘出来之后，是确定了它是《孙子兵法》等书的竹简，所以才送北京，还是说发掘出来的竹简都要送北京呢？

蒋英炬　竹简发掘出来以后，已经推测其包括《孙子兵法》的竹简了。我记得我拿着一枚完整的竹简去了北京。一是知道这批竹简发现的重要性，再是地方缺乏对出土竹简清理和保护的技术条件，所以就批准送北京去。

再说一说我完成的几个行政性的业务工作。1963年和1972年两次全省的文物工作会议的工作报告都是我起草的。在写作的过程中，我得努力去了解全省的文物工作，对我知识面有一个很大的提升。

再一个就是参与编写《文物考古工作三十年》那本书，在当时来讲也是个大事，是全国范围考古工作的一个总结。1978年，我就听说国家文物局和文物出版社要组织全国写这本书，每个省都要写，可当时山东省却迟迟未动，还曾听说山东不准备写这个方面的稿子了，但我知道别省都已在积极组稿了。

一直到1979年春天，领导才让我担负撰写《三十年来山东省文物考古工作》文章的任务。咱们省启动得晚了许多，我只有一个多月的时间，真是白天查资料，晚上忙撰稿，昼夜不停地工作。我过去写工作报告的积累，对写这个东西也有好处，总之，通过努力我把这个事很好地完成了，得到了领导和同事们的认可，这也是一个值得回顾的事情，是事关咱们山东文博事业的重要工作。

1972年我发掘明墓回来之后，领导派我去做博物馆的陈列展览，从文物的挑选到写大纲，包括讲解词我都准备了。我按照山东的历史来策划，叫"历史文物展"，开展后观众还挺多，后来还由我主持调整过一次。这个展览我记得一直展到了（20世纪）80年代，成为省博物馆多年对外开放基本陈列展览的基础。

我完成的这些工作，不光对单位好，对我个人也是个提高。后来我在省文物局工作时，虽然是行政职务，但是我主要做的是业务性较强的工作，如在青岛收购省外贸公司的流散文物的工作。当时物品数量特别多，种类也比较复杂。我接触了大量的1949年以前的民俗文物，开阔了对文物观察的视野，通过艰苦努力和细致的工作，把文物收购过来之后分配充实到各个博物馆收藏。

我在文物局做的另一个工作就是主持赴日的出国文物展这项业务工作。这是山东省第一次举办大型的出国文物展，文物展品目录、展览规模与形式等，经过两年的相互考察和谈判才定下来。还有出版展览图录、展览宣传、研究编写《山东历史与考古学成果》文章、起草赴日文物展协议书、文物估价等一系列工作的顺利完成，切实保证了出国文物展的顺利开展，并取得圆满成功。这次展览的成功经验为以后举办各种出国文物展奠定了业务基础。

再一个就是职称评审工作。文博界评职称是从1983年开始的，我就在省文物局具体负责这个工作。当时省内与国家文物局都没有相关的条例，我去北京寻到并参考了中国社会科学院考古研究所的科研职称条例，结合我省文博岗位情况，起草了山东的职称条例。这个条例通过审核批准后开始执行。1987年学术职称修改成业务职称，就是文博专业职称，这才开始了广泛有序的专业职称评审工作。我担任高级职称评审委员会的副主任委员，负责具体的筹划评审工作。

郭云菁　蒋局长，您在业务工作以及行政工作上都作出了非常突出的有开创性的贡献。请您谈一下您在学术研究方面的成就吧。

蒋英炬　自（20世纪）80年代以来，我的工作单位虽然多次变动，但我却加强了学术研究的专注力。1979年冬在省博物馆文物组工作时，我就开始实地进行对武氏祠石刻的专题考察。1981年在刚筹备成立的省文物考古研究所工作不久，我的论文《武氏祠画象石建筑配置考》已经发表在《考古学报》上面，这篇论文大家都知道，引起了中外学术界的关注。

当年夏鼐把我这篇文章寄到美国费慰梅那里去了，费慰梅早年曾研究这个课题。这篇论文是一个突破性的成果，我想在此基础上再写本书，把研究再深化提升一下。当时文物出版社的编辑一直催我快点写，承诺出版社会给予及时出版，可是我当时在省文物局正在忙展览、学术职称评审这些工作，写书的事就耽搁了，一直到1987年才写出来。但是文物出版社那时候就成了付费出版，所以此书一直拖到（20世纪）90年代才得以出版。

郭云菁　您在这么繁忙的行政工作中依然坚持学术研究，真的是非常难能可贵。请您进一步谈一下您在专业上、学术上的成就，以及您从事这方面专业研究的原因。

蒋英炬　（20世纪）80年代，领导交给我收集资料、编辑出版《山东汉画像石选集》的工作，这是省博物馆过去多少年都没有完成的事，也可以说是一个"老大难"的任务了。我就开始了汉画像石调查这个东西，通过两年的努力，不仅完成了该书的出版，也引发我进一步的学术思考，我对汉画像石的考古下更多力气就是从这里开始的。随着调查研究的逐步深入，我又发现了很多问题，所以我就写了有关汉画像石主题的许多文章。

在完成编撰《山东汉画像石选集》任务之后，我就去嘉祥武氏祠实地考察了。嘉祥武氏墓群石刻是1961年公布的第一批全国重点文物保护单位，山东一共才八个，还有孝堂山郭氏墓石祠，这两个都在第一批里头。1963年，在对汉代武氏墓群石刻进行"四有"文物保护工作时，我通过一位老专家看到了王世襄翻译的美国费慰梅写的《汉代武梁祠建筑原形考》这篇文章，发表在梁思成办的《中国营造学社汇刊》上面。（当时条件所限）我连夜把文章抄写下来，后来我和王世襄先生也有多次交往。通过阅读费慰梅的文章，我发现当年费慰梅的复原没有完全成功，但她的观点和方法都很科学，对武氏祠画像石一针见血地指出以下问题：什么是武氏祠？这些石头在祠堂中的位置是什么？它们之间的互相关系是什么？从来没有人问过这些，她一下就把学术问题点出来了。所以武氏祠这个悬而未决的学术上的问题，在我潜意识里种下了根。再与画像石的调查联系起来考虑，就想到传统金石学只一块块孤立零散地看待画像石的方式有很大缺陷，必须用考古学的方法进行实地调查。

在此之前，我把过去对武氏祠的金石学的著录和其他有关研究资料做了较全面的收集查阅，尽量不遗漏资料。在我查阅金石著录资料的同时，就看到对这些石头的解读各家都说法不一，我认为必须要到现场仔细对照考察。于是我把能看到的对每幅画像记录的图像资料都找出来，并落实到每块石头上，弄清楚这些石头的来源、数目、形状、尺寸等，澄清了以往著录错漏混乱的地方。

然后我在实地考察基础上对祠堂做复原研究，同时我也参照了费慰梅的文章。实地考察的重要，就是在做祠堂复原研究时，不光考察画像内容的关系，更要从一个个石头上、从建筑角度上来考察，如石头跟石头怎么接触，每一面墙的空间位置关系，好比两山墙夹后墙，或后墙堵山墙，这些关系又都表现在石头上，使建筑复原有真凭实据。

你就看这个石头，它两边是没有画的粗糙面，中间画像三四米长，没有画的地方正好跟两山墙的厚度相同，不就是用这个堵山墙的吗？从建筑上一看就看出来了，非常合理，再和画像内容联系起来比对，就能得到双重的证据。我在这个基础上完成了复原。论文发表以后，在学界也产生了一定的影响，这使多年来一个悬而未决的学术问题得到了解决，把当年黄易发掘出的这些零散的画像石，根据它在建筑上的位置和画像的关系，都合理地配置到原来的建筑位置上，是具有突破性的学术成果。

郭云菁　是不是就可以把它复原出来了呢？

蒋英炬　是的，虽然没法在实地复原，但祠堂的形貌和画像石在祠堂建筑中的位置都完全清楚了，可以对祠堂画像石的原状进行完整的观察，可以观察研究更多的问题了。所以我在这篇论文的基础上要写成书，把武氏祠复原的形状、画像内容以及纠正和考察出来的相关资料总结一下，做一个比较完整的观察和著述，这更是一次历史的记录。

举个例子，祠堂就是一个屋子，屋顶它象征着天空，我把武梁祠的两个石头放到屋顶上，它内容都是祥瑞画像，这叫"天降祥瑞"，建筑配置和画像所在的空间位置意义都得到了合理的解释，又可以互相证明。再举个例子，有一个"楚昭贞姜"的故事，它是刻画在两块石头上，正好是在东墙和北墙拐弯相接的地方。它原是一个画面一个故事，根据榜题"楚昭贞姜"一看就知道，把这个历史故事考证得很清楚。但是有学者把另一块石头上的前面那个跪着的使者和一个女仆人，当成了另外一个故事，从宋朝就在考证，一直考证到民国，始终没有定论。结果复原以后一个完整的故事画面出现，与历史文献都能对照起来，珠联璧合，天衣无缝。你看如果对原材料认识错误，不管下多少功夫，也是白做了。所以说，对汉画像石研究要从原貌上、整体上来观察。

再举个例子，车马画像更要从是否为完整的图像来观察，如有的车马出行队伍，从欢迎到送别有一个完整的队伍，还有榜题都写清楚了。我通过武氏祠画像石上面的榜题，还纠正了《后汉书》中的一个标点错误，写了一篇文章。

　　有的车马出行图这十多辆车分别刻在几块石面上，前面是导车，中间是主车，后面是从车，这都有榜题文字可证。过去有的文章、报告不考察车马出行图是否完整，只要见到一块石面上有三辆车，就说前面那辆车是开道的，中间是主车，后边是随从车，却不知这三辆车原来都是导车，只因为在一个画面上，在一块石头上，他就根据这三辆车来分析了，这样研究不白费功夫吗？太浮躁了。这是从零散的角度来观察的，你不知道它原貌是什么，它整个队伍你都没看见。所以要以考古学的目标，要见它的原貌，根据真实的材料来研究，不能只见树木不见森林，这两个概念差别很大。

　　郭云菁　蒋局长，您的《武氏祠画象石建筑配置考》《汉代武氏墓群石刻研究》这些在学界有突出影响力的代表作，给我们目前汉画像石研究和展示提供了非常宝贵的意见和建议，对我们后来的研究者具有重要的借鉴和启示意义，真的是非常感谢您！

　　蒋英炬　武氏墓群石刻的研究扩大了我对石刻画像的认识，我由此看到了孝堂山石祠的问题，看到了朱鲔石室的问题。这三大石祠是目前中国也是世界上都著名的汉代画像石祠堂，不仅对汉画像石考古学研究有重要意义，更是研究中国与世界美术史不可或缺的资料。我通过进一步的实地考察，研究整理成新的专著出版，把它们放在科学的平台上，更有利于今后对其保护研究工作的开展。

　　郭云菁　您这是属于奠基之作。

　　蒋英炬　孝堂山石祠的以往著录也存在错误和不合理的地方，没有完整的著录，还遗漏了很多材料。1981年，我带北大实习生来搞调查研究，信立祥当时是研究生，他领着学生来的，他们都是俞伟超的学生。（那时）我已经完成了武氏祠的考察，正好要搞孝堂山石祠调查。

　　从这里我又看到墓葬，著名的曲阜"东安汉里画像"，零零散散的几十幅著录在《汉代画象全集》上。后来我在曲阜实地调查，把这些残片都跟原石对照起来，把它们准确无误地复原到一个石椁上，这就出现了新的认识，石椁的时代、画像的部位以及它的意义，都更加清楚明白了。

画像中的朱雀、玄武、青龙、白虎，在石椁上跟它的五行方位完全吻合，又跟前面用来当门神的神荼、郁垒相对应，后边画了两个家仆一样的人当仆从，完全合理的安排，不仅提高扩展了原画像石的意义，更可以把它纳入考古学的序列当中去认识。

郭云菁　您的论文价值都特别高，都是发表在《文物》《考古学报》《考古》这样的核心期刊上面的。

蒋英炬　那时候《考古》对稿件要求得严，《考古》编辑部杨泓先生笑着对我说："郭老、夏所长的文章来到即安排，然后是安志敏、李学勤等小专家，再下来才是一般的考古人员的文章，若文章质量可以，你就排队等机会吧。"我有幸也排上了几篇。

我在对汉画像石的研究中，注意不断发现问题。我又扩展到对画像石的雕刻技法进行分期、分区的研究，还写了一些考证的东西，比如《汉画执棒小考》，我写的这篇文章得到人们的赞赏，郑同修馆长就特别称赞了这篇，当然了，这篇文章的考证是能立得住的。

我还纠正了一些错误的著录，如鲍宅山凤凰画像，过去说是昭帝元丰年间的，是中国最早的一块画像石，在山东沂南，《汉代画象全集》上著录了几幅画像拓片。我到实地考察一看，它只是在孤立的石头上刻了几个画，根本不属于画像石的范畴，它既不是墓葬建筑物上的，也不是祠堂用的。画像石是一个特定历史阶段的物质文化现象，它是附属于墓葬建筑物上的雕刻艺术，有它的主题内容，不是随便刻个画都算。我专门写了一篇文章《关于"鲍宅山凤凰画像"的考察与管见》，发表在《文物》上。

郭云菁　研究汉画像石，我们是不是应该腿要勤，要实地去考察，或者通过考古发掘获取较全面完整的资料；脑袋要勤，要思考，要发现问题，解决问题，是不是可以这样理解？

蒋英炬　对，考察画像石是这样的。画像石原是金石学的一个名词概念，过去的金石学是通过一块块的石头、一幅幅的拓片来收集研究画像石的，认为画像石就是一块块的孤立地刻画在石头上的，所以它有一定的局限性。画像石是特定历史时期的文化产物，是当时的墓室或地面的祠堂、石阙等这些墓葬建筑物上的雕刻装饰，它是给当时的丧葬礼仪服务的一种艺术。所以，对汉画像石的研究必须有考古学目标，要注重考察汉画像石原来存在的整体面貌和画像内容的原本意义。光孤立零散地看待画像石，等于是只见树木不见森林，只知砖瓦不知有楼宇，其概念相去甚远。因为失去它的本貌，研究结果也很容易犯错误。研究画像石就要认识它的本来意义，这样才能延伸出来它的社会背景、意识形态等。

我给你举个例子，（拿出了一张拓片）这是个墓门上的画像石，上面有相对的两匹马，马后边有个人拿着个簸箕在拾粪。我写的农业考古的文章，说汉代积肥，也是讲卫生，这是当时民间习俗。从考古社会学的角度来看，结合这个画像石的本来面貌和意义来考虑，这个石头是在什么部位，它是干什么的，它是一块墓门上画的。在古代马是战争的重要资源，《道德经》里有"天下有道，却走马以粪"。"走马"就是跑得快的战马，天下太平不打仗了，马放南山了，马就用来拉粪积肥了。这种画像明显是在宣扬太平有道的天下，刻画在墓门上再贴切不过了。

郭云菁　这是一种美好的祝愿。

蒋英炬　对啦，画在门上是为了祝愿天下太平，宣扬有道明君，这是其本意。所以说研究画像石要从整体上考虑它所属的建筑物的本来面貌，也要从画像的本来意义角度来考察，对本意的探讨也是考古研究的一个必要目标，再来研究当时的意识形态、社会背景，你才可以得出正确的认识。

因为汉画像石反映了当时社会生活各方面的内容，所以可以从多学科多视角地探讨，你可以从军事武器方面进行探讨，可以研究刀枪、弓弩，甚至是游戏、杂技等，有很多专题可以研究。但是画像的原本意义并非如此，像是墓葬画像的杂技、庖厨等，很多只是表现整个丧葬祭祀的一部分。到现在农村人去世都要请客吃饭，吹吹打打把人埋了。汉代就这样，也是要请客吃饭，这是当时丧葬的一部分，说明丧事的隆重和子孙的孝行。当然你也可以从画像中研究饮食文化，但是从本来意义上来说，它不是宣扬饮食文化，它宣扬的是当时社会的主导思想和生活习俗。当时孝廉是举官的一个条件，有孝名才能被推荐当官。

我在汉画像石研究领域取得了一定的成就，主要得益于能发现问题，要是没有发现问题，我早就跳出来了。因为发现了问题，就必须去研究。你要做学问，就要有问题你才能回答，带着问题去研究，这样就能写出一篇又一篇研究性的学术文章，就能做出成就了。

郭云菁　您的思维一直是在发现问题，解决问题。

蒋英炬　我研究解决的问题都认真写成论文，我编写出版了《汉代武氏墓群石刻研究》《汉代画像石与画像砖》等七八部书，发表《武氏祠画象石建筑配置考》《汉代的小祠堂——嘉祥宋山汉画像石的建筑复原》《关于汉画像石产生背景与艺术功能的思考》等50余篇论文，曾发表《考古学与地质学》俄文译作。另外我写了很多别的文章，以及其他关于文物知识的（文章）。我还写过散文故事，还给同事们的书写序（言）和前言，认认真真写，也写了十几本，既能帮人家的忙，对我也是一种提高。

我的这些学术成就也得到了国外学术界的关注。我曾应邀去美国、日本等国家和地区进行学术演讲交流。一次去美国的时候正好是"9·11"事件以后，申请去美国的签证较难办，必须本人到北京美国驻华大使馆签证处现场办理。当美方签证人员一看我拿出来普林斯顿、耶鲁、匹兹堡、哥伦比亚、芝加哥五所著名大学的邀请函时，马上站起来，说了好几句"欢迎您到美国来！"很快给我办理了签证。

郭云菁　您的学术成果理应得到尊重。您的业务工作范围比较广，也做得比较精深，在考古文物研究、文物保护、陈列、宣传等方面都有涉猎，而且都有突出的成果。面对咱们博物馆70年来的发展变化，您对山东博物馆的高质量发展有什么建议呢？

蒋英炬　我对博物馆学是这样看的，我写过文章，博物馆学不是个一级学科，它是个应用学科。博物馆里面的学问是各样都有，什么专家都可以有。比如航空博物馆、交通博物馆等，其中就必须有这方面的专家。博物馆学是通用的方法，怎么办陈列，器物怎么分类，藏品怎么保护……这是个实用的方法，从事博物馆管理的业务人员应当花一定时间学习这个应用的方法，来应用到博物馆业务中。

但是博物馆里的学问并不都是博物馆学，什么样的学问都可以用到博物馆里头。国际博物馆协会里面就是什么专家都有，有地质专家、历史专家、古生物专家，但是没有博物馆学专家，因为博物馆学是个应用学科，不是说博物馆学不重要。比如你搞地质博物馆，你会博物馆分类方法，但是你没有相关专业的知识仍然不行，你得懂地质学，你只有在这个地质学专业基础上才能搞好地质博物馆的藏品分类。

现在博物馆提倡要让文物活起来，这当然很重要，博物馆就是要跟社会接触，包括学校教育、儿童发展等，在社会各个方面发挥它的作用。长远来看，博物馆的专业人员必须对其所从事的专业进行深入研究，你必须对你那一行专业知识要钻研下去。你可以写文章，也可以搞鉴赏，但是你得下苦功夫才行。不管是搞陈列展览，还是搞宣传，都必须有相应的专业知识，比如搞陈列，你需要熟悉山东历史、山东文物。

希望咱们专业人员既要提高业务知识和业务兴趣，更要有"坐冷板凳"的精神，通过艰苦努力，做出新的更好的成绩。

（采访人：郭云菁　整理者：郭云菁）

王辉亮访谈录

被采访人： 王辉亮

简　　介： 王辉亮，山东省博物馆原艺术设计部主任、研究馆员，主要从事展览陈列形式设计、书画创作等工作。

采访时间： 2024 年 3 月 12 日

代雪晶　王老师您好，我是山东博物馆陈列部代雪晶。今天受馆庆专班委托，对您进行专访。王老师，据我了解，您于1963年山东艺专毕业后即在聊城工作，可否请您谈谈您在聊城的工作对后来到山东博物馆工作的影响？

王辉亮　我上大学的时候学的是绘画，毕业后被分配到聊城地区，在当地的师范学校教过书，后来在地区艺术馆当馆长，从事群众文化工作，工作内容包括美术设计、摄影、音乐、戏剧等方面。20世纪80年代以前我一直在聊城工作。

代雪晶　您是因为什么机缘来到山东博物馆的？

王辉亮　我曾在聊城当地的展览馆从事过艺术设计和绘画，在地区艺术馆从事美术创作和群众文化工作，并先后在地区美协和地区科普美协、地区画院工作。在聊城的长期工作，对我来说是难得的锻炼机会，在组织的培养支持下我个人收获颇丰，综合素质得到了极大提升。后来由于组织的需要，山东省文化厅领导安排我到山东省博物馆工作，我本人非常愿意。

长期基层工作积累的知识和经验，让我得以很快适应了博物馆的新工作。山东博物馆人才济济，藏品丰富，社会影响大，更有利于我的专业发展，当时杨子范馆长、黄皓馆长相继与我谈话，他们专门向我介绍了馆内情况，并热情地表示欢迎我来山东博物馆工作。当时博物馆还没有成立陈列艺术设计部，卢传贞馆长先安排我负责自然部的工作，作为共产党员我服从组织安排。后来牛馆长上任后，非常重视陈列艺术设计工作，适逢山东省博物馆新馆建设，为加强艺术设计力量，馆内相继引进十多名艺术院校毕业生，正式成立艺术设计部。馆领导对我寄予厚望，让我担任艺术设计部主任。为了更好完成新馆的基本陈列任务，在馆领导的安排下，我率领十多位同事专门奔赴上海博物馆、河南省博物院等重要博物馆实地考察交流，收获颇丰。在任期间，我主持了山东博物馆历史陈列、自然动物标本等基本陈列的形式设计，以及国际反法西斯暨抗日战争胜利四十周年等临时展览的形式设计，还参与指导了威海刘公岛中日甲午战争基本陈列形式设计、孔繁森纪念馆基本陈列形式设计和"孔子文化大展"形式设计。

退休后，我开始专注于绘画创作，创作题材从人物画到花鸟画，作品多次参加国家级、省级重大展览，并有多本画集出版。我兼任山东文博书画研究会会长，与全省文博系统的同行切磋交流，与著名书画家互通有无，绘画技艺得到不断提升。

代雪晶　王老师，请您介绍一下我们当时建新馆的时代背景，以及新馆在全国的影响力？

王辉亮　总体来说，建新馆是新时代的需要，从中央到省里各级领导都非常重视博物馆建设。山东省博物馆文物馆藏丰富，甲骨文、青铜器、汉代画像石、古代书画等颇具特色。老馆陈列环境和陈列设施老旧，跟不上时代发展的步伐，作为文物大省，山东需要一个与藏品相匹配的现代化的博物馆。

代雪晶　王老师，请您介绍一下20世纪90年代山东博物馆艺术设计部的工作情况。

王辉亮　山东博物馆是地区性综合博物馆，我们应发扬地区性博物馆的优势。20世纪90年代艺术设计部积极开展工作，较好地完成了新馆的基本陈列任务。艺术设计部的同仁按自己专业特长，分工明确，有的专门从事艺术设计，有的专门从事绘画复制或陈列绘画，有的专门从事文物摄影，有的从事雕塑创作，艺术设计部当时呈现欣欣向荣的景象。艺术设计部与陈列部进行了很默契的配合，较好地完成陈列展览工作。

代雪晶　1954年山东省博物馆通史陈列的设计工作获得了全国很多专家支持，那么，20世纪90年代馆的设计工作是如何开展的呢？

王辉亮　20世纪90年代馆的陈列大纲等全都是我馆业务人员独立完成，总体形式设计工作由我来承担。

代雪晶　当时是什么工作机制？

王辉亮　陈列部和艺术设计部是并列的部室，陈列部负责内容设计，艺术设计部负责形式设计，两个部门通力配合，共同完成展览的策划与实施工作。

代雪晶　20世纪90年代山东博物馆做过哪些轰动性的展览？

王辉亮　我所知道的不多，有咱们的基本陈列、"孔子文化大展"、"国际反法西斯暨抗日战争胜利四十周年展"等展览。当时我们做的临时性展览还是不少的，社会反响都很不错。

代雪晶　咱们馆在20世纪90年代的展览和全国同行的水平相比是什么状况？

王辉亮　各有千秋，20世纪90年代展陈做得好的是上海博物馆、河南省博物院、陕西历史博物馆，山东博物馆也名列前茅。

代雪晶　"国际反法西斯暨抗战胜利四十周年展"在当时全国的社会反响如何？

王辉亮　这是一个全国性的展览，山东也不能落后，响应全国的大形势，社会反响不错。

代雪晶　王老师，请问您对陈列部有什么希冀？

王辉亮　现在山东博物馆的硬件、软件都已具备，管理水平变得更加先进，希望年轻人能更加珍惜现有优势条件和优越的平台，刻苦学习、锐意上进，不断提升自己的专业水平，开阔胸怀，放眼全国，走向世界，将内容设计与形式设计融为一体，创作出全国一流的陈列展览，推动山东博物馆走向世界。

（采访人：代雪晶　整理者：代雪晶）

陈梗桥访谈录

被采访人：陈梗桥

简　　介：陈梗桥，山东省博物馆原保管部主任、研究馆员，山东省文物鉴定中心文物鉴定评估专家，主要从事文物保管、书画研究与鉴定等工作。

采访时间：2024 年 3 月 28 日

于　芹　陈老师，您是在什么机缘下进入山东省博物馆工作的？当时山东省博物馆是什么情况？

陈梗桥　我正式进入博物馆是因为工作调动。1974年，做"批林批孔"展览时，从外单位借调了许多人，来博物馆一块儿"大会战"，那一年我也在。我的任务很简单，就是写版面。他们设计内容的做好以后，交给美工，美工确定尺寸、横竖、位置之后，传到我这里，我就按照美工的设计要求，将其写出来。在这个展览开幕之后，我就离开了。我正式调过来是在1979年，到2000年退休，这算是正式工作阶段吧。

省博物馆在建馆之前是山东省卍字会，那时是开放的，我家就住在附近（杆石桥附近）。我在学龄前常到卍字会大院里逛着玩，那时候还没建博物馆，我对这个院子非常熟悉。

原来博物馆南面是济南老城的圩子墙，是砌得很高的石头墙。你看卍字会的门是坐西朝东开，就因为那时它南面是很高的圩子墙，按照常规来说，院落应该坐北朝南。那时候，来逛卍字会的老百姓很多，后来卍字会大院就成了博物馆的展出地。有一个展览，我记不清是博物馆建馆之前还是之后，只记得是我小时候举办的，我见到过一个木头的《晨钟报》报头印模，还有一大摞稿本，是长篇小说《铁道游击队》的原稿。后来山东省博物馆的藏品就增多了，藏品的主要来源是山东省文管会。

于　芹　您工作之外最大的兴趣爱好是什么？

陈梗桥　我的爱好和工作是一致的，这是很幸运的。上初中时，我常跟着济南那些老先生们，去卖古董的小市儿逛着玩，在地摊上能见到些古书、字帖、字画等。那时的老先生很有水平，他们说什么，我就在旁边听，所以接触这些东西比较早。进入博物馆以后，我在库房组。那时候叫库房组，后来才叫保管部。当时有库房组、陈列组、宣教组和自然组四个组。库房组主任是刘敬亭老师。刘老师带我一步步熟悉了保管员的工作。

于　芹　您是知名的书画鉴定专家。请谈谈您对书画鉴定的理解。

陈梗桥　我对书画鉴定的理解有一个过程。上初中时，我跟随老先生们逛小市儿，他们有时会有争论。比如对一件古董，这位说真，那位说假。这位说真，有什么道理？那位说假，有什么道理？他们会进行友好的讨论。虽然我那时只有十几岁，但是印象很深刻。那时济南有一个药市会，不光卖中药材，而是一个很大的贸易会。我记得有一次在药市会，大家争论起一张画的真伪，画的落款是齐白石。有的先生说，这画没问题，你看齐白石的图章没问题。有的先生说，这画画得死板些。我在旁边就听出了老先生们的思路。后来王天池先生（齐白石的弟子）把这事传到北京。当时齐白石的三子齐子如给王天池先生回了封信，说这张画是他画的。你想他是齐白石的儿子，盖齐白石的图章是很容易的。关于那张画真假的结论尘埃落定。这些经历对我后来做书画鉴定起到了很好的作用。

我在少年时代就有这个爱好，毕业后被分配到农村教中学，1974年被借调时对博物馆的工作也有所熟悉。1979年来博物馆以后，我确实有一种如鱼得水的感觉。因为我小时候就喜欢书画鉴定和文物鉴定，到库房之后，可以直接将这些东西拿在手上认真观察，这是很好的学习方式。进入博物馆后，博物馆在我脑海中是两个概念：一个概念，这是我新的工作岗位；另一个概念，这是我学习的场所、我的学校。我拿工作当学习来对待，我一直是这样的态度。

于　芹　陈老师，能否谈谈您在书画鉴定方面取得的成绩，以及您在书画鉴定方面遇到的典型案例？

陈梗桥　这方面要说的很多。省级涉及公检法的鉴定数不清。中央级的是

1999年我参加了国家文物局召集的会议，为最高人民法院处理一个案子提供帮助。这个案件是有关张大千仿石溪画的真伪。这幅画在杭州拍卖后，有专家说真，有专家疑伪，最后官司打到最高人民法院。因为这是一个涉及台湾的官司，最高人民法院通知国家文物局组织专家进行鉴定。

国家文物局从全国召集了十位鉴定专家到北京开鉴定会，有启功、杨仁恺、刘九庵、杨臣彬、刘光启、郑为、钟银兰等人，还有我。当时，国家文物鉴定委员会的秘书长讲得很清楚，这次会议不搞少数服从多数，也不搞下级服从上级，要求十位专家从自己的良知出发，认为是真就说真，认为是假就说假，各负其责。他讲得很严肃。启功先生那时眼睛已经不好了，他自嘲说自己属相为鼠，是典型的"鼠目寸光"，大家哄堂一笑。最后大家各自认真地看过那幅画，拿出鉴定意见并签字后交给了最高人民法院。

参加这个会，我们也觉得不能不负责任。因为说这幅画为真的，是上海博物馆的谢稚柳先生，说为假的，是故宫的徐邦达先生，这两位都是一流的鉴定专家。上海来的代表恰巧是上海博物馆的两位鉴定家——郑为和钟银兰，都是谢先生的得力助手。在这样的氛围里，就得认认真真地看，恭恭敬敬地签字。这是我参加的鉴定会议中最沉重的一次。

国家文物鉴定委员会的秘书长在会议上嘱咐我们：为了一幅画召集全国性的专家会议，这是唯一一次，以后不会再举办这样的会议，希望新闻界不要宣传。因为最高人民法院催得很紧，牵涉到这样一个背景，为了一幅画的真假兴师动众，这是一个特例。那次的经历也教育我，文物鉴定要认真。从分类上说，文物鉴定应该属于美术考古，而非社会上一般人玩玩古董、逛逛古玩店，必须把事情说清楚。后来我也给自己加压，参加省里的公检法方面的案子就特别慎重。因为你签字，拿到法庭上是要生效的，你要负责任。

于　芹　您在博物馆负责的比较重要或者印象深刻的工作是什么？

陈梗桥　现在想想分量比较重的一项工作，就是关于博物馆一级藏品——赵孟頫《雪赋》卷的真伪鉴定，那是工学院周伯鼎先生捐献的作品。我们习惯每到九、十月济南空气湿度最合适的时候，把珍藏的画挂出来通通风以免受潮。有一次博物馆晾画，周先生来问刘敬亭老师，我捐的那幅赵孟頫的作品怎么没有拿出来？按说那是很珍贵的藏品，晾画都是拣珍贵的晾。刘老师就说那幅字有人质疑。因为此前故宫博物院的徐邦达先生到这里看过，说赵孟頫的字假，后面文徵明的题跋真，所以这次刘敬亭老师就没敢展出。周伯鼎先生说，我相信两个人，一是上海的谢稚柳，一是北京的启功，他俩若也说假，那就还给我，我不捐了。

听周伯鼎先生这样一说，第二天，刘敬亭老师就给我下达了任务：拿着这幅字去上海找谢稚柳。我心想这是个好事，我能仔细地看看这件东西，还可以借机会向谢先生讨教；但心里也打鼓，这可是赵孟頫的字啊，是太重要的东西了，我心里胆怯。

因为我没见过谢稚柳先生，所以从济南出发前，我到山大的蒋维崧先生家，请他给谢先生写了一封信。我先到上海博物馆，得知谢先生在衡山宾馆住，就又到衡山宾馆找到先生，说明来意。他打开作品一看就说，哎呀好，比我们馆的那件好（上海博物馆收藏了一件赵孟頫的作品）。他问有人说假吗，我说是。他问说假的理由是什么，我告诉他，他一条条地进行反驳。谢先生坚持说是真迹，我就向他请教说真的原因。因为有蒋先生那封信，谢先生知道我学习书法。他说："你写字应该懂，你看某些地方……"他给我讲了讲道理。我在那里待了很长时间。因为当时这件东西已经比较残破了，我说既然是真迹，那就留在上海博物馆揭裱吧。

我又回到上海博物馆，找到文物修复工厂的负责人。她是一位女同志，叫李娟春。我说明意愿后，她找来修复工厂最好的一位老师傅。老师傅看到这件东西很高兴。因为装裱师傅都愿意裱名人的东西，一件名人的作品能在自己手中被修复，那是很难得的机会。那时咱们山东省博物馆裱画最好的是杨正旗，但我们非常信任上海博物馆，于是我说，你们定修复方案就行，裱好后我来取。揭裱的事情就这样定下了。

《雪赋》卷正卷后面是文徵明题跋，之后还有很长的拖尾。我找到谢先生，请他在拖尾题字，他很高兴地答应了。要知道，他题字的前面就是赵孟頫、文徵明，这是很大的荣耀，而且可以试试在明代纸上写字的感觉，他当然高兴。谢先生嘱我跟裱画师傅说，可以题字的时候告诉他。隔了几个月，我到上海出差，又去见了那位师傅。老师傅让我告诉谢先生，现在正是题字的好时候，题晚了影响裱，题早了也不好，现在题字后他还要继续裱。这样我又去见了谢先生，告诉他馆里师傅如何说，他说好，明天就到馆里去。后来他就去了上海博物馆，在那里题了字。现在咱们能在《雪赋》卷上见到谢先生的题跋，在题跋里他讲了讲说"真"的原因。

有意思的是，时隔几年，徐邦达先生又来省博物馆，那次我没在现场。他找到刘敬亭老师，想要重新看看那件赵孟頫的作品。看过后，他承认这是真迹。你看这是老鉴定家，名气在那里，身份在那里，人家能知错改错。后来我们定级，这件藏品就是堂堂正正的国家一级文物。

于　芹　陈老师，您在博物馆的这些年，与领导、同事之间发生的感人或者有趣的故事是什么？在工作和生活中对自己帮助最大的同事是哪位？

陈梗桥　我来的时候，应该说是很稚嫩的，起码在博物馆没有什么工作经验。来了以后对我指导和帮助最大的，第一个是吉常宏先生。吉先生是北大古汉语教研室副主任、著名语言学家王力先生的得力助手。他的家眷在济南，那时去不了北京，他们都上了年纪。咱们馆当时有几个北大考古系毕业的同事，就想办法，把吉先生调到济南来了。1974年，吉先生就在博物馆。他住在按察司街，离博物馆很远，每天提个小兜，步行按时来上班，风雨无阻。因为我和他有点老世交关系，所以他对我很爱护。1974年我在这里写版面时，他有时会跟我谈论一些古汉语方面的事。他对古汉语有很深入的研究。他说有些人觉得孔子有很多"不革命"的地方，比如孔子曾说过一句话，"民可使由之，不可使知之"，老百姓你可以让他顺着做，不可以让他知道什么道理，这不就是"愚民政策"嘛。但吉先生说，如果这句话的句读换一下，"民可使，由之；不可使，知之"，老百姓做得对，就让他去做，老百姓做得不对，就教育他，这样解释意思就完全不一样了。吉先生谈起王力先生，感慨说，王力先生平常给他们讲的一些书，别说他们学生没看过，就连书名都不知道。我正式来博物馆后，吉先生跟我说，博物馆这个地方，什么人都能待下去，再没本事，也有可以待的岗位，学问再大，也有弄不清楚的事。无论别人怎么清闲，你一定要努力学习，利用一切机会、一切文物，好好学习。我牢牢记住了吉先生的话。我正式来博物馆后，吉先生就去了山大词典编写组。他说中华书局出版的廿四史，当时是集中了许多专家到北京点校，现在出版后，人们还是提出某些地方的句读值得推敲和商榷，所以学习无止境。他给我讲的这些道理，我终身受用。

另一位给我很大指导和帮助的是刘敬亭老师。她是建馆以来第一任保管部主任。她没读过多少书，没上过什么学，但是她是怎么把书画管理得这么有秩序的呢？一个字"学"。刘老师的学习精神让我非常佩服。她没有什么文凭，却把山东博物馆藏的书画好好地研究了一番，当然也请教过很多人，像北京荣宝斋的画家许鳞庐来时，她就借机请教他书画怎么收卷、该注意什么。刘老师勤学好问。甲骨文专家胡厚宣到咱馆来了三次，那时我还没来，都是刘老师陪着他一块儿看甲骨文，从中学习。刘老师自学了制作甲骨文拓片。拓拓片时，用老式镶玻璃的腻子将甲骨下面填充起来，然后再捶打，不至于伤害甲骨，不然一捶打甲骨就碎了。她拓甲骨文真是怀着一颗敬畏之心，生怕损坏。刘老师善于学习。她按不同装裱形制、依时代分类抄写的七个黑本子，成为当时书画库房管理的依据，直到现在，书画库房管理还常用。本子上清清楚楚记录了藏品的位置，要找哪件东西时，它放在哪里，在几号橱第几格，一查就能拿来。那时库房管理得井井有条。她这种认真的精神，我们真是应该学习。我就是从那时起被刘老师带着管理库房。

于　芹　陈老师，像刘敬亭老师以及李既陶、杜明甫这些老先生们，我们能查到的关于他们的资料不多，也不一定准确，您知道得多一些的话，可以跟我们再谈一下吗？

陈梗桥　刘敬亭老师不专门搞鉴定。兄弟馆有专家来，比如南京博物院的宋伯胤等来，她会借机请教。刘老师的先生是宋协明，后来到文化局当处长。他在20世纪50年代早期分管文化工作，写了一个册子《大事记》，是铅印的。我估计在库房里能找到这本册子，将来可作为参考，书很薄，但记载的都是些大事。

李既陶先生是大鉴定家。山东博物馆建馆的时候，从北京、上海、南京请了很多专家来帮助我们定级、分类。咱们的分类是按照历史博物馆的分类法分的。咱们的鉴定，当时除了本馆的李既陶先生，还有从南方请来的两三位鉴定专家，是他们在那时打下的基础，所以现在咱们博物馆藏品的编号、定级，基础都是很牢固的。我曾经跟尚大竺（山东博物馆副研究馆员、原书画库房保管员，已退休）说："你来好多年了，你看有时候对一件藏品，这个专家说真，那个专家说假，最后都回到了原来的鉴定结论上，证明原来这个基础的说法是对的。"后来也都证实了这点，这说明咱们山东博物馆的建立基础是好的。李既陶那一代老先生们的水平绝不亚于徐邦达、谢稚柳这些当时在世的先生们。所以，有这个基础，按照老的甲乙丙那个分类号管理书画，基本上没什么错，是可信的。

咱们馆藏品的一部分主体是旧藏，凡是李既陶先生分过类、定过级的，在刘敬亭老师写的那个黑本子上都有体现。他的分类和定级，是可以相信的。李既陶先生写过《高凤翰》。那时人民美术出版社要为全国的明清书画名家各出一个小册子，《高凤翰》就由李既陶写。其中提到一幅很有意思的画，是高凤翰画给郑板桥的。高、郑两人的关系很密切，郑板桥对高凤翰很崇敬，他诗里说，有些朋友要高凤翰的画，这么远来不及，就由他造一幅来应付，后来就连他造画都来不及了。你看，郑板桥仿高凤翰画来应酬。有一张画是高凤翰画给郑板桥的，就凭这两人的关系，这张画的意义就非同小可。李既陶在《高凤翰》那本书中提到过这张画。

（采访人：于芹　整理者：范菲菲）

卢传贞哲嗣卢朝辉访谈录

被采访人：卢朝辉（卢传贞哲嗣）

简　　介：卢传贞，山东省博物馆原馆长，山东省博物馆学会第二届理事会理事长，副研究馆员。主要从事博物馆管理工作，侧重于近现代史、汉画像石研究。

采访时间：2024 年 5 月 27 日

马永玲　卢书记，您好！今年是山东博物馆建馆70周年，您也是负责馆庆活动的馆领导。今天做这次专访是想请您谈一谈您的父亲——山东省博物馆原馆长卢传贞。您能先介绍一下卢传贞馆长的家庭情况吗？

卢朝辉　我的父亲卢传贞，家庭背景比较简单，是农民家庭出身。1941年4月30日，父亲出生在章丘县（今济南市章丘区）埠村镇卢张庄村（后改为曹范镇卢张庄村）。我爷爷兄弟姐妹七个，他排行老四。爷爷因为会相马，除务农外，家族还做骡马生意。年轻的时候我爷爷负责去内蒙古进马，我的三爷爷和五爷爷负责生意周转，所以在20世纪50年代两个爷爷来到济南定居下来。父亲虽然出生在一个普通的小山村，但他在家族中排行老二，所以当时有条件去上学。他在章丘县翟家庄读的小学，中学的时候，因为三爷爷和五爷爷都在济南，我父亲在1955年考入了济南市第二中学，在这里完成了他的初中和高中学业。

马永玲　看得出来，卢传贞馆长生活在普通却十分重视教育的家庭里，这在那个年代是非常难得的。我看您今天也带来了他当年的一些奖状和笔记，请您给我们分享一下卢传贞馆长的学习和工作经历吧。

卢朝辉　我父亲从小聪明好学，进了中学后，在各项活动中表现非常积极，取得了很多荣誉。现在距离他的学生时光快70年了吧，我母亲仍然完好地保存着父亲当年获得的奖状、证书。今天我也带来了一些，你看，这张是1957年5月，当时在初中十一级二班的父亲被评为"优秀学生"。这是1958年8月22日，父亲因在黄河防汛斗争中发扬了革命英雄气概，做出显著成绩，由中共济南市防汛指挥部委员会授予了荣誉奖状。这张是1958年10月30日，当时在高中十二级三班的父亲因在淮海战役和抢收抢种劳动中表现积极被济南市第二中学评为"工农业先进战士"。这一张是1958年12月，父亲因表现突出，被中共济南柴油机厂委员会评为"三等先进工作者"。这一张是1960年9月，父亲在绿化运动中成绩突出，被济南市园林化指挥部授予"先进工作者"的荣誉称号。你看这些奖状已经泛黄，但是都清晰地书写着父亲骨子里那种拼搏进取、积极向上的精神。

1961年，父亲从济南市第二中学毕业，以优异的成绩考入了山东大学历史系。当时胶济铁道在章丘界内分为铁道南和铁道北，我父亲是铁道南第一个真正的本科大学生，一个从普通的小山村走出来的大学生，当时也是整个家族、整个山村的骄傲。父亲在山大攻读的是近现代史，他在校期间学习勤奋又自律，今天我也带来了几本他大学时的课本和笔记。你看，我手头上是一本中国史复习笔记，这夹页中整齐地贴着一块一块的小纸条，上面认真地记录着一条条的拓展注释。这一张是手写的考试目标："中国史、世界史要达到优，政治学要达到优，俄语要达到良好。"这一张是关于怎样学习中国史和世界史的心得体会："以笔记和讲义为主，功课要当天复习，勤学好问，字典不离手……"

父亲1966年大学毕业时，正好赶上了特殊时期，就在学校多待了两年，1968年分配到了山东省博物馆工作。

我父亲因为书读得多，文笔又好，刚来馆里分配到了办公室工作，开始了他在博物馆的职业生涯。父亲把满腔的热情和所学都投入到了文博工作中，多年来兢兢业业，工作成绩也比较突出。1976年2月27日，张学副馆长在党员大会上宣布，经文化局党的核心小组批准，父亲卢传贞加入中国共产党。

父亲在职期间曾两次借调到山东省文物局工作，第一次调回是在1981年5月6日，父亲回到博物馆担任陈列部副主任。同年5月22日，山东省博物馆党支部大会讨论通过父亲为党支部委员。

1982年3月23日，中国博物馆学会在北京成立，山东省博物馆被接纳为第一批团体会员。同年12月，山东省博物馆学会在济南成立。1983年10月，中国博物馆学会1983年理事会暨第二届学术讨论会在青岛开幕，会议为期六天。会议分为六个小组，就学会发展进行讨论，父亲代表山东省博物馆作了大会发言，汇报了小组讨论情况，并对改进学会工作提出了宝贵的意见。

1984年到1986年，父亲调到山东省文物总店工作，任经理。我简单介绍一下文物总店建成的这段历史。当时文物总店在五龙潭附近，20世纪70年代末开始建造，因为某些原因一直没有建成。1984年，因为有了省里的财政资金支持，准备将营业大楼建起来对外营业。父亲当时去的时候，文物总店只有一个简单的楼房框架，父亲着手继续建设。其实当时施工条件挺艰苦的，为了赶工期，父亲白天晚上吃住在工地。记得那会儿我刚上高中，晚上工地上人少，也不安全，我曾陪父亲在毛坯房里值过夜班。在这样的条件下，经过一年多的建设装修，1984年文物总店营业楼正式对外营业。开业的时候省委省政府很重视，省委书记等主要领导出席了开业仪式。新的营业大楼落成后，文物总店经营面积由原来的一二百平方米增长到了三千多平方米这个规模。父亲任文物总店经理期间，从装修营业、文物征集、销售渠道、库房管理乃至干部人才队伍建设，都倾注了很多心血，不仅经营业务有了飞速的提升，也培养了不少的干部。正因为在文物总店经营管理上成绩显著，1986年3月18日，根据组织安排，父亲由文物总店调回了博物馆，担任山东省博物馆馆长，全面管理博物馆工作。11月，山东省博物馆学会第二次代表大会召开，父亲当选为学会理事长。

1986年，山东省博物馆作为文博专业技术职务评定的试点单位开始开展工作。1987年1月9日，省文化厅下达《关于成立山东省文化厅文博专业职务中级评审委员会的通知》，卢传贞、朱活、周昌富、牛继曾任评审委员。1988年6月29日，父亲召开全馆大会，对首次职称评聘工作作了总结报告，并向有关专业人员颁发聘任书，此次职称大会上父亲被聘为副研究馆员。1989年10月23日，包括父亲在内的17名博物馆人入选《山东社会科学人名辞典》，由山东人民出版社出版。

父亲任馆长期间，博物馆的陈列展览、文物征集、宣传教育、藏品保管等工作日渐完善。他生前对我馆最大的贡献是山东省博物馆千佛山馆的筹备建设。在文化厅的领导下，自1987年父亲和分管基建的王瑞成副馆长着手新馆建设。在此期间父亲和王瑞成副馆长多次会同省计委、省建筑设计院到各地博物馆实地考察借鉴经验。1990年3月，父亲和王瑞成副馆长去省政府参加新馆选址的协调会，馆址确定在千佛山北麓、历山路南端，征地50亩。同年5月，省计委咨询院组织专家对新馆筹建进行论证。6月26日，关于新建山东省博物馆计划任务书的批复正式下达。12月23日，父亲在南郊宾馆参加文化工作会议，听取赵志浩省长的报告，会后赵省长审查了我馆新馆设计模型。

经过紧锣密鼓的实地考察、可行性论证、方案设计等前期准备，千佛山新馆于1991年8月1日正式奠基动工，但父亲在1991年5月因患脑蛛网膜下腔出血住进了医院。当时在医院住了一个多月，晚上都是我去陪护他。父亲心里始终放不下新馆建设工作，经常跟我叨念，等他出院以后如何如何推进工程建设。可是在一次康复锻炼后父亲病情突然加重，1991年6月16日，父亲永远地离开了我们。父亲发病与那两年筹备建设操劳过度有很大的关系，比较遗憾的是他没有亲眼看到新馆开工奠基的那一天。

马永玲　卢书记，听了您的回忆，卢馆长的一生奉献给了文博事业，奉献给了山东省博物馆。他在工作中一定取得了不少的荣誉和专业成果吧？您给我们分享一下吧。

卢朝辉　父亲参加工作后，一心扑在事业上，他的付出也屡次得到党组织和单位的认可。1970年，父亲被中共山东省直文化系统临时党委会评为"五好职工"。1977年，被山东省博物馆党支部评为"先进工作者"。同年，被山东省文化局评为"先进工作者"。1982年，因各项工作业绩突出，被山东省文化局评为"先进工作者"。

在专业成果方面，父亲先后主持并参加了"山东文物展览""山东革命文物展览""山东古代史（原始社会时期）展览"等十几个陈列展览。主持编写了《山东省博物馆藏品选》，参加编写了《山东汉画像石选集》《山东省志·文物志》《济南旅游便览》等。在职期间发表论文多篇，其中《山东博物馆性质的三个问题》获得1985年山东博物馆学会优秀成果奖。1991年1月，父亲等6位博物馆人被聘为《山东省文物志》编委。2013年，章丘市人民政府为挖掘本市宝贵的人文资源，弘扬章丘的地域人文精神，编撰出版了《章丘人物志·天南地北章丘人》，出生于章丘的父亲，因在文博事业作出的贡献成功入选。

马永玲　卢书记，在您的记忆里，生活中的卢传贞馆长有哪些爱好？在亲朋好友眼里是一个什么样的人呢？他对您有哪些影响？

卢朝辉　我父亲不光学习好，也特别热爱生活。他喜欢读书，闲暇的时候喜欢写一些文章。工作之余，父亲喜欢运动，打打篮球、打打乒乓球，此外，父亲还擅长烹饪，担任过山东省烹饪协会的理事。咱们有一件馆藏文物汉代绿釉庖厨俑，父亲曾经就此写过一篇文章发表在《中国烹饪》杂志上。受父亲的影响，我平时一直坚持体育锻炼，周末喜欢打打乒乓球和羽毛球，另外我也挺会做饭的。

对待亲朋好友，父亲一直是一个慷慨大方又不计较得失的人。我父母两边兄弟姐妹比较多，算是一个大家族，现在有两百多口人。当时两边的亲戚也有几十口。我母亲那边兄弟姐妹五六个，来济南办事、看病的时候，都是吃住在我们家里。我小的时候家里就跟旅店一样，人来人往。因为父母收入有限，工资基本用来招待亲戚朋友，每个月剩不下多少钱了。正因为父亲总是不计回报地对亲戚朋友予以援手，他在家族中的威望是很高的。父亲这种为人处世的生活态度，对我性格和习惯的养成帮助非常大。他影响着我的工作和生活，也算是一种家风的传承吧。

马永玲　卢传贞馆长因为操劳过度倒在工作岗位上，他一定有一些未完成的心愿吧，您能跟我们谈谈吗？

卢朝辉　山东博物馆千佛山新馆建设这个项目父亲没有完成，这应该是父亲当时最大的遗憾了，但是我接替父亲把愿望实现了。1991年8月1日，山东博物馆千佛山新馆奠基那天，我正式进入博物馆工作。我不光完成了他当年的心愿，从2005年到2010年，我还全程参与了现在新馆的建设，见证它拔地而起，成为山东的标志性建筑，成为建馆时期国内最大的省级综合性博物馆。现在博物馆的飞跃式发展，不光是我父亲未完成的心愿，也是咱们所有博物馆人的心愿，更是在历任馆长的带领下取得的辉煌成绩。今年是建馆70周年，我相信在厅党组的坚强领导下，刘延常馆长将带领山东博物馆开创博物馆高质量发展的新局面。

（采访人：马永玲　整理者：马永玲）

刘承诰访谈录

被采访人： 刘承诰

简　　介： 刘承诰，原山东省文物总店业务部经理、研究馆员，山东省文物鉴定中心文物鉴定评估专家，长期从事文物征集、销售、鉴定与研究工作。

采访时间： 2024 年 3 月 19 日

张俊龙　刘老师您好！今年是山东博物馆建馆70周年，我们要做一个专访，非常感谢您牺牲休息时间来配合我们做这项工作。按照咱们之前初步沟通的访谈提纲，第一个问题：请问您当时是因为什么样的机缘或者说什么样的原因到山东省文物总店工作的？

刘承诰　首先感谢馆领导安排我来参加访谈。从1954年建馆至今已经70年了，博物馆没有举办过这类纪念活动，这次能够举办这个活动，我觉得是个很好的事。回顾一下历史，再展望未来，对我们每个人也好，对博物馆也好，意义比较大。我前几年到大同参观一个石墨厂，厂门口有一个座右铭：一群人一条心，一辈子一件事。值此建馆70周年之际，我想把这句话送给咱们馆现在的领导和同事们，我们馆这一群人，上下一条心，这一辈子齐心协力把博物馆的工作干好，我觉得是非常重要的。

我们过去利用阵地宣传党的政策，宣传社会主义建设。今天社会赋予我们的任务更重了，我们这些人要用党交给我们的阵地宣传文化、宣传知识。如果大家都能这样做，咱们文博事业肯定会蒸蒸日上，山东博物馆会成为全国数一数二的博物馆。这是我对建馆70周年的一些想法。

我原来在山东艺术学院上学，1962年响应国家"调整、巩固、充实、提高"八字方针，提前从艺校毕业，调整充实到省歌舞团，天天就是吹拉弹唱，非常热闹。后来我病了，做了个手术，我就改行了，服从领导安排来到文物店。结果我到文物店一看，这里和我原来那个单位差别很大，店里工作人员有些"老气横秋"，最年轻的60多岁，有的人都快80岁了，大家都在那里坐着。当时刚开业，领导说："你年轻，到这来跟着老师好好学习，咱们现在需要个接班人。"既然领导安排，我就直接去了。但我当时想，这些人都这么老，我跟他们学什么呢？后来才知道老先生们每个人都有自己的一些绝技，看瓷器的、看玉器的、看铜器的、看书画的等等。从那以后我就跟着老师学，一年到头跟着老师出发，走上了文物鉴定道路，我当时很年轻，好像刚20岁。

张俊龙　刚才咱们提到您来文物店的原因，那么当时国家为什么要设立文物店？请您给我们讲讲。

刘承谙　我想讲，因为好多人还不太知道这事。1960年，国务院发了一个文件（《关于改变文物商业的性质和管理体制的方案》），规定经公私合营改造的文物商店改变为实行"事业单位，企业管理"的文化事业单位，作为国家收集社会流散文物的收购站和临时保存所，统一划归文化部门负责领导。文物商店的主要任务是收集社会流散文物、传世文物。很多东西都在民间，民间蕴藏非常丰富。这批东西怎么办呢？我们把这些东西收集起来，三级以上的文物交给博物馆，不够级的让大学挑选作为教学标本，其余经筛选后交给外贸出口。1958年到1961年我们国家建设需要钱，没钱怎么办？文物出口创汇，文物店给国家解决了很大一部分外汇问题。当时在上海、北京、广东、四川、陕西等地设立外贸点。我们店里当时也是有两三个人常年住在这里，我们收购的有一部分东西就给了博物馆了，另外一些经过筛选，乾隆六十年（1795）以后的可以出口。当时的标准和现在的标准不同，乾隆六十年（1795）以后的是可以出口的。

省文管会派人筹建省文物店，有一个主任叫赵仲三，他兼任我们这里的经理，另外有袁明、殷汝章、台立业和会计刘连陛四个人。后来我调进去了，我去的时候刚开业。当时国家给了我们三万块钱作为启动资金，我们就用这笔钱开始经营，1986年就盖了这个楼。

张俊龙　照您刚才说的，文物店当时这些干部实际上是文管会派过去的，是这样吗？

刘承诰　是的，文物店以前称古董店或者古玩店，1959年根据中央财委《私营企业统一分类规定》，古董店、古玩店改称文物商店。我们文物店过去叫翠华斋，在现在泉城路前头的工商银行对面，当时是西门大街123号。我们在这个地方经过将近一年时间的整修，1963年就开业了。

文物店都是国家设立的。当时国家为什么要设立文物商店？一个是国家需要钱，需要外汇，第二个是咱们的海关监管不严。但那个时候监管不严怎么办呢？谁懂文物？就是这帮人懂。在这种情况下，干脆拟这么个文件把人全部吸纳进来了。我们店里这四位老先生分别是霍介秋、刘春浦、刘汉卿、王笙甫。当时霍介秋任副经理，其他人是业务员。我去之后一直跟着霍介秋先生，出差跟着王先生。当时我们是全省跑，全省各个市县包括村我都去了。

那时候和现在不一样，我到了德州，和当地文化局联系好了以后，他们给我们提供一个收购点。当时的收购点，说起来就是和收猪毛的、收蜂蜜的、收鸡蛋的、收土特产品的在一起。好一点的收购点就是委托店，但只要在农村基本都是这样的收购点。当时我们就带上一桶糨糊，扛上一捆宣传广告，张贴出去，完了之后就坐下来开始搞收购了。另外再给电影队一个幻灯片，让他们给我们放一放，告诉大家山东省文物总店来收购古董了，这样进行宣传，之后业务慢慢地开展起来了。

张俊龙　请问是不是可以这么理解，1961年省里边开始下文要建文物店，1962年是收拾整理，到了1963年才正式开始营业运转？

刘承诰　1963年正式开始运营，因为1962年给这个房子装修很麻烦，装修完了以后1963年6月天暖和了才开的业。我来的时候好像刚开业。

张俊龙　刚才您提到书画、玉石、陶瓷器或者杂项，当时店里边从事这些业务的老师傅都有谁？

刘承诰　老师傅我刚才说了，一个是副经理霍介秋，解放前他自己有个古玩店叫息洪阁，做瓷器和珠宝生意的；一个是刘春浦，他的店叫春浦阁，做书画的；一个是刘汉卿，他的店叫宝丰泰，是专门搞木器家具的；还有一个王笙甫，他的店叫敬古斋，主要业务是碑帖和铜器，我们叫"黑老虎"。这几个人都比较好，因为我们要吸纳的话，当然是找好的吸纳了。霍介秋比较全面，他在瓷器、铜器、珠宝方面都比较专业，原来在古玩店他就是经理。我们把他吸纳了，他当副经理，其他三个人基本上属于正常业务人员。因为当时他们年龄都大了，最小的可能都60多岁了。

张俊龙　1966年7月，您来馆里做考古发掘，当时是因为什么？

刘承诰　是这样的，过去发掘归文物组，文管会取消之后，它就属于博物馆的一个部门，等于是考古发掘部。那时候人手不够了让我去，我说我也不懂这个事，我是搞收购的，不过最后还是跟着去了。为什么我上博物馆来了？1967年，当时社会秩序比较乱，为了保护文物，我们文物店就关门停止营业。一直到1969年，根据党支部安排，我们把整个文物店的文物清点、全部封存了之后，全体人员都来了博物馆。当时博物馆和文物店是一个党支部，我们都过来了，在这种情况下我就跟着去考古。

张俊龙　整个十三年间，您都去过哪些考古工地？

刘承诰　就是昌邑王墓，它只是一个衣冠冢。这个墓没什么东西，有一套剑饰，包括剑璏、剑格、剑珌、剑首，这个很好，是白玉的。在这次发掘中，我负伤了，在医院住了好长时间，好了以后，有一段时间，我戴着颈托上班。

张俊龙　这十三年间，您在博物馆里还做过其他工作或者其他业务吗？

刘承诰　后来让我去做革命文物，我们跑了几个地方，我感觉没太有意思，就没继续做下去。1978年，文物店又准备重新开业，因为当时外宾多了，他们好多人到济南来，文物店有重新开业的需求，在这种情况下我重新回到文物商店。我在博物馆实际是参加了一次发掘，其他的基本就没有了。

张俊龙　从1963年到1978年，这十五年间，您收购的东西多吗？你们跑的地方主要是省内还是省外？

刘承诰　收的东西太多了。当时为什么我们一天到晚往外跑？因为不收购就没钱。我们收购东西给博物馆，如果花一万元收购，博物馆给两万元，翻一番；我们给外贸是按百分之八。因为东西收得越多，给单位创收越多，所以我们一年到头基本都在外边。我们主要是在省内这几个地区收购：蓬莱、黄县（今龙口）、掖县（今莱州）、济宁、菏泽、聊城还有临清，临清当时东西多。比如乐陵，那年我和台立业到乐陵去，我们没想到，一下子收了30多箱瓷器，当时打包的纸毛子都没有，当地也没有纸盒厂、印刷厂，刨花也没有，不装箱的话没法往济南运。后来我们就想着芦苇可以用，我们两个人用芦苇叶来装箱，结果手扎得要命，现在想真是够痛苦的了。

张俊龙　你们去收购的时候碰到这些当地人，他们对于收购的积极性怎么样？

刘承诰　一开始，当地人感觉这些东西没什么大用处。我给你讲个例子，有一年在曲阜，一个人拿了一个玻璃盒要卖，当时我们也没注意这个玻璃盒是好东西。后来我让老关（当地文物店经理）弄点热碱水刷刷它，结果刷完一看不得了，是痕都斯坦的东西，莫卧儿王朝的。我说："这东西太好了，不知道是不是乾隆皇帝当年闺女陪嫁的东西，怎么弄到这儿来了？"那个人说："当时分浮财的时候分到这个东西，一看没什么用处，就把它扔到一个做饭房间的小龛上面。"从20世纪50年代一直到70年代末80年代初，他再来卖，脏得不像样了，根本看不出原物来，结果刷干净了，不得了。它不是个圆盒，像四个莲瓣，非常薄，没有镶嵌红宝石。现在这件文物留在曲阜。

有一年我在临邑，当时夏天挺热，它那里有很多很深的大湾，我就去游泳。他们那儿的一个小孩看我游得好就跟着我学。小孩告诉我说他们家里有个大碗，问我收不收。我说收。我想我是来收购古董的，不是来游泳的，我就跟着去了。去了以后，他妈在家里，她说他们挖地窖子，挖出了一口大锅，这个锅里面就扣着那个碗，碗里还有一个玉牌子。我想这可能是定窑的，那么大，直径将近30厘米。我和卖主协商了价格，就买下了，做了一个箱子发到济南，受到表扬。还有一件文物，现在在馆里，不知道定一级还是二级，战国铜镜，三环钮。当时临淄有个老百姓叫刘胜春，挖地挖出来，想卖。这个时候正好有个叫李正山的古董贩子，我们请他帮忙收购文物，每月给他一定费用，要求他收到好东西不能自己留着，一定要给博物馆。他收了这件铜镜没给博物馆，而是给王笙甫先生打电话，王先生约我一起看，文物很好，嵌绿松石，我们就收购了，领导很高兴，写材料上报文化厅。现在省博展出的长清归德小屯祖辛方鼎和罍的持有者先到济南市文物店，济南市文物店没收，然后他们就来到省店，我认为东西很好就收下了，后来交给省博。这种事情很多。

张俊龙　当时文物店收东西，是收之前就有重点、有规划地去集中收，还是听到什么消息后有规划地去收，还是碰运气的成分多一些？

刘承诰　收购文物，我们一般到章丘，章丘的文物就比较多，因为这个地方做生意的人多。干买卖的人多，家里搞收藏的人就多。鲁西北除了聊城、临清东西比较多，像菏泽就没什么东西，我们去得也少。滨州这边也不行，垦利、利津我们都去过，但都不好。我们一般到县城，比如到桓台，就到王渔洋家里去，因为那个地方古时候做官的人多，家里东西多。但是"文化大革命"以后我们再没去。

张俊龙　刘老师，是不是可以这样理解，"文革"之前收得还挺多的，

1966年以后就收得少了？

刘承诰　"文革"以后的事，我给你讲两个事，一个是宏济堂，还有一个是济南的张家。宏济堂的一位姓乐的人，老乐家的，我知道他有东西，因为济南市博物馆扇面就是他捐的。我们去了以后，他把被子拆开了，他把吴伟的这幅画整个铺在被子里，每天叠被子，把这个画叠了个"H"型，颜色都淡了，我们买得很便宜。买了以后，我们又到故宫重新装裱了一下。张家东西也很有意思。当时我和霍介秋去的，我们看到一个元代的釉里红碗，他当时放一些鸡蛋在里面，我们觉得这个碗很好，非常完整，很漂亮，就收了，后来交给博物馆了，前几年还展出过。

张俊龙　改革开放之后，你们下去收得还多吗？

刘承诰　1978年之后，收购得少了，我们到外地收购得也少了，基本上都是在本市，了解情况之后到家里去收。我到外地去，有的时候也是根据做过文物店的人或者某些文物贩子提供的一些消息，让他们带着我们去。这是有的放矢的，有的时候我们就贴着海报坐着等。

张俊龙　刚才您帮我们讲了很多您之前的经历，非常有趣。您当时到了文物店之后，是跟了哪几位师傅专门学的？您是怎么慢慢去熟悉的？

刘承诰　我们当时在业务上有一个规定，这一个月收的东西，在下一个月的月初开始评定每一件东西，第一是编号，第二是定好价格。这个东西是什么年代的，值多少钱，它的鉴定要点，从这开始讲。霍先生讲玉器，春浦老师讲字画，王先生讲碑帖或砚台，讲木器家具的老先生因为年龄很大了就不大讲了。到了后来东西少了，就一周评定一次。实际上，这也算规章制度。那个时候资料很少，为了学习，就得靠看东西，讲东西，老先生们的口传心授，我觉得是个很好的学习过程。这些主要发生在1978年之前，之后好些老先生都走了，当时没走的先生因为年龄大了，也出不了门。我从这几位老师那里得益很多。我在文物店的时候，因为有老师的讲解，我觉得提高真的很快，当时这个制度对我帮助太大了。这种学习对于鉴定工作来讲，我觉得是非常有意义的。

张俊龙　当时文物店主要工作是收文物，收到好东西还是要先入馆，一些比较一般的就给外贸了，去外贸然后赚外汇。是这样吗？

刘承诰　对，1986年之前我们一直在做这个工作，等我们搬到新楼以后，这个业务基本就不做了，我们收的东西都是自己的了，和外贸没什么关系了。后来，做外贸业务的在经二路纬一路那个地方，他们自己设了一个点，自己收。

我们1986年新楼开业，也是因为社会上大家有这个需求，人们生活慢慢地好了，文化生活需求也高了，笔墨纸砚、现代工艺品花钱买的人多，我们也开了这方面的业务，每年效益都还不错。1995年，我们又开了九州拍卖公司，我就去那里了。后来我们有了自己的党支部之后，收到的东西就都自己留着了，不再交给博物馆了。

  张俊龙 您作为老前辈，请您结合您自己的学习、工作经历，给我们现在的年轻人讲讲工作方法和工作精神。

  刘承诰 我人微言轻，没有资格给年轻人再指点迷津了。你看咱们博物馆，进来的人基本都是硕士，甚至是博士。我觉得现在年轻人哪个不是出类拔萃的人才，所以说我觉得我没这个资格。要说的话，我觉得我有两句话对年轻人讲，我这两句话是借用了电视剧《繁花》里的，第一句是上班好好工作，第二句就是下班了好好休息，晚上别熬夜，努力看书，多读书，读好书。

（采访人：张俊龙 整理者：张俊龙）

王书德访谈录

被采访人： 王书德

简　　介： 王书德，山东省博物馆原保管部研究馆员，主要从事文物摄影及相关研究工作。

采访时间： 2024 年 3 月 26 日

周　坤　王老师您好，建馆70周年之际有几个问题想采访一下您。第一个问题，您是哪年进入山东省博物馆工作的？选择文物摄影岗位的机缘是什么？

王书德　感谢馆方给予我这次受访的机会。我是1978年8月由山东歌舞剧院调入山东省博物馆摄影室工作，到2009年9月退休，在博物馆整整工作了31年。我能够来到博物馆工作，这事说来也很巧。1976年文化系统知识青年上山下乡，我被原单位委派到曲阜的陈庄公社裴庄村知青点带队，接受贫下中农教育。当时驻公社的领队是牛继曾同志，他是省博物馆的党支部副书记，也是我们知青点的带队干部的领导。知青组的工作特别辛苦，大家早晨起床后就下地干农活，早饭在地头吃，吃完继续干活，锄地、浇水、推独轮车、修大寨田、修河渠，那个农活是很累的，吃的都是煎饼加咸菜，生活条件是相当艰苦的。我工作做得出色，受到牛继曾同志的肯定和赞扬。闲聊时牛馆长问起我的工作，我说我在歌舞团从事舞台灯光兼职摄影及暗房洗印工作。当时他就说："你到我们博物馆来吧，我们博物馆有摄影室，现在有一个老同志要退休了，你来做专业文物摄影工作。你要是想来的话，我们博物馆给你办，你不用管了。"我说我同意。知青带队结束了以后，1977年他说给我办个调动，到了1978年7月省文化厅人事处的调令到了歌舞团。我于8月份来省馆报到上班。

当时摄影室的老前辈冀刚先生是博物馆1954年建馆后从上海的一家私营照相馆调来的，于1979年退休。1978年我来到以后，摄影室又来了一位朱绪常同志，但没过多久就调到了省戏曲丛刊从事美术编辑工作。后来董传远同志从部队转业分配到摄影室工作。我和冀刚先生前后共接触一年多的时间，老先生认真敬业的工作态度，深深影响了我，成为我学习的榜样。最初我对文物摄影工作没有多少的经验，不过好在有着多年从事舞美灯光兼摄影工作的经验，多少有些用光基础。那时候摄影室只有两台照相机，一台是德国的禄来相机，一台是苏联生产的135旁轴相机。当时拍摄制作过程要经过显影、定影等工序，定影完成后再由美工人工上色。我时常庆幸自己选择了文物摄影岗位，因为我从事过舞台灯光工作，学习了大量布光方面的知识。说心里话，那个时候有关舞美灯光理论的相关资料很少，只有一些苏联芭蕾舞剧，像《天鹅湖》《胡桃夹子》等这些剧目的舞台灯光的布光资料。后来我通过各种渠道，收集了一些大学的光学理论教材和书籍，通过这些理论来研究灯光。以舞台灯光的种类举例，有面光，有右耳光、左耳光、脚光、柱子光、天桥光、顶光，还有流动光、追光、特写造型光等各种光位。对于这些灯光的理论基础，每种光的照射效果，我都做了详细研究和应用，对于我日后开展文物摄影工作都起到了良好的促进作用。另外，我很喜欢研究影视作品中的灯光布置，当时我喜欢欣赏张艺谋导演的影视作品，我感受最大的一点，就是他会根据情节的不同，将每个分镜的影调都处理得特别协调，有欢乐的，有悲哀的，氛围把握得非常好。我们拍摄文物的时候也会借鉴这种艺术创作形式。我之前拍过一套孔庙的"十供"，十件青铜器，必须用同一个影调处理，每一件器物就是一个分镜头，每一件器物用光基本上是一致的，因为只有这样才能说明它们是完整的一组器物。如果这件用的是黑背景，那件是蓝背景，这个影子朝左，那个影子朝右，乱七八糟，就不能展现出它们的整体形象。在山东歌舞剧院从事舞美灯光和摄影暗房工作的这八年，给我的文物摄影工作打下了坚实的用光基础，受益匪浅。所以说，我来到博物馆从事文物摄影工作，既是巧合，更是一种机缘，一种双向选择。

周　坤　您进馆之前的工作是舞美灯光，这对您文物摄影工作的开展产生了怎样的影响？入馆之后有没有印象较深的工作经历？

王书德　文物摄影的对象，主要分几个大类：第一类是平面的，如书画、拓片等文物；第二类是立体的，如陶瓷器、青铜器、玉石器等文物；第三类是室外古建筑或者古遗址遗存、摩崖石刻佛经、石窟佛教造像等。八年舞台灯光经验，使我在拍摄文物时可以熟练驾驭摄影灯光，根据不同文物类型，采用各种形式的布光方法和技巧，将文物最美的一面以及它的历史文化内涵呈现给观众。比如说拍字画，当时冀刚先生用的是照相馆拍人像的大碗灯，小幅字画光线还可以打均匀，大幅字画就不好办了。后来我到故宫博物院参观学习，胡锤先生用的是条形的灯箱，那时候灯箱没有成品，都是自己制作，后来我用金属蛇皮管自制了六只灯，灯泡用的是上海生产的亚字牌500瓦的强光磨砂灯泡。用了那个灯以后，我根据拍摄字画画幅大小来调节灯光，一支灯架分上、中、下三只灯，这样一来拍字画的灯光就均匀了。我靠自己灵活运用灯光，同时学习借鉴别人的经验，最终形成自己的用光方法和特点。

再就是我对光线尤其是光线的形成作了深入研究。大自然中光线有且只有一种，那就是太阳光。太阳的光线从早晨日出到中午再到下午太阳落山，这一天中十几个小时的时间里，太阳的位置不同，照射亮度不同，太阳光的色温也不同。所以说用人造灯光的时候，你就要模拟自然光的质感来拍摄照片。午间的直射光，阴天、雾天的散射光和漫射光，都要去有意模仿，从而应对各类文物对于灯光质感的不同需求。比如说青铜器、陶器，光线要求硬一点，要有锐度，突出器物的质感。瓷器、漆器、字画等须运用柔软的漫射光，来营造均匀、浸润的感觉。再比方说拍玉器，我的习惯是用侧逆光从侧边打，将玉器打透，但是不要压过了主光，这样把它层次打出来，玉器通透莹润的质感也就出来了。这个过程我只用两只灯，有时甚至只用一只灯，加一个镜面反光。文物拍摄用光的最高境界我认为是用灯越少越好，如果能用一只灯拍好文物，那就说明你用光的水平达到了最高境界。所以说八年的舞美灯光经验为我后来从事的文物摄影工作打下了坚实的用光基础。

我进馆之后印象最深的工作是考古部张学海先生在曲阜发掘鲁国故城，要拍发掘报告所需的照片，我就和冀刚先生带了一套器材到曲阜开展拍摄工作。当时还有搞文物修复和文字整理的同事，我们这一整个团队都在曲阜。拍摄工作很辛苦，强度很大，整部发掘报告拍了几千张黑白胶片，我们用的相机是海鸥120双反，甚至用坏了一个相机。

当时的拍摄流程是这样的：每件文物拍摄两张底片，每天拍摄二三十个胶卷，每个胶卷拍完以后马上编号，晚上在暗房加班冲洗胶卷。我当时工作特别劳累，白天工作量大，晚上要冲洗胶片，导致睡眠不足，有一次感冒发烧，无法正常工作，最后到曲阜人民医院找医生开了去痛退烧药，吃了以后出一身汗，退了烧爬起来继续干。完成任务回济南后，我去齐鲁医院检查身体，医生诊断为病毒性感冒引起的心肌炎，住了三个多月医院。这是我调入省博物馆第一次参与拍摄的发掘报告的文物照片。后来我受山东大学栾丰实教授邀请拍摄了尹家城遗址发掘报告的文物照片，再就是拍摄了邹城鲁荒王陵发掘报告的文物照片。这是我进馆最初的一些工作经历。

周　坤　王老师，您进馆工作之后，对文物摄影的探索和研究是如何开展的？有没有可以交流学习的对象？

王书德　我主要交流学习的对象有故宫博物院的胡锤、孙志军，以及文物出版社的王露，我们开会碰到时聊得比较多，而且我们都是文物学会文物摄影委员会的理事，有时候也带着自己的出版物互相赠送一下，这种交流带来的帮助是比较大的。其他的，说心里话，只有靠自己来不断学习、研究和探索。

周　坤　在博物馆工作生涯当中，您有没有遇到过一些印象比较深刻的人或者事情，对您产生过一些帮助和影响？

王书德　我认为有这么几位老先生对我有过很多帮助和影响。第一位就是原保管部主任陈梗桥先生，第二位是原保管部副主任朱振华先生，还有一位就是白云哲先生，他们都是老先生了，都是我们博物馆的老专家。

在做好本职工作的同时，陈梗桥先生一直很支持我的一些社会工作，鼓励我走出去，多和社会各界人士广泛接触。陈先生当时对我讲："作为博物馆的职工，你的本职工作是做好博物馆的文物摄影工作，但是对社会的其他的文化宣传工作，你能尽一份力量，我觉着那是应该的，是好事，不应该被限制。"于是从1985年开始，省馆、文物总店、石刻艺术馆的文物，以及考古所的部分文物都由我来拍，另外我承担了文化厅的大小会议活动，包括体育运动会等所有摄影工作。那时候我成天到处跑，博物馆的工作干完了，来一个电话就得去做其他工作。陈梗桥先生一直都很支持我做这些工作，可以说陈先生对我来讲有知遇之恩。

我想讲的第二位是朱振华先生，她当时是保管部的副主任，对我也非常关怀照顾。博物馆在西院区老库房西边有个新盖的二层楼，一层是文物保护室，二层是摄影室，摄影室的南头就是暗房。我那时候拍摄完成要冲洗胶卷，洗小样，放大照片，经常一工作就是一上午，不喝水也不出门，除非上厕所。朱振华先生让我很感动，时间一长她就去敲敲门："书德，书德，出来喝口水休息休息再干。"其实她是怕我出事，令我特别感动。遇到这样的领导，你工作起来即使再苦再累，心里也是很温暖的，所以我觉得领导对职工一定要关怀爱护。

再有一位就是白云哲先生，白云哲先生毕业于北京大学历史系考古专业。20世纪80年代，文物出版社计划出版《中国文物精华大辞典》，这个出版项目我和白先生合作跟进了好多年。这本书中，每一件收入山东卷的器物，不论是青铜器还是瓷器、玉器，词条的条文是由白云哲先生撰写的，照片则由我拍摄。我们两个弄了一个大旅行箱了，里头装着灯架了，装上灯泡，背着个照相机，提了一捆背景布就出发了。我记得当时跑了全省好多地方，邹城、曲阜……凡是书中有收录的文物，我们都要亲自前去拍摄。那时候没有公车，我们都是乘坐火车、客车，旅程非常辛苦。有件事我印象很深，我和白先生到邹城，当时邹城的文管所所长带着一名当地同事，一人骑一辆自行车，到邹城火车站去接我们，就这样骑着车把我们载到了地方。那个时候条件真的特别艰苦，所以说那时候我和白云哲先生为了编辑《中国文物精华大辞典》付出了很多努力，两人的合作也非常愉快，且最终顺利地完成了任务。现在我们还可以看到这本书，无论是文字编辑还是图片拍摄，质量都很高。

周　坤　山东博物馆经过70年的发展变化，您认为山东博物馆的工作精神是什么？

王书德　不光是博物馆，作为一个文物摄影工作者来讲，首先的一条我认为是要敬业，要爱岗，这也是最能代表我们馆的一种工作精神。第二条是要耐得住寂寞，另外对文物事业一定要热爱，只有抱着这样的工作态度，你才能把自己的本职工作干好。

周　坤　请您谈一下对我们年轻人的期望，并给我们年轻一代送上寄语。

王书德　期望谈不上，俗话说得好，长江后浪推前浪，一浪更比一浪高，你们作为年轻人，理应如此。山东博物馆的摄影室从1954年建馆到今天建馆70周年，第一代摄影师是冀刚先生，我是第二代，现在你们应该算是第三代摄影师。你们比我们前两代最大的优势是什么？第一，你们是院校派，正儿八经专业院校培养出来的，我们这些人都是自学的，在理论上我们不是那么系统的，是零碎的。你们这一代人和我们相比较，不论是在理论上、设备上还是技术上，都有了质的飞跃，在实践的基础上是具备优势的，这些优势是我们过去所不具备的。你们在吸收我们过去积累的工作经验的基础上，将来做文物宣传工作也好，影像采集工作也好，其他任何的工作也好，都会比我们这一代人要好，肯定是要好的。其次，随着我们国家的经济和文化事业的发展，习近平总书记对我们文博事业提出了很高的要求。国家的财政支持力度也很大。前一段时间省里开了一个座谈会,林武书记说要持续加强对文物事业的拨款及经费的支持。所以作为你们年轻一代来讲,文博事业前景很广阔,年轻人大有希望。最后,作为摄影工作者来说,我希望你们一定要走出博物馆,除完成本职的工作以外,要有时间面向社会,要和社会各界的摄影人士交朋友,要互相交流,互相借鉴。摄影上很多东西是相通的,并不是分割的。

（采访人：周坤　整理者：周坤）

杨锡芬访谈录

被采访人： 杨锡芬

简　　介： 杨锡芬，山东省博物馆原资料室主任、副研究馆员，主要从事讲解、人事和图书资料管理等工作。

采访时间： 2024 年 3 月 11 日

王　平　杨老师，今年是建馆70周年，感谢您接受我们的采访。首先请问您是什么时间进入山东博物馆工作的？请您谈谈当时来山东博物馆工作的一些记忆。

杨锡芬　1970年我毕业于山东省戏曲学校（今山东艺术学院）吕剧专业。8月，分配至山东省吕剧院。我1975年来到山东省博物馆，当时咱博物馆举办革命文物展览，从省市文化单位各大剧团借调了近二十个人参加革命文物展览的讲解工作。当时我24岁。时任馆长是张学，张馆长觉得我讲得挺好，就建议我留下工作。我经过再三考虑，觉得博物馆工作比较稳定，我也喜欢这份工作，所以决定留在博物馆群工部工作。

刚到博物馆工作时我印象最深的是革命文物展览中一件特殊的文物——1920年版《共产党宣言》原件，是一位青年共产党员带回山东广饶县大王镇刘集村，由此点燃了鲁北平原的革命烽火。这本1920年8月版的《共产党宣言》能保存至今，实属不易。后来经过证实这是最早的正式出版的《共产党宣言》中译本，由后来担任复旦大学校长的陈望道先生翻译，全国仅发现十几本，目前山东博物馆在展出这本《共产党宣言》的复制件。

我记得，当时群工部一共是八位女同志，主任是邓学梦老师。我到博物馆以后，不是只讲解革命文物展览，还有古代史、瓷器展览等很多展览。我们八个人大部分都是从剧团来的，对古代的历史没有系统地学习过，所以有时候对观众提出的一些问题不太清楚，讲解起来难免会遇到一些问题。邓老师对我们帮助非常大，她教授我们每件文物的讲法，让我们不要着急，刚接触文物肯定是得慢慢来。我记得有一次，在我讲解青铜器的时候有一个地方讲得不准确，讲解完以后邓老师马上给我指出来，并告诉我怎么讲会更好。在邓老师的帮助下，我们的讲解水平都提高很快。

我们八个人在西院办公。当时的条件非常差，冬天非常冷。我们几位穿着军大衣坚持在讲解一线，热情接待观众。工作包括讲解、看馆、组织观众、打扫卫生。有集体参观的观众，我们都是争先恐后带观众讲解，人人都不甘落后。在正式讲解之前，我们每个人都要试讲，互相学习，取长补短，邓老师再进行总结，提出很多在讲解中需要提高的建议。每办一个展览，我们首先熟悉讲解词（当时是陈列部写讲解词），后来我们自己写讲解词，然后对每件文物进行深入的学习，剖析它的来龙去脉，以及文物的造型特点。面对观众你讲的内容挖掘得越深、越好，他们越是愿意听。而且我们在讲解过程中，会根据不同观众的特点进行讲解，比如给老人怎么讲，给学生怎么讲，有的放矢地进行讲解，这就使我的讲解水平有很大的提高。

王　平　杨老师，您在从事宣教工作的过程中，哪个人或者哪一次经历是您印象最深刻的？您从事宣教工作有哪些心得体会？

杨锡芬　在讲解工作当中，让我印象深刻的事其实挺多的。我从1975年一直到1990年干了十五年的讲解工作，参与了20余个展览的讲解工作。我认为让我印象最深刻、对我帮助最大、最令我感动的人还是邓学梦老师。她是一个老大姐，在人生路上她是一位知心大姐，对我和其他同志都很关心，非常好。我们那时候都二十来岁，在社会上认识的人并不多，从博物馆一上班就接触的是群众讲解工作。邓老师是我人生路上的一位很好的榜样，无论是工作上还是生活上帮助都非常大。

另一件让我印象深刻的事，是1983年咱博物馆办的"八十年代新雷锋、优秀共青团员张海迪事迹展"。1983年2月，山东省人民政府授予张海迪"劳动模范"称号。3月，中共山东省委又作出向张海迪学习的决定。4月底，山东省博物馆开始筹办"张海迪事迹展览"，该展览是山东省委宣传部、共青团山东省委、山东省文化局主办，山东省博物馆承办的，5月4日至6月8日，一个多月的时间接待观众6万人次。1983年6月18日，"张海迪事迹展"应共青团中央邀请，到中国革命博物馆（今中国国家博物馆）展出，全国青少年学习张海迪活动逐步在全国形成热潮。当时展出一个多月，轰动一时，全国各地的朋友都到北京参观展览。有的观众在留言簿上写下了"张海迪展览充分体现了人的精神面貌和价值观，积极的人生价值观引领我们创造美好"，我也在展览讲解的同时看到了"光辉的人生路标"留言。1995年，张海迪到位于千佛山北麓的山东省博物馆参观，并为全馆职工作了一次深入人心的报告，对树立革命人生观，坚定共产主义信念，培养"四有"新人，起到了巨大的推动作用。

1982年3月至5月，我在扬州参加了由国家文物局主办的华东区文物干部培训班，主要学习历史。培训班聘请华东师范大学教授、扬州博物馆专家等为我们进行授课，使我受益匪浅。这三个月系统的学习对我讲解水平提高大有益处，回来之后我根据展览内容自己查找相关资料，自己写讲解词，挖掘文物背后的内容，讲解水平也逐渐提高。而且我发现讲得好，讲得生动，观众就喜欢，有时候我讲完后观众道声谢谢，我很高兴，也很感动。

王　平　杨老师，除宣教工作之外，您在博物馆还做过其他工作吗？

杨锡芬　除讲解工作外，我还做过外宾小卖部售货员。从1972年中日邦交正常化以后，大批日本人到中国来，当时日本外宾特别多。所以1980年，在当时部主任邓学梦老师的领导下，我们群工部成立了外宾小卖部，我负责分管外宾小卖部。首先是要找进货源，当年潍坊博物馆的拓片很畅销，我就早上乘坐将近四个小时火车到潍坊博物馆，到地就抓紧购货，下午乘火车回到单位，整整用一天的时间。日本外宾对中国的书法、碑刻、拓片特别感兴趣，每次都要购买郑板桥的《难得糊涂》拓片、《梅兰竹菊》四条屏拓片和上海人民美术出版社出版的《山东省博物馆书画选》，还有山东省博物馆陈梗桥老师编写的文徵明书法小册子。后来我还采取代卖后付钱的方式进了潍坊风筝、新疆的玉石、玛瑙等工艺品。为了工作方便，我自费到山东省科技馆学习日语，这对我向外宾讲解、销售纪念品都有很大的好处，交流起来更方便。从1980年到1990年我在专职讲解的基础上持续兼了十年小卖部工作，其中有几次日本外宾遗忘在小卖部的照相机、钱包，我发现后都抓紧时间通过省旅游局的同志联系日本外宾，如数归还给他们。当年省文化厅的于占德厅长还在文化系统大会上表扬了我拾金不昧的精神。这是我应该做的，我是山东省博物馆的一员，更是山东文化战线上的一个兵，代表的是中国人的精神，在面对诱惑时，就应该选择道德诚实，廉洁奉公。

1993年，我由群工部调入陈列部，在严强主任的领导下，参与陈列、撰写编印展览宣传册页等工作，办了"山东人民八年抗战"展等四个展览，也担负了山东省博物馆学会秘书组的一些工作。

1989年，山东省博物馆成立工会，在担负讲解工作的同时，我还负责妇委会、计划生育工作。每年的春节联欢会，文化厅组织的运动会，我组织群众排练联欢会的节目，运动会的入场式表演、广播操等。

1990年至1992年，我帮助政工科做外调工作，还组织老干部到北京、烟台、青岛参观学习。我对于老干部工作能够做到"细心、耐心、嘴勤、腿勤"，把老干部工作做得有声有色，老干部有什么困难、喜事都愿意给我说。

为了让更多人了解博物馆，提高博物馆的知名度，从1988年到2003年，我在《济南日报》《大众日报》《中国博物馆通讯》《中国文物报》等报纸期刊上发表文章40余篇，对宣传博物馆起到了很好的作用。回顾在博物馆工作的几十年，我深感骄傲和自豪，能在文博岗位上尽心尽力，在奉献中收获真诚、坦荡、幸福和快乐，是博物馆工作让我实现了自身的价值。

王 平 请您为我们年轻人提提建议，您对山东博物馆有什么期待？

杨锡芬 通过这几十年的工作，我想对年轻人说几句话。干博物馆工作不能着急，要耐得住寂寞，有些工作不是一蹴而成的，得慢慢来，沉下心来慢慢研究，点点滴滴地不断学习才能提高。尤其现在咱们博物馆条件这么好，从各个方面给我们提供了这么好的平台，我们需要慢慢沉下心来，互相学习，向老同志学习，向好的同志学习，只有这样才能不断地提高自己，才能把博物馆的工作做得更好、更扎实。我也希望咱博物馆越来越辉煌。

回首往昔，我永远铭记陪我走过这段人生历程的山东博物馆的同仁和中国文博界的各位前辈。七十年华章开启新的起点，我会继续紧跟山东博物馆的步伐，一路走向新的征程、瞩目新的前景，祝福山东博物馆。

（采访人：王平 整理者：王平、唐梓云）

赵广敏访谈录

被采访人：赵广敏

简　　介：赵广敏，山东省博物馆宣教部原主任、副研究馆员，主要从事博物馆教育及相关工作。

采访时间：2024 年 3 月 14 日

王　平　赵老师，今年是山东博物馆建馆70周年，我们计划对馆里老专家进行一个采访活动。首先想问问您，您还记得您刚来山东博物馆工作时的情景吗？是什么样的机缘让您走入了山东博物馆？

赵广敏　我是1971年下半年来到山东省博物馆的。为了纪念毛主席《在延安文艺座谈会上的讲话》发表30周年，山东省博物馆举办了一个出土文物展，机缘巧合下，我走进了博物馆。来到博物馆以后，我担任历史部分的讲解员，当时是由老师带领着熟悉讲解词，我们学着老师的讲解风格，逐渐掌握讲解技巧，适应讲解环境和节奏。1972年5月23日，博物馆正式对外开放，这是博物馆闭馆多年后第一次面向社会公众对外展出，全省各地的兄弟单位都来省博物馆参观学习，学校团体的观众也非常多。

我刚来博物馆的时候，由于自己有一些特殊的原因，在学校学的知识不是很多，别说是文物知识了，历史知识掌握得都挺少的，当观众提出了一些问题，我解答不出来的时候，自己就感觉挺尴尬。我一度想放弃这个工作，不想做讲解员了，觉着博物馆的讲解员不好干，和别的讲解员不一样，不是背过讲解词就可以讲解。博物馆的讲解员不仅要懂得专业知识，还得有历史知识，还得有举一反三的能力。当时我想打退堂鼓，领导和老师跟我谈话，之后我就多读书，有问题请教老师，慢慢地我才静下心来，也慢慢地喜欢上了博物馆讲解员这一职业。

王　平　您印象最深刻的工作是什么？对您有什么影响？

赵广敏　1973年我被派到北京故宫讲解全国出土文物展。那个展览对我的帮助非常大，因为全国各家博物馆的重点文物都在北京展出，我有机会看到全国各地的精品文物，有湖北博物馆展出的重点文物金币，有甘肃省的东汉铜奔马，还有河北中山靖王刘胜墓葬里出土的金缕玉衣、长信宫灯等。这个机会让我对全国博物馆文物的现状有了很深刻的认识，从而也坚定了我做讲解员的决心。回馆以后，我对所看到、所学到的知识进行了归纳，把它充分结合到自己的讲解当中，这样慢慢地我的讲解内容就丰富起来。这一次参加北京故宫的出土文物展是我很难忘的一件事情。

另外，我非常喜欢博物馆那种浓厚的文化氛围。当时我到博物馆以后，有一些老师，还有一些专家，他们的言谈举止透露出了那种博学多识的气质，也深深地感动了我。我觉得在这样一个文化气氛浓厚的环境当中成长，对自己的人生起到很大的帮助作用。

那时候，咱们博物馆的陈列像现在一样，有一个基本陈列，还有很多的临展，比如说配合纪念日举办的一系列活动，像抗日战争胜利展、革命党史展等。除此以外，还有一些外展，20世纪七八十年代，由于我们的条件有限，都是因地制宜，大家同心同德，共同协作举办这些展览。我记得那时候展览的版面词都是由陈梗桥老师和杜显震老师他们两个来书写，像我们宣教部除熟悉自己的讲解词外，还要辅助老师们一起来完成。当时我和李长华主要是辅助陈梗桥老师和杜显震老师，我们的任务就是根据版面词的多少，版面的间距，计算出在这个版面中的字距和行距，大家都是忙忙碌碌的，分工协作，一起完成领导交给我们的任务。大家分工协作，共同完成工作任务的这种精神，我觉得就是像现在说的是一种团队精神。

王　平　赵老师，您可以从宣教这方面谈一下对讲解工作的理解吗？

赵广敏　自从我进入博物馆以后，一直担任历史部分的讲解员，在这个岗位工作了30多年。每当我讲解完了以后，观众给我掌声，我由衷地感到高兴，让我爱上这个职业。我工作以后，从最初的照本宣科，慢慢地到能够因人施讲，可以给团体观众进行总体介绍，重点文物也可以重点讲解，馆里分配的工作都能够圆满完成。

讲解也是一个循序渐进的过程。我们从接到陈列大纲，到自己写讲解词，这些进步离不开当时领导和老师的悉心指导，还有自己的努力。20世纪七八十年代到博物馆参观的人数也很多，当时我们宣教部的同志工作非常认真。当观众来参观的时候，我们都是分组进行讲解，采用相互接力的方式，使得我们的讲解工作繁而有序地开展。由于观众很多，大家一组一组地讲，嗓子都讲哑了。当时由于条件有限，我们没有团队讲解器，带30多人的团队，只能是靠嗓子，以后才有了扩音器，这样我们讲解也轻松了很多。

我对讲解工作的理解，首先你要喜欢这一份工作，因为你的喜欢和你的热爱，就有可能激发你工作的积极性，这样你就可以寻找很多对你工作有利的东西，并能够运用到你的讲解当中，运用到你的实际工作当中去。有了热爱这份工作的热情，还需要在以后相当长的一段时间内耐得住寂寞，要静下心来广泛寻找那些对你专业提高有用的知识，这样才能提高你的讲解能力。有了丰富的知识，掌握了解这些专业知识以后，才能做到有的放矢，在讲解过程中才能做到因人施讲，而且要灵活讲解。在讲解过程中你还要懂点观众心理学，你不仅要保持你的热情，还要观察你的讲解对象，他们是一种什么样的状态，是跟着你的讲解节奏走，还是自己参观。如果观众是自己参观，就说明你的讲解内容没有抓住观众。所以说讲解下来以后，需要找原因，你要总结每一次的讲解，总结哪个地方做得不对，哪个地方讲的知识点不够深入，哪个地方讲得不生动，哪个地方讲得与文物结合得不好，然后再熟悉自己的业务，提高自己的讲解能力。这是我对讲解工作的一点认识。

另外，我还觉着讲解员是一个终身的职业，要做讲解员必须要有这种思想准备，就是要不停、不断地学习，不能对每个来馆参观的观众都是这一套讲解词，没有变化。我们对观众讲解要分层次，例如对成年人该怎么讲解，对学校的学生怎样讲解。如何利用咱们的文物，形象生动地来给学生讲解，如何利用自己的知识综合起来给成人讲解，这些都是讲解当中必须准备的一些内容。只有这样，不断地复盘，找问题、解决问题，自己的讲解水平才能不断地提高进步，才能够成为一名合格的讲解员。

博物馆和其他行业是一样的，也是从弱到强这么一个发展过程。20世纪七八十年代博物馆条件受限，场地也受限，陈列室的布局都是根据场地规划来完成，所以说当时博物馆很多展览也是"因地制宜"，是靠着博物馆人的努力完成了上级领导交给的工作任务。当时展览非常多，临展很多，外展也很多，但是我们大家都能团结一致，齐心协力，圆满完成各项工作。

20世纪90年代伴随着国家经济建设发展，在千佛山下建了山东省博物馆新馆。新馆建成以后，从业务发展的角度加强了各部室的业务力量，各个部室都进了一些新人。由于陈列的面积增大，采用了一些科技手段，让文物活起来，陈列的方式也在不断地变化，陈列的内容也丰富起来了。

宣教部在20世纪八九十年代，特别是到了千佛山馆以后，各项业务水平逐渐提高。因为那时候有了全国宣教部的联络通讯，我们参加了两次宣教部主任培训班。从那时起各个博物馆就建立起一些联系，大家互相开展文化交流。我们馆也组织了博物馆之友活动，文物展览版面开始进入学校，宣传手段也进入了多元化。

张俊龙　您是怎么注意到观众需要观察的？您刚才提到培训班，具体学了什么东西？帮我们回忆一下。

赵广敏　在讲解过程中观察观众的反馈是很重要的，比如说观察观众的行为、表情。像对学生讲解，咱们可以生动形象一些，例如讲豆，豆像个盘子一样，咱就可以在橱子的版面画中指出这个盘子是盛食物用的。讲文字演变的时候，就将文字发展的过程用简单、通俗易懂的语言讲述出来，抓住观众的兴趣点来讲。

我参加了两次全国讲解宣教部主任培训班。第一次历时一个多月，在培训班上，除了咱们各个省博物馆的主任之间的交流，我在培训当中也介绍了馆里的发展状况，告诉大家我们山东省博物馆当时是个什么样的状况。再一个就是像心理学，都是邀请专门的老师来给讲课，通过这些学习对自己的工作帮助很大。

王　平　赵老师，您可以讲讲宣教方面的工作除了讲解，还有其他的一些工作吗？

赵广敏　我进入宣教部当主任以后，是本着一条原则，首先自己要起带头作用，无论是多么艰苦的工作，我什么事都走在前面。我想只有自己这样做，才能说服大家，给大家做表率。来了大型团体，我首当其冲去给大家分组安排讲解任务，重要的接待任务，都是自己上台讲解，这些都是作为一名部门管理者应该做的。

我们宣教部当时这几个年轻同志也非常好，交给的任务都能够完成。比如说有个展览来了，大家要熟悉讲解词，要把书面语换成通俗易懂的讲解语言。

大家都是比较认真，有的同志熟悉讲解词，编写讲解词，都很刻苦。有的同志，我分给她的任务，她能在规定的时间内按要求完成，虽然过程很艰难，看着好像很累，但我觉得只有这样，将来你的工作、你的业务才有发展，每个人都要有压力，才有动力。

作为宣教部主任，在工作上要严格要求，在生活上也要关心。有的同志除了在展厅里讲解，还要看展室，中午连饭都吃不上，我就从家里做了饭给她们送去，她们也很感动。大家都很支持我，领导也相信我，我做宣教部主任，我觉着还是挺幸福的。

王　平　赵老师，您对年轻的一代有什么期望、寄语？

赵广敏　现在我们博物馆不但硬件设施完备，软件的配备也齐全，每个人都是业务能手。相信咱们博物馆在各方面，有条件、有能力走在全国博物馆的前列。我们坚持学术引领，依靠全体博物馆人的不懈努力，发挥各行各业的优势，依靠集体力量，利用馆藏文物作载体，做出大众喜欢的展览，发挥宣教功能，更好地为社会服务。我希望咱们山东博物馆的宣教部在领导的关心和重视下，真正架起与社会的桥梁，发挥自身优势，更好地把博物馆的历史价值和社会价值反馈给社会，每一个人为博物馆尽职尽责，做一个合格的博物馆人。

（采访人：王平　整理者：王平）

赖非访谈录

被采访人： 赖 非

简　　介： 赖非，原山东省石刻艺术博物馆研究馆员，山东省文物鉴定中心文物鉴定评估专家，长期从事石刻考古与书法理论研究工作。

采访时间： 2024 年 3 月 15 日

王海玉　赖老师您好，感谢您接受我们馆庆70周年活动的采访。想问一下，当年是什么样的机缘让您选择进入山东博物馆工作的？您还记得刚进入山东博物馆工作时的一些情景吗？您后来又是如何到山东省石刻艺术博物馆工作的？

赖　非　这个问题很好回答。我到山东博物馆工作是正常的大学毕业生分配。我分到省博物馆文物组，当年秋天就参加了诸城呈子遗址的发掘，后来又参加了莒县陵阳河发掘、曲阜鲁故城战国墓发掘、兖石铁路线考古钻探、曲阜小雪汉墓发掘。1981年，山东省石刻艺术博物馆成立，领导调我到新馆工作，我便服从安排，来到石刻馆，直到退休。就是这么简单。

王海玉　您当时刚进省博物馆的时候，主要从事哪些工作？

赖　非　很多事至今仍历历在目。我在学校里特别喜欢新石器时代考古。新石器时代考古有一项重要课题，那就是对古代文明起源的探索。理论上讲，古代文明、国家、文字的产生，都发生在这个阶段。在学校读书的时候，唐兰先生在《光明日报》上发表了一篇文章，谈大汶口文化时期的陶尊文字对古代文明起源的意义，引起了我对新石器时代，特别是山东新石器时代文化的兴趣。于是，我一直准备着毕业以后能做这一课题。巧得很，刚到省博物馆的那年秋天，我参加了诸城呈子遗址的发掘。这个遗址面积很大。现在来讲，这也是一个很重要的史前遗址。遗憾的是，当时只做了初步试掘，没有展开大面积发掘。1979年，我们的工作转移到莒县陵阳河遗址。我记得3月12号报到，一番准备工作之后，很快就驻进工地。经过一年多的发掘，陵阳河墓地共清理了60多座大汶口文化晚期的墓葬，出土了若干件刻有图像文字的大口尊、全国独出的发号施令的牛角号、过滤酒糟的滤酒缸……这对探讨我国文明起源问题具有极高的学术价值。令人遗憾的是，这批资料因为一些原因一直未能结集发表。但无论怎么说，这也算是我从事考古工作以来最有意义的一段业务史。之后，我调到了石刻馆。新石器时代考古不再搞了，此前的所有学术积累统统被打包搁置起来。面对新的业务与人生旅程，只能是重新开始。

王海玉　您进入石刻馆工作之后，负责过的比较重要的，或者说您印象比较深刻的工作是什么？这项工作对您个人以及工作单位产生了什么样的影响？

赖　非　到了石刻博物馆之后，就是大量的田野石刻调查在等着我们去做。因为在此之前，山东从来没有一本"石刻家底簿"。我们认为，摸清山东全省的石刻家底，对石刻馆今后的工作很有必要。要想编写好这本"石刻家底簿"，必须按时代或类别逐件、逐单位地进行田野普查或专项调查。我们的工作首先从作品最为集中的云峰刻石开始，之后又调查了北朝佛教摩崖刻经、秦汉碑刻，后来又搞了汉代画像石、历代墓志的调查。可以说，唐之前的石刻作品都有涉及。

我印象最深的，是王思礼副馆长对工作的追求与执着精神，特别是他那种设计方案、把控全局、细致安排的操作格局，让我非常敬佩。我那时还年轻，跟着他干，一面学业务，一面学管理，在他严格的要求和督促鞭策下，我慢慢成长起来。我从一个新兵成长为一个中年兵，再"发展"为一个老兵，不知不觉中迎来了退休年龄。作为一个兵，很有幸遇到这么多好的领导。

如果说印象最深的工作，我想应该是当时我们设计的"田野调查→资料出版→拓片展览与图书销售→田野调查"一套完整的、良性循环的工作模式。改革开放之初，单位经费有一部分要靠自己去挣（当时的政策），这个模式很好地解决了石刻馆经费不足、却又想干点业务的尴尬问题。在焦德森馆长的领导下，大家齐心协力，艰苦奋斗，为了共同的目标，不断创造辉煌。出版的几十本书，能够证明这些问题。

王海玉　您在石刻考古、书法理论研究等方面都取得了令人瞩目的学术成

417

就，是我们业界公认的石刻考古学家、书法理论家、书法家、篆刻家。想问您是如何走上专业研究的道路？对专业方向您是如何理解的？

赖非　刚才你说的那几个"家"，我想更正一下，我不是什么"家"，这一点应该讲明白。我喜欢写字，正好赶上全国"书法热"，字画买卖有利可图，于是，有画廊的经营者到我这里买字，装裱之后推向市场。实事求是地说，当时我的字还不算好，可他们愿意买，为了营利，还"添油加醋"地猛宣传，给我硬扣了那么多"家"的帽子，还传到了网上，让我"丢尽了人"，好不难受。

多少年过去了，古稀年回首往事，不免感慨良多。"人趋骄媚多加醋，我喜简淡不放盐。"作为一位学人，简淡一点最好。业务工作要干，爱好也不能丢掉，就这样，书法、绘画、篆刻伴随了我一生，生活简淡，但很充实。

关于我怎么走上石刻艺术研究这条路的，我的感触很深。山东是石刻大省，秦始皇刻石，山东独有。存世汉碑，有一半在山东，而且都是名碑。汉画像石起源于山东，分布最广、延续时间最长、存量最多、雕刻最精美、题材内容最丰富，因而价值意义亦最高。云峰群刻49件，精美绝伦，全国唯一，书写者与王羲之并驾齐驱。北朝佛教摩崖刻经规模宏大、书艺高绝、天下无双。北朝权贵家族墓志出土集中、信息量大，为全国亮点。因此有行内人士说，真正的碑林在山东。我认为，这话不假。西安碑林隋唐作品多，山东碑林秦汉北朝石刻数量大。从全国文物分布的特点上看，毫无疑问，山东石刻是一大亮点。什么叫亮点呢？亮点就是能够引起广大群众、社会特别关心，最大热情追捧的事或物。广大群众乃至学界不屑一顾的事，不会成为亮点。几十年来，随着社会文化的发展突飞猛进，老百姓不再仅仅局限于经济收入的追求，对书画、对艺术、对文化的渴求与日俱增。山东古代石刻正是他们汲取养分、提高自我修养的绝好资料，因此成了目前艺坛上趋之若鹜的亮点。我作为石刻博物馆的业务人员参与进来，一方面是工作的需要，另一方面也是爱好的需要。在我这里，工作是爱好，爱好即工作，故而对石刻及其研究工作有特殊的感情。这一点，应该感谢王思礼先生把我调到石刻博物馆来。

王海玉　刚刚您提到，您到石刻馆之后进行了很多石刻田野调查工作，我知道您也总结了一套非常系统的石刻田野调查的方法。对于我们当下的石刻田野调查，还有室内的整理研究，您有什么样的意见和建议？

赖非　我们通过几十年的探索，摸索出一套田野石刻调查的方法。目前看，还不能说它是完全科学的，但对我们来讲，是非常实用的。我向来注重方法论，因为科学的方法是打开科学之门的钥匙。当然，各种方法的含金量是不一样的，方法本身在实践中也在不断更新、不断进步。比如，做心脏手术的方法每天都在进步，如今的方法是几年前无法相比的。我们的石刻考古调查，也需要一套不断更新的方法，它反映着本领域不断更新的学科思想。

我们最早所用的方法，就是金石学方法与考古学田野调查方法的简单结合，即石刻现状描述、记录、测量、绘图，镌刻活动遗迹遗物的观察，作品分型分类。我们在20世纪80年代的云峰刻石调查中开始尝试这一方法。那时我30岁，王思礼先生是馆长，自始至终地领导调查工作，他经常与我们一起讨论方法的使用与调整。那时，我好琢磨些问题，经常想：为什么要这样干，不能那样干？疑问越多，想法越多，思路也就越开阔。把这些想法放到实践中去检验，有的可行，有的只能算瞎想，去伪存真，慢慢地，田野调查的方法越来越丰富，越来越细化，实质上是越来越严密化、科学化。这一过程经过了几十年的"折腾"，直到我退休之后65岁那年，我才开始写《石刻田野调查课》。为什么叫作"课"呢？"课"就是实验，要想把它推到科学层面上，还需要石刻考古界众多同仁们的共同检验与构建。

田野石刻作品现场，若隐若现地散布着一大堆问题，需要我们去回答。这很像刑警来到刑事作案现场，现场的各种痕迹、线索错综复杂地搅和在一起。如何根据种种痕迹、线索来复原案件发生的过程，进而分析案件的参与人与案件性质？这不仅需要一定的专业技术，更需要发现问题的敏锐观察力和分析问题、推断问题的逻辑思维能力。石刻考古虽不像刑事侦查那样"惊心动魄"，但从方法论上讲，科学含量的要求是一样的。

全国地域宽广，石刻遍布各个角落。它们既有地域的差异，又有时代的区别、种类的不同……一句话，不要觉得冰冷的石头不会说话，实际上，每件石刻背后都有一串故事，都有编排和演出这些故事的原因和人物。我们的研究工作是在对这些信息的分析基础上，去揭开背后的"黑箱"。我为山东金石学会写了一副联句："学究金石，走出去，详侦细察理残案；会通文史，坐下来，区类排合建模型。""走出去"是田野调查，"坐下来"是室内整理。"理残案"是整理复原石刻现场的活动。"区、类、排、合"是对石刻进行分区、分类的"排队"与综合，并在此基础上建立起区域—全国石刻作品的谱系框架模型。这一基础工作做好了，深层次的研究才能开展起来。

王海玉　我们也特别想一睹为快，好好学习一下您的《石刻田野调查课》。

赖老师您刚才提到，石刻是山东文物资源中的一个亮点，同时也是我们山东博物馆的一类特色藏品。围绕着馆藏石刻文物以及石刻拓片，您认为我们应该如何开展石刻相关的保护研究，并展示宣传这些亮点？

赖　非　这个问题不好回答。窃以为，要从大处着眼，小处着手。"大处着眼"是说要放眼全国。山东地处黄河下游，它的石刻实际上与整个黄河流域、华北一带的石刻都相关联着，所以不要只盯着山东而不顾其他。我经常与同仁们交流我的感想，我把全国石刻看作一棵参天大树上的树叶。这些树叶虽然共同长在一棵树上，但由于各部位接受光照的角度、程度不一样，接受养分的成分、多少不一样，接受风动的方向、力度不一样……因而树上各部位叶子的颜色、形状都是不一样的。这一点，丹纳早就有过说明。有人把全国古代文化划分为八大区域（也有别的划法），各区域都有自己的石刻作品。山东的石刻就像这棵大树上特别粗壮的那枝树叶，丰富、茂盛、肥美。然而它们却不是孤立的，此枝树叶与彼枝树叶"同根、同干"，它们时刻发生着各种复杂的关系。所以要想深刻地了解某片树叶，必须把目光放到整棵树上，甚至于整片森林中。

全国汉画像石集中分布在五个小区。汉碑集中分布在九个小区，晚期碑刻也是分片区存在的。早期佛教刻经集中在河北、山东，隋以后如天女散花，全国都有，但也有若干集中区。墓志的出土分布广泛，状况因时而异，也有自己的特殊性。至于佛教石窟、造像碑、单体造像，区域性特点就更突出了。石刻作品分时、分区、分层次、分类型地分布，是我国古代石刻遗存的基本特征。我们要想探究某区、某时、某件作品的内涵，光盯着这件作品本身，无论如何是说不清楚的。

植物学家能够说清楚散落的树叶在大树上的大体位置，他的根据既有对本树叶形状特征的认识，又有对各树枝、各部位叶子特征及相互关系的整体把握。我们研究石刻，要像植物学家认识树叶一样，从全国的视野看山东的石刻，如此才能把山东的石刻说清楚，这就是"大处着眼"的道理。

"小处着手"，是说我们强调从全国的视野下看问题，但具体做起来，却不能好高骛远。我们必须伏下身子，老老实实地做好每一件石刻的基础资料。如果认为先贤们的资料积累已经够多够用了，直接拿来即可，我的回答是，这样做必出乱子。"亲从事可得真知，漫读书必上贼船"，现成饭是吃不得的。

从全国范围看，石刻考古当前需要做的第一项工作，就是石刻作品的普查建档。山东的首要工作也是如此。石刻艺术博物馆存在的时候，我们做了一些，目标是唐代之前的石刻。与山东博物馆合并后，我认为，普查建档工作仍然是既基础又重点的工作。这一点，一定要作为长远任务提到规划上来，继续收集石刻馆没有搞的唐代以后的资料。

唐代之后的资料是大量的，要设计一个行之有效的规划方案，是分区搞、还是分类型搞？这是我们亟须做的，一定要有抢救资料的心态。比如墓志资料中，平阴县有唐代李云父子墓志，对当时地方割据势力的研究极具价值。可是这两方墓志一直缺乏妥善保管，面临风化严重、文字脱尽的危险。

石刻考古专业性强，资料多，任务重，必须有一支专业队伍才能胜任。

王海玉 您说需要组织一次系统的普查，能再具体谈一谈吗？

赖　非 我认为，石刻既然是山东文物中的亮点，就要把它做得"亮"起来。馆里可以成立一个专门的工作部，专做石刻资料普查。要有固定的人员班子，干它十几年、几十年，定有大收获。对省馆、对文物事业来讲，可汇集一大批古代文献资料；对普查者个人来讲，可以从中发现课题，提高并积累学术成就。目前，可借第四次全国文物普查的东风，争取一些资金，与地方博物馆搞好协作。搞协作不是自己做规划，让地方上的工作人员来干活，我们最后作汇总。这样协作的结果，要么空洞无物，要么张冠李戴，定会一地鸡毛。我说的协作，是由地方文物单位提供基本线索，做好向导，具体的资料收集工作我们必须亲自去做。资料收集的具体做法，可以参考石刻馆几十年来积累的一些经验，《田野石刻调查课》里边有具体的内容要求和操作规程，写得很清楚。

王海玉 这是一个非常庞大的工程。

赖　非 是的。很多青年学者，包括我自己，也曾有过走捷径的想法，认为这样的工程太浪费时间了。田野里耗费几年、十几年的时间，不如围绕着某个具体问题作研究，容易出成果。事实上，以我几十年的田野工作体会来看，恰恰相反。功夫没有白下的，一分功夫一分收获。古代石刻就像一张大网，所有作品都是网上的一个结，彼此之间都在发生着信息的传递。等你把所有的东西都看完，再去深一层认识它，很快便能触摸到问题的实质层面。古人说："五岳归来不看山。"就是因为走了所有的路，爬了所有的山，回来才敢说这样的话。今天，我在这里大言不惭地乱讲，实际上我也没走多少路、爬多少山。"不出门不知有路，常读书常觉无能。"

王海玉 赖老师，您谈了很多工作期间关于科研的理解和认识。您可否谈一下工作期间领导、同事们之间发生的一些非常感人和有趣的故事？工作和生活当中，您觉得对自己影响比较大的人都有谁？

赖　非　石刻博物馆历届领导都非常好，有的主持工作时间长点，有的短点，但他们都是明白人，也是实干家。我跟着他们当了几十年的兵，应该说，很开心。

王思礼先生从事田野考古几十年，虽然有时候脾气不好，在文物界和某些人闹过意见，但这人还是可亲可敬的。他做工作扎扎实实，而且能够做到点子上，是个既有事业心，又有眼光，追求实事求是的人。这一点，不是人人都能做到的。我受他的影响比较深。

石刻博物馆同事们的关系非常融洽。有人问石刻馆有多少人？我说："出门一车、吃饭一桌、睡觉一窝。"一句玩笑话，既说出了石刻馆的人数，也透露出同志们融洽的关系。有人说，人生难得"三好"。所谓"三好"，一是身体好，一是家庭好，一是同事关系好。这"三好"我都占了。你如果想知道工作中我们经历的一些小故事，那就去看一眼我写的《考古拾趣》吧，此时不便多说。

王海玉　还有一个问题想问一下，山东博物馆经过了70年的发展，您认为山东博物馆或山东省石刻艺术博物馆的工作精神是什么？

赖　非　山东博物馆有很多可以赞美的业绩，特别是新中国成立初期的山东博物馆，在全国是一面旗帜。你可以翻一翻当年的《文物参考资料》，它在全国经常获得表扬。

比如说最早的文物普查就是从山东搞起来的。当时刚解放，全省有多少文物家底，谁也不清楚。于是，老一代文物工作者便开始了全面摸底的普查工作。他们背上干粮，迈开自己的两条腿，晚上住进马车店，风餐露宿，发现了很多重要的文物点和古代遗址，拍摄了一批文物照片资料。普查工作在全国引起了巨大反响，很多省学着山东的样子，也开始了自己的大普查。至1980年，由于全省农田基本建设的开展，又有很多古遗址被发现。为了掌握这些情况，山东又率先进行了第二次文物普查。普查的发起与主要业务协调力量，都在我们省馆。可以说，山东博物馆是当时全省文物工作的业务中心、协调中心、管理中心，在全国一直是模范单位。

山东博物馆最值得称赞的就是扎实的工作精神。馆里做任何事都有规划，各部室工作人员团结一致、集思广益，年尾都会把次年的工作计划提出来，报到馆里。经批准后，部主任便带领大家，一件一件、有条不紊地完成这些任务。

不论是考古发掘、文物管理、保护修复，还是文物征集、藏品展出、社会宣传、后勤保障、学习交流……所有工作都会有计划地开展。每位同志都在兢兢业业地忘我工作。譬如图书资料室的谢月英老师，就是其中一位。今天大家坐在资料室里看到的书，都是谢老师用她的小自行车一趟一趟、像蚂蚁搬家一样驮来的。为了驮书，谢老师偌大年纪了，还挨着摔去学骑车。她的爱人罗勋章老师，在临淄考古工地一待儿十年，有时几个月都回不了一趟家，家里的大小事都由谢老师一人奔波打理。可以说，老博物馆的工作人员，从领导到普通一兵，都有一颗为事业踏实努力、奋发向上的赤心。我是很受教育的。当然，这也是时代特点。那时候，几乎所有人都是这样严格要求自己的。1978年，我分配到省馆来，很快便融进博物馆大家庭之中，受到了扎实向上的人格培养与训练。应该说，收获大焉。

王海玉　赖老师，您对博物馆年轻的业务工作者有什么期待和寄语？

赖　非　现在的年轻人读了很多书，见多识广，都是通过正规化训练出来的专业人员，我不敢对他们妄自说什么，就谈谈自己的感受吧。我写过一副联句："找妻子、买房子，关乎学业大事；前五年、后十年，实乃成败两关。"年轻人毕业就面临找对象、买房子两件大事，搞得好坏，直接影响到学业成败，弄不好就让人头疼一辈子。博物馆从前有这样的例子。

"前五年"指的是刚走出校门的前五年，非常关键。毕业后找到一份工作是件可喜可贺的事，二十几年的苦读，终于可以松一口气了。这一松气，时间短了尚可，如果松至五年，问题来了。看看周围的同学，不乏一如既往、奋发向上者。明白过来的自己，再想"紧"起来，奋起直追，难了。人的思想一旦松下来就容易乱，再想静下来，谈何容易！"沉舟侧畔千帆过"，学科在日新月异地发展，学友们天天有新思想迸发出来，这时才知道自己被拉开了距离。如果前五年能把学生时期的状态保持下来，紧紧地盯住学术前沿不放，一生的事业成功自然会水到渠成。

"后十年"是指退休后的10年。60岁退休，有的人心想，干了一辈子，该歇歇，好好享受人生了，说起来也无可非议。但我觉得，对于一个学者来讲，学术的探索是终身的事。我们能进入学术一行，应该感谢命运的安排。不让你做工种地，不让你扛枪站岗，不让你打扫卫生、指挥交通，不让你经营买卖、管理国家……专让你坐在明窗净几之前，安静地领略文化、享受文化。想一想，这是一件多么幸运的事啊！我们一定不要辜负命运的安排，要把这种安排认作是一种责任的赋予，一次生命价值的展示，一场人类大舞台的角色体验。退休只是在单位里结束了工作的状态，但退休后的人生并没有结束，人生的责任、价值、角色还要继续。所以"后十年"同样重要，一定要抓住它，这是一段黄金的季节，收获的季节。"老夫喜作黄昏颂，满目青山夕照明。"

王海玉　赖老师，您刚刚说到退休之后的10年，我知道您一直在学术研究上笔耕不辍，不断有新的成果出来。您目前在学术研究上有什么计划和目标吗？学术研究之外，您还有什么样的兴趣爱好，也想请您谈一下。

赖　非　我71岁了，学术研究没有什么大出息了。1983年，我给自己的一生做过一个小规划。40多年过去了，回头看一看，计划中的事大都做完了，可以说，比较圆满地完成了任务。

前几天，有学生来工作室玩，问我原计划撰写的《中国书法史纲》是不是会再提起笔来？这一问，撩起我许多思绪回忆。49岁时，我写完了《书法环境—类型学》，这是一本书法理论著作。该书认为，五千多年书法史是一个流动的、具有整体结构的、完整的人文事物。结论的得出，来自于对五千多年众多书法人物、作品、事件、现象关系的整理与分析。实话说，书的内容有点抽象，所以读的人很少，反馈回来的信息说读者读不懂。如何让他们读懂我的书法史思想呢？有一个办法，那就是把五千多年书法的作品、现象、人物、事件按照原有的秩序摆排出来，告诉读者，它们相互之间的关系。然后进一步提示：书法史是什么样的结构，书法史发展的动力是什么，演变的规律是什么……这就是我拟写《中国书法史纲》的天真想法。很遗憾，写不成了。留个想头，下辈子再动笔。

你问我的兴趣爱好是什么，我学生时期没发现自己有什么爱好，只知道自己不喜欢唱歌、跳舞、跑步、打球。后来，我逐渐意识到自己喜欢书法、篆刻、绘画。我写过一联句曰："七年挖墓，卅年拓碑，学书、学画又学印，偶尔小酒骄傲有；一篇归纳，两篇划分，有虚、有实皆有据，经常大言谦虚无。"上联："挖墓""拓碑"是我的工作，"书""画""印"是我的爱好。"偶尔小酒骄傲有"，因为穷，偶尔有酒，当然很骄傲啦。下联："一篇归纳"，是指我的《书法环境—类型学》；两篇划分，是指我对云峰刻石、僧安道壹的分析研究。"经常大言谦虚无"，写出来的文章不一定能被学界接受，故而有大言、狂言之嫌。上联写工作、写爱好，下联写学术、写情怀。你想知道的内容，都在这一联句里。

（采访人：王海玉　整理者：王海玉、杨海天）

由少平访谈录

被采访人：由少平

简　　介：由少平，原山东省文物局副局长，山东省文物鉴定中心文物鉴定评估专家，长期从事文物保护及相关政策法规研究、文物鉴定与研究工作。

采访时间：2024 年 4 月 3 日

张俊龙　由局长您好，非常感谢您能接受我们的采访。您是1982年山大历史系毕业生，请您回忆一下在学校里接受的考古和文物方面的教育，当时的一些老先生以及在学校里边的情况。当您毕业走上工作岗位之后，我们全省的博物馆是一个什么样的状况？您有什么印象？

由少平　我是恢复高考后的第二年，也就是1978年考入山东大学历史系，考古专业也是这一届才恢复招生，所以当时历史专业和考古专业是大班上课。因此我最初的考古学知识，都是来自"考古通论"的课程。

我进入文博系统工作很偶然。毕业时我已准备考研究生，我的毕业论文导师刘明翰先生帮我联系了学校和导师，但系里领导找我谈话，说工作另有安排，就不要考研究生了。但分配的时候，因为学校里的一些特殊情况，几经调整，我最后被分配到山东省文化系统。省文化厅人事处分配的单位是山东省图书馆。这期间，山大历史系的领导委托当时的系办公室主任宋百川先生专程到省文化厅介绍了我的情况，希望把我留在省文物局工作。省文化厅和省文物局领导经研究同意了这一建议。1982年7月底，经过改派，我正式入职山东省文物局。没想到这阴差阳错的安排，竟让我走上了毕生为之奋斗的事业。

我对博物馆的了解，最初还是通过朱活先生。大学时期，朱活先生应邀给我们讲古代钱币专题课，使我感到山东博物馆有能够给大学生授课的先生，就对博物馆有了一种不一样的感觉。大学实习去北京，我参观了中国历史博物馆、中国人民革命军事博物馆，这是对博物馆最初的印象。第一次走进中国历史博物馆，我确实感到此处是一个殿堂。记忆深刻的是进门的大厅放置了一个很大的木雕中国地形图，上面写着一句话："这是我可爱的祖国。"所以后来在参加省博物馆基本陈列讨论时，我提过我们也要制作这样一个具有冲击力的大地图，写上"这是我可爱的家乡"。

到省文物局工作后，需要接触大量与博物馆相关的工作，加上省局领导中有的本就在省博工作，像蒋英炬和薛寿莪先生当时身兼省博物馆副馆长，因此我很快就建立起了对博物馆的立体印象。

对博物馆专家的认识始于朱活先生，我工作后与他有了更多交往，特别是我兼任了省钱币学会副理事长以后。他出版了新书也会赠送给我，像《古钱新探》《古钱小辞典》等。在1984年山东省社会科学优秀成果评奖中，朱活先生所著《古币三谈——谈我国先秦货币的龟贝、珠玉、金银》获得二等奖。我工作当年的8月，朱活先生与杨子范、蒋英炬当选省考古学会副理事长。12月，省博物馆学会成立，纪甫任学会理事长（时任省文化局副局长），刘谷（时任省文化局副局长）、任迪善、宋居民、王思礼、张福臻任副理事长，牛继曾任秘书长。在当时这两个学会影响力还是很大的。随着时间的推移，我开始与博物馆更多的专家接触和协同工作，对他们的认识也逐步深刻。像王恩田、关天相、陈梗桥、白云哲、南玮珺、张俊峰等先生，他们以专业的影响力奠定了山东省博物馆在全国的地位。

我参加工作时，当时的馆长是任迪善、宋居民，后薛寿莪主持过一段工作，之后的馆长是杨子范、卢传贞、黄浩、牛继曾、刘以文、鲁文生、郭思克等。我在参与与博物馆相关的工作中与这些馆长相伴而行，见证了所有博物馆人为博物馆事业发展所奉献的热情和作出的贡献。我觉得山东博物馆的发展历程，实际上是山东省文物保护事业发展历程的一个缩影。

张俊龙　突然发现您把三个问题都已经串起来了。您刚才说山东博物馆的发展历程是我们全省文物保护事业发展历程的一个缩影，能不能请您再跟我们聊一下，在不同时间段具体有一些什么表现？

由少平　要总结，有大量的话题可说。从我个人的角度，有两个年份是我和省博物馆交集最密的，一个是1984年，一个是2006年。

1984年机构改革，省文物局降为处级局，我被任命为省文物局副局长，因此也就开始以一个新的身份参与文物工作，当然也包括与省博物馆相关的工作。这一年发生的事情我记忆特别深刻。这年3月，海关查扣了14万件青岛外贸出境的文物，省文物局根据省政府意见全力处理并接收这批文物。我是最后一批派去青岛参加接收工作的人员。当时省局想挑选一批品质较高的文物充实省博物馆馆藏，我和青岛市文物局的宋爱华，陪同台立业先生在大量的文物中进行了拣选。拣选出的文物以瓷器为主，另有一些书画和珠宝翠钻等贵重杂项文物。这些文物我们三人装箱整整用了7天。运回的当天，我一个人押了一辆卡车，一早从青岛出发一直到晚上10点多运回卍字会。当时陈梗桥、白云哲等保管部的同志一直候在库房，归库工作一直持续到凌晨。这是我与博物馆最深刻的一次交集。

这一年省博物馆筹划了一个精品文物汇展，在我记忆中，这是一次调集全省珍贵文物最多的展览。我参与了文件起草、文物的交接、监管等整个展览的全过程，这也是我第一次深入参与博物馆的展览工作。

1984年是我正式加入博物馆千佛山新馆区建设筹备工作的一年。千佛山馆区的建设是1982年提出的，但最初动议并不是因为博物馆发展，而是齐鲁医院的扩建，所以整个建设过程可谓一波三折。1984年12月3日，我第一次以省文物局副局长的身份参加新馆建设协调会。同去的有杨子范馆长、省文化厅计财处张方平处长。协调会在省政府办公厅召开，主持会议的是主管建设工作的副秘书长，参会的有省建委、齐鲁医院及济南市建委的有关同志。当时新馆规划的选址是现在济南电视台这个位置。考虑到地方狭小，资金不足，当时办理土地出让手续又极为烦琐和困难，对博物馆的未来发展非常不利，所以会上我们坚持不同意这一方案。在当时的环境下，我们的意见是存在很大风险的，我也第一次感受到文物工作在领导环境和工作环境方面存在的困难。

博物馆千佛山新馆建设工作的转机是在1989年。3月份，新一届省政府分管领导宋法棠副省长应国家文物局邀请出席了全国文物工作会议，当时我作为陪同人员与会。回来后，省政府研究了文物方面的四项工作：第一项是博物馆新馆的建设和重新规划选址；第二项是恢复山东省文物管理委员会；第三项是组建副厅级的山东省文物局；第四项是大幅度提高文物保护经费。这四项工作深刻地影响了全省文物事业的发展。1989年6月19日，宋法棠副省长在山东剧院的西会议室召开会议，专门研究新馆的选址。省文化厅、省建委、济南市政府及规划局的有关领导参会，我和卢传贞、王瑞成两位馆长也参加了会议。12月1日，我陪同张长森厅长会同济南市分管建设的副市长、规划局长以及省、市有关部门的同志进行实地选址。市里共推荐了六个选址：第一个地点是和平路的东头，现在甸柳庄小区的东边；第二个地点是羊头峪，现在的科学院往东，环山路一带；第三个地点是北园，农科院一带；第四个地点是段店，王官庄片区；第五个地点是正觉寺，现在的经七路一带；第六个地点是解放阁下面的宽厚所街片区。当时省文化厅还是在争取千佛山这个片区，虽然这个片区当时还比较荒凉，经十路也只到青干院，但征地相对简单，没有搬迁，有一定的发展空间。1990年的3月16日，宋法棠、张瑞凤两位副省长在省政府204会议室召开会议，省、市各有关部门同志，张长森厅长、卢传贞馆长和我参加了会议。会议正式确定了在千佛山下建设新馆。3月26日，张长森厅长召开第一次基建工作会议，成立基建领导班子，我荣幸成了第一届新馆建设基建办公室的成员。1990年12月23日，省领导赵志浩、苗枫林、马仲才、张全景、宋法棠等在南郊宾馆审查了省博物馆新馆设计方案，并确定采用更符合中国传统审美，与千佛山景区更加协调的省建筑设计院提供的方案。当时省领导提出，山东省博物馆新馆建设是新中国成立以来山东省最大和最重要的一个文化建设项目，所以一定要在本届政府完成。1992年10月24日，新馆陈列楼落成剪彩，省委、省政府、省人大主要领导出席剪彩仪式。同日还开放了"齐鲁文化风采""馆藏古代书画""山东古生物化石""恐龙化石"四个展览。开馆当日气氛热烈，给我留下了深刻记忆。

我将2006年作为一个节点回顾，是因为这一年新一轮的博物馆建设又开始了。我也在这一年正式加入新博物馆的建设团队。当时的背景是在2005年重庆中国三峡博物馆开馆、2006年首都博物馆新馆开馆后，河北、广东、河南、山西等省也都在规划建设新馆。山东作为文物大省，山东省博物馆作为新中国成立后第一座省级综合性地志博物馆建设试点单位，显然受到了很大的压力。当然，最大的问题是当初千佛山展馆建设一系列的局限性，已明显不能满足新时期社会发展对博物馆事业的要求。

其实在正式加入新馆建设团队前，我已开始参加相关活动。2005年11月21日，我向省文化厅党组作了新馆建设外出考察有关方案的汇报。考察团队由文化厅和省发改委的领导及有关处室、省博物馆的同志组成。我们先后到北京、

山东博物馆七十年（1954—2024）

428

西安、重庆、上海等地考察了一系列的博物馆，对新馆的建设组织，建设制度的建立、运行、监管所有要素等都做了考察，并形成了详细的考察报告。同年12月28日，省政府主要领导在省政府第一会议室专门听取了新馆建设的情况汇报。2006年1月4日，我上班后的第一件事就是修改省博物馆建设的汇报稿。2月17日，代省政府起草了领导小组名单。

我在新馆破土动工之前，主要负责有关文件的起草和审改、招标方案的选择、专家的联系等工作。让我感动的是竞标方案评审阶段邀请的评审专家，当时领导提出了"国内一流"的高标准、高要求，所以我们也拟定了一个国内最高水平的专家评审组。评审组包括中国工程院院士、建筑大师彭一刚、张锦秋、何镜堂、崔凯先生等。我们没有登门邀请，全是电话联系，但这些先生都给予了积极的响应，这使我十分感佩。

当然这期间我们在老馆的管理方面也出现了一些问题。2月27日是个周一，我一上班就接到了国家文物局博物馆处处长的电话，电话内容是反映《人民日报情况汇编》第218期刊载了反映山东省博物馆问题的文章。李长春同志看到报道后作了批示，文化部和国家文物局领导也作了批示。我立即将电话记录向厅党组作了汇报，厅党组高度重视，作了专题研究，并立即召集省博物馆领导班子和厅有关处室研究整改措施。这件事情也对我们如何做好新馆建设和全面提升博物馆的工作水平提了个醒。3月6日，我改定了报省领导的呈阅件。3月7日，国家文物局单霁翔局长、张柏副局长、李培松司长、辛泸江处长一行，专赴山东落实李长春同志和孙家正部长的批示。座谈会于当晚10点10分在南郊宾馆召开。国家文物局领导听取情况汇报后分别发表了讲话，讲话既有对我们的严厉批评，同时也对山东文物事业的发展提出了更高的期望，对新馆建设也提出了全面的建议，要求在做好新馆建设的同时不能放弃老馆，在进行馆舍建设的同时，要同步做好陈列大纲编制和整个队伍的培训，新的博物馆要有更新和更高的目标。

两次建馆的过程，其实不单单是馆舍建设，它反映了山东省博物馆在山东整个经济社会发展过程中的作用和贡献，也是山东文博事业发展的缩影。省博物馆70年的历程，还是应该放在这两个大的历史背景下去总结和评价。

张俊龙 您刚才给自己的定位是一个没有在博物馆工作的博物馆人，也提到山东博物馆的发展也是全省文博事业发展的一个缩影。您刚才谈了一些基建，或者说是一些比较宏观的东西。从博物馆最基本的几个功能业务来说，您当时参与过的，从藏品研究、保护、陈列展览，开展社会教育，还有对外交流上，您看看有没有需要讲的？

由少平　按照2015年国务院颁布的《博物馆条例》，博物馆定位是以教育、研究和欣赏为目的，收藏、保护并向公众展示人类活动和自然环境的见证物，经登记管理机关依法登记的非营利组织。也就是说，博物馆最主要的功能和业务是藏品的收藏、保管和研究，举办展览和开展社会教育，对外交流是展览和教育功能的外延。

从藏品的角度看，在国家文物局历年的统计中，山东博物馆的藏品数量是居于省级博物馆前列的。因为我每年都统计山东文物事业发展主要数据在全国的排序，所以对省馆的各项主要数据还是比较关注的。由于省馆藏品来源比较庞杂，还包含了相当数量的自然标本，因此形成了数量很大，但精品和特色不够突出，除明鲁王墓等考古出土文物外，大多缺乏系统性的特点。为了不断丰富省馆馆藏，特别是解决重要展览的藏品短板，省文物局做了大量的工作。比如考古发掘文物，由于当时的法规对考古文物调藏博物馆没有明确规定，所以每次举办大型的文物展览都需要文物局协调考古单位。上下级文博单位的借展文物也是如此。在流散文物的征集方面，我们也采取过以补偿方式从文物店调拨精品文物给省馆。不过在这方面我也有两个遗憾。一是20世纪80年代，我与台立业先生专程到国家文物局流散文物处和中国文物总店与时任总经理的刘巨成先生协商从总店存放在故宫午门的文物中调拨一部分瓷器给省馆，刘巨成先生表示同意，后期由于一些原因终未能成。另一个是对青岛藏家的唐摹本怀素《食鱼贴》的征集。《食鱼贴》在2000年嘉德秋拍中以1000万元的底价流拍，2001年时任国家文物局博物馆司司长李培松打电话给我，说国家文物征集经费还有些结余，可以用底价购买充实馆藏。我立即发动青岛市文物局的同志寻找藏家，终因藏家家庭原因未能如愿。从我个人的角度讲，除1984年我参与拣选并亲自押车为省博物馆充实了一批文物外，还有几件事也借此说说。一件是20世纪90年代，省图书馆向省文化厅报告，希望将抗战期间运川文物中现存省博的一批海渊阁善本书移交省图书馆统一管理。为了做好给厅党组的汇报，我做了大量的案头工作，从王献唐先生当年的决策，到省博物馆的功能、保藏和利用情况，较系统地阐明了这批善本书继续收藏在省博的理由，使这一涉及藏品移交的问题得到妥善的处理。另一件我感到有些自豪的，就是主持并自始至终参与了流失日本长达十几年的东魏蝉冠菩萨像的追索，并最终归藏省博。其实每次到展厅，听到讲解员讲解菩萨像的故事，我还是会生出很多感触。再一件是我自己的小贡献了。一个偶然的机会，我发现并收藏了一方属于孔府祀田管理处的木印，为此我与曲阜的专家专门进行了研究，考证其为真品。这也间接解决了省博长期当作复制品展览的另外两件衍圣公木印的真实性。当然这方木印我已捐给省博物馆。

博物馆的展览工作我实际也参加了一些，主要是省厅和省局主抓的大型展览或跨地区、跨单位、跨行业展览。当然主要是做好组织协调工作。新馆开馆之初的展览，我参与研究了陈列大纲，也审读了全部展览文字，参与了展柜的考察，这算是比较深度参与的一次展览实践。对外展览我参与较多。1986年，山东省在日本山口县举办了"大黄河文明源远流长：山东省文物展"，这是山东省首次到国外举办文物展。我作为随展工作人员在日本山口、东京工作了3个月。之后我又参加了十几个对外文物展览。"孔子文物展"算是我主持策划的对外文物展览，该展先后于意大利、法国、日本、新加坡以及中国香港、中国台湾地区举办，都获得了良好的宣传效果。

对于讲解员队伍建设我也做了一些工作。1992年我主持举办了全省第一个讲解员大赛，名为"爱我家乡文物讲解员大赛"，来自全省各市的28名选手参加了比赛。获奖的部分讲解员经培训还参加了1992年新馆开馆的讲解工作。我在主管博物馆工作期间，又先后举办了几期，发掘了一批优秀的讲解员，有的成为当地文博事业发展的骨干。这一工作有力地促进了博物馆社会服务功能的提升。

张俊龙　刚才您提到王献唐先生，您觉得一代代文博人传承的精神都有哪些？请您给我们讲讲。

由少平　我刚到文物局工作的时候，王献唐先生的事迹多是听台立业先生讲述的，前面我说到王先生对运川文物的保护，其实山东近代文物保护的历史很多线索都要追溯到王先生。应该说王先生是那个时代文物工作者的代表。前两天我们讨论滕州岗上遗址保护规划，大家又说到山东第一片彩陶就是王献唐先生1952年在岗上遗址采集到的，我想这种谈论和回忆本身就是一种精神的传递。

文物保护事业特别是博物馆事业作为传统文化保护的主要阵地，似乎更加需要精神和品格的传承与延续。我工作后的相当长一段时间内，文物保护和博物馆事业发展的大环境还是存在较多的问题，因此"责任在身，当仁不让"就成为那个时期文物工作者的座右铭。这一点也鲜明地表现在博物馆人身上。有一次，我与中国文物研究所（今中国文化遗产研究院）的胡继高先生谈到金雀山汉墓帛画的保护，他说当时附有帛画的棺板运到北京后，没有人接手。为了做好揭取和保护，他整整研究了两年，最终获得成功。我在胡先生身上深深感受到文博人的情操和责任感、使命感。这件帛画后来我们指定由省馆保藏。我常常想，当我们在介绍某件文物时，也应该讲好文物背后的故事，这种精神恰恰是我们应该传递的。在我工作的几十年中，在博物馆很多老专家、老同志、老领导身上，我也能深深感受到这种生活简朴、爱岗敬业、富有责任感和使命感的高尚情操。有一个时期我们曾不断地提倡重拾师承制，其实不单单是专业的传承，更多是想通过这种言传身教的形式，传承好我们最珍贵的精神传统。博物馆是一个人才密集的地方，只有重视德才兼备的优秀青年专业人员的培养，博物馆事业才会真正拥有未来。

（采访人：张俊龙　整理者：付少振）

张生访谈录

被采访人： 张　生

简　　介： 张生，山东博物馆自然部原主任，副研究馆员，主要从事自然藏品的采集、管理、修复和自然展览的策划工作。

采访时间： 2024 年 3 月 18 日

孙承凯　张老师，您好，是什么机缘让您进入博物馆工作的？

张　　生　我是1975年插队到泰安，时间算是两年半。1978年6月，当时说山东考古队到泰安招工，我也一直认为是考古队，后来才知道是博物馆（招工）。博物馆当时有考古组、革命文物组，还有文物组，那时候博物馆和考古所还没分开。我们当时来了6个人，都是在泰安插队的。我们来了以后，先劳动一个月，然后开始分到各个部门，我是分到了自然部，跟着孟振亚老师，其他的老同志有南玮君副馆长、王绪老师、石荣琳老师。当时自然部有群工工作人员，不是单独分开的，像王秀梅老师、王晓华老师和刘殿卿老师等。文物讲解的是另一拨，在西院。

我在自然部时跟着孟老师，什么活都干，但主要还是收集古生物化石。那时候找化石，不是咱主动出击，都是哪里发现了什么化石，咱们得到消息后再去，加之那时候通信也不方便，从发现化石到去现场，前后时间就跨得很长了。

南馆长是重庆中央大学毕业的，他有个关系非常好的同学在山东师范学院（今山东师范大学），当时南馆长组织我们几个人，包括刘殿卿、王晓华、李莲英等每个星期四去山师听课，由他的同学免费讲课，持续了一年多。讲课的老先生很不错，给我们讲了很多基础的东西，因为我们这几个都不是科班出身，在生物学的基础知识上有很大的欠缺。

后来，孟老师带着我们去临朐县山旺采集化石，基本上每年都去，咱们现在馆藏的好多山旺的标本都是那时候采集的。山旺当时在开采硅藻土矿，最初是用炸药开矿的，后来强调保护化石，就很少放炮，主要靠人工采。当时的政策是一边保证生产，一边保护化石，这样采化石的时候也比较方便。那块大的犀牛化石就是我和孟老师在临朐山旺剖面西北角发现和采集的。因为标本保存完整，当时无法实现整体采集搬运，在标本的腿部和腰部做了分割，这样才搬到馆里来的。其他的化石，像植物的叶子、昆虫、鱼类非常多，特别是昆虫，你可能没见过，当时采出来都带颜色的，非常漂亮。

那时候我出差比较多。标本采了以后，因为当时咱们自己鉴定不了化石，一是跑北京，脊椎动物化石，包括鱼类到哺乳类，都是送到中科院古脊椎动物与古人类研究所鉴定；一是跑南京，植物都是委托中科院南京地质古生物研究所鉴定。这两个地方，我经常跑，背着化石送一批，过一段时间等鉴定完了再拿回来。

孙承凯　您负责的重要或者印象深刻的工作是什么？对单位和个人产生了什么影响？

张　生　当时在广智院就有一个展览，展览名称是"山东古生物展"，展出恐龙、大象的化石，包括现生的鲸鱼骨架也一起展出。鲸鱼骨架是在广智院的最西边靠墙搭了临时的棚子展出的。整个展览的面积也就是700多平方米。

在广智院还举办过其他展览，像吐鲁番的木乃伊展和法国性史展，票价两角，都很轰动的。法国性史展是当时法国和我国的一个文化交流展，咱们这里是展览的第五站，我到大连去接了这个展览。木乃伊展的展品是我坐卡车从安徽芜湖拉回来的。

1978年，中国古生物学会第一次学术讨论会在临朐召开，与会代表联名上书国务院，建议采取措施保护山旺古生物化石。后续的申报文件由杨俊珠负责，我一直跟着跑手续，前前后后跑了一年多。最后国务院于1980年1月17日公布临朐山旺化石产地为国家重点自然保护区。

另一项印象深刻的工作是1981—1982年沂源猿人化石的发掘工作。当时，沂源县搞文物普查，在骑子鞍山发现了哺乳动物化石和古人类头骨。他们向省文化局汇报，省文化局转到了博物馆自然部。第一次野外考察我没去，因为我在出差，孟老师带着冀鸿去了。回来后，我和孟老师直接联系了北京大学，因为当时北大与山东考古联系非常密切。

1982年5月，山东省文化局与北京大学历史系组成联合发掘队。咱们馆是孟老师和我参加，北京大学吕遵谔教授带着讲师李平生老师、助教黄蕴平老师，还有三个研究生夏竟峰、水涛、关学军，山东大学历史系栾丰实教授那时刚毕业，也参加进来，还有沂源县图书馆的杨雷、柴向荣、张文明等。当时发掘了45天，在第三地点又得到两枚人牙化石，其他主要是哺乳动物化石，有十二三种。所有化石都是我和孟老师送到北京大学整理，当时北大也没这方面的人才，头骨就送到中科院古脊椎动物与古人类研究所，由吴新智院士找他们的技工给复原的。我和孟老师在北京大学待了大概两个月的时间，对哺乳动物化石进行了修理、整理和初步的分类。

那时候山东省文物局已经成立了，相当于省文化局下面的一个处，刘谷任局长。他对业务工作很重视，就和北京大学吕遵谔先生说不能光在这挖东西，得给我们培养人才。吕先生回去给北京大学历史系讲了讲，定下来计我和当时在沂源参与发掘的杨雷去进修，都是免费的。我是跟着北京大学历史系八二级一起听课的，到1983年底，进修了一年半的时间。我那时候除了听考古专业的课，还到地质系去听课，考古系和地质系离得很近，中间就隔着两幢楼。我们都是跟着听大课。最初是跟着北大历史系八二级本科生一起住宿，后来去了研究生宿舍，和夏竟峰、关学军住了一段时间。他们又来新生了，我就直接住到北大的招待所里，住了差不多半年的时间。

孙承凯　请您谈谈与领导、同事之间发生的感人或有趣的故事，以及工作和生活中对自己帮助最大的人。

张　生　像南馆长、孟老师、王绪老师、杨俊珠老师、石荣琳老师对我帮助都很大，在业务和生活上也很关心我。那时候因为咱馆里头年轻人很少，他们都是老同志，我这个人比较勤快，有什么事他们也愿意教我，所以时间长了以后，关系都非常好。

张俊峰老师和孔庆生老师大概是1982年来馆的，我和他们俩都是在北京见的第一面。我和孔老师是在北京古脊椎所碰到的，那时他去所里找他的大学同学。张俊峰老师是到北京出差，去中科院动物所请教一位研究昆虫的老先生，他听说我在北京大学，就直接找去了，让我帮忙去天津找洪友崇先生，把咱们馆放在他那里鉴定的昆虫化石带回来。孔庆生老师后来和石荣琳老师，还有省地质局的沙业学老师一起去曲阜黄庄发掘化石，我当时还在北京大学，没有参加。张俊峰从1985年开始跑莱阳找昆虫化石，每年都去，每次都是半个月到二十天左右，主要是我和他一起，自然部的王晓华、马更云等也跟着去过，持续了五六年。

我好多化石鉴定的知识都是在北京古脊椎所跟着邱占祥院士学习的。我一直很感激他。邱先生去位于祁家豁子的库房就带着我。他挺有耐心，给我讲了很基础的东西，比如说牙一般怎么分，有角的动物怎么分。北京古脊椎所那时候有好几个老先生是山东人，除了邱占祥院士，还有董枝明、赵喜进、李传夔，因为老乡的缘故，我和他们很熟。我去了以后，有不懂的，他们都跟我讲。最初是孟振亚老师带着我去的，后来基本上都是我一个人背着个箱子去了，牵扯到哪一方面的化石鉴定，就直接去找那方面的专家。

孙承凯　您对年轻一代有什么期待?

张　生　现在入馆的年轻人学历都比较高，理论水平应该都没问题，我想在工作上还需多努力，做事要踏实一点。你既然干了，就把它干好。我最初进入博物馆的时候，也不知道我会干什么，既然干上了，就要尽力。说实在的，在理论方面我并没有什么优势，但是有一点，不管是修化石，还是出去发掘，我都尽力了。我有个建议，就是要培养自己的化石修复人员，做好化石保护的基础工作。

（采访人：孙承凯　整理者：孙承凯）

杨波访谈录

　　被采访人： 杨　波

　　简　　介： 杨波，山东博物馆原副馆长、研究馆员，山东省文物鉴定中心文物鉴定评估专家，主要从事考古发掘、藏品管理与研究、文物鉴定等工作。

　　采访时间： 2024 年 4 月 8 日

　　庄英博　杨馆长您好，很高兴见到您！2024年是咱们馆建馆70周年，馆庆小组策划了一系列的活动，其中一个内容是对咱们馆的老领导、老专家进行采访，记录他们对我馆发展所作的贡献。很荣幸我们的采访对象是您。请问您是由什么机缘进入山东博物馆的？入职后有何经历和感想？

　　杨　波　我是1980年进入山东大学历史系考古专业学习的，进大学之前不了解什么是考古，入学后听了老师的动员，觉得这个专业很有意思，就报了考古专业。当年进入历史系学习的122名同学，有80多个都选择了考古专业，最后只有22名同学入选，我还是比较幸运的。我们毕业的时候工作单位属于指令性分配，学校给分到哪个单位就到哪个单位。很荣幸，1984年夏季，学校把我分配到山东省博物馆工作。

　　20世纪80年代初，我们国家改革开放刚刚起步，经济还比较落后，文化事业发展举步维艰，博物馆行业显得比较萧条。当时博物馆办公场所在文化东路上，分为东、西两个院子，包括部分职工的临时住所，用的是广智院和卍字会的老建筑。我当时工作、生活都在西院，也就是卍字会旧址。建筑本身质量很好，是1937年落成的钢筋水泥结构仿古建筑，有前后四进院，依次为照壁、正门、前厅、正殿、文光阁，环廊围绕，雕梁画栋，是国家级重点文物保护单位，但这类仿古建筑作为办公室和展室并不适合。我刚工作时就住在这个院子里，年轻人都住集体宿舍，也就是正殿两侧的厢房。初到此地居住时，我晚上非常害怕，很长一段时间都是女同学陪住。

那时候，馆里有个不成文的规定，所有新分配来的学生都要先"看展厅"，也就是做看管展室的工作。但是我情况比较特殊，一入职就被分配到保管部工作。我起初跟姜慧芳老师负责竹简库房，还没对竹简保护有多少认识，就因工作需要转入青铜、瓷器库房了。保管部当时有十几个人，承担的工作比较多，除了现在典藏、书画、革命文物三个部室文物的保管和日常管理工作，还有文物保护工作室、摄影室等都在这个部门。藏品保管条件比较差，跟现在的库房没法比，更谈不上恒温恒湿，整个库房就是一个冬冷夏热的二层楼。楼上是现在典藏部负责的所有文物，包括青铜、陶瓷、砖瓦等无机质文物，工作人员有白云哲老师、王之厚老师和我。一楼保管的文物包括纸质文物、丝织品之类的有机质文物。对面还有一个库房，是办公室加上一些杂项和当时海关送交回来的很多物品，旁边是摄影室、文物保护工作室等。

随着改革开放的推进，到20世纪80年代末和90年代初，国家经济快速发展，各行各业有了一定的业务经费，工作开始走上正轨，全国性的学术研究和国际交流日渐增多，尤其山东得地利之便，和日本的交流较多。为筹备展览和出版工作，日本方面经常会派人来拍摄文物。我印象较深的是1986年参加"嘉祥武氏祠发现200周年学术研讨会"和1986年开始筹备的第一个对日展览，也是我馆的第一个外展。我跟随白云哲老师负责挑选文物和管理文物，配合王书德老师为文物拍照，完成馆领导布置的日常工作，初步了解了文物出国展览的流程，同时也非常高兴能通过自己的辛勤工作把中华优秀传统文化传播到海外。

1992年之前，我基本上负责青铜器、铁器类文物的管理，王之厚老师负责瓷器、砖瓦等类文物，工作量还是比较大的，比如配合文物拍摄就要把文物从二楼抬下再抬进另一个楼的摄影室里。当时没有现在这些先进的设施，楼上楼下所有的搬动都要靠我们俩的人力，所以工作也比较辛苦。但就是在这些平凡的日常工作中，我们不断与各类文物接触，逐渐对文物熟悉，为日后的研究及策划展览奠定了坚实的基础。我后来参与多个展览，对其中展出的很多文物都很熟悉和了解，这都得益于我在库房期间的工作。

我在保管部工作了16年，和文物接触得多，在那期间写的文章也比较多，像《齐鲁晚报》《山东画报》等报纸杂志，经常发表我写的文物介绍类的文章。后来随着对文物的不断认识和研究，我开始发表一些关于青铜器、玉器等科研性质的文章，比如发表在台湾《故宫月刊》上关于山东五莲出土玉器的文章，首次对这组馆藏文物作了介绍，对其产地也做了初步推测，引用率比较高。当时在省文物局工作的由少平、张从军、鲁文生等师兄对我非常信任，指派我陆续参加了《山东文物精萃》《文物志》《山东文物丛书》等书的编纂工作，由此我扩大了视野，对全省文物也有了初步的了解。

2000年，我进入考古部工作，当时的考古部由李大营、于秋伟、肖贵田、惠夕平和我组成，后来禚柏红等人陆续加入。初创考古部时我们反复研讨论证，确立了避开山东省考古研究所和山东大学的科研优势，重点做历史时期考古的方向。后来也是这么做的，以于秋伟、肖贵田为主力的年轻人，研究方向集中在汉代画像石、佛教造像方面，而且都取得了不错的科研成果。

考古部成立之初还有一项重要的使命，那就是考古发掘。争取考古发掘项目，既能锻炼人员，又能为馆里争取资金，以缓解紧张的经费压力。2000年考古部成立之初，我们就在李大营主任的带领下奔赴三峡工程考古工地。2002年后，由于李主任的健康问题，我开始负责三峡考古的工作。考古工地是一个非常锻炼人的地方，既要面对三峡当地的各级领导，又要面对村主任和村民，同各类人员打交道，以得到我们想要的结果，所以那段时间对自己锻炼非常大，对我们整个考古部的锻炼也非常有效。我们是新组建的队伍，没有任何带队工作的经历，但是大家非常努力，白天在工地工作，晚上都围坐在一个大桌子前整理发掘资料，编写考古报告，一般要工作到晚上11点才结束一天的工作。辛勤的付出也得到了一定的回报，2003年，国家文物局对三峡考古的60多个队伍进行考评时，我们是专家组提出表扬的三支队伍之一。

考古部在三峡地区的考古工作，从2000年延续至2007年，连续多次对万州晒网坝墓群、重庆南岸区等工地进行考古发掘，发掘墓葬近百座，陆续发表和出版了考古简报和考古报告，为三峡地区文物抢救工作作出了重要贡献。2006年考古部又承担了山东省南水北调工程所涉及地区的考古发掘任务，发掘了梁山薛垓从汉到宋的墓地，高青胥家庙遗址，还有龙口、博兴等工地，出版了《梁山薛垓墓地》考古报告，并获得山东省哲学社会科学优秀成果三等奖。在人员少、发掘任务繁重的情况下，我们还配合馆里工作，2003年完成了"考古三十年"展览，2007年完成"山东文物精品大展"，2010年完成"考古山东"展，并配合展览出版了相关书籍。2010年完成"山东画像石展"和"山东佛教造像展",如今这两个展览经过提升改造,依旧深受观众的欢迎。

2011年我担任了副馆长一职,从此开启了博物馆工作的新篇章。初任副馆长时,我对如何提升馆里的业务工作心里没底。在鲁文生馆长支持下,我虚心向老领导及国内著名博物馆领导学习请教,如南京博物院龚良院长、浙江省博物馆陈浩馆长等,从他们那里学到不少经验,并在实践中不断尝试、总结,为后来的工作打下了良好的基础。

为了提高山东博物馆的学术地位,同时给年轻的科研人员提供平台,在鲁文生馆长和王斌书记的支持下,我克服经费不足的困难,主持创办了馆刊《齐鲁文物》。刊物初创时就确立了三条原则:一是高起点、高水平,二是报道新发现、新资料,三是为山东博物馆年轻人搭建科研平台。高起点、高水平,就是面向全国文博考古界同仁办刊。为了扩大杂志影响,每年举办一个考古文物专题学术会议,邀请相关研究方面有建树的专家参会,从他们提交的文稿中选取优秀文章发表在《齐鲁文物》上。新发现、新资料,就是联系全省乃至全国文博界在考古工地或文物库房发现的新资料发表于《齐鲁文物》上。建平台,主要是为山东博物馆年轻的科研人员开辟一个新的阵地。本着以上原则,《齐鲁文物》迅速打开了局面,产生了一定的影响力。当时我们为了刊物组稿,也为了扩大博物馆在业内的影响,召开了规模大、规格高的"山东佛教艺术与考古学术研讨会",这也是建馆以来我馆举办的第一个全国性的大型学术会议。后来又陆续召开了画像石、玉器等方面的学术会议,年轻人还组织各类小型学术沙龙,活跃了馆里的学术气氛,激发了学习业务的热情。遗憾的是,因为后来领导思路的改变及主要工作人员的调离,刊物出版一度中断。

为了普及传统文化知识,扩大山东博物馆的社会影响力,2011年3月,我在担任副馆长之后,与王斌书记一起组织庄英博、卫松涛、李栋等人着手编纂了一套六册的山东博物馆科普读物——《走进山东博物馆》,其中包括《镇馆之宝》《大哉孔子》《翰墨丹青》《石刻艺术》《鲁荒王墓》《齐风鲁韵》,期望广大读者通过这套书了解博物馆,增加文物知识,体会中华优秀传统文化的博大精深,也期望读者能够把在这套书中获得的知识带给身边的朋友和亲人,让博物馆真正发挥"博学广智、明德敏行"的作用。这套书于2011年11月出版,是山东博物馆第一次成套出版的科普读物。

庄英博 现在咱们馆文保部发展得很好,您在其中起到了很大的作用,请您具体讲一下这个过程。

杨　波　我在担任业务副馆长以后，最初分管文物保管和展览等工作，2012年接管了文物保护部。开始我也不是特别了解关于文物保护的知识，工作过程也是一个学习的过程。我刚接手时发现了一个很大的问题。在负责山东博物馆参评国家一级馆的过程中，我发现要求总分达到1000分，文物保护方面独占206分，但是咱们馆在文物保护方面基本拿不到分，因为咱们没有国家颁发的文物修复资质。当时资质的申请要求比较严格，只有国家文物局才能批准颁发。发现这个问题以后，在鲁馆长的大力支持下，我和郑捷主任等文保部人员马上到山东省文物局和国家文物局，听取领导建议，和同事们一起对标工作，争取在最短的时间内达到要求，尽快把各种申请文本做到最好。通过认真准备、积极申报，山东博物馆在2013年获得"可移动文物技术保护设计甲级资质"，成为山东省内较早获得国家级资质的文博单位。

取得资质后，山东博物馆累计承担国家文物保护专项资金支持项目40余项，在铜胎画珐琅、彩绘木俑仿制等诸多领域取得关键技术突破，为山东大学博物馆、山东省文物考古研究院及泰安、临沂、东营等各地市博物馆数十家单位提供文物保护、修复、仿制服务，山东博物馆文物保护技术水平得到广泛认可。

十几年来，山东博物馆的文物保护修复工作成绩显著，有目共睹，但我们也应该清醒地认识到仍有很多不足，如硬件设施与国内一流文保机构相比存在差距、专业人员学科背景单一、缺少行业领军人才等问题。但我相信山东博物馆，相信博物馆的同事们，一定会继续齐心聚力、抓住机遇、勇于挑战，山东博物馆文物保护事业必将走向新的高度。

庄英博　您刚工作时展览多吗？请谈一谈您分管展览工作后的心路历程。

杨　波　1992年千佛山馆舍启用之前，博物馆在卍字会馆舍时展览非常少，记得刚工作的时候差不多一个展览十年都没怎么动过。当时临时展览也不多，参观展览的观众也很少，很多人还是不太了解博物馆。博物馆事业基本上是跟着国家的经济形势走，在国家经济条件比较好的情况下，博物馆事业就能蓬勃发展。就像现在，我们现在做的工作肯定多了，所以现在大家都觉得很忙、很累，其实这也是很幸福的事。

2011年，我初任副馆长时就分管展览工作，当时山东博物馆在2010年新馆开馆热闹了一段时间以后，很快又陷入门庭冷落的尴尬局面，观众非常少，每天也就是几百人，多则近千人。如何改变这种门庭冷落的情况？我在分管展览工作之前，虽然也负责做过考古展、石刻展、文物精品展等，但是并没有对全馆展览有过全面的考虑，主要是被动地完成任务。但是我刚上任就有一件事情对我很有触动。在我上任大概也就一个多月的时候，山东省文物局7位局领导来馆里调研，他们问及馆里第二年的展览计划。当时馆里并没有做详细计划，但是考虑到儒家文化在山东发端、发展，我就回答准备做孔子文化相关的展览，至于具体做什么展览还没有想好。后来我跟鲁文生馆长商量，与孔子相关的文物中，我们馆收藏的孔府服饰最独特，而且是个新题材，因为我们没有做过这个方面的展览。我觉得展览肯定要贴近群众，大众喜欢什么，我们就要做什么，你想让大众接受你的理念或传统文化，首先需要他们喜欢看。再者，当时社会上"汉服热"已经兴起，通过研判我们确定做孔府服饰展。于是2012年我们成立了一个小组，主要有宋东、庄英博、陈阳等，后来又加入了相关部门的同事，同社会上的文物爱好者和与传统服饰文化相关的公司，共同努力完成了一个全新的"斯文在兹"孔府服饰文化展。

这个展览取得了极大的成功，在一个多月的时间里，共接待观众约12万人，得到观众和业内专家的一致好评。展览让人们了解到这些珍贵文物的存在，认识了它们的价值，让大家感受到传世服饰的魅力，尤其是其中的明代服饰，是迄今为止世界范围内保存最好的一批服饰。更重要的是，展览带动了学术界及民间传统服饰爱好者对孔府服饰的研究热潮。其中几件精美展品在网络上走红，成为古代服饰爱好者追捧的明星，也给一些汉服商家带来商机。时任中国文物报社总编辑的曹兵武评论道："这个展览是一个了不起的尝试。展览不光是展出给观众看，而且是大家共同完成一个展览，从而成为一个文化事件、文化活动，成为一个交流和对话的平台，加深了公众对展览的理解和记忆。"

因为种种原因，这个展览未能参加"全国十大陈列展览精品推介"评选，这是一件令人遗憾的事情。不过在"斯文在兹"展结束以后，我们博物馆开始引起社会重视，观众开始回流了，这让我感到很欣慰。同时，这个展览也为后来我们成功举办的"衣冠大成——明代服饰文化展"打下了非常好的基础。

2019年左右，随着社会需求的增加，博物馆工作重心发生了转变，展览成为博物馆工作的重中之重。为此，我们进行了充分的展前社会调查，决定利用馆藏优势，筹备特色展览。经过多次论证，馆里决定继续举办服饰展，展览借鉴2012年服饰展在博物馆展览领域所取得的成功经验，扬长避短，继续深化、扩展。2012年的"斯文在兹"展，使公众了解了这些珍贵的孔府旧藏服饰，并在专业机构和广大的古代服饰爱好者中掀起了对孔府服饰研究的热潮。虽然8年的时间过去，但是"斯文在兹"展的热度依然不减。在网络书店，当时定价每本298元的随展图录价格已经热炒到每本2000元，由此可见一斑。"衣冠大成"展成为工作的重心。

事实证明，"衣冠大成"展取得了更大的成功。开展之后，热度持续攀升，三个月的时间，先后接待观众41万余人。开幕式上，刘曙光理事长对此次展览给予高度评价，他指出："这次展览展现了我馆在四个方面的成果：一是文物保护，二是研究成果，三是美学和时尚，第四是创新能力和跨界融合的能力。"大家都知道，这个展览成功荣获"2020年度全国博物馆十大陈列展览精品推介精品奖"、山东省2020年度"山东省文化创新奖"。

从2012年"斯文在兹"展览取得成功以后，我们就不断调整思路，做好规划，第二年的重要展览提前做好海报发布给社会。同时，引进国外的展览，把我们的好展览推荐到国外，引进来、走出去，最大化地把文化盛宴呈现给观众。

我们的展览形式不断创新、完善，比如展览的开幕式，从最开始的领导讲话、拉花剪彩，发展到后来多种多样的形式，有服饰展的模特走秀，西班牙画展的舞蹈表演，还有酒会等。展览展具也从"方块积木"变成一个个最适合文物气质、突出文物特性的定制展具。我记得当时"玉润东方"展结束后，配合文物的展具让各个文物收藏单位都给带走了。展览的色彩、灯光也都在变化。记得"大河上下"展中有一件彩陶在色彩、灯光的烘托下非常漂亮，观众给起了名字叫"高冷美人"。我们用各种方式去衬托文物，最大程度地表现文物的美感和文化内涵。虽然现在国内的各个博物馆的展览都在日新月异地发生变化，但是我们一直走在前列，并不断开创新篇章。

我们在引进罗马展时经费非常紧张，于是联合天津、云南、四川和我们共同分担借展费，在引进展览的方法上开全国之先河。在时间选择上，我们选在5月到8月，这个时间非常适合山东的观众参观。筹备埃及展时，考虑到资金的问题，我们放到最后一站，用了比其他参展单位少三分之一的费用完成了这个展览。

展览必须进行综合考量，包括经济方面的考量、文物展品方面的考量，还有展览的影响度的考量。在这个过程中，陈列部提升进步很快，我为他们感到高兴。

藏品是博物馆的物质基础，是展览的基石，做任何展览都离不开藏品部门的支持。对于藏品部门来说，现在不但要完成藏品管理工作，还要担负一些展览大纲的编写工作、文物的运输点交等任务，确实辛苦，但是同时这也对部门人员工作能力的提升有极大的促进作用。博物馆的展览，文物研究是基础，没有对文物的深入研究，展览、教育、宣传等各方面就都不能成立。一个展览的完成，其实是一个博物馆各个部门齐心协力的成果，所以我们每一个部门配合好是非常重要的。

我本人还是希望陈列展览工作不要太多的临时起意。当然，因为我们要配合一些活动等原因，临时起意的展览肯定是不可避免的，但是大型的好的展览，必须经过深思熟虑，考虑周全。我们的展览一般筹备时间都很短，做"衣冠大成"展用了半年多的时间，就算比较久的了，有些展览两个月甚至两三个礼拜就做起来，没有时间的沉淀，肯定会有不周全的地方。在国外做展览，基本上在三到四年之前就开始考虑筹备，筹备的过程就是研究的过程，把每一件文物都研究得非常透彻，把研究成果传达给观众，才能达到展览的效果。

我感触比较深的是2015年我们参与的在大英博物馆举办的"明代盛世五十年"展览，这个展览展示了全世界23个国家和地区的文物。在筹备过程中要思考到底是哪一件（文物）和哪一件（文物）相关，应该怎样组合，如果对文物没有了解，没有研究，不够熟悉，是根本不可能的。比如当时我们的鲁王墓出土的琴和棋，组合了一个日本国家博物馆收藏的瓷器和一个上海博物馆收藏的瓷器，瓷器上面的纹饰，一个是仕女弹琴，一个是书生下棋，和展品完全对应，这些细节的东西其实很重要，在此基础上再加以发扬光大，那就更好了。

有些很重要的展览，应该早早地去酝酿，充分地调研和论证。一个展览要想在业内引起轰动，或者最起码引起观众的注目，让观众感兴趣，同时还要得到领导的认可，其实是不容易的。得不到领导的认可，没有资金的支持，再好的想法也实现不了。正因为我们前面的展览如"衣冠大成"展引起国内外的轰动，拿到"全国博物馆十大陈列展览精品推介精品奖"，得到观众认可，得到业内认可，得到领导信任，才会更顺利地争取到资金来做"海岱日新"通史展。

庄英博　您在山东博物馆工作期间，特别是担任副馆长后对年轻人帮助很多，请谈谈您的想法和做法。您对年轻一代有什么期待？有什么寄语？

杨　波　愿意对年轻人给予帮助与我个人的成长经历有关。我父亲就非常喜欢帮助同事、朋友，能出力的地方绝不吝啬，我从小耳濡目染，受父亲的影响很深。1980年考入山东大学考古专业以后，我遇到了像刘敦愿、于海广和栾丰实等一批好老师，他们对我们班的同学，无论是生活还是学习都无微不至地关心。我们八〇级考古班同学更是相互帮助，互相成就。他们是我一辈子的老师和朋友。虽然经过四年的大学学习，但我刚刚入职山东博物馆时一切都处于懵懂之中，白云哲老师在工作中给予我很多帮助，从库房管理到文物鉴定，不断地教诲，使我很快适应新工作。当时保管部主任陈梗桥和朱振华两位老师对我也非常关心，尤其是朱振华老师，无论是生活还是工作都对我既爱护又包容，使我感到特别温暖，也为我作出了表率。我担任考古部主任以后非常注重对年轻人给予力所能及的帮助、提携，针对每个人的爱好和特点，帮助他们规划未来的人生，为他们提供一切可能的条件让他们安心工作、学习、研究，利用各种场合宣传他们的能力、特长，推荐他们到更适合的工作岗位。当年的考古部成员通过努力，如今都成为文博行业的栋梁，如于秋伟是全国汉画像石学会副会长，肖贵田是山东大学博物馆副馆长，禚柏红是山东省文旅厅文物古迹处处长，惠夕平、卫松涛、梁国庆、徐波、李宁、宋爱平等都在各自的工作岗位上撑起了一片天，为文物工作贡献着自己的力量，我为他们感到骄傲和自豪。2011年任副馆长后，年轻人有业务上的需求，我尽可能地能帮就帮，对能力强、肯干事的年轻人及时给予表扬，发挥他们的作用，有困难尽量帮助他们解决，与他们融洽相处。如今我从领导岗位上退下来后依旧得到年轻人的关心，这让我感到非常温暖。

寄语还谈不上，是期待吧。现在我们在讲学术立馆，那么怎样做到学术立馆？博物馆和其他文博单位不一样，我们既不像考古研究院那样以考古发掘和整理报告为主，也不像文物保护中心，主要以保护、修复文物为目的。我们是一个综合性的单位，每个人的岗位不同但都很重要，没有研究、展览不行，同样没有保卫、后勤也不行，做好自己的工作，做好本职工作最重要。同时，希望专业人员在做好日常工作以外，努力钻研业务，多读书，多写文章，读书读多了，看的东西多了，就能写出文章来，多挖掘我们自己的东西，比如很多库房里的藏品都没有人发表过相关研究文章。写文章不要仅仅为了评职称，为了应景，而是为了我们博物馆的事业和个人的事业更上一层楼。希望我们馆未来能多出像朱活先生、王恩田先生那样的大家。

庄英博　山东博物馆建馆70年来取得了很大的成绩，请问您对山东博物馆的高质量发展有什么建议？

杨　波　我觉得我们的工作是与国家发展息息相关的，国家强大，我们的事业也会蒸蒸日上。具体到每个人，就是努力工作，把自己的目标定好，守好自己的初心，把最大的能量都发挥出来，把自己的本职工作做到极致，我们的博物馆工作就会做到最好。从我这40年来的工作中可以看出，干部职工团结一心，工作中互相配合，形成合力，形成团结向上的精神，我们的博物馆事业就会取得更大的辉煌。

（采访人：庄英博　整理者：庄英博、郭云菁）

郑同修访谈录

被采访人：郑同修

简　　介：郑同修，2019—2023年任山东博物馆党委书记、馆长，山东省文物鉴定中心主任，长期从事田野考古与考古学研究工作，研究专长为秦汉考古。

采访时间：2024年3月15日

于秋伟　欢迎郑馆长回到山东博物馆。今年是山东博物馆建馆70周年，郑馆长作为我们的老领导，今天和我们一起回顾一下您在博物馆走过的这些年。您很早就在山东省文物考古研究院担任领导，和山东博物馆交流时间很长。今天想先请您讲一下在文物考古研究院工作的时候和博物馆的一些交流情况。

郑同修　我在博物馆工作时间不是很长，将近四年，但是和博物馆打交道的时间很长。1984年我大学毕业，分配到山东省文物考古研究院（当时称山东省文物考古研究所）。那时候考古院和博物馆在一个院里，都在一个楼上办公，而且合用一个食堂，共用一个图书资料室。那时候山东博物馆有两个分馆：一个在文化西路的广智院，一般称为东馆，就是现在齐鲁医院的华美楼；还有个西馆，在上新街51号，那时候主要用来办展览。我记得办的一个很轰动的展览是人体标本展，而且那个展览还是我联系的。山医大解剖教研室有大量的人体标本，当时我和山医大教授因人骨鉴定工作经常联系，我就给他们牵线，举办了这个展览。那个时候我跟博物馆的人都非常熟，好多的老同志，比如现在退休的或者即将退休的杨波副馆长、王冬梅、苏欣等，我们年龄相仿，还整天在一块儿玩，那时候很热闹。那时候的年轻人，说实话，我觉得比现在的年轻人更有朝气，不是说做学问、搞研究有多大的劲头，而是玩起来更有朝气。那时候博物馆办公楼有个会议室，大家经常在那儿跳舞，搞个舞会。有时候大家聚一块就找个电炉子，炒个白菜心，在一起吃一顿，现在博物馆的年轻人可能都不知道这种以苦为乐的乐趣。那时候我比较年轻，还经常去博物馆的图书资料室，和博物馆的历任领导也比较熟。

为什么考古院和博物馆渊源比较深？考古院是1980年底从博物馆分出来的，如果追溯博物馆成立多少年的话，恐怕不止70年，因为山东省博物馆是全国成立的第一座省级综合性地志博物馆。当时叫文物组，后来变成文物部、文物局，所以考古研究院以前就是博物馆的一个部门，然后1980年底独立出来，1981年正式独立挂牌。所以实际上考古所，就是现在的省文物考古研究院，从根儿上属于博物馆。后来，博物馆搬到千佛山，考古院借用了博物馆西院卍字会旧址，东院广智院只剩下一个大殿，最早大殿东侧有一个长廊，当时大象化石、恐龙化石就在那里展出。为什么说前两年我到了馆里之后，一心想把恐龙展恢复起来？就是因为我从年轻的时候就一直观看，而且恐龙展也是博物馆各个展览中最容易被市民特别是孩子们青睐的一个展览，所以我前几年下决心恢复这个展览。

于秋伟　从2019年8月到山东博物馆担任馆长到2023年5月，您在山东博物馆共任职3年9个月。请您谈一下这段时间的心路历程，还有对实现山东博物馆高质量发展的建议。

郑同修　我感觉山东博物馆每年都在发展，山东博物馆在全国来讲应该是走在前列的，建馆初期是全国的红旗馆。但是中间经历了萧条期，不仅是山东博物馆，整个文博事业都没有像现在一样得到社会的广泛认可，也可以说还没有像现在一样得到党和政府的如此重视。博物馆那时候还收门票，所以一天参观人员寥寥无几，整个博物馆是冷冷清清的，这样的情况持续了相当长一段时间。

博物馆发展到今天，由于从中央到各级党委、政府高度重视，博物馆事业得到了快速的发展。截至2023年底，我们山东省备案的博物馆已经达到796家，而且我们的一、二、三级博物馆数量等6项指标全国领先。山东博物馆几乎拿到了全国所有大型奖项，不管是"全国博物馆十大陈列展览精品推介精品奖"，还是十佳社教案例等。经过几代博物馆人的辛勤努力，山东博物馆的综合实力全面提升，在全国博物馆中位居前列。

在来山东博物馆工作之前，我是不太看得起博物馆的。我从30多岁当考古所领导，当所长当了12年，到了博物馆工作接近4年，我感觉博物馆的同志们让我对博物馆的认识完全改变了。山东博物馆的同志们都很优秀，也很努力，宣传教育、内容策展、形式设计、文物保护等各个方面工作都做得很好。有幸跟大家共事几年，我重新认识了山东博物馆。我看到我们博物馆的事业发生了翻天覆地的变化，看到我们同志每一天的进步。这种进步不是指职称的晋升，是说大家的研究成果。我们想在全国有影响力，想在全省博物馆界做领头羊，想以我们的影响力使山东省的博物馆事业切实高质量发展，在这点上山东博物馆责无旁贷。省博物馆的展览就应该是全省最好的，不管是哪一方面的工作人员就应该是水平最高的，否则我们就当不了这个龙头老大，起不到领头羊作用，要靠我们的实力让全省心服口服。

于秋伟 馆长在任职期间调整了部室，从16个增加到20个，我所在的考古研究部也是时隔9年再次组建的。当前考古院已独立，设立考古部的博物馆数量较少，请问馆长当时设置的初心是什么？考古与博物馆的关系是什么？

郑同修 最早博物馆是有考古部的，当时还承担了一些比较重要的工作，比如南水北调、三峡工程的考古发掘。我从考古院调入博物馆之后，觉得还是有必要恢复考古部。一是增加博物馆藏品来源。博物馆不能只依靠社会捐赠，更不能依靠文物收购。一方面考虑到博物馆的财力，另一方面考虑到文物真假的确切判定，所以我们需要成立考古部，承担一些发掘任务，出土文物标本。这样既可以支持地方博物馆和地方文物机构，又可以按照国家有关政策法规拣选一些精品文物进行展示，藏品数量也能增加。二是为考古学人才成长提供平台。年轻人的职称问题是非常现实的问题，考古学容易出成绩，考古发掘的新资料、新报告，对年轻人成长有益处。三是增加博物馆财政收入。根据国家发展的新形势，考古工作承担着调查、勘探和发掘的任务，现在我们还是与考古院一起合作做项目，分担他们的工作。以后争取能够取得团体发掘的资质，对于我们今后工作开展很有利。四是深入发掘文物故事，让文物活起来。博物馆守着大量的藏品，但对于文物缺乏深刻的了解。现在都说让文物活起来，如何让文物活起来？文物本身不会说话，只有通过专家的研究，发掘文物背后的故事。只有把文物的背景、故事、内涵发掘出来，才能办好展览。去年"海岱日新"展览，单就内容设计这一项就讨论了一年。通过这个展览，一大批文博工作者对山东亿万多年的历史有了新的认识。我鼓励大家有空就去看展览，了解文物的价值、内涵和故事，了解文物来源，是出土的，还是传世的？传世的文物，流传过程又如何？出土的文物，从调查勘探开始，是怎么发现的？出土时状态如何？文物经过修复保护，变成展品，但是我们不能见物不见人，价值固然重要，背后考古工作者付出的辛苦不能忘。办展览要讲故事，要深入研究，要见物见人，打破原来的条条框框才能办好。基于这些考虑，我借部室调整的机会恢复了考古部。今后，可以根据大家个人的兴趣爱好和研究方向合理安排工作。目前队伍还算年轻，经验也不算丰富，只要肯努力，多学习，我想以后这些人会成为博物馆工作的中流砥柱。

于秋伟　百年大计，人才第一。请您谈一谈对青年人的期许。

郑同修　我想我们是取得了很大的成就，但是和一些兄弟省级大馆相比还有不小的差距，我们要明白我们的差距。所以同志们应该更加努力，我们要提升山东博物馆在全国博物馆界的地位，就要看看在全国我们能排到第几位，全国博物馆界同仁如何看山东博物馆，如何看我们的工作，如何看我们这群人。现在文博事业的春天到了，现在就是大繁荣的时期，那么大家生逢太平盛世，又赶上文博事业的黄金时代，那么好的大环境、小环境，一定要多读书，深度思考，多搞研究，多出成果，能够成为专家。这个专家不是指职称，而是指你的学术水平能在学术界得到认可，那才是真正的专家。

（采访人：于秋伟　整理者：于秋伟）

杨爱国访谈录

被采访人： *杨爱国*

简　　介： *杨爱国，山东博物馆（山东省石刻艺术博物馆）原副馆长、研究馆员，山东省文物鉴定中心文物鉴定评估专家，主要从事汉代画像石和古代墓室壁画研究、秦汉考古、博物馆展览等工作。*

采访时间： 2024 年 3 月 8 日

王海玉　杨馆长，当年是什么样的机缘让您选择进入山东省石刻艺术博物馆工作的？刚进入山东省石刻艺术博物馆工作的时候，您对馆里的印象是什么样的？

杨爱国　首先应该祝贺我们山东博物馆成立70周年，同时也感谢馆领导把我列入采访名单。我是1993年6月正式调入山东省石刻艺术博物馆（以下或简称"石刻馆"）工作的。说实话，报到之前我对石刻馆一点印象也没有，我都不知道它的具体位置。我报到的时候，才找着青年东路6号那个位置，第一次到了山东省石刻艺术博物馆。我和当时的大部分同学一样，我们的兴趣都是时代比较早的时期。我自己的兴趣主要是在公元前2000年左右这样一个时间段，也就是当时认为夏文化进入文明时代的时期。我对夏朝从当时的原始社会进入文明社会这个转变比较感兴趣。可是工作了三个多月后，我的身体就出了点问题，自我感觉长期下田野就不适合了，就开始找新的研究方向。当时我看到跟我同龄的人对于汉代画像石有兴趣的不多，所谓"古不考三代以下"，汉代也是超出了这个范围，我觉得可以试一试。1986年开始准备再读学位的时候，我决定要考李发林老师的研究生，1988年我就跟随李发林老师学习汉画像石。这还有另外一个机缘在里面，现在山东大学取消了专题课，但我们上学的时候，李老师是给我们开过一个汉代画像石的专题课的，要讲一学期三十六节课，讲得非常细。其实我当时听的时候也没有特别感兴趣，反而到后来成了自己的一个主攻方向。

应该说一开始我对石刻馆的印象是非常好，因为石刻馆是一个独立的小楼，非常安静，当时那些老师们都是在非常专心致志地做自己的专业研究，我认为这是一个比较理想的地方，适合我在这里工作。其他的工作事务相对比较少，可以用在专业上的时间也比较多。

王海玉　进入博物馆工作后，您觉得比较重要的工作或者是给您留下印象比较深的工作是什么？您觉得这项工作对单位还有您个人有什么样的影响？

杨爱国　回想从1993年6月到山东省石刻艺术博物馆工作，到2023年6月退休，整整三十年。在三十年当中，我印象最深的工作也就是两项，第一项是2018年我们创办的石刻论坛；第二项是并入山东博物馆之后，参与的山东历史文化陈列展览。如果再说其他的话，就是1995年很幸运地参与了《中国画像石全集》编辑工作，虽然书出得比较晚，1995年就开始做，到2000年才出版，但是它的意义还是很重大的。不过对我个人来讲，意义更大的工作应该还是前两项。比如说石刻论坛，我们2018年开始搞，到2023年一共是六年时间，搞了12场，有数十位年轻的朋友在论坛上发言，很多人在发言后都公开发表了文章，应该说从给年轻人提供平台这个方面来讲，我们还是做了一些工作。"海岱日新——山东历史文化陈列"展览是我参与展览里规模最大的了，虽然原来在石刻馆的时候也做一些拓片展，相对来说还是比较小型的，而且策划的意识也比较弱，"海岱日新——山东历史文化陈列"展览就不同了，这是一个大的团队。

对单位和对个人有什么影响这个问题，我自己谈不好，但我可以谈三点感受。第一点就是给年轻人一个平台，他们一定会把这个事情做好的，我们要相信年轻的朋友们，石刻论坛就是一个很好的例子。第二点就是团队作战的力量，像"海岱日新——山东历史文化陈列"展览，光在专班里头的就有40多个人，还不算其他许多同志所付出的努力。正是由于这样的大型团队的分工合作，我们才会做得这么漂亮，这就是团队的力量。第三点对我个人来讲，我觉得就是转变了观念，也可以说是丰富了观念。原来我主要是靠看图写文章，现在就会想如何用文物展览的形式来讲我们的传统文化。这和写文章有很多不同的地方，因为文章是要组织一个逻辑、一个观点，但展览这种公共文化服务，它更重要的是让观众通过我们的展览来了解我们的传统文化，所以我想对我个人来讲还是有非常大的帮助。

王海玉　您在汉代画像石研究、美术考古、秦汉考古等方面都取得了令人瞩目的学术成就，也得到了业界的普遍认可。想问您从事这个专业方向的机缘是什么？对这个专业方向您又是如何理解的？

杨爱国　这个机缘在刚才回答第一个问题的时候已经说了一部分，一个是我本科时学了专题课，再一个是我根据当时自己的身体状况，应该说是一个主动选择的结果，而且从对图像的观察来讲，我也觉得有很大的空间可以继续探讨。现在唯一感到不足的就是当时读硕士学位的时候，没有对历史文献进行比较全面仔细的阅读，在这方面还是有一定的短板。

另外，我觉得这个选择在当下更加有意义，因为在手机普及的时代，图片、视频铺天盖地，可以说进入了一个读图的时代。我们在读今天的图像，今人创作的东西之外，古人的图像其实给我们留下了了解历史的一个途径，我们从图像里头同样能读出历史来，更何况这些图像是汉代人自己留下来的，不像那些传世文献在传抄的过程当中，有一些比如说被篡改了、被增删了的情况，这在图像上是不存在的。所以图像是我们了解汉代社会方方面面的第一手的资料，它有它的具体优势，更何况我们山东汉画像石数量在全国是最大的。所以我个人认为不论是学艺术史的、学社会史的、学哲学的，还是像我这样学考古的，都可以来做画像石研究，都能找到自己继续开拓的方向，所以它可利用的空间是非常之大的。而且在今天来讲它还有一个优势。这个优势是什么呢？就是学术全球化之后，我们就可以把它放到世界艺术史这个更大的范围之内来看。我们跟地中海周边地区那些石刻，包括跟中亚、西亚那些石刻来进行比较，我们的特点是什么？我们为人类文明作出了什么独特的贡献？作为多元的人类文化当中的一员，它的独特贡献在什么地方？

王海玉　您在咱们博物馆负责主持过"海岱日新——山东历史文化陈列"这个通史展的改陈工作，也在原山东省石刻艺术博物馆组织策划过多个石刻拓片类的专题展。对于当下我们博物馆展览策划的选题，还有我们今年即将进行的石刻艺术展的改陈，您有什么样的建议？特别想请您以"海岱日新——山东历史文化陈列"展览为例，从全国和省级的这样一个层面来谈一谈策展相关的一些背景，还有一些好的工作做法、工作机制。

杨爱国　应该说山东博物馆早就在策划改陈"海岱日新——山东历史文化

陈列"展览。新馆开馆的时候是2010年，到2020年已经十年了。这十年当中，博物馆的展陈理念、展陈技术都发生了翻天覆地的变化。我们原来的展览在服务十年之后，就显得比较陈旧了，但是改陈需要各种机缘。到了2021年，省文旅厅下了很大的决心，决定要做这个事情了，山东博物馆进行改陈，这是当时定的任务，要求我们用2022年一年的时间完成。后续由于疫情的原因，改陈工作又延长了四个月，最终是在2023年5月16日对社会正式开放的。其实一年零四个月的速度已经很快了，一般的改陈策划可能需要三至五年，我们用了人家不到一半的时间就完成了，应该说是非常之高效的。这个高效就得益于我们的工作模式。刚才我也提到了，"海岱日新——山东历史文化陈列"展览是采用专班的工作形式，专班里头也分了好多个组，包括内容形式设计、宣教、文创等，进行分工合作。在这个过程当中，我们从两个方面来下功夫。一方面是学习，最近这些年来，其他的省份改陈形成了一些经验，我们可以学习。另一方面我们深入挖掘自己文物本身的特点，用我们现有的文物把山东历史文化呈现出来。在这个过程当中我们也反复请教专家，请教喜欢看博物馆展览的朋友，最后我们提炼出来一系列"走在前列"的故事，以这个为骨架来搭建我们的山东通史文化陈列。应该说最终呈现出来的效果，各方面的反响是比较好的，无论是专家、观展达人还是普通观众，都对我们"海岱日新——山东历史文化陈列"展览给予了比较高的评价。而且在这个过程当中，我们一方面充分发掘文物的价值，另一方面在缺少文物的部分，我们也用了当下比较流行的一些技术，比如增加了一些视频，还包括一些互动的东西来服务观众，也更好地阐释了文物背后的价值和我们山东历史文化的发展过程，尤其是我们山东五千多年来"走在前列"的这些故事。

"海岱日新——山东历史文化陈列"这样一个展览也给我们正在和将要做的展览有一些比较好的启发。我觉得最重要的还是一个立意问题，就是我们通过这个文物或者说利用这个文物，想要表达一个什么样的思想。同一件文物，你从不同的角度来看，它就是不一样的，所以要有一个比较好的立意，尤其是专题展和临时展。除自己的设想之外，目标观众的想法也是很重要的，我们要了解观众他们想通过我们的展览看到什么，这对我们的策划展览有很大的帮助。通史展就是用比较宏大的叙事把事情说清楚。专题展应该在文化史方面挖掘得更加全面和深入一些，解读上应该比较细致、全面，以形象化的手段展示出来。临时展我觉得可以做得相对活泼一些，因为它的时间比较短，可以做得稍微清新一点，不用像通史展那样沉重。这是我个人的理解。我相信我们山东博物馆的策展团队，尤其是经过最近这些年的历练，策划一个好的展览已经不是一个问题。

王海玉　现在古代石刻包括石窟寺石刻在文博领域也是一个非常热门的话题，从上到下都非常重视。那么对于当下我们如何开展山东古代石刻的研究，特别是我们汉代画像石的研究，您有什么意见和建议？

杨爱国　研究山东古代石刻，我想主要有几个方面。第一个方面就是传统的方面。所谓传统的方面，就是不仅要对山东地方史，比如具体到汉代画像石，还要对两汉史这些基础知识和基本文献，包括传世文献、出土文献以及相关的考古资料，有比较全面的把握，这样我们才能比较立体地来认识古代石刻和山东汉代画像石。这是一个基础。

第二个方面就是学术前沿。如果我们不了解学术前沿，我们就不知道别人在做什么，也不知道当下的读者在关心什么，所以关心学术前沿也是很重要的。只有了解学术前沿，我们才能用当下的学术语言来描述传统的古代石刻，让当下的人能看懂我们在表述什么。所以凡是有志于古代石刻研究的朋友，和研究其他文物一样，都是要下苦功夫的。没有下苦功夫，你要想出成果，尤其是想要出在学术界得到认可的成果，那是相当难的。任何的科学研究，想猎奇，想投机取巧都是不可能的，必须要有非常扎实的基本功。

第三个方面是学术交流。我们搞石刻论坛就是提供这样一个交流平台。但是除这个平台之外，我觉得年轻的朋友们也应该充分利用网络平台，加入各个不同的群，结交各方面的朋友，多听多看别人对山东石刻或者是全国其他地方的石刻的讨论，这些声音对我们自己的研究会有启发和帮助。

第四个方面就是自己要开动脑筋。你掌握了这么多基础知识，也看了别人怎么做，如果自己不开动脑筋，你就发现不了问题，很容易被别人带着走。在这一方面我自己也是有教训的。我刚刚接触画像石的时候，对一个东西有兴趣就去检索一下，看有谁写了相关文章，看有谁出了相关的书。但是，我自己当时没有强烈的自我意识，看不出他们认识存在的问题。事实上，很多研究成果都是作者本人的一个认识，它不是一个结论，不是一个定论，其实都是可以探讨的。一开始我没有这样的意识，就耽误了不少时间。如果你从研究开始就有自我意识，你就会看到别人的研究从方法的角度、从资料解读的角度有什么漏洞，你就能找到自己的立足点。所以，自己开动脑筋来确立自己的学术立场，这也是非常重要的一个方面。

王海玉　我们刚刚提到山东古代石刻文物是我们山东博物馆的特色藏品。围绕着馆藏的石刻文物，还有我们的石刻拓片，我们应该怎样开展保护研究和展示宣传？想听听您的意见和建议。

杨爱国　我刚才说到了，我们山东博物馆的策展团队策划一个好的展览应该不是一个很难的事情。我们已经有了丰富的实战经验，而且在一线工作的同志年纪都在40岁上下，正是年富力强的时候。如果硬要说一个建议的话，我觉得是思想观念一定要紧跟时代。石刻文物都是年代比较久远的，但是它们这些东西可以阐发当下的意义，这个意义要靠我们策展团队来思考。我们想往哪个方向发展？比如说我们的书法碑刻，我们想要做临习展和想要给书法爱好者展示原作的样子，这两个策划就是不同的，所以要根据不同的展览对象和展览需求，来确定我们应该怎么做一个展览。

王海玉　能否分享一些您在博物馆工作期间与领导、同事之间发生的特别感人或者特别有趣的事情，以及在工作和生活当中对您帮助比较大的人？

杨爱国　有趣的事情还真想不大出来，毕竟我这个人生活相对来说比较简单。那个时候在石刻艺术博物馆工作，除了上班、回家，我很少参加其他的一些活动。我在山东省石刻艺术博物馆工作时间长达28年，如果要讲对我的帮助比较大的人，那么主要是在石刻艺术博物馆。第一位要提到的应该是焦德森馆长。当时我调进石刻馆的时候，他回省石刻艺术博物馆当馆长的时间也不长。为什么要先感谢他？主要不是因为他把我调进去，而是因为他当领导的期间，他所创造的相对自由宽松的环境，使我们有更多的时间和精力来规划自己的科学研究。所以我很多的文章都是在那十几年的时间打下的基础，这是非常重要的。对于打基础的阶段，如果没有这样成块的时间，要想积累一个比较扎实的基础相当困难。

第二位要感谢画像石研究的前辈蒋英炬先生。蒋先生是中国汉画学会创会时期的第一任副会长。在我进石刻馆的时候，他就已经在汉代画像石研究上取得了非常辉煌的成就。我第一次跟蒋先生合作是1999年，也是国家文物局委托文物出版社要出一套"二十世纪中国文物考古发现与研究"丛书。当时朱启新先生给蒋先生写信，希望画像石这一本由蒋先生来写，蒋老师就带着我一起写了这本书，在这个过程当中我得到蒋老师很多的指点。后来我又有机会协助蒋老师完成了《朱鲔石室》和《孝堂山石祠》两本相当于考古报告的编写。其实这两本书蒋老师他们已经做了很好的基础工作，我主要是协助蒋老师把手稿转成电脑版的工作，对原来的那些旧稿进行修改提升。在这些过程当中，我跟蒋老师学到了很多，主要是如何从丧葬礼俗、从考古学的角度把画像石的研究继续推向深入，在这一方面蒋老师对我的帮助是极大的。

第三位要感谢赖非老师。赖老师是一个书法家，但是他不以书法名世。我到山东省石刻艺术博物馆工作的时候，就在他隔壁的办公室。他都是在办公室里看书写东西，而不是练书法、去文化市场，这对我影响是很大的。因为我自己的生活比较简单，也没有什么特别的爱好，我觉得赖老师都能坐得住，我就更应该坐下来好好地看书写东西，所以他这种"坐冷板凳"的精神对于我来讲也是影响比较大的。

当然，在我工作的30年里也得到了其他领导、同事、朋友的很多帮助，如果没有这些，自己也不可能走到今天。

王海玉　我们山东博物馆历经70年的发展变化，您认为山东博物馆或者说山东省石刻艺术博物馆的工作精神是什么？对于实现山东博物馆的高质量发展，您有什么建议？您可以从我们博物馆的一些基本的工作，比如陈列、宣传、保管、保护等方面展开说一下。

杨爱国　这个说来真的很惭愧，我从在山东省石刻艺术博物馆工作，一直到合并到山东博物馆来的这两年多，一共30年的时间里，我对博物馆本身的发展没有一个宏观的考虑。我除做领导分配给我的工作之外，主要的精力是做自己的科研。我个人感觉山东博物馆70年的历史可以分两个阶段，第一个阶段是从1954年成立到1984年这30年，我们山东省博物馆还有其他各个级别的博物馆，在阶级教育这一方面作出了自己的贡献。

第二阶段是从80年代中期到现在的这40年，如果用简单的一句话来表述，就是为增强人们的文化自信来服务。在这一方面，尤其是最近这十几年以来，工作做得越来越好、越来越到位。今后，我想当博物馆越来越成为人们生活当中的一部分的时候，我们也会越来越放下自己的架子。原来我们都认为博物馆是一个文化的殿堂，这也没错，但是这个殿堂不应该是博物馆工作人员的殿堂，而是人民的殿堂，人民应该在这里分享文化的成果。这个文化成果不仅仅包括古人的文物，还有我们今天对于文物的解读，这些都是非常重要的，所以我们的展览应该要有服务的意识，这个服务的意识还要紧跟时代的需求。今后可能还会随着时代的变化有一些新的发展方向，所以作为公共文化服务行业，我们一定要紧跟时代的步伐。

至于像文物保护这些新技术，我相信相关的部室做的要比我设想的好得多，不需要我来提一些不着边际的建议。如果一定要提建议的话，主要不是针对具体的工作。目前山东博物馆强调"学术立馆"，因此我们每一个年轻的朋友，不论做什么工作，都要有学术意识。前两天我刚刚跟其他博物馆的年轻朋友进行了交流，他就讲现在没有时间做科研，说是大量的事务性的工作耽误了很多时间。我说这是一个现象，但同时也暴露出你自身的一个问题。这个问题是什么？是你不会把工作转化为学术问题，你把工作和科研分为了两张皮。比如说策展，其实策展本身就是一个科研的过程，它既是一项工作，要把展览摆出来，同时也是一个科研，如何把展览策划好，从哪几个角度来考虑，就要你建立起学术的意识，把自己的日常工作提炼为学术问题，这样就结合起来了，你稍微有点空就写出来了。现在用电脑打字耗费不了太多时间，我测算过一个小时写2200字是没有问题的，这还算是比较慢的了。我想年轻的朋友一小时打3000字应该没有问题，一篇1万字的文章有三四个小时就打完了。所以打字耗费的时间并不长，长的是思考学术问题的时间。如果你不把它和自己的工作结合起来，你就永远没有时间出成果，总是觉得时间不够用，脑子老是陷在日常工作里头出不来。长此以往，你就失去了进行学术思考的能力。这也是源于我的老师对我的教导。昨天上午我去看了孟祥才老师（山东大学老教授），老师都84周岁了还在写。他还在提醒我说："爱国你刚61岁，一定不要停止写作，一旦你停了，可能嘴上还能说，但是一动手就写不了了，因为你没有了逻辑结构。说的时候是随意在说，观点可能都表述了，但是你缺少逻辑顺序。文章不可以这样，所以一定要保持写作。"所以我想给我们年轻的朋友提这样一点建议，也许能有点用。

王海玉 您刚刚提到博物馆的年轻一代，您对他们有什么样的期待和寄语？

杨爱国 通过我在山东博物馆工作的这两年半的时间，我觉得我们年轻的朋友都是朝气蓬勃的，积极向上的，整个干劲都还是很好。如果要说寄语，就跟我刚才说的那样，一定要树立起学术的意识，自己手头的工作，不论是行政还是业务，要和自己想做的科学研究结合起来。比如说博物馆的财务，咱们通常认为财务工作跟博物馆主业离得很远，但它也有自己的特色，因为我们更多的钱是来自国家专款，财务人员除协助馆领导用好这个钱之外，从学术上思考当下中国博物馆的财务管理，也是可以有所作为的。我们原来在这一方面应该说比较薄弱，把一些跟主业不太相关的岗位仅仅当成一个辅助，这种认识是存在问题的。任何单位的正常运转，都需要各种类型的人才，不论是财务管理、安全管理，还是现在的信息化技术、文创，都不仅是一项工作，还是一项学术，我的想法是这样。

王海玉　您现在步入了人生的一个新阶段，下一步您个人在学术研究上有什么样的计划和目标？在学术研究之外，您还有什么样的兴趣爱好，可以给大家谈谈吗？

杨爱国　我个人还是想顺着原来的路子继续往前走，主要就是两项工作，一个是继续读书、写作，一个是继续做公共文化服务。在公共文化服务方面，我最近正在和央视对接，因为他们的《考古公开课》要做两集汉代画像石的内容，大概在3月下旬开始拍摄。我觉得如果我到博物馆工作，我最想当的是讲解员而不是研究人员。为什么当讲解员呢？因为讲解员是直接面对观众的，观众会提各种各样的问题，也促使你去思考。这个思考除包括对问题本身学术性的思考之外，也包括考虑我们什么样的讲解和什么样的服务能让观众更满意，能让他们觉得今天来这一趟是非常有收获的。

第二个在科研方面，我应该会顺着原来的路子把自己的一些想法继续发表出来，从更高的层面来讲，就是希望为山东古代石刻研究尽自己的绵薄之力。除了这些，我也没有其他的爱好，生活比较简单。相对来说我还是一个思想比较保守的人，可能不会到了60岁再创建一个新的生活乐趣，还是会顺着原来的生活轨迹走下去。

（采访人：王海玉　整理者：王海玉、杨海天）

郑岩访谈录

被采访人：郑　岩

简　　介：郑岩，山东省博物馆原副馆长、研究馆员，现为北京大学艺术学院教授，主要研究方向为汉唐美术史与美术考古。

采访时间：2024 年 2 月 5 日

于　芹　郑教授，当年您为什么选择到省博物馆来工作？

郑　岩　我是1988年7月山东大学毕业之后来到省博物馆工作的。1977年恢复高考之后，社会上人才断档，我们前几届学长们毕业包分配，学生得服从分配。从我们那届开始，各个单位的人才短缺状况已经解决得差不多了，所以改作"双向选择"。

我那年也报考了研究生。分数下来以后，我觉得肯定能上，因为我的专业排名总分第一，外语和政治也都过线了，所以就等着读书，没有找工作。但是国家教委突然调整政策，我们所有同学的总分都没有够及格线，这就被动了。山大的老师们觉得不公平，要解决我们这几个学生的问题。那时候宋百川教授不断地跑省文化厅，希望能够吸收我和冷艳燕两个学生。就这样，冷艳燕去了省文物总店，我来到了省博物馆。对于那时的工作，我没有充分的心理准备，一直想继续读书。如果说当时有想象中的理想工作的话，我还是倾向于下田野，比如说在考古所工作，也没想到要进博物馆，但进博物馆也是一个机缘。

于　芹　文博事业一直是您的志向吗？

郑　岩　首先是家庭的影响。我父亲原来是老山东艺专毕业的，他跟咱们馆王辉亮老师是前后差一两届的同学，他希望我远离政治，安心读点书。其实我考学的时候，经济、法律等专业都开始比较热门了。但我父亲并不鼓励我做那些事情，他担心我卷入复杂的社会关系中。我父亲喜欢读书，对我影响很深。1971年《文物》杂志复刊，我父亲就从单位借出来读。我也跟着翻，我在六七岁就知道"大汶口文化""氏族社会"这些概念。

我当时还是一门心思想学画画，但是我父亲也不希望我再吃他这碗饭。我们县有一个董家庄东汉画像石墓，我高中时看到那座墓，特别感兴趣。我报志愿时看到山大考古专业的选修课有"汉代画像石研究"，就想学考古。我父亲很支持我，我就这么阴差阳错学了考古。我对文学也有兴趣，但放在了第二志愿。在山大读书时，有几位同学转到了其他专业，我自己从来没有动摇过。我后来的研究重点转向了艺术史，但还是研究考古发现的艺术品。

于　芹　您刚进省博物馆的时候，对省博物馆的印象是怎样的？

郑　岩　那个时候省博物馆条件还是比较艰苦的。其实我上大学的时候就经常来省博物馆参观，一入学就跑到卜新街51号看省博物馆的陈列。刚才看"海岱日新——山东历史文化陈列"展览，看到好多东西，比如陶牛角，我那时候就见过，很有印象，我还画过很多文物的速写。我们还在库房请陈梗桥老师上课，讲古代书画。那是我们山大考古专业课程的一部分，所以当时对省博物馆还是有一些比较深刻的印象的。

确实，那时候是相当艰苦的一个阶段，当然不是历史上最艰苦的，我们前辈初创阶段的事情，我就不了解了。1988年已经是改革开放十年了，经济状况在好转，但是积累还有限。那时候有句话叫"文化搭台，经济唱戏"，实际上大多是文化让道。博物馆、图书馆还稍微好一点，是全额工资，而演出院团是差额工资，都没有办法排戏。人们先要吃饱肚子，才有文化上的需求，所以那时候博物馆是门庭冷落，说白了，只是在维持基本的运转。那时候在广智院的那座三层的水泥楼（竹简楼），咱们和考古所一起合用，冬天没有暖气，夏天没有空调。我面临的第一个问题是不会生炉子。那个时候我在陈列部，赵丽华老师、王惠兰老师两位前辈把炉子烧得特别好，而我们年轻人弄着弄着就灭了。

那个时候确实就是这样的工作条件，但我觉得还是很兴奋的。我记得我第一个月拿到的工资是89元钱，王金环老师和我一起来的，她比我多五毛钱洗理费。我每个月都有工资，自食其力，不用再向家里要钱了，自然很高兴。虽然条件比较艰苦，但省博物馆是省级单位，也是一个文化单位。我父亲为此很自豪，他在县文化馆工作，跟同事朋友说起来，脸上很有光彩。

于　芹　您当时负责比较重要的或者是印象比较深的工作是什么？这项工作对于山东博物馆以及您个人产生了什么样的影响？

郑　岩　我们说到过去，总是多少加上一些理想化的想象。20世纪90年代是文化单位比较特殊的一个时期，博物馆缺少活力。我自然也会比较迷茫，但我没有浪费时间。我不知道我做过的事情对博物馆后来的发展有过什么影响，我真的不知道，但是我觉得对我个人来说是非常重要的。我把青春都留在了山东省博物馆。我来工作的时候，鲁文生先生是陈列部主任。那年他在基层挂职，负责具体工作的是副主任严强老师。第一年有三个月的时间我被借调到省文化厅人事处帮忙。我非常不喜欢那种工作，感觉没有什么意义，三个月好不容易熬下来，但处长并没有让我回去的意思，我就天天去找他，要求回省博物馆，终于如愿以偿。

我离开省博物馆的时候，鲁文生馆长给我送行。那天中午，我和鲁馆长找了一个小店，就我们两个人，我们酒量都不大，于是只要了一瓶啤酒，我们俩都喝成了大红脸。当时我跟他说："我在博物馆待了这十几年，除了没卖过票，我什么工作都干过。"鲁馆长一听，说："哈，这很简单，你卖一下午票再走，不就全了吗？"的确，我们那时候什么工作都要干。我并不觉得委屈，我特别珍惜这些经历，都是很好的锻炼。

我印象很深的是，我刚报到没几天，就被安排到文光阁看展室，每天早上观众到来之前就要拖地。那个时候，宣教部一位大姐就教我怎么用拖把，如何又快又好地把整个展厅的木地板清理一遍。我拖完地汗就出来了，然后就等观众来。实际上，一上午也没有几个观众，冷冷清清，我就趁机偷偷读书。

我来省博物馆参加的第一个规模比较大的展览是1990年的"孔子文化大展"，还有些小的展览我就记不清了。从编写大纲，到借调文物、制作辅助展品、摆放文物、打扫卫生……样样都要做。不管是王惠兰、赵丽华等老同志，还是张建华、薛薇薇、于品、胡岩等年轻同事，大家齐上阵。展览开幕后，还要负责讲解。我还会写美术字，自己动手写序厅的展标，用电热丝刻泡沫塑料，刻好以后在上面再加一层不干胶的膜。我还曾经爬架子，在上新街路口青年桥用油漆画大海报，那其实应该是设计部干的，但我喜欢画画，有兴趣去帮忙。省文物局组织出国展，要在一面大鼓上画一个团龙，我二话不说，动手就干。

我不能一开始就端着架子做个两耳不闻窗外事的学者，这些日常工作锻炼了我综合性的工作能力。我那时最年轻，很听话，所以领导安排给我的工作也更多，别人不愿意做的事情我就做。我那时候在山东省博物馆学会当秘书，联络各地博物馆，准备一些会议，都是我去跑，我因此认识了各县市博物馆的同志。

我这些工作也和后来的学术研究分不开，多样性的日常工作反倒使得后来我在学术上的思路相对比较开阔。那时候很多学者是我在展厅里认识的。我在北大艺术学院的同事李松教授是一位很有名的美术史家，他常回忆起我们相识的场景。当时我在展厅里值班，有一个人过来参观画像石，他一边看一边在笔记本上画西王母。我过去问他："你是学美术史的吧？"他很吃惊，问我："你怎么知道的？"我说："如果你是学画画的，你就不会只画西王母。如果你是学考古的话，你也不会只画西王母。只有一种可能，你学过画，但是对西王母这个主题有兴趣，所以你就是学美术史的。"他说我猜对了。我接着说："我要没说错的话，你是李松。"他更是吃惊："你连我名字都知道？！"我那时用功读书，留意各种信息。我听说南京艺术学院博士生李松正在写论文，选题是西王母，那么就一定是他了。

我还在展厅里练习讲英文。看到有外国观众来了，我就上去跟人搭话。我不会的词，他们就告诉我。薛薇薇大姐调到省文化厅外事处承担翻译工作。有一次她突然有别的事，省文化厅有一个紧急的外事任务，要把两位英国学者送到北京上飞机回国。他们一句中文都不会，薛大姐就推荐我去。我沿途跟他们学到很多东西。像后来曾担任牛津大学副校长的著名考古学家和美术史家罗森（Dame Jessica Rawson）教授，我也是通过这样的机会认识的。几十年来，我们彼此保持着密切的学术联系，成了非常好的朋友。

我后来到高校教书，在讲台上还比较自如，这和我在省博物馆锻炼的经历有关。讲解虽然不是我的本职工作，但是看展厅的日子我主动去给观众讲解，这锻炼了我的口头表达能力。讲解的时候还必须把学术问题用很浅显的语言说出来，就必须超越学术表达的框框。我把它叫作"大众普通话"。它不同于"学术方言"，这种转换，要求我们必须把问题想得更清楚，否则就无法浅显地表达出来。这是非常不容易的。观众的提问可能并不遵循学术的传统，但那些朴素的问题，往往是最为本质的问题，我们可能并没有认真研究过。可以说，与观众的交流，拓宽了我的研究思路。

所以，我觉着省博物馆的工作对我个人来说是挺重要的。我真不知道我为省博物馆作过什么贡献，但我在省博物馆受惠极多。

于　芹　郑教授，您太谦虚了。您能否给我们介绍一下您在美术史研究方面取得的成就，还有对专业的理解。

郑　岩　谈不上什么成就。昨天有位省博物馆的志愿者问我类似的问题，问我从省博物馆到中央美院，再到北大，有什么变化。

根本上讲，没有什么改变。我始终对所研究的东西有极大的兴趣。那些文物有一种魔力，我总是被它们打动。我在学校学习考古学时，训练了一种冷静的思维习惯。在考古学家眼里，文物都是标本。研究这些标本，必须要祛魅化。但是，我在博物馆做展览，上手这些文物时，总是心跳加速。美术史家将文物看作艺术品，而一件艺术品是由一个不一样的大脑指挥一双不一样的手创造出的成果。博物馆工作必须面对物，美术史研究也必须面对物。我常常同时带着理性和审美的两种眼光和心态来观察文物，在两种近乎相反的方向上思考问题。这多么有趣！在博物馆工作，可以零距离接触文物，对它的重量、温度、质感获得直接的感觉，这种机会是外面人没有的。我在高校教书这二十年，离文物比较远，我们用PPT教书，用幻灯片教书，看到的只是图像，不能直接面对文物本身。而省博物馆的那段工作经历，对我来说是非常重要的。

我很幸运，我年轻时不是像现在这样必须申请钱、组织团队做项目。我现在年龄大了，在北大相对宽松，也没有这样的压力。在人文学科范围内，我反对"有组织的科研"这种急功近利的口号。交流和合作固然重要，但不必刻意去组织，学术研究不是打群架，需要独立思考。好的文章是有感而发，笔笔相生，不吐不快，水到渠成，而不是火急火燎。你给我很多钱，我没话找话，挤牙膏，也只能产出一堆垃圾。

至于你开始提到的"成就"，这要别人去评价，自己有什么好去说呢？

于　芹　能否请您分享一下您在省博物馆工作期间与领导同事之间发生的有趣或者感人的事情，以及在工作和生活中对自己帮助比较大的人？

郑　岩　我参加工作时只有22岁。很多前辈非常关心我们这些年轻人，我的老家在外地，但并不觉得这个环境陌生。陈列部的张建华老师比我早来六年，带着我一起读书。那时候张老师在读《史记》《汉书》，他发现问题，我们就一起来讨论。他在文献方面下过很大的功夫，又对古钱币有兴趣。我受到他的影响和鼓励。我们俩还合写过一篇小短文，叫《钱币称谓溯源》。文章写好以后，请教朱活老师。朱老看了以后说不错，可成一说。朱老写了一封推荐信，推荐到一个杂志上发表了。那时候朱老身体已经不太好了，写字手抖。信写完以后，他就拿到办公室，找打字员给他打出来，署上名。那封信的复印件我到现在还留着。

于　芹　说到这儿，我也想请您跟我们讲一讲省博物馆里的老先生们。那个时候省博物馆有这么一批在全国名气挺大的老先生。

郑　岩　我那时候年龄太小，性格内向，其实跟他们接触并不是太多。当时名气最大的是朱活先生和王恩田先生，还有一位研究古生物化石的张俊峰老师。张老师后来调走了。我印象中，正高职称的只有他们三位。他们的学问都很大，也有些脾气，我有点怕他们。

朱老年纪最大，很瘦小，牙大半都掉了。他研究古钱币，名气很大，著有《古钱新探》一书。朱老常挂个拐棍到资料室找书。蒋群、王冬梅二位女士在资料室值班，她们就跟朱老开玩笑，说："朱老，您知道吗？我们馆又来了一个'正研'。"朱老一听又来一个"正研"，就厉声问："哪里来的人？这么大的事我怎么不知道？"后来才知道是一个名字叫"郑岩"的人。我那时常常在资料室遇到他，他看我爱读书，对我印象很好。他曾经跟馆长提要求，让我给他做学术助手。他先跟我商量，我当然很高兴，虽然我对古钱币并没有什么基础，但是我知道这是学问。不管学什么，只要是学习，就能有收获。但是后来馆领导没有批准，这事就过去了。

王恩田老师研究先秦史和青铜器。他跟我说的一些话，我记忆犹新。他说不要过早写文章，要下功夫打好基础。王老40岁才发表第一篇文章，还是用的笔名。那个时代和现在不太一样，学者首先要坐冷板凳。如果今天年轻人等到40岁才发表第一篇文章，那就满足不了考核的要求了。

张俊峰老师研究古生物化石，与我的专业没有任何交叉。据说他在国内也是很有名的。我印象很深的是，他天天在办公室，只要从他窗前经过，就能看到他在工作，不管白天晚上，真是了不起。我有次问他："您不会感觉到累吗？"他的声音洪亮、浑厚，就说了一句："我习惯了。"1992年，我与安丘市博物馆合作，出版了《安丘董家庄汉画像石墓》这个小册子，他说："你二十几岁就出书，将来一定可以做些事。"我因此很受鼓舞。

另外，特别值得一提的是陈列部王惠兰老师的夫君王树明老师。树明先生北大毕业后先是在地方教中学，后来到了省博物馆，考古所分出后，他就去了考古所。我读过王先生的一些文章，但是不认识他，我就试着跟王惠兰老师说，希望能有机会向树明先生请教。树明先生知道后，主动来找我。他非常喜欢爱读书的年轻人。他知道我的老家在安丘，大学时曾调查过安丘老峒峪遗址，就建议我写一篇调查报告。这就是我和当时安丘市博物馆徐新华馆长合作的《山东安丘老峒峪遗址再调查》，1992年发表在《考古》杂志上。他还给我命题了另一篇文章，我能力不够，没有写出来。他说："写文章，找到题目文章就成了一半了。"这个道理，我后来深有体会。我把写出的东西拿给他看，他鼓励我说："小郑，你将来是不得了。你现在嫩得像小黄瓜纽，一掐都出水，但文通字顺，文字还会拐弯。"他那几年身体不太好，工作不顺利时，就找我和李大营聊天。树明先生鼓励我不断地写。他说，文章就是要从短写到长，从小写到大。我因此就给自己布置任务，每年写点小豆腐块在报纸上发表一下，不是为了那几块钱稿费，而是给自己鼓劲。我比起现在的年轻人来说，没有那么用功，还是有点散漫，但是确实也没有放弃，没有停止过。这一点得益于这些先生的鼓励。

在馆外，我还得益于刘敦愿先生、蒋英炬先生、谢昌一先生的指教。我写过多篇文章谈刘敦愿先生的贡献，也谈过他很多往事。今天就不再谈了。

于　芹　当年您作为年轻人，得益于一些老先生的指导。现在，作为老博物馆人，您对山东博物馆以后的高质量的发展有什么建议？对博物馆的年轻人有什么样的期待或者寄语？

郑　岩　我在博物馆工作的很多经验都已经过时了。这几年我每次回来，看到省博的发展由衷地高兴。我经常做梦，梦到我又回来工作了，梦到以前省博物馆的老同事，真是很有感情的。

现在省博物馆各方面条件都非常好，做了很多在国内外影响非常大的展览，培养了很多人。刘延常馆长是我的老同学，我们交流比较多。我非常认同他"学术立馆"的理念，我举双手赞成。我做过几年副馆长，曾想做一些事情去推动学术研究，但成效有限。我后来也偶尔参与一些展览。前一段时间我在北大讲课，他们让我讲讲博物馆展陈。我就谈一个简单的道理：如果一个展览要做得好，必须要对展览的主题和展品有深入的研究。而研究学问，要靠长时间的积累。

年轻人应该尽快在博物馆找到自己的兴趣点。我有个师弟，他刚来博物馆时总在读一些诗。我不是反对读诗，我是感觉到他的迷茫。我跟他谈了一次，我说："你不要捧着金饭碗要饭。我们在博物馆工作是捧金饭碗的，我们有这么多的文物可以接触，这些材料是其他做研究的人接触不到的。而你去研究一首诗、研究一个诗人，并没有优势。"他听进去了我的话，后来在学术上很有成绩。找到自己的兴趣与博物馆工作的契合点，将日常工作和个人的兴趣结合起来，然后持之以恒，必有效果。

坚持很重要，坚持久了，就成了习惯。我有一次去外地一所高校开会，在那个学校工作的一位老师是我过去的学生，她带着自己的学生到机场接我。她们一见我就哈哈大笑，我问笑啥。她说，我们刚才在打赌，说郑老师出机场口的时候，手里一定是拿着一本书的。的确，当时我下飞机时，书还没有来得及放回包里。我现在包里就带着书，坐火车、坐飞机，不管有多少闲暇时间，一定是要读书的。古人说："书山有路勤为径，学海无涯苦作舟。"我认为不对。把读书当作手段，当作工具，当然就很苦。把读书当作目的，就充满乐趣。我把这句话改一字送给朋友们：书山有路勤为径，学海无涯"乐"作舟。

（采访人：于芹　整理者：于芹）

王斌访谈录

被采访人：王　斌

简　　介：王斌，山东博物馆原党委书记、研究馆员，长期从事博物馆管理、文物研究与保护工作。

采访时间：2024 年 4 月 18 日

崔丽娟　请问您是什么机缘进入山东博物馆工作的？

王　斌　我是1992年7月由曲阜师范大学中文系毕业进入省博物馆工作的。那时优秀毕业生和优秀学生干部还是有分配到省城工作的机会，当时我只知道是分配到省文化厅工作，没有想到省文化厅还有20多个下属单位，我就服从分配来到了省博物馆，一干就是27年，直到2019年8月调离。

崔丽娟　请您谈谈负责的重要或者印象深刻的工作，以及对单位和个人产生的影响。

王　斌　我在省博物馆工作的20多年的时间里，印象比较深刻的事情主要有三件。

一是1993年借调省委组织部知识分子工作处帮助工作三个月，主要是考察省级拔尖人才。我第一次接触到了省内的一些名人，比如写《风流歌》的纪宇、中国竞走项目的功勋教练刘旭昶、省内著名眼科专家卢信义等。从他们身上，我学到了这些大家们朴实淳厚、无私奉献的家国情怀。我也从省委组织部相关领导身上感受到了他们党性坚强、爱惜人才、作风扎实的人格魅力，对我这个刚参加工作不久的青年学生来说是一次很好的人生锻炼和学习机会。

二是参与了省博物馆新馆建设。从2006年下半年新馆筹建到2010年10月建

山东博物馆七十年（1954—2024）

成开放，四年的时间，对我的人生是一次极大的提升。尽管从2001年5月我就担任了省博物馆副馆长，但那时的学识、心智、能力等都还停留在一个有工作热情但缺乏实际工作经验的阶段。在省博物馆新馆建设四年的时间里，我被厅党组选派，第一个从办公室搬到了基建办来做一些新馆筹备的基础工作，接着由少平、董桂林、卢朝辉、邢亚光等同志陆续加入了这个基建团队，再后来鲁文生馆长也到了基建办协助分管领导工作。当时分了几个处，我主要负责综合处工作，平时与省委、省政府，省委宣传部，省发改委，省财政厅，省公安厅，省消防总队，济南市规划局、建委、国土局，历下区委区政府、姚家街道、姚家村委会联系最多。我参与了项目可行性研究、立项、规划设计、方案招标、消防建审、施工建设、安防消防和建筑质量验收全过程，个中的酸甜苦辣或许只有自己能够真正体会到，那种"五加二""白加黑"，不分昼夜，全力抢工期的干劲和付出，那真像是在拼命。当时的文化系统从来没有这么大的工程，省委、省政府高瞻远瞩，省委书记、省长亲自过问，这是之前从没有过的。我能成为其中的一员参与新馆建设，真是发自内心地感到骄傲与自豪。即使大年初一冒着大雪与建筑工人一起坚守工地加班加点，凌晨两点试验穹顶灯亮工程，为了赶稿子，许多个晚上睡在办公室，孩子上小学大冬天放学经常没人接，为了工程建设不断到各厅局各单位硬着头皮争取支持帮助等，我都丝毫没有怨言。就是靠这种锲而不舍、敢打敢冲的精神，新馆终于建成开放。这对我的人生是一次重大的考验，也是最难忘的一次经历。我个人的眼界、格局、自信心、管理能力、协调能力、业务能力、处理突发事件的能力等，都有了质的飞跃和提升。尤其是新馆建成开放后，我在馆党总支书记、党委书记的位置上干了将近十年，能够胜任这份工作，是与四年的新馆建设锻炼成长分不开的。

三是2019年9月，我主动要求参加了省委组织的"千名干部下基层"活动，决心到一个全新的环境里边学边发挥作用。我被分到了国企高质量发展第十五服务队。工作队由5人组成，由一名副厅级领导带队，服务山东出版集团和山东广电网络有限公司两个省内重点文化国企。两年的时间里，我们向企业学习，也结合自身的优势，为企业在党建、重大职能转变、经营管理、债务追讨等方面提供服务和政策帮扶。特别值得一提的是，我们帮助山东画报社追回办公地点和相关资产上亿元；帮助省出版集团下属资产公司追回因修建铁路发生纠纷被村民占有一直解决不了的100多亩土地的所有权、使用权；帮助山东广电网络有限公司积极争取广电总局政策支持，为推进省广电网络加快与全国有线电视网络整合和广电5G建设一体化发展，最终成为第四大电信运营商，做了一些有前瞻性和基础性的服务工作。

崔丽娟　您取得的专业成就有哪些？

王　斌　我个人感觉，如果说在省博工作时取得了一些专业成就，主要是在我主持省博工作将近一年的时间里吧。尽管当时书记也是正职，但在业务工作中，主要还是馆长起作用。2012年6月，鲁文生馆长退休后，厅党组研究让我主持省博物馆的日常工作。当时馆领导班子就两人，我是总支书记，还有副馆长杨波同志。面对开馆压力，我和杨波同志紧密团结，克服了任务重、标准高的各种困难，在不到一年的时间里，做了几件个人感觉比较自豪的业务工作。

一是举办了一次全国性大型活动和一次高端学术会议。新馆开馆后，急需通过一些全国性的会议和活动来提升山东文博在全国的行业影响力。2012年12月，我和省文物局领导到国家文物局开会。我当时就想，如果把"5·18国际博物馆日"的主办权放到山东，将会对山东博物馆扩大在全国的影响打下坚实基础。毕竟，届时国家文物局领导会亲临现场，各省文化部门领导和各大博物馆馆长都会云集山东，这对刚刚开馆一年的山东博物馆来说，必将是浓抹重彩的一笔，对山东文物事业的发展将会起到巨大的促进作用。我把这个想法汇报给省文物局领导，得到了领导的充分认可，当时就趁中午吃自助餐的时间，找到了段勇司长和宋新潮副局长，最后又向国家文物局励小捷局长表达了承办会议的愿望。当时还有两家有意申办，但没有我们争取得积极，最终国家文物局把2013年"5·18国际博物馆日"主办城市定在了济南。经过紧张的筹备，我们终于迎来了这次重要会议。文化部长蔡武、山东省长郭树清、国家文物局领导等亲临大会。同时，我们召开了亚太博协理事会，国际博协主席发来视频祝贺，多个国家的博协主席和全国各大博物馆馆长出席会议。同时我们还进行了"全国博物馆十大陈列展览精品推介精品奖"的评选活动。会议举办得非常成功，给所有领导和嘉宾留下了美好印象，山东博物馆在全国各大博物馆的影响力和美誉度大幅提升，馆际之间的交流合作越来越密切。

二是拿到了三个国家级荣誉奖项。在新馆建成之前，山东省博物馆还是国家二级馆。我主持工作时，恰逢国家文物局在搞全国第二次博物馆评估定级。经过全馆上下三个多月的共同努力，我们终于成为国家一级博物馆。当年，由于新馆建设取得的成就和国家一级博物馆荣誉加持，省文化厅把我们推荐到国家文物局，成为当年全国文物系统先进集体。这两个奖都是我到北京领的，感

山东博物馆七十年（1954—2024）

觉非常激动、非常幸运，我们的付出终于得到了国家文物局的充分肯定和认可。第三个国家级荣誉奖项是2013年5月18日，我们终于获得了建馆以来的第一个"全国博物馆十大陈列展览精品推介精品奖"。这个奖项的获得极不容易。新馆建成后，当时的省长姜大明同志来馆视察时就提到，新馆建成后，一流的设施有了，还要有一流的展陈，那就是要拿全国展览方面的重大奖项。起初，有两个展览可以申报，经后来讨论，我们认为，我们的历史文化展，也就是通史展览，当时因开馆仓促办得不够精细，竞争力不够强，于是就决定来个剑走偏锋，把我们当时在全国率先搞的考古方面的展览"考古山东"进行改造提升。这是当时以省考古所为主在我馆举办的固定陈列展，王守功、郑同修、刘延常等同志付出了很大心血。为了达到标准要求，提高竞争力，我馆邀请了当时的国家文物局副局长宋新潮、博物馆与社会文物司司长段勇，以及全国各大博物馆的馆长多次前来论证指导，并组成工作班子投入经费200多万元进行了改造提升。经过大家的共同努力，终于在2013年5月国际博物馆日主场城市活动在济南开幕那天，在我馆礼仪大厅，我们的"考古山东"展览荣获"全国博物馆十大陈列展览精品推介精品奖"，真可谓"天时、地利、人和"，我们拿到了建馆以来第一个"全国博物馆十大陈列展览精品推介精品奖"。那一天，全馆沸腾了，这是我们山东文博人的荣耀，所有的努力都得到了回报，好多同志都流下了激动的泪水。

三是争取了两个重大捐赠。一个是美国慈善家肯尼斯·贝林先生的野生动物标本捐赠。我在馆里主持工作之前，就听说贝林先生曾向国内捐赠过。2012年3月，我去苏州博物馆开会期间，偶遇认识贝林先生的原北京自然博物馆副馆长关键先生，我跟他提到想通过他认识一下贝林先生。好像过了两个月，关键先生告诉我贝林先生正在天津，我就和副馆长杨波、陈列部主任王勇军、自然部副主任钟蓓匆匆赶往天津。当时天津市副市长正在会见贝林先生。我们就一直在他下榻的天津威斯汀酒店等到下午三点多，贝林先生见到我们，我们把来意和提前准备好的利用新馆几个高展厅做的自然馆的初步展示方案拿给他看，他很感兴趣，并约定下次来中国一定到山东博物馆来看一看。我们谈得很愉快，当时贝林先生还请我们喝了香槟酒。大家兴奋得都忘记了吃晚饭就匆匆往回赶，回到济南已经晚上11点了，觉得饿了，就在火车站每人吃了一包方便面。记得是7月份，他果然兑现了诺言，我赶紧跟当时的省文物局领导报告了这个消息。局领导很重视，专门到省博会见了他，同时报告了省领导。经过多轮磋商，捐赠数量从100多件增加到了318件。2014年，贝林先生的捐赠终于以展览的形式呈现在观众面前。省长郭树清亲自为贝林先生颁发了"山东省荣誉公民"证书。展览一开放，观众络绎不绝，在全省乃至全国引起了强烈反响。另一个捐赠是我国台湾地区水墨画家刘国松先生的画作。一个偶然的机会，刘国松先生来访，我们在座谈中提到要建设山东名人馆的事情，省委宣传部孙守刚部长在推进这项工作。范围限定在对山东有重大捐赠贡献的书画名人，首选了王献唐、于希宁、张登堂几位老先生。刘国松先生听后，当即表态说，自己也要捐赠100幅作品。当时谈的是共用一个展厅，把刘国松先生的作品放到显眼位置。后来，刘国松先生向当时的省文物局领导提出要用一个展厅来永久展示他的作品。当时的领导说可以考虑，得向省领导汇报一下。我当时向领导提出，最好按初始方案，四位先生共用一个展厅，毕竟展厅数量有限。但最终上级还是同意了刘国松先生的要求。所以在签协议时，我坚持提出加上"除在省文物主管部门作出的重大展览调整外，可以永久展示"，给省博以后留点协商的空间。经过好几轮磋商，刘国松先生没有再反对我提出的意见，但还是增加了"十年后"三个字。为此，听说刘国松先生好长时间都对我有一些误会和看法。但我觉得，站的角度不同，出现分歧也是正常的，都无可厚非。

四是举办了多个重要展览。比如引进了西班牙的一个外展，举办了孔府旧藏服饰展、海上丝绸之路联展、黄宾虹画展，争取到500万元宣传文化基金举办的山东名人馆等，都在社会上引起了较大反响。

五是要回了被财政厅收走的800万元运转经费。开馆之初，由于很多展馆没有展出，人员、设备等运转费相对要少一些，造成财政拨付的3000万元运转经费只花了2200万元，财政厅把这剩余的800万元资金收回了，并且极有可能来年核减资金，确定每年的运转经费只拨2200万元，这对以后省博正常运行将是一个很大的制约。因此，经过多方努力，积极和省财政厅对接汇报，第二年的运转经费还是按3000万元下拨，以后没有再进行核减。

崔丽娟　您与领导、同事之间发生的感人或有趣的故事有哪些？您觉得工作和生活中对自己帮助最大的人是谁？

王　斌　与领导、同事之间发生的感人或有趣的故事很多，工作和生活中对自己帮助很大的人也很多。这里只举两个例子。

一是原来的馆党总支副书记李兆民同志。我刚到省博上班的时候，就在他领导下工作，他处事谨慎、为人和蔼，对我非常关心。记得我的孩子刚出生的时候，父母来看孩子，李书记还专门骑自行车，买了礼物还有儿童玩具来看望我们，让我非常感激，充分感受到了组织的关怀和他的个人魅力。

还有陈梗桥老师，这是一位德艺双馨的老文博工作者，著名书法家、书画评论家、文物鉴定专家。他思想超前，喜欢接受新事物，20世纪90年代就开始学电脑。当时办公电脑很少，因工作原因单位给我配了一台，但经常出毛病。我知道陈老师懂电脑，所以每次电脑坏了，就找他来修。他从来没有端过架子，总是那么平易近人，有求必应，悉心教授我电脑知识。他的这种言传身教的方式，对我以后的成长和待人接物的态度影响很大。正是工作和生活中有了这帮老领导、老专家潜移默化的影响，才让我懂得了这种文化传承和熏陶的力量。

崔丽娟 70年来省博不断发展变化，山东博物馆的工作精神是什么？您对于实现山东博物馆高质量发展有什么建议？可以从陈列、宣传、保管、保护等方面展开讲。

王 斌 山东省博物馆自1954年成立至今，不断地发展壮大，与一代一代人的传承奋斗是分不开的。从我知道的秦元青、宋居民、赵荆生、卢传贞、牛继曾、刘以文、周昌富、李兆民等老一辈的领导者，到朱活、王恩田、白云哲、陈梗桥、石荣琳、钟华南、谢月英等一大批在国内和省内有知名度和影响力的老专家们，每个人身上最大的闪光点就是过惯了苦日子，做人做事做学问都让人敬佩。现在的年轻同志都应该接受这方面的教育，把这些老领导、老专家们吃苦耐劳、甘于奉献、勇立潮头、爱岗敬业的宝贵精神财富传承下去，再有现代科技手段、信息技术、数字化技术等多种方式的创新手段助力，我们省博的陈列、宣传、保管、保护各个方面都将取得突飞猛进的发展。

崔丽娟 请问您对年轻一代有什么期待或寄语？

王 斌 期待年轻的一代踏踏实实走好每一步人生路，百尺竿头，更进一步。

崔丽娟 您下一步的个人发展目标是什么？工作之外的兴趣爱好有哪些？

王 斌 我的人生已过大半，争取在最后四年多的工作时间里，做好本职工作，多为年轻人创造脱颖而出的机会，工作时就好好地干，退休后就好好地玩，让人生尽量少留遗憾。工作之外的爱好就是喜欢静，喜欢像原来在农村一样的田园生活。

崔丽娟 请问您工作单位发生转变的原因是什么？山东博物馆的工作经历对新工作在工作方法和学术研究方面有什么影响？

王　斌　原本以为要在省博工作到退休，没想到在一个地方工作了二十七年之后，在五年的时间里又连续换了三个工作单位，幸好没离开文博界。省博是个大单位，后来到的几个都是小单位，从大单位到小单位工作，自然要轻松很多。尽管工作职能略有不同，但文博工作的规律和认识还是有积累的，比如在省石刻艺术博物馆工作的一年半时间里，最关键、最需要解决的就是场馆问题，最需要依靠的就是社会力量，最缺乏的是没有文物保护项目。所以我重点解决了三个问题：一是向厅里申请解决展览场馆问题，二是申请成立了山东金石学会，三是争取到了两个文物保护项目共计420余万元。刚到省古建筑保护研究院工作，几乎所有的部门主任都不是党员，我重点解决了职工的入党问题，发展党员7名，逐步解决了基层党组织的战斗力问题。来到省文物保护修复中心不到一年的时间里，我重点梳理了可移动文物保护修复项目中的薄弱环节，团结全省文物保护机构和社会力量，逐步树立起了中心在全省可移动文物保护修复工作中的核心地位，逐步规范了文物保护修复行业市场秩序。同时在厅党组的坚强领导下，完成了省文物保护修复中心到省文物保护修复与鉴定中心的职能扩大和优化组合，实现了文物保护修复与文物鉴定"两条腿走路"的重要格局，并在全省优化完善可移动文物保护修复网络体系，合理布局全省文物鉴定网络体系，为实现山东文物保护与文物鉴定工作"走在前、开新局"打下了坚实基础，同时也为承担国家文物局文物鉴定区域中心重要工作任务积累了宝贵经验。所有这些，都是与在省博工作经验的积累分不开的。感谢省博，也祝省博在建馆70周年之际，大放异彩，承担更大的文化使命，举办更好的陈列展览，培养更多的专业人才，创造更大的社会价值！

（采访人：崔丽娟　整理者：崔丽娟）

附录 山东博物馆七十年大事记

────── 1952年 ──────

10月27日，文化部提出《关于对地方博物馆的方针、任务、性质及发展方向的意见》。省政府指示，将山东自然科学教育研究所从济南经七纬一路迁至原济南广智院，与之合并成立山东省自然博物馆筹备处。人员由时任山东自然科学教育研究所所长徐眉生、副所长秦亢青等47名研究所人员和济南广智院副院长袁叶如等12人组成。

────── 1953年 ──────

10月18日，文化部文物局副局长王冶秋来济南，在广智院小礼堂作了题为"怎样办博物馆"的报告。

19日，文化部批准山东省人民政府文物管理委员会（以下简称"省文管会"）将其陈列、文物保管部分与山东省自然博物馆筹备处合并，成立山东省博物馆筹备处。

12月23日，文化部提出《关于筹建山东省博物馆筹备处问题》，山东省博物馆筹备处可将省文管会所藏历史文物及其会址与山东省自然博物馆筹备处整合，作为建馆的基础。

12月，文化部副部长周扬参观山东省博物馆筹备处，对"山东三年建设成就展"给予肯定，同时提出要把山东省博物馆建设成全国地方性博物馆的典型馆。

────── 1954年 ──────

1月27日，文化部提出《关于山东省博物馆名称及其征集工作重点与青岛市文管会并入青岛市人民博物馆问题的意见》，建议山东省博物馆临时称为"山东省博物馆筹备处"，下设秘书室、陈列设计部、征集保管部、群众工作组。

5月5日，山东省博物馆筹备处开始向社会各界广泛征集革命文物。5月下旬至8月，仅在海阳一处就征集到革命文物1790件。

8月15日，中央人民政府确定山东省博物馆为全国地志博物馆试点单位。文化部文物局王冶秋副局长提出："把各地博物馆的好经验集中在山东来试验，搞出完整的一套，作为各地示范。"是日，宣布建馆筹备委员会成立。这一天后来被定为山东省博物馆（今称山东博物馆）建馆纪念日。

16日，山东省博物馆筹备处召开《历史陈列主题结构》第一次评议会。

11月30日，"山东地志陈列"历史之部陈列组人员第二次赴北京征求意见。

─────┤ 1955年 ├─────

2月19日，山东省人民政府任命张静斋为山东省博物馆筹备处主任，徐眉生、王献唐、秦亢青为副主任。

3月16日，文化部指示将青岛人民博物馆改为"青岛海产博物馆"，所藏原山东产业馆的矿物标本移交山东省博物馆筹备处。

3月，"山东地志陈列"增加"中华人民共和国之部"（后改称"社会主义建设之部"）。

4月27日，山东省文化局决定省文管会宋协明、刘敬亭、李既陶等24人调入本馆。

6月19日，民主德国海登勒希教授、柏林博物馆菲文凯尔博士来馆参观。

23日，邓拓来馆参观并留言："山东博物馆有特殊优越条件，大有发展前途，希望将来考虑采取和增加综合性的专题展览，并有计划进行文物征集。"

7—9月，应苏联对外文化协会和俄罗斯共和国文化部的邀请，我国文化部组织了以王冶秋为团长的中国博物馆工作者代表团一行7人访苏，秦亢青为团员之一。其间，在莫斯科、列宁格勒、高尔基城等地31天，参观了各级各类博物馆47处，参加座谈会40余次。

8月9日，山东省人民委员会发出通知，要求全省各地、各行业向"山东地志陈列"提供展品。

9月，委派李既陶去曲阜整理孔府文物。

本年，徐特立同志参观我馆"山东地志陈列"自然之部，徐眉生陪同参观。

本年，清理山东文登县汉木椁墓。

1956年

2月13日，"山东地志陈列"（历史之部、自然之部和中华人民共和国之部）对外开放。同日，本馆被正式命名为山东省博物馆。

5月1日，文化部副部长郑振铎来馆指导工作，对"山东地志陈列"提出表扬，并决定在山东召开现场会，推广山东经验。

18日，徐眉生接待少数民族参观团一行90余人。

30日，全国地志博物馆经验交流会在济南召开。文化部副部长郑振铎、国家文物局局长王冶秋，山东省省长赵健民、省文化局长王统照出席会议。徐眉生向会议作了"山东省博物馆地志陈列内容的组织问题"的专题报告。

6月2日，全国地志博物馆经验交流会闭幕，国家文物局局长王冶秋作会议总结发言。

7—9月，秦亢青、路大荒赴淄川研究筹建蒲松龄纪念馆，回馆后组织有关人员座谈，并支援了一部分陈列橱柜。

11月17日，波兰科学院物质文化研究所瓦·赫米列夫斯基来参观。

本年，学者唐兰、李鸿庆、沈从文，山西、河北、河南、内蒙古、北京、天津、湖北、甘肃、浙江、江苏、安徽及沈阳、大连、旅顺等地博物馆代表，以及苏联、捷克斯洛伐克、匈牙利、民主德国等外宾前来参观。对山东肥城汉画像石墓进行了调查。

1957年

1月，设陈列组、保管组、绘画组、模型组、群众工作室、秘书室。

4月28日，苏联博物馆代表团（巴普洛夫、格鲁哈诺娃、嘉柯诺娃等）来馆参观，29日举行座谈会，徐眉生、王献唐参加座谈。本馆将《山东省博物馆陈列图册》送给苏方，并合影留念。

29日，日本考古访华代表团参观我馆。

本月，为筹备"山东近现代史（1840—1949）陈列"，组成5个文物征集小组，分赴文登、莱阳、淄博、临沂等5个专区，20多个县市，征集近现代文物949件，资料656件，照片471幅。

8月29日，省文化局下发《关于正式成立山东省博物馆的通知》，省人委任命徐眉生为山东省博物馆馆长、秦亢青为副馆长。山东省博物馆正式挂牌成立。

10月8日，举办"明清书画展览"，展期至11月6日；另辟"曲阜孔氏画像"室。

本年，清理山东栖霞杨家圈战国墓、山东滕县汉墓66座。

1958年

3月，文化部在北京召开全国文物、博物馆跃进会议。秦亢青等出席了本次会议。会后，本馆制定了"跃进计划"。

5月24日，本馆举办"难胞刘连仁脱难还乡展览"。刘连仁，高密农民，1944年被日本人掳至北海道作劳工，因不堪折磨，逃至深山14年，过着"野人"的生活，本年被发现后回国。

6月13日，英中友好协会会长、剑桥大学教授李约瑟参观省博物馆，并题词留念。

7月1日，山东省博物馆、青岛市文化局、青岛市总工会联合在青岛举办"山东革命史料展览"。

11月12日，德意志民主共和国柏林科学院院士舒勒教授来馆参观。

本年，本馆自办、协办、合办和巡回展览共70个。与有关单位合办木版年画、古代书画、古代陶瓷、捷克斯洛伐克教育图片、郓城出土文物淄博陶瓷等展览；主办馆藏动物与矿物标本等展览。清理山东东平王陵山汉墓，试掘临淄齐故城，重点调查日照两城镇遗址并二次试掘大辛庄遗址。

1959年

1月，为支援中国历史博物馆开馆，本馆挑选4885件文物（内有骨料3128件）运京（1962年退回4277件，实留608件）。留下的有秦琅琊刻石、周公庙出土周代银镯、陈介祺旧藏曾伯霎簠、汉羊形灯、新莽"大布黄千"钱范、曲阜圣果寺北齐天保鎏金造像、戚继光佩刀等。

本月，本馆有关太平天国及捻军的部分文物支援南京太平天国纪念馆。

2月，中国科学院院长郭沫若参观本馆并题诗留念。

4月9日，省文物管理处、省博物馆联合举办"山东省普查文物展览"，展出珍贵文物254件。同年9月，省文物管理处、省博物馆联合编的《山东文物选集》（普查部分）由文物出版社出版。

4月10—13日，中共中央副主席、全国人大常委会委员长朱德视察我馆，参观地志陈列。

6月8日，文化部就处理前齐鲁大学所存文物一事致函山东省人民委员会，提出以下处理意见：原齐鲁大学收藏及明义士、温福立未及运走存放于齐鲁大学的2万余件文物（包括存于地下室的）交山东省博物馆，由其开箱清点，造具详细清册，编目入藏；按当地市估价留册；处理情况抄送文化部一式二份备查。

上半年，为了迎接新中国成立十周年，山东省委决定在济南分别建立工业、农业、文化三个大型展览馆，本馆参与了文化展览馆的筹办工作。

7月21日，将军区有关山东革命史料全部移交山东省博物馆，成立革命史展览组，与军区合办"山东革命史展览"，并确定博物馆提供展览场地。

9月，山东省委刘季平、王众音、余修、丁方明等，前来审查"山东革命史"及"少数民族史料展览"（与省民族事务委员会合办）。其后，在秦亢青主持下，几次修改"山东革命史"展览大纲。省委宣传部部长王众音撰写："1942年，正当抗日战争处于最艰苦的年代，刘少奇同志来到山东，少奇同志在山东期间，对各项工作进行检查，并对党的建设、统一战线、发动群众、减租减息等工作，在方针政策方面作了极为重要的指示，使当前根据地建设和对敌斗争获得了巨大发展。"

10月1日，为庆祝新中国成立十周年，与省民族事务委员会合办的"山东省少数民族史料"展览在本馆文光阁展出。

12月，省委、省政府举行全省文教战线群英大会，山东省博物馆荣获"先进集体"称号。在先进事迹材料中，提到："二年来，坚持出门办馆，下乡上山，为生产为政治服务。"

本年举办了山东出土文物、玉器、古代书画、青铜器、瓷器、明代战船等临时展览。

| 1960年 |

2月，本馆举办丝绸展览。

本馆委派李既陶赴邹县协助布置孟庙文物展览，并为孟庙文管所鉴别历史文物600余件，布置展出260余件。又赴曲阜鉴别字画、书籍、铜器、瓷器等800余件。

文化部在北京召开"全国文物博物馆工作会议",我省李笃忱、秦亢青、南玮君、王兰斋参会。

本年春,发掘潍坊姚官庄龙山文化遗址,揭露面积1700平方米,发掘墓葬12座,出土文物丰富,包括精美的蛋壳陶。

发掘安丘县董家村汉画像石墓,出土画像石103块,计69幅画像,画面面积达147平方米。发掘后将墓石全部拆出,1963年运至安丘城复原保护。

4月,与省水利厅联合举办全省"水利工程出土文物展"。

本馆举办"山东省先进农具配套成龙巡回展"和"人民公社图片展"。

5月,本馆出席全省文教战线群英会,获先进集体称号。

6月上旬,本馆出席全国教育、文化、卫生、体育和新闻方面社会主义建设先进单位和先进工作者代表大会,获全国文教战线先进单位称号。

本年秋,与山东大学历史系联合举办"义和团运动60周年纪念展览"。

下半年,贯彻文化部提出的"以大带小,以老帮新,建立层层辅导关系,要求博物馆全面开花"的方针,本馆采取了以下几方面举措:(1)创办业务指导刊物《鲁博参考资料》,发至各地,以省馆为全省博物馆网的中心;(2)积极筹办博物馆训练班,为县市博物馆培训人才,全面推行苏联地志博物馆模式;(3)重点抓肥城县博物馆,用省馆的办馆路线,帮助建立县级的"样板";(4)给济南、青岛、烟台、淄博市馆进行培训辅导。

12月,副馆长秦亢青在《关于山东省博物馆材料草稿》中提到:"我馆为全国第一个完成地志陈列的博物馆,1956年曾在济南开过现场会议。全国只有我省在1955年派代表出过国(中国博物馆代表团去苏联参观学习),至今仍是一面红旗。全国各省除西藏之外,均分批派员来我馆参观,并组织座谈会介绍经验136次,对县馆辅导工作以及巩固与提高上仍是突出的范例。在国际上影响也较好,许多外宾留言赞誉我馆已达到国际水平,13个月搞出这样完整的陈列确实罕见。"

┤ 1961年 ├

2月28日,应徐眉生邀请,南京博物院宋伯胤来馆介绍"苏联民族博物馆概况"。

3月,省文化局决定省文物管理处与省博物馆合署办公,对外两个牌子,内部实行统一领导。在博物馆内增设文物组,负责全省文物管理工作。

9月，省文化局决定筹建山东省文物总店，负责本省文物收购和供应工作，赵仲三任经理，李既陶任副经理，由博物馆代管其业务。

本年，本馆举办了"馆藏古代文物展""白浪河出土文物展""夏溥斋捐献刘墉墨迹展""碑帖书法展""辛亥革命五十周年文物资料展"；整理了《汉画象（像）石图录》；编写了《蒲松龄纪念册》《高凤翰书画选集》《铜陶器铭文图录》等；分批登记、整理了王献唐的遗书、遗稿等，并对其家属进行了奖励和生活上的安置。

| 1962年 |

年初，省文化局任命南玮君为山东省博物馆副馆长（兼陈列组组长）。

5月18日，文化部文物局副局长王书庄到本馆传达《文博工作十二条》。

6月，谭启龙、严永洁等来馆参观馆藏书画展。

1962—1963年，约请北京、南京、上海等地画家云集青岛等地，围绕山东进行绘画创作，最终有20余幅画作入藏我馆。

6—10月，为配合战备，做好珍贵文物图书的保护工作，本馆选出精品2921件，装15箱，待命疏散，后因局势缓和，未行。

本馆按照"文艺八条""文博工作十二条"等方针，进行了一系列活动：（1）制定陈列内容介绍讲座、专题讲座计划。历史部分从原始社会到封建社会共37个讲题；自然部分，包括地理、气候、动植矿物等共18个讲题；专题讲座，包括画派、法书、菏泽牡丹、微山湖的鸭等共13个讲题。（2）举办古代书法、绘画展览，古扇展览，动物化石专题陈列；（3）编写《馆藏书画选集》；（4）整理王献唐遗著《中国古代货币通考》；（5）搜集整理汉画像石资料，拟编辑出版《山东汉画像石全集》；（6）组织原始社会出土文物讨论会；（7）与省文联组织书法艺术座谈会；（8）与省历史学会组织邀请中国历史博物馆佟柱臣作"原始社会生产工具"学术报告。

| 1963年 |

本年度，对"山东地志陈列"各部分都作了修改。对古代史部分陈列，作了一次较全面修改。基本仍按照朝代分期的陈列体系，突出山东地区有影响力的古代名人。重新组织了近代史部分陈列。1840—1949年的近百年历史陈列，从1955年就着手筹办，先后经过几次组织，几次修改，但终未能对外展出。

9月，省委书记谭启龙陪同画家潘天寿、吴茀之观赏本馆藏画。两位画家为我馆作画留念。

10月，本馆发掘蓬莱紫荆山遗址，发现典型龙山文化与另一种以彩陶为特征的文物遗存有叠压关系，继曲阜西夏侯后，又一次找到了龙山文化晚于大汶口文化的地层根据。

11月13日，本馆派台继武、李义贵赴曲阜等地拓制两汉碑文图。

本月，省文化局调派宋居民来馆担任副馆长。

本年，本馆在广智院陈列室展出馆藏动物、古生物化石和矿物标本。

长清县小屯村民在施工中发掘出带族徽并有"祖辛"铭文的商代铜器一宗，省文物总店征集4件，后移交我馆。

1964年

7月，杜明甫、关天相、李发林等人筹办的"邹滕地区汉画像石拓本、照片专题展览"在本馆西院文光阁开展。

10月5日，"山东阶级教育展览会"在本馆开幕。省委、省人委、济南军区、省军区及驻济南大专院校主要负责人谭启龙、白如冰、杨得志、周兴、王众音等1000余人参加开幕式。该展览是在山东省委宣传部直接领导下举办的。展出实物2200余件，照片700余幅。展览开放后，陆续组织全省各地市的代表参观。该展览原为我馆配合"四清"举办的"阶级教育展览会"（本年2月举办）。省委决定在此基础上扩大展览，并成立了以省委宣传部长王众音为主任，以公安厅厅长张国峰、文化局副局长刘盛春等11人为副主任的筹委会。

本年，任命秦丹亭为山东省博物馆副馆长。

"大汶口文化"被正式定名。大汶口文化的确立，是本馆也是我国文物考古工作的一项重大收获。大汶口文化和龙山文化的关系也基本得到了解决。

1965年

年初，以宋居民、南玮君副馆长为主，组成"社会主义建设时期"陈列筹备工作指挥部。

5月，中科院古脊椎动物与古人类研究所与本馆在沂源县鲁山主峰南麓的奥陶纪石灰岩中首次发现山东地区的旧石器文化遗址（定名为山东一号洞），清理出一批旧石器工具及更新世晚期的哺乳动物化石。

8月，中国科学院历史研究所甲骨文专家胡厚宣先生第四次来馆，选拓馆藏甲骨文，并作了"现阶段的甲骨学"讲演。

9月，本馆举办"馆藏绘画展"。

11月，王恩田在益都县苏埠屯主持发掘商代奴隶主墓，出土两面大型镂人面形铜钺，其中一件刻有"亚醜"族徽铭文，为揭示商代方国在山东的情况及当时的社会结构提供了重要资料。

年内，田野普探面积1534万平方米，基本完成了整个齐故城的钻探任务，发现11座城、4处城墙、6条交通干道、2条排水系统、5处人口集中的居住区、6处冶铁作坊遗址、2处冶铜作坊遗址、4处骨器作坊遗址、1处铸钱作坊遗址。并发现了原始社会、商代、西周遗址50余处，清理商代、战国房屋遗址。

1966年

春，山东省阶级教育展览会全部业务从本馆划出另立机构，单独组建山东省阶级教育展览馆，为省文化局直属单位。

4月，在新泰县乌珠台发现一枚更新世晚期距今10万年的智人牙齿及共生动物化石。

本月，清理费县刘家疃汉画像石墓，清理后原地封存。

5月，"文化大革命"开始，馆内所有展览关闭。

1967年

春，曲阜九龙山汉代崖墓群被当地村民挖掘，随即被制止。出土一批文物，其中鎏金车马器等入藏本馆。

9月13日，本馆大联合的群众组织"秋收起义兵团"成立。

1968年

8月中旬，进驻省直文艺系统的中国人民解放军毛泽东思想宣传队军代表黄澍湛来馆。

9月，市房管局工人李元增、解放军宣传队张国柱等人进驻本馆。

1969年

3月，军宣队叶连武主持工作。

6月9日，本馆杨子范、王思礼、蒋英炬、王恩田等9人参加中国科学院组织的历史地震综合调查，分赴聊城、青岛、菏泽等地。在菏泽时，对安邱堌堆等遗址进行了试掘。

8月26日，本馆委派杨正旗去部队帮助王杰纪念馆装裱展览版面。

9月19日，王思礼、张其海、吴诗池、夏名采去济南无影山帮助发掘汉墓。

29日，省革委会政治部批准本馆成立革命委员会，任命军代表张兆英为主任。

11月21日，南玮君、牛继曾、石荣琳、江慧芳等讨论研究社会主义建设时期文物藏品定级标准。

1970年

1月4日，军代表张兆英作整党动员。

4月9日，全馆55人去齐河县张博士村参加抗旱劳动。5月6日返回济南。

本月，发掘邹县尚寨村明鲁荒王朱檀（朱元璋第十子）墓，至翌年初结束。出土文物有冠冕服饰、家具、文房用品、琴棋书画和仪仗俑等千余件。

5月，张其海主持曲阜九龙山发掘西汉大墓，出土随葬物1900余件，其中鎏金、错金的车马器尤为精美，经考证，确认系西汉鲁王之墓。

8月14日，省革委会政治部〔1970〕62号文任命张维训为馆革委会主任，张学为副主任。

1971年

1月，湖南省博物馆侯良、高至喜，西安半坡遗址博物馆靳富彦等来我馆交流工作情况。

15日，省革委会政治部核心小组批准本馆党支部成立。张维训任支部书记，张海任副书记。

2月6日，本馆成立文物、陈列、保管三个业务组，分别开展工作。

3月，政治部文化组撤销省文物管理处、省文物总店等单位。

4—5月，发掘邹县野店大汶口文化遗址，至翌年4月结束。清理墓葬60余座，获得了丰富资料，对大汶口的文化面貌及与龙山文化的关系有了进一步的认识。

7月，本馆选送邹县野店出土彩陶、益都苏埠屯出土的铜钺、济南无影山出土杂技陶俑、邹县鲁荒王墓出土文物，参加在故宫举办的七省（市）"'文化大革命'期间出土文物展览"。本展览是为尼克松访华和中美建交而举办的。为筹备"全国出土文物展览",本馆又选送山东展品100余件,法惟基、唐士和等去京参加筹备工作。

12月,本馆派员发掘临淄郎家一号墓,该墓为东周大型殉人墓葬。

是年,省历史研究所朱活调来本馆工作。

| 1972年 |

春,本馆清理高唐东魏房悦墓,出土墓志及瓷器等文物。墓志存本馆。

4月,本馆、临沂地区文物组发掘清理银雀山汉墓。一号墓出土竹简4942枚,有《孙子兵法》《孙膑兵法》《尉缭子》《六韬》《晏子春秋》等先秦古籍,尤为珍贵的是,确证了传世的《孙子兵法》即《孙武兵法》,失传的《孙膑兵法》重见天日。二号墓出土《汉武帝元光元年(前134年)历谱》(后叫《祝日》)竹简32枚。1973—1986年,又先后清理古墓近20座。

5月23日,为纪念毛泽东《在延安文艺座谈会上的讲话》发表30周年,本馆举办"山东历史文物"展览,这是自1966年5月闭馆后第一次对外开放。展览等各项工作由牛继曾主持。

5月,本馆承编的《文物》1972年第5期刊行。该期内容为近十年山东重要考古发掘资料及研究成果。重点内容是概述近年来山东出土的商周青铜器、发掘明朱檀墓纪实、临淄齐国故城勘探纪文、曲阜九龙山汉墓发掘简报等。

本年,本馆临淄文物工作队清理临淄河崖头东周殉马墓,翌年结束。墓具石椁,南北长26.3米,东西宽23.35米。墓东、西、北三面为殉马坑,全长215米,宽5米,已发现殉马220余匹,全部殉马当在600匹左右,数量之多,规模之大,所见空前。据推测,此墓可能为齐国第25代君主齐景公之墓。

| 1973年 |

1月11—30日,本馆举办全省文物考古训练班,20余人参加学习。训练内容分为文物考古、文物鉴定等10多个专题,并结合学习进行实地调查。

25日,"古代雕刻艺术品陈列"开展。

1—5月,曲阜西林西大队古建筑工人(瓦工8名、木工2名)对本馆西院维修。

2月5日,日中恢复邦交国民会议关西地区访华团一行17人来馆参观。张学、杨子范、牛继曾接待并陪同参观。

3月16日，北京师范大学校长成仿吾来馆参观出土文物展览。

3月25日至4月，本馆、临沂地区文物组发掘临沂大范庄大汶口、龙山文化遗址，清理墓葬26座。

本月，发掘长岛王沟村战国墓群。1975年、1985年，烟台市博物馆、省文物考古研究所又连续两次发掘，出土大批青铜器，其中有一件珍贵的战国鎏金刻划纹攻战纹铜鉴。

本馆、临沂文物组联合发掘银雀山西汉墓，出土一批精美漆器和漆衣陶器。漆器中有"莒市""市府草"等铭文戳记。

春，本馆、日照文化馆首次发掘日照县东海峪遗址。本年秋及1975年又两次进行发掘。

本季末，王思礼、张学海在日照东海峪遗址主持发掘工作。

4月3日，蒋英炬将由临沂借来的西汉雕龙石柱运抵本馆。

6日，河南南阳汉画像石博物馆派员来馆交流画像石收集与陈列经验。

16日，大众日报社受外事组委托来馆选拍山东出土文物，供印制明信片，以扩大宣传。

25日，外交部副部长李耀文来馆参观出土文物展览。

5月1日，省革委会副主任曹普南，文化组组长由履新，副组长纪甫、刘盛春、童辛前来审查文物展览。

5日，文化组金松源、杨茂绩来馆部署全省文物复查，张学、杨子范接谈并听取意见。

6日，印尼华侨20人来馆参观文物展览。

7日，中国驻扎伊尔大使及画家黄胄来馆参观，孔益千接待陪同。

26日，本馆委派董典之前往日照东海峪复原龙山文化民居，供陈列用。

本月，本馆、苍山县文化馆发掘苍山县东汉元嘉元年画像石墓。

6月5日，中国科学院学部主任刘导生来馆参观。张学、牛继曾接待。

28日，联邦德国业余大学旅行团来馆参观。

30日，军宣队张维训回炮兵部队，文化组决定由孔益千主持工作。

7月1日，埃塞俄比亚驻华大使来馆参观。

4日，省革委会政治部宣传组转来画家黄胄赠送本馆绘画作品。

6日，日中友协一行8人来馆参观。

省行管局拨交本馆嘎斯69吉普车，为本馆首部机动车。

26日，联邦德国《世界报》记者普格及夫人来馆参观。

12月，本馆派员赴临淄清理北朝崔鸿家族墓地。

| 1974年 |

4月，省委宣传部、省博物馆、省展览工作室、济宁地区展览馆在曲阜孔庙大成殿、圣迹殿筹办"批林批孔"展览。6月正式展出。

秋，为配合大汶河公路桥工程，省博物馆发掘大汶口遗址。1977年秋至1978年夏，为配合公路建设，再次发掘该遗址，揭露面积共1830平方米，清理灰坑120余个、墓葬56座、房址14座，出土遗物1000余件。取得了一批早于首次发掘的墓葬和地层的资料。尤为重要的是在早期地层下，发现了北辛文化晚期的遗存，为探讨两种文化的相互关系，提供了确切的地层依据。

11月，本馆为在中国历史博物馆举办的"各省市自治区文物汇报展览"选送大汶口彩陶、文登铁权和平度革命文物。

12月4日，"批林批孔"展览结束。由泰安生产建设兵团借调的24名讲解员返回原单位。

10日，辛店电厂出土的南北朝崔鸿墓墓门及墓志运抵本馆。

11日，故宫博物院陶瓷组李知宴向全馆讲授"古代陶瓷"。

14日，广东省博物馆潘燕修等5人来馆参观并交流工作经验。

17日，安徽省博物馆常秀峰、胡曰谦等8人来馆参观交流。

20日，北京自然博物馆代为复制的恐龙化石运抵本馆。

本年，莱阳县中荆公社前河前西周墓地出土己国铜器一批。翌年冬，本馆与烟台地区文物组联合发掘，清理车马坑1处、墓葬4座。1981年又出土有铭陶盉一件。

| 1975年 |

6月，本馆发掘烟台白石村遗址。

6—7月，与临沂地区文物组、莒南文化馆合作发掘莒南大店老龙腰、花园庄东周时期莒国殉人墓，出土游钟等重要文物。

8月6日，支援西安半坡博物馆大汶口和龙山文化文物16件寄出。

秋，与聊城地区文化局、茌平县文化局联合发掘茌平尚庄遗址，翌年春再次发掘。共清理大汶口文化墓葬17座,龙山文化灰坑139个、灰沟1条、房址1座,出土遗物1360余件。其龙山文化遗存对研究山东龙山文化的分布、类型和分期,及山东地区原始文化与周边地区原始文化的关系有重要价值。

本馆委派毕保其赴平度新河乡大苗家村现场处理出土的隋代木船,船体基本完好,运本馆保存。

10月25日,"山东革命文物展览"在本馆展出。展览筹备工作由牛继曾、王家鼎主持。

本年,发掘长清岗辛大型战国墓,出土4件错红铜嵌绿石云雷纹铜盖豆、1套铜帷帐构件等文物。

| 1976年 |

2月12日,本馆委派关天相、孟振亚赴嘉祥县清理隋代开皇四年徐敏行墓,其中隋代墓室壁画的发现,填补了我国壁画的空白。

19日,省文化局配合北京大学历史系在临淄举办工农兵考古短训班,学员178人。张学担任该班办公室副主任,张学海在业务组,法惟基在政工组工作。

3月8日,银雀山出土汉简由京运回本馆。

4月7日,本馆委派孟振亚赴嘉祥县揭取隋代墓壁画。20日,嘉祥隋墓壁画运抵本馆。

5月10日,本馆申请在东院新建陈列大楼专题报告送省文化局。

17日,李萍、王思礼、张学海去临沂现场处理发现西汉帛画一事。

28日,平度发现的隋代木船运抵本馆。

9月,本馆、昌潍地区文物组发掘诸城县呈子遗址。翌年又进行了第二次发掘。遗址上层属龙山文化,下层属大汶口文化中期。

本年,在淄博磁村发现并试掘了1处唐宋金时期古窑址,该窑址的试掘弥补了山东陶瓷史上的一段空白。

1977年

3月,本馆在长清县岗辛发掘战国墓,出土帷架铜构件、错嵌铜豆等。

5月23日,"古生物化石展览"开幕,展出珍贵古生物标本200余件,其中有"巨型山东龙""棘鼻青岛龙""山东山旺鸟"等。展览筹备工作由南玮君、金松源主持。

6月，任迪善调任我馆革委会主任。

14日，省革命委员会文化局核心小组〔1977〕鲁文核第11号文件下达，任命任迪善为支部书记；张学、崔忠典、牛继曾为支部副书记。

12月22日，张学主持讨论上报历史文物一级藏品清单。

| 1978年 |

1月26日，收到国画大师刘海粟、俞剑华赠送我馆绘画各一幅，分别致函感谢。

本月，时任省工交办公室副主任柳青，向本馆捐赠革命文物七件。

2月5日，历史陈列组集体编写的《看革命文物 学光荣传统》一书经任迪善审定，交山东人民出版社出版。

3月5日，"纪念周恩来诞辰80周年图片展"开幕。开放一个月接待观众65945人次。

本馆与沂水县图书馆合作发掘该县院东乡刘家店子春秋墓地，出土青铜器200多件。

5月25日，考古学家、北京大学教授苏秉琦来馆作学术报告。

7月，根据省革委会文化局《关于省直各文化单位撤销革委会恢复行政领导职称》的通知，任迪善任本馆馆长；副馆长分别为张学、崔忠典、秦亢青、宋居民、金松元、南玮君。

8月16日，炮兵副政委朴季伟向本馆捐赠日式佩刀一把，此为他1940年在铁道游击队夜袭国际洋行时缴获的战利品。

12月26日，"纪念毛泽东诞辰85周年图片展"开幕。

本年，我馆与中国古生物学会联合主持召开的山旺化石保护现场会议，对山旺国家级自然保护区的划定起了重要作用，我馆在该区做了大量工作。1976年，山旺山东鸟化石的发现，填补了我国鸟化石的一项空白，是世界的珍品。

| 1979年 |

2月，《山东平度隋船清理简报》在《考古》第2期发表。

4月20日至6月30日，本馆对莒县陵阳河大汶口文化遗址进行抢救性发掘。早在20世纪60年代初，本馆即在此进行过调查试掘。本年秋，再度发掘。3次共出土文物1200余件，陶、石、骨器丰富，其中陶质牛角号及刻有图像文字的大口陶尊最为珍贵。本年10—11月，本馆还发掘该县店子乡大朱村遗址，出土大口尊有5件刻有图像文字。

6月，本馆与聊城地区博物馆联合清理高唐金代虞寅墓壁画。

8月，王献唐遗著《中国古代钱币通考》由齐鲁书社出版。

10月1日，"张彦青、刘鲁生山东革命纪念地写生国画展"在本馆展出。

16日，日本山口县知事平井龙一行14人来馆参观。

21日，美国密歇根州州长威廉·米利肯（共和党）一行17人来馆参观。

年内，本馆中层机构室、组改为部室。文物管理部主任王思礼；考古部主任张学海；陈列部主任牛继曾，副主任王家鼎、邓学梦；保管部主任刘敬亭，副主任陈梗桥、白云哲；自然部主任郑桂莲；办公室副主任姚延慧、法惟基、孟广富、郑均培。

| 1980年 |

1月7日，济南军区转交革命文物48箱。

本月起，本馆馆长任迪善兼任省文物局事业管理局副局长。

2月16日，"山东文物考古新成就及珍藏文物展"在本馆开幕。展品中有滕县北辛遗址、莒县陵阳河遗址、鲁国故城遗址及临淄齐王墓出土的珍贵文物。

3月27日，南京博物院副院长宋伯胤应邀来馆就博物馆性质、任务、规律、特点向与会人员讲授了博物馆学的基本知识。

4月6日，联邦德国海德堡大学教授雷特洛泽等6人来馆参观。

17日，"沂南汉墓画像石拓片展"开幕。

7月1日，国家文物保护科学技术研究所对本馆竹简脱水试验通过鉴定。

15日，周昌富主持筹备的古代乐器展览预展。

8月13日，"造像艺术品展"开幕。同时本馆编印《历史文物陈列简介》向观众发放。

9月，本馆考古部、文物管理部划出单独建制成立省文物考古研究所。至此，全馆人员剩余95名。

年末，善本书整理结束，计有1080部，7160册。其中宋刻本26种，元刻本68种，明刻本296部，清抄本446部。孤本中有明万历李笃培《方园图说》，清李文藻《恩平程记》、桂馥《说文解字义证》残本、许瀚《攀古小庐金文集释》、陈希龄《天文算学丛书》、时庸劢《音学丛书》等。

───────┤ 1981年 ├───────

2月6日，"馆藏清代书画展"开幕。

3月3日，文物出版社、香港三联有限公司主办，香港艺源有限公司制作，本馆承办的"中国文物立体摄影巡回展"开幕，展出包括文物精华和中国青铜艺术摄影作品100幅。

4月30日，中共中央总书记胡耀邦在省委书记李子超以及省文化局局长宋英、省文物局局长鲁特陪同下来馆视察。

本月，牛继曾起草《山东省博物馆》一文被中国博物馆学会《通讯》采用，并交南开大学历史系博物馆学教学参考用。其中有关基本数字如下：西院占地15550平方米（含西小院2680平方米），东院占地16500平方米。其中陈列面积3212平方米，库房面积2437平方米；职工99人，其中专业技术人员62人。

5月1日，"馆藏俞剑华先生遗作（56幅）展"开幕。

2日，美国犹他州家谱学会图书馆部主任鲍威尔、沙其敏一行2人来馆参观。

6日，省文化局副局长兼省文物局局长鲁特、省文物局副局长刘谷召开全体中层干部会议，宣布薛寿莪任副馆长，主持工作。牛继曾由历史陈列部调任办公室主任；卢传贞由省文物局调陈列部任副主任。

6月15日，日本山口县日中友好之船全体人员来馆参观。

29日，省委负责同志李子超、高启云以及林萍、张子明、徐杰、李茂荣来馆审查党史资料展览。

7月9日，省委负责同志白如冰、苏毅然、李子超、赵林、张晓初、王众音等来馆审查纪念建党60周年——艰苦历程（山东党史部分资料）展览，决定7月10日正式对外开放。

8月1日，"新疆古尸展"开幕。

12日，故宫博物院副院长彭笑来馆参观。

23日，书法家舒同来馆参观并题字留念。

9月2日，南斯拉夫木偶剧团一行31人来馆参观。

20日，法国国立自然历史博物馆主办的"性的自然发展史展览"在本馆开放。

10月18日，中宣部副部长廖井丹来馆参观。省委宣传部副部长黄澍霖，办公室主任徐学孟陪同。

27日，国家文物局局长任志斌来馆视察，省文化局副局长兼省文物局局长鲁特、省文物局副局长刘谷陪同并合影留念。

11月3日，资料室书库由本馆西院文光阁迁往东院竹简库房。

本月，在国家文物保护科学技术研究所的指导和参与下，本馆孟振亚以分段分层粘揭，并采取考古复原与文物修复相结合的方法揭裱金雀山汉墓帛画，取得成功。经省委、省文化局批准，此画由本馆珍藏。

27日，孟振亚向馆领导汇报沂源猿人化石发现情况。先后发现猿人牙齿6枚，头盖骨碎片、肱骨、股骨头、骨眉、肋骨及哺乳动物化石，时代当属更新世中期，距今约40万—50万年。

月末，关天相收藏《洛神赋十三行旧拓四种》由齐鲁书社影印出版。

本年，本馆正式组建保卫科，编制3人。

──┤ 1982年 ├──

1月17日，"清代帝后生活文物展"开幕。

21日，"珍藏动物标本展"在本馆展出。

2月4日，省长苏毅然来馆参观动物标本。

26日，省文物总店移交馆藏文物98件。

3月2日，美籍巴基斯坦人美国华盛顿瓦德大学解剖系教授侯赛因博士来馆参观古生物陈列室。

11日，河南省博物馆马世之来馆交流科学研究与机构调整情况。

22日，宋居民、牛继曾赴京出席中国博物馆学会成立大会暨首届学术讨论会。本馆被接纳为第一批团体会员馆。

30日，上海博物馆费钦生应邀来馆介绍美国博物馆见闻。

3月，省文物总店向本馆移交文物仪式及移交文物展览在本馆举行。省文物总店自建店以来，先后3次向本馆移交珍贵文物，共997件。

本月，本馆、省文物考古研究所编《山东汉画像石选集》，蒋英炬、吴文祺、关天相执笔，由齐鲁书社出版。全书240页图版，计拓本534幅，照片38幅，摹本11幅。

4月2日，山东省古生物学会在临朐成立，学会挂靠本馆。省地质局曹国权任会长，我馆副馆长南玮君任副会长兼秘书长。

5日，国家文物局出国文物展览工作室于坚副主任来馆送还参加出国展览的铜钺和铜簋。

9日，宣布成立本馆文物鉴定小组，组长薛寿莪，副组长牛继曾、白云哲，成员关天相、刘敬亭、陈梗桥、王家鼎。自然标本鉴定小组组长南玮君，副组长牛继曾，成员王绪、杨俊珠、石荣琳。

17日，日中友好博物馆访中国一行12人来馆参观。

5月1日，"馆藏古代陶瓷和清代书画展"开幕。

28日，美籍华人李瑞荣等2人为《中国食品》杂志拍摄电影来馆参观并座谈。

6月11日，外交部原副部长黄镇、姚仲明来馆参观。

14日，文物局副局长刘谷以及本馆牛继曾、杨俊珠去省政府参加刘鹏副省长召集处理临朐山旺古生物化石被破坏的专门会议。

7月17日，与北京天文馆签订提供汉元光历谱竹简复制品协议。

19日，与全国农展馆签订提供汉代农具复制品协议。

9月，由本馆和省文物考古研究所、济宁地区文物组、曲阜文管会合作编辑的《曲阜鲁国故城》一书，由齐鲁书社出版。

10月31日，日本山口县美术馆、博物馆以河野良辅为副团长的一行5人来馆参观并题词留念。

12月6—12日，山东省博物馆学会成立大会暨首届学术研讨会在军区三所召开。任迪善、宋居民当选为副理事长，牛继曾当选为秘书长。

本年，王献唐遗著《春秋邾分三国考》《三邾疆邑图考》由齐鲁书社出版。

1983年

1月12日，我馆《原始社会陈列主题结构》定稿。

2月4日，牛继曾应邀参加中国博物馆学会召开的迎春座谈会，并将胡乔木讲话印发省博物馆学会各理事。

24日，"馆藏古代文物肖像画展"开幕。

3月22日，本馆第一届专业技术职称评审委员会成立。由任迪善、朱活、南玮君、郑笑梅、关天相、黄皓、姜一鸾等7人组成。

4月13日，宋居民宣布省文化局机关党委批复同意增补黄皓、李宗良为支部委员，并决定黄皓为党支部副书记。

18日，复旦大学教授杨宽向全馆作题为"关于古代城市演变发展"的学术报告。

19日，"人体构造与优生畸胎展"开幕。

5月3日，山东古代史陈列（原始社会部分）预展，并请省文化局、省文物考古研究所、山东大学、山东师范大学等单位专家进行指导。

4日，由省委宣传部、团省委、省文化局、聊城地委联合举办的"八十年代新雷锋、优秀共青团员张海迪事迹展"在本馆开展。

6月23日，滕县博物馆万树瀛来馆办理该馆赠送我馆原始社会北辛文物一事正式手续。

8月，卢传贞由临沂带回临沂文管会赠送的细石器8件。

王献唐遗著《双行精舍书跋辑存》由齐鲁书社出版。

9月，牛继曾、李明编辑，任迪善审定，孙轶青题签的《山东省博物馆学会会刊》（大32开，456页）出版，印3000册。

10月1日，为纪念古代书画篆刻家高凤翰诞辰300周年，本馆举办"馆藏高凤翰书画篆刻展"。

3—17日，本馆专业技术人员赴青岛参加中国博物馆学会第二次代表大会暨第二届学术讨论会，大会共收论文198篇，其中山东提交36篇，本馆提交21篇，是提交论文最多的博物馆。

12月24日，为纪念毛泽东诞辰90周年，本馆举办"毛泽东图片和手迹展"。

本年，王献唐遗著《山东古国考》由齐鲁书社出版。

───┤ 1984年 ├───

3月，经一年多筹备，本馆山东陈列的原始社会部分正式对外开放。

4月15日，湖南长沙马王堆汉墓出土文物在本馆展出。

6月，朱活《古钱新探》由齐鲁书社出版。

8月，馆藏《肖龙士蕙兰册》由山东美术出版社出版。

10月1日，为庆祝新中国成立35周年，省文化厅主办的"山东文物汇展"在本馆开幕，参加者有全省各地、市和省直文博单位，展出文物精品近千件，是新中国成立以来山东省最大规模的文物汇展。

6日，本馆与兄弟单位合编《曲阜鲁国故城》专著和朱活《古钱新探》获山东社会科学研究优秀成果一等奖；我馆《山东姚官庄遗址发掘报告》获二等奖；王恩田《关于殉葬问题的再认识》获三等奖。

17日，日本东京大学名誉教授西岛定生及夫人西岛恒子来馆参观。

18日，九三学社中央宣传部副部长牟筱东及夫人来馆参观。

12月26日，大汶口—龙山文化蛋壳陶制作工艺在兖州通过鉴定。专家、学者一致认为，山东省博物馆钟华南采用实验考古的手段进行模拟实验，为探索大汶口—龙山文化的黑陶制作工艺，开辟了一条途径。翌年，该项成果获文化部科技成果三等奖。

本年，杨子范任本馆馆长，黄皓、周昌富、王瑞成任副馆长。卢传贞任省文物总店经理，牛继曾、马登雨任副经理。

| 1985年 |

1月，本馆与省文物考古研究所编著《邹县野店》一书由文物出版社出版。

本月，撤销自然部、历史陈列部，成立自然标本保管室；将群众工作部改为展览室，技术部改为技术室，文物保管部改为文物保管室。另增设研究室、资料室、政工科。

3月3日，全国人大常委会委员长彭真在肖洪厅长陪同下来馆观看了大汶口文物、银雀山汉简以及高凤翰归云集诗稿，并欣然提笔书写"古为今用"条幅赠送我馆。

8月31日，为纪念抗日战争和世界反法西斯战争胜利40周年，由省委宣传部、省委党史征集委、省委党校、省文化厅联合主办的"山东人民八年抗战"展览在本馆开幕。

11月30日至12月2日，山东省博物馆学会第二次学术讨论会在本馆举行。

本年，王献唐遗著《那罗延室稽古文字》《五镫精舍印话》《炎黄氏族文化考》由齐鲁书社出版。

| 1986年 |

2月20日，《中国钱币大辞典》编纂委员会聘请朱活为委员，并兼先秦卷主编。

24日，与济南市博物馆合办"济南历史文物赴日本和歌山汇报展""明清绘画展"，其中有石涛、郑燮、齐白石、傅抱石等人的作品。

3月5日，国家鉴定委员会在京成立。委员会由文化部聘请的54位委员组成。主任委员启功，副主任委员史树青、刘巨成。我馆朱活被聘为委员。

18日，省文物总店经理卢传贞转任本馆馆长。

6月，杨子范编《山东史前陶器图录》由齐鲁书社出版。

9月，省文化厅批准本馆对中层机构调整的方案，即撤销展览室和自然标本保管室，恢复历史陈列部、群众工作部和自然部；改历史文物保管室为文物保管部，改技术室为技术部。办公室、政工科、保卫科、资料室、研究室不变，共10个部门。

11月21—24日，山东省博物馆学会第二次代表大会召开，卢传贞当选为理事长，周昌富当选副理事长兼秘书长。

25日，山东省钱币学会成立，朱活当选该会副会长。

12月，本馆作为文博专业技术职务评定的试点单位开始运行。翌年6月，省直文博单位的专业职务评定工作全面展开。

｜ 1987年 ｜

2月，"迎春邮展"于春节期间在本馆开展。

4月13日，陈梗桥经手征集的民国镌刻《出师表》共8块运抵库房。

5月12日，国家文物鉴定委员会委员傅大卣先生与全体学员20多人来馆观看馆藏砚台。

6月23日，国际世界语协会副会长梅田善美一行来馆参观。

7月15日，本馆参加美国古生物学博士马蒂尔联合野外考察，先后去莱阳、诸城、蒙阴等地。

本月，杨正旗《〈装潢志〉标点注译》由山东美术出版社出版。

9月27日，作为山东首届艺术节的内容之一，本馆举办的"山东古代艺术珍品展"开幕。展览由铜器、陶瓷、造像、绘画、明清服饰、汉画像石六个专题组成。

本月，本馆编《文徵明小字字帖》由山东美术出版社出版。

10月10日，上海潘伯棠夫妇来济捐献文物资料。

20日，日本大阪市立博物馆顾问、美国洛杉矶郡立美术馆东方部顾问高树经泽，在常州市博物馆副馆长陈晶陪同下来馆观看明朱檀墓出土漆器。

24日，香港记者方宇涵一行三人来馆参观。

本月，美国卡内基博物馆古生物学家A.D.Barnosky夫妇来馆参观古生物陈列。

11月24日，谭启龙夫人严永洁陪同香港电影界知名人士夏蒙来馆欣赏书画，陈梗桥介绍情况。

12月15日，张长森副厅长陪同国家计委和省计委负责同志为建新馆来馆考察，卢传贞作了汇报。

21日，本馆在大黄河文明展分得收入人民币82500元。

年底，以周昌富为总编、严强为责任编辑的《山东省博物馆学会会刊》第2期完成印刷、分发工作。

─────┤ 1988年 ├─────

2月12日，本馆举办"山东民俗民间艺术展"。

3月15日，严强、王之厚、尚大竺应邹县文管所邀请，带少量鲁王墓文物赴该馆帮助文物陈列。

本月，白云哲、王书德参与《文物精华词典》编纂，赴滕州、泰安、兖州、曲阜拍摄文物。

22日，"嘉祥彩印、鲁锦民间美术品展"在本馆开幕，省人大常委会副主任肖寒、林萍、徐建春，省政府顾问韩邦聚，省政协副主席杨达，省文化厅厅长肖洪出席。

31日，肖洪厅长、章永顺副厅长，省计委社会处刘一明处长陪同国家计委社会局综合处承念祖处长以及卫生体育处谢瑞华为新馆投资到我馆考察，牛继曾简要汇报了本馆概况。

4月，陈梗桥《书法源流概况》由山东教育出版社出版。

5月3日，本馆完成山东省赴墨西哥展出的山东省文化艺术品展览的承制任务。

5日，日本现代书法上海展览团三分团一行31人来馆参观碑碣、石刻。

6日，由国家文物局统一安排，上海博物馆谢稚柳、故宫博物院刘九庵、辽宁省博物馆杨仁凯、北京傅熹年来馆鉴定馆藏书画。当月17日完成鉴定工作。

6月8日，日本静冈大学土隆一教授与美国、韩国、比利时、伊朗、菲律宾、泰国等22位外宾以及南京古生物研究所研究员宋之琛、北京古脊椎动物研究所邱占祥共50多人来馆参观古生物陈列。

13日，外交部副部长周南在省外办主任聂承厚、副主任周宝瑞陪同下来馆参观。

21日，德中友好协会副主席瓦尔德·林德及其夫人克里斯蒂娜·林德来馆参观。

29日，卢传贞召开全馆大会对首次职称评聘工作作了总结报告并向有关专业人员颁发聘任书。其中研究馆员2人、副研究馆员13人、馆员26人（含相当中级职称的会计），另有39人取得初级职称，至此，全馆有80人取得各级职称。

8月13日，"贵州酒文化与蜡染文化展"在本馆开幕。

9月15日，省文化厅召开银雀山汉简清理技术评审会，通过杨正旗关于汉简清理技术报告。

18日，国家文物局新任局长张德勤来馆考察。

19日，文化部通知各省：中国历史博物馆呈请调用文物修改"中国通史陈列"，迎接新中国建立40周年的报告，已经国务院批准同意。拟调山东文物精品43件（套），其中省博物馆16件，翌年4月10日启程运京。

10月24日，"济南市书法作品展"在本馆开幕。

11月4日，日本下关市行政交流青年研修访华团领队金重一彦、田中光宣一行20人来馆参观。

| 1989年 |

1月24日，"日本挂历展"在本馆开幕。

2月15日，省建委、济南市规划局、济南市文物处拟向国家推荐本馆西院为近代优秀建筑群。

3月3日，聘请中国科学院古脊椎动物与古人类研究所王景文为我馆兼职副研究员。

22日，"王大中遗作书法展"在本馆开幕。

31日，黄河流域农耕史学术考察团日本早稻田大学教授樱井清彦为团长的一行11人来馆参观，王恩田、周昌富参加座谈。

本月，中国历史博物馆俞伟超馆长为调集我馆17件一级文物来馆洽谈。

张俊峰《山旺昆虫化石》由山东科学技术出版社出版。

4月8日，美国康州文化艺术访问团一行30人来馆参观。

13日，省文化厅主办的"全省文化科技成果展"在本馆开幕。

23日，本馆与省野生动物保护协会为第八个爱鸟周举办的"珍稀野生鸟类标本展"在本馆开幕。

白云哲完成《中国文物精华词典》山东部分，全书6000条目，山东部分有250条。

24日，为筹建新馆，宋法棠副省长来馆考察，吕常凌、张长森副厅长陪同。

25日，天津美术学院闫丽川教授书画作品展在本馆开幕。

6月22日，郑岩编辑的《山东博物馆通讯》第1期完成编辑、印刷。

7月11日，省博物馆学会编辑《博物馆学与博物馆工作》由山东教育出版社出版，印2000册。

22日，北京科影厂拍摄钟华南《揭开古陶古瓷秘密》电影在我馆开拍。

8月9日，国家教委介绍日本东京学艺大学相川政行教授来馆参观北魏石刻。

21日，安徽省艺术馆送来的8方砚台经鉴定系清代末年的，以1.5万元价格购进入馆藏。

本月，陈梗桥《古代书法欣赏》由山东美术出版社出版。

9月25日，"山东文物精华摄影""馆藏现代名人书画""山东盆景优秀作品"3个展览同时开幕。

27日，张俊峰、张生由莱阳采集的化石3000多块回馆。

28日，中顾委委员、河北省委原书记金明来馆参观。

9月，省政府通令嘉奖有突出贡献的文化艺术工作者，本馆研究员朱活获此殊荣。

10月17日，"省直文化系统老年人书画作品展"在本馆开幕。

26日，朱活参加山东省有突出贡献的文化艺术工作者表彰大会。会后，省委书记姜春云，省委副书记马忠臣，省委副书记、省长赵志浩，省委常委苗枫林，省人大常委会副主任林萍，省政协副主席丁方明，省文化厅厅长肖洪等一起去千佛山下为我馆新馆选址。

28日，"省老年大学书法、篆刻、摄影、根雕作品展"在本馆开幕。

本月，我馆朱活、王恩田、牛继曾、王辉亮、孔庆恕、石荣琳、卢传贞、白云哲、关天相、杨正旗、杜显震、张叶、陈梗桥、周昌富、钟华南、崔魏、谢月英等17人入选《山东社会科学人名辞典》，该书由山东人民出版社出版。

黄斌《硬笔书法指导》由山东教育出版社出版。

11月4日，杜显震、姜宏伟、于爱萍去省图书馆帮助该馆筹建纪念建馆80周年展览。

18日，省教委艺术教育委员会聘请陈梗桥为委员并兼任综合艺术组副组长。

19日，我馆完成的"银雀山汉墓竹简保护技术"获省科技成果三等奖。

27日，接省文化厅要求，要求即日起着手固定资产清理、登记、上报、建账工作。

12月1日，与山东画报社签订协议出版《山东省博物馆藏品选》一书。

14日，由省文化厅、省文物局牵头，北京科学教育电影制片厂、济南市科学电影协会主办，省博物馆、省文物考古研究所协办的"文物考古科教电影展览活动"在济南举行开幕式。上映了北京科学教育电影制片厂编导，鲁明拍摄的《中国文明曙光》组片，内有《长岛古文化》《揭开古文化之谜——模拟实验制陶工艺》(以省博物馆钟华南探索北辛、大汶口、龙山文化制陶工艺的科研成果为脚本)等。

20日，香港大学中文系助教林光泰来馆查阅《毛诗名物疏钞》《才调集》。

1990年

1月23日，国家文物局副局长马自树、教育处处长夏桐郁来馆考察。

2月11日，"王仲武书法篆刻展""历代名家'马'的绘画展"在本馆开幕。苏毅然等出席开幕式。

3月1日，淄博文化系统以文补文成果展在本馆开幕。

16日，卢传贞、王瑞成参加新馆选址协调会，馆址确定在千佛山北麓、历山路南端，征地50亩。协调会由张瑞凤、宋法棠副省长主持。

29日，"谢朝林雕塑作品展"在本馆文光阁开幕。

4月10日，"中国文物界书画展"在本馆开幕。

卢传贞、严强、王之厚、汤黎明专程赴京送本馆调拨中国历史博物馆文物16件。

28日，"山东大学书画展"在本馆开幕。

5月5日，省计委咨询院邀请省设计院副院长、高级工程师杜申，省建工学院张副教授，中国人民革命军事博物馆夏书绅，中国革命博物馆许治平，上海博物馆费钦生，南京博物院宋伯胤等为筹建我馆新馆进行论证、咨询。

18日，朝鲜客人一行15人来馆参观。

19日，美国赵氏公司董事、总经理王伯明在省文史馆馆长李俊昌陪同下来馆品鉴馆藏高凤翰书画和珍贵瓷器。

6月26日，省计委以〔90〕省计委鲁计（基）字第486号文件关于新建山东省博物馆计划任务书的批复下达。

11月21日，陕西省文物局王文清局长等一行7人来馆参观考察。

12月1日，省文化厅召开《山旺昆虫化石》一书专家评议会。南京地质古生物研究所、同济大学、上海自然博物馆、安徽省地志博物馆等与会代表，对张俊峰撰写的《山旺昆虫化石》予以高度评价。该书获省自然科学理论二等奖。

截至12月10日，全馆员工共有99人。

30日，"山东省文物考古研究所建所十周年业务汇报展"在本馆开幕。展出文物精品365件，展示了十年间山东省主要考古收获和学术研究状况。

| 1991年 |

1月18日，中国文物交流中心周建民来馆洽谈为台湾自然博物馆复制29件文物一事。

4月26日，由省文化厅和省文物局举办、省博物馆承办的"孔子文化大展"在本馆开幕，国家文物局发来贺电。展览共展出各类文物、图表、照片、模型等430多件。新华社、《大众日报》、《济南日报》均在头版刊载了开幕式的情况。此后，该展览先后到我国台湾地区以及意大利、日本等国家展出。

5月22日，河南省博物馆任常中副馆长来馆参观交流。

6月16日，省文物局、省博物馆、济南市博物馆联合举办的"济南革命文物展览"在本馆开幕。

29日，为庆祝建党70周年，党支部召开党员座谈会，并向1949年前入党的老党员宋居民、秦亢青、任迪善、刘敬亭、赵荆生、张洁、董典之、李健八位同志颁发纪念章。

8月1日，本馆新馆工程开工奠基仪式在千佛山北麓举行。省文化厅厅长于占德主持仪式。省委副书记、省长赵志浩，省委常委、副省长李春亭，副省长张瑞凤、宋法棠，省人大常委会主任李振，副主任林萍，省社科院院长鞠茂勤，省文联主席肖洪，省计委主任仇永康，国家文物局副局长张柏，济南市副市长刘统侠等领导同志为奠基石培土。新馆占地3.3万平方米，建筑面积2.1万平方米。

17日，《山东省博物馆藏品选》由山东友谊书社出版。

9月3日，"济南市九三学社社员书画展"在本馆开幕。省政协副主席丁方明、吴鸣岗出席。

7日，山东省博物馆学会在本馆举行常务理事会，推举蒋英炬为代理事长。

13日，本馆与济南市旅游局草签中国旅游书画艺术节协议书。

16日，马来西亚华侨魏伟杰一行3人在省医学科学院王美岭陪同下，来馆商谈瓷器捐赠及出版事宜。

27日，世界旅游日暨首届中国旅游书画艺术节在本馆开幕，郭长才副省长和国家旅游局局长刘毅等领导出席开幕式。

10月16日，日本《汉字发展史》教科书摄制组一行3人在《中国文物报》记者穆星星陪同下来馆参观、考察。

21日，朝鲜客人来馆参观。

29日，国家文物局局长张德勤来馆视察，特意参观孔子文化展。

10月29日至11月2日，本馆新馆建设招标论证会在济南历山剧院召开，选定山东建筑设计院的设计方案。中建八局为施工单位。

11月1日，为答谢李子超同志转赠郭沫若、王小古书画，本馆回赠二十五史一套，并由王梦凡、郭子宣篆刻图章各一枚。

19日，黑龙江省博物馆一行3人来馆参观交流。

12月8日，周昌富、王恩田、白云哲、关天相参加文物局召开的全省一、二级藏品推荐工作会议。

9日，省公安厅鲁公保〔1991〕220号《关于同意山东省博物馆组建经济民警小队的批复》下发。

24日，王思礼陪同全国各地包括台湾地区的专家学者40余人，以及日本、韩国书法界著名人士种谷扇舟、金膺显、坂田隆一等来馆观看汉代封泥和竹简。

27日，以日本著名书法家、书法史研究专家牛丸好一为团长的13人来馆参观碑亭的石刻。

1月20日，宋法棠副省长陪同福建省副省长刘金美（女）来馆参观。

2月8日，省文物局《关于成立省博物馆新馆陈列工作领导小组的通知》（〔92〕鲁文物函字第4号文）下达，张玉坤任组长，王承典、蒋英炬任副组长，牛继曾、周昌富、王瑞成、张学海、焦德森、由少平、宋玮为领导小组成员；牛继曾任办公室主任，周昌富、王瑞成为副主任。

4月25日，确定新馆陈列由序厅、齐鲁文化风采展、馆藏古代书画、山东古生物、恐龙化石等展览组成。

5月1日，与山东医科大学研究室联合举办的"人体与健康"展在本馆西院开幕。

12日，省文物总店来馆挑选文光阁落选文物25件，价值人民币5.4万元。

19日，刘以文向中层干部传达省文化厅〔1992〕第17号文关于公物还家的实施意见，并宣布刘以文任省博物馆公物还家领导小组组长。

5月30日，"山东民间文化艺术展"开幕式在本馆西院开幕，宋法棠副省长及老同志代表赵林、张敬焘出席。

6月2日，24个国家的驻华大使、文化参赞36人来馆参观山东民间文化艺术展。

5日，新馆陈列橱柜招标、评标委员会在山东剧院举行。评标委员有田富正、由少平、鲁文生、张从军、王辉亮、姜宏伟、严强、谢朝林、张登凯、周昌富、牛继曾等11人。省文物局局长张玉坤，市公证处徐书堂、张宾参加。省应用技术开发公司以最高分中头标，并定于6月10日签订正式合同。

9日，省文化厅鲁文人〔1992〕第33号通知下达，任命牛继曾为山东省博物馆馆长，刘以文为副馆长。

24日，美国国立佛利尔·沙可乐美术馆中国部主任傅申先生来馆参观书画展，他简要介绍了美国博物馆概况。

27日，张瑞凤副省长视察新馆工程。

7月8日，省文物总店再次挑选本馆落选文物瓷器170件、书画69件，计人民币23万元成交。

10日，在副省长宋法棠、省委秘书长韩喜凯、宣传部副部长车吉心陪同下，省委书记姜春云来馆视察。

28—30日，由省文物局、省博物馆学会主办的"爱我家乡文物"讲解大赛在济南举行。来自全省各地市的28名选手参加了比赛，通过预赛和决赛，共决出一等奖1名，二等奖2名，三等奖7名。

8月15日，美国达特茅斯学院叶山教授来馆，观看银雀山汉简阴阳师令占候方面的资料。

22日，省文化厅、文物局领导同志来馆看望借调的各地讲解员。

9月5日，本馆支援平邑汉阙博物馆旧陈列橱50多个，同时支援山东大学历史系考古专业旧橱10多个。

18日，为了迎接新馆剪彩，宋法棠副省长来馆检查。

27日，省编委下达鲁编〔1992〕197号文，批准省博物馆增加事业编制7人（由160人增至167人），用于"省文物出境鉴定工作小组"。

本月，朱活《古钱新谭》由山东大学出版社出版。牛继曾、周昌富、严强《山东文物纵横谈》由中国广播电视出版社出版。牛继曾、严强、席伟《山东近现代画史》由中共党史出版社出版。

10月8日，正式验收山东省应用技术开发公司承制的新陈列橱，市公证处徐书堂、张宾参加。

10日，本馆设计制作的长5.5厘米、高1.2厘米枣红色底，郭沫若手写体白色字"山东省博物馆"徽章，交全馆人员佩戴。

24日，本馆新馆陈列楼落成剪彩。省文化厅厅长于占德主持，副省长张瑞凤致辞。省委书记姜春云、省长赵志浩剪彩；省人大常委会主任李振、省顾委主任梁步庭、省政协主席李子超、省纪委书记谭福德以及省里的老同志谭启龙、苏毅然出席，并参观了部分展览。同时，我馆向省内外老领导、老专家以及知名人士杨得志、谭启龙、苏毅然、臧克家、徐邦达、于希宁、张彦青、李铎等征集64件书画作品，纪念新馆落成并供我馆永久珍藏。

同日开放"齐鲁文化风采展""馆藏古代书画展""山东古生物化石展""恐龙化石展"四个展览。

29日，华东六省一市文化厅（局）长来馆参观。

11月2日，省人大常委会主任李振陪同四川省人大常委会主任何郝炬来馆参观。

4日，日本山口县知事平井龙一行来馆参观，王裕宴副省长陪同。

13日，省文化厅任命刘以文为馆长，并免去牛继曾馆长职务。

本月，周昌富、闫立津主编《博物馆学研究》由青岛海洋大学出版社出版。

本年，朱活先生获国务院颁发的政府特殊津贴证书。

2月，蒋英炬、周昌富主编，严强、郑岩编辑的《山东博物馆通览》由中国广播电视出版社出版。

3月9日，省博物馆学会第三届代表大会在泰安召开。大会修改了学会章程并进行了换届选举。选举张玉坤为学会理事长，王承典、蒋英炬、周昌富、刘以文为副理事长，周昌富兼任秘书长。

11月18日，"山东、云南恐龙化石及临朐古生物化石展"在台北市士林区中影文化城开幕，其后在高雄、花莲等地巡回展出，至翌年5月结束。展览由本馆、临朐古生物化石博物馆及云南有关单位具体承办。

3月25日，省文化厅任命李靖为省石刻艺术博物馆副馆长，李兆民为省博物馆总支副书记，王寿宴为省博物馆副馆长。

6月24日，"山东文物精品大展"在本馆开展。

8月15日，本馆举行建馆40周年座谈会。

1月14日，本馆举办的爱国主义教育专题展览"近代的山东""东方巨人毛泽东"开展。

6月28日，"孔繁森事迹展"在本馆开幕。省委、省政府主要领导剪彩。

7月，山东省石刻艺术博物馆编辑《山东汉画像石精萃》（邹城卷）由齐鲁书社出版。至1996年，又出版滕州卷、沂南卷。

8月15日，为纪念反法西斯战争和抗日战争胜利50周年，省委宣传部、省文化厅、省博物馆举办的"山东人民八年抗战"在本馆开幕。

9月，团省委命名20个省级青少年教育基地，山东省博物馆位列其中。

朱活《古钱小辞典》由文物出版社出版。

5月，山东省石刻艺术博物馆在杭州浙江美术学院举办"山东汉画像石、北朝刻经拓片展"。

10月，山东省石刻艺术博物馆调查、传拓济宁萧王庄任城王墓黄肠石题字。

10月至1997年3月，郑岩作为访问学者，应邀赴美国芝加哥大学，进行中国美术史方面的考察与研究。1998年11月至1999年2月，郑岩以高级研究员的身份，应邀赴美国华盛顿国家美术馆，进行专题研究。

1月30日至3月23日，本馆馆藏银雀山汉墓竹简、秦汉封泥及明鲁王朱檀墓出土的木雕彩绘仪仗俑等，参加由省文化厅、省旅游局主办的"山东历史文物展"赴日本展出。

9月18—19日，山东省博物馆学会第四次代表大会在济南举行。修订通过了《山东省博物馆学会章程》，选举产生了学会领导成员。

本月，省文化厅任命王永波为本馆副馆长。

3月，刘敬亭编著的《山东省博物馆藏甲骨墨拓集》由齐鲁书社出版。

5月23日，本馆举办"当今原始人风情展"。

6月26日，本馆承办的"国际珍贵礼品展"开幕。展品由中国革命博物馆提供，共150余件套外国政府、友人赠送中国政府及领导人的礼品。

本月，省文化厅任命郑岩为本馆副馆长。9月，郑岩离职赴中科院考古研究所攻读"汉唐考古"专业博士学位。

8月至1999年6月，本馆李大营参加第三届国家人事部组织的国家地方公务员海外技术培训，赴日本山口县埋藏文化财中心，作为期十个月的培训、学习。

9月23日，"中国·山东省的至宝"展在日本和歌山县立博物馆开展，展出文物95件。

10月，王恩田编《中华文化通志·地域文化典·齐鲁文化志》由上海人民出版社出版。

12月1—3日，省文化厅、省文物局、省博物馆学会联合举办第二届"爱我家乡文物"讲解员大赛。全省文博单位64名讲解员参加了比赛，共评出一等奖3人，二等奖7人，三等奖23人。

本年，本馆举办20余个专题展览，观众人次达90余万。"珍爱生命，拒绝毒品"展与《大众生活》报合办，总参观人次达30余万。上述禁毒展、"人民的好总理""当代原始人风情展"在全省8个城市进行了巡回展出。

1月13日，省人大常委会副主任何宗贵一行考察本馆。

29日，省文博系统书画展在省文物总店举行，省文化厅副厅长王承典参加开幕式。

8月9—22日，英国牛津大学墨顿学院院长杰西卡·罗森博士（女）、德国海德堡大学东亚艺术史系主任雷德侯·洛塔尔博士访问了山东省文物局、山东省石刻艺术博物馆，进行学术交流。

9月24日，省委宣传部、省文化厅、省文联联合举办的庆祝新中国成立50周年文物精品展与美术、书法、摄影作品展在本馆开幕。吴官正、王修智、陈光林等参观了展览。

本月，山东省石刻艺术博物馆蒋英炬、山东省博物馆王永波获"山东省专业技术拔尖人才"称号。

12月，省文化厅任命鲁文生为本馆馆长。

3月至2001年3月，孔庆生受中国文物研究所邀请和国家文物局委派，以援外"文物保护专家"的身份参加了"中国政府保护吴哥工作队"，在联合国教科文组织（UNESCO）吴哥历史遗址保护与发展国际合作框架委员会的协调下，参与了"周萨神庙修复保护工程"的工作。

本年，"原始瓷器展"赴日本展出。

本馆派员赴重庆三峡工程抢救性文物发掘工地，发掘万州上沱口、糖坊、钟嘴、糖坊坪墓群，发掘面积2500平方米。

通过拨交和捐赠等手续接收了400余件文物。其中最主要的是接收了济南海关拨交的一批文物，有新石器时代到汉代的石器和陶器，宋元明清时期的400

余枚钱币，以及民国时期10余件民俗文物等。

───────┤ 2001年 ├───────

7月，举办"光辉的历程"展。

8月，严强、王金环主编的《济南旧影》由人民美术出版社出版。

秋，我馆派员赴山东大学协助博物馆建设、布展和讲解工作。

本年，"双乳山汉墓出土文物展"赴日本展出。

本馆考古队对万州上沱口、糖坊、钟嘴、糖坊坪墓群进行了考古钻探与发掘。钻探面积为10000平方米，发掘面积2500平方米。共发掘墓葬16座，出土器物281件。

入藏文物共计30件，其中古钱币24枚，均为个人捐赠，较为重要的有战国的草叶纹镜、汉代的四乳画像镜、铜带钩、谷纹玉璧等。

───────┤ 2002年 ├───────

8月，"永远的孔子"展赴我国台湾地区展出。

11月，为纪念山东省与日本山口县结成友好关系20周年，第一次从国外借展文物，与山口县萩美术馆合作举办了"日本浮世绘展"，并到上海鲁迅博物馆巡展。

12月，设立文物鉴定办公室，开展文物鉴定工作。

本年，举办"德国巴伐利亚图片展"。

举办"圆明园国宝回归"展。

本馆考古队发掘万州上沱口、糖坊、钟嘴、糖坊坪墓群2400平方米，共清理了10座墓葬、2座陶窑。

接收省文物总店拨交的文物，有北朝背屏式石刻佛造像和明代海瑞等14人信札二册。

───────┤ 2003年 ├───────

9月16日，洛庄汉墓被盗文物移交仪式在本馆举办。

10月，协助国家文物局举办了赴法国的"孔子文化展"。

11月，在日本举办了"原始陶器之美"展。

本年，入藏文物45件。举办"青州龙兴寺佛教造像艺术展"。

2004年

5月1日起，对未成年人以及持有相关证件的社会群体实行免票。

12月，赴日本举办"博兴龙兴寺窑藏佛像展"，展期至2005年3月。

本年，接收了省文物总店拨交的四件明清时期的书画作品。

本馆考古队对瓦子坪遗址进行了第四次发掘。此次发掘面积为2000平方米，共清理汉代、六朝时期墓葬11座；另外还有多座晚清墓葬。除铜钱外，出土各类器物共263件（套），其中陶器216件、铁器12件、铜器11件、瓷器16件、其他类2件。

与秦始皇兵马俑博物馆联合举办"秦始皇兵马俑大型国宝文物特展"。

"鲁王墓出土文物展"赴南京展出。

与上饶集中营合办"血染的丰碑"展。

赴韩国举办"孔子文化展"。

2005年

2—6月，赴美国举办"山东汉代王陵出土文物展"。

秋季，考古队赴重庆万州三峡考古工地，先后发掘万州糖坊墓群、黄岭嘴墓群，小窑包遗址，发掘面积3800平方米，共出土和发现各类文化遗物197件（组）。

10月19日，省委宣传部、省政府办公厅、省发改委和省建设厅四部门提出《省城重点文化设施建设意见》，确定将山东博物馆新馆列为首批重点建设项目。

12月至2006年3月，赴日本举办"镜中的宇宙"文物展。

本年接收文物12件，有章丘洛庄的一组西汉铜器，包括附耳铜鼎、折沿铜大盆等。

2006年

1月，发掘梁山薛垓墓地，发现汉、北宋时期墓葬167座，其中汉代墓葬109座，北宋墓葬58座。

4月27日，省政府正式将山东省博物馆新馆建设纳入《山东省国民经济和社会发展第十一个五年规划纲要》。

6月5日，省政府办公厅成立山东省博物馆新馆建设领导小组。确定了省长任组长，分管副省长、省委宣传部长、济南市市长任副组长，省政府、省委宣传部、省发改委、省财政厅、省建设厅、省国土资源厅、省文化厅领导同志为成员的新馆建设领导小组。

17日，省文化厅在新闻媒体上发布山东省博物馆新馆建筑方案设计和文博中心广场规划国际招标公告。国内外81家设计单位积极参与。

7月1日，山东省文化厅博物馆新馆基建办公室正式成立并全面开展工作。

8月21日，鲁文生馆长、王斌副馆长全力参与新馆建设工作，千佛山馆日常工作由郭思克副馆长具体负责。

11月7日，本馆领导班子调度新馆展陈大纲编写工作。考古部、保管部、自然部、文物保护部等分别汇报了考察情况和"山东发展史馆""齐鲁名人馆""民俗馆""石刻艺术馆""文物精品馆""古代交通馆""考古馆""自然馆"等展馆的陈列构思。

12月，本馆赴日本举办"东方遥远的异乡"展。

本年，入藏文物有接收拨交的汉铜博山炉、汉双羊首画像石、周代的铜戈及明代的犀角杯等。

──┤ 2007年 ├──

3月，"山东佛教造像展"赴日本展出，并与澳大利亚国立新南威尔市艺术博物馆签订"山东佛像展"展览协议。

本月，本馆考古队赴重庆开县参加配合三峡工程考古发掘，先后发掘先农遗址、古墓岭崖墓群、周家湾址、大桥遗址等，发掘墓葬10座，出土陶、瓷等各类遗物60余件。

4月4日，省委副书记姜大明，省委宣传部部长李群专程到本馆调研，审查新馆建筑设计方案，要求各有关部门通力配合，为博物馆新馆的尽快开工提供有力支持。

本月，本馆考古队对山东龙口马史家墓地进行了考古发掘，发现汉代及清代墓葬29座，发现各类随葬器物20余件。

本月，为《山东文献集成》提供底本进行扫描，至9月共提供151种善本，209册。

6月，由省文化厅主办、省博物馆承办的"山东文物精品大展"开展。展览汇集全省35家收藏单位的文物藏品1956件，分为石刻文物、名碑名拓等七个展厅，展览面积达3800平方米。

6月4—18日，与美国北亚利桑那大学、中国科学院古脊椎动物与古人类研究所合作，对山东的古人类与旧石器地点进行了科学考察，取得了大量有价值的科学研究资料。

9月，开始申报"国家珍贵古籍名录"，对70种唐写经、26种宋版书和68种元版书按照规定格式进行注录，29种古籍（其中含11种竹简）入选。

10月，本馆考古队赴重庆参加三峡工程考古发掘，承担南岸区干溪沟遗址、新房后湾遗址、新二村遗址的发掘工作，发掘墓葬8座，均为汉代及六朝墓葬。

本月，东平县发现汉代壁画墓，所出土珍贵文物入藏我馆。

11月，本馆自然部对平邑县小西山进行了为期一周的化石挖掘工作，取得大量化石标本。

本月，"日本三轮修雪展"在本馆开展。

12月29日，山东省博物馆新馆开工奠基暨山东省文物局揭牌仪式在省文博中心举行。国家文物局副局长张柏，省委书记李建国，省委副书记、代省长姜大明，国家文物局人事司司长黄元等领导同志出席奠基仪式。李建国书记、张柏副局长共同揭牌，姜大明省长宣布山东省博物馆新馆开工，各位领导共同为新博物馆工程奠基。

本月，东魏蝉冠菩萨立像从日本运至我馆。

本年度，举办了"新文人书画展""呼吸""魏启后书画数字展览馆会员藏品展"等共20个临时展览。

全年共进行文物鉴定274次，鉴定各种文物及文物复仿制品2828件。其中涉案文物鉴定37次，鉴定文物639件；民间收藏鉴定237次，鉴定文物2189件组。

《山东金文集成》《馆藏清代书画选》出版发行；完成《重庆开县古墓岭墓群发掘报告》等7个发掘报告。

法国巴黎亚洲艺术博物馆、日本东京国立博物馆、日本每日书道会、美国哈佛大学、美国北亚利桑那大学、首都博物馆、省市地博物馆等学者同仁来我馆进行参观和学术交流活动。

| 2008年 |

2月25日，举行东魏蝉冠菩萨立像回归并入藏山东省博物馆仪式。仪式由

省文物局副局长由少平主持，日方代表为日本MIHO美术馆馆长辻维雄。

2月中旬至5月中旬，闭馆3个月。

4月22日，新馆基建办公室与中建八局第二工程建筑公司签订总承包合同。

5月底至6月底，文保部与中国文化遗产研究院五位修复专家共同完成山东东平汉代彩绘壁画的保护修复工作。

6月14日，山东省博物馆及全省博物馆、纪念馆免费开放启动仪式暨"改革开放三十年——山东考古成果展"开幕，即日起向社会免费开放。

10月25日，国家文物局局长单霁翔、省委宣传部部长李群来馆参观展览及东平墓画。

本年，对馆藏善本按照国家古籍保护中心的著录要求进行清点和登账，完成1340多种；对350种古籍拍照，申报全省珍贵古籍名录，282种入选。清点馆藏甲骨5300多片。

─────────│ 2009年 │─────────

1—3月，本馆503种古籍申报山东省珍贵古籍名录；242种古籍申报国家珍贵古籍名录；申报全国重点古籍保护单位。

1—5月，考古队发掘淄博高青胥家庙寺院遗址，发掘面积6000余平方米，发现布局完整的唐代寺院遗址1座，出土各类文化遗物400余件。

2月16日，协助中央电视台《探索发现》栏目拍摄电视纪录片《发现沂源人》。

3月18日，日本京都大学灵长类研究所高井正成、西村刚两人来馆考察馆藏沂源猿人地点和平邑白庄小西山的硕猕猴牙齿化石。

20日，本馆启动馆徽征集大赛，共收到参赛作品2175件。

郭思克被国家文物局聘任为国家文物鉴定委员会委员。

22—27日，中国科学院古脊椎动物与古人类研究所张弥曼院士、陈耿娇博士等来馆观察馆藏临朐山旺鱼类化石。

28日，国家古籍保护中心考察团对我馆进行了考察。

3—5月，考古队发掘清理了兖州兴隆寺兴隆塔地宫，发掘面积150平方米，出土了金棺、佛骨舍利、净瓶、石函等珍贵佛教文物100余件（组）。发掘成果经整理编辑成《兖州兴隆塔宋代地宫发掘简报》发表在《文物》杂志上。

3—11月，先后在惠民、阳信、无棣、临沂、苍山、沂水、嘉祥、微山、长清、临沂、沂南、济宁、莒南、临沭、蒙阴等地进行了佛教造像项目的调查和研究，同时调查北朝至明代的佛像300余尊。

3—12月，整理出版《梁山薛垓汉宋墓地发掘报告》。

3月，受山东省人民政府委派，本馆分四次接收北京奥运会组委会捐赠的奥运文物，包括奥运火炬等。

4月21日，山东省人民政府批准本馆为第一批山东省重点古籍保护单位，我馆400种古籍为第一批山东省珍贵古籍。

5月18日，举办"独坐幽篁里　弹琴复长啸——山东省博物馆珍藏竹绘画展"。

18—25日，完成了自然标本库房的搬迁工作。

22日，举行馆徽征集大赛的评审活动。初审评委由山东工艺美院院长潘鲁生、省文物局副局长由少平、山东工艺美院副院长苗登宇、山东艺术学院设计院副院长荆蕾等7名山东省内外知名专家组成。共选出16件质量较高的作品。

25—26日，省文物局在济南举办了省博物馆新馆陈列大纲专家咨询会。国家文物局博物馆司司长宋新潮，中科院院士、中国社科院考古所原所长刘庆柱，首都博物馆原副馆长韩永，上海博物馆副馆长陈克伦，国家博物馆陈列部原主任陈瑞德等专家学者应邀参加。

27日，本馆新馆陈列展览创意设计招标会在新馆举行。本次会议共邀请了11家展览设计单位，就18个展厅进行创意设计。

5—7月，山东省美术馆谢昌一先生向本馆捐赠木版年画432件。

5—10月，本馆进行了库房动、植物标本的清点、整理工作，并对部分标本进行了修复。

6月9日，国家文物局副局长董保华视察新馆建设工地。

中华人民共和国国务院公布山东省博物馆为全国重点古籍保护单位，山东省博物馆98种古籍入选国家珍贵古籍名录第二批。

13日，组织文物鉴定专家举办免费鉴定活动，并向社会公开征集文物。

6月13日至7月10日，本馆七种古籍参加了由文化部主办、国家图书馆承办的入选第二批《国家珍贵古籍名录》"国家珍贵古籍特展"。

6—10月，组织人员先后到嘉祥、长清、微山、沂南等地拓印汉画200余幅，成为我馆新馆陈列的宝贵资料。

6月，为配合新馆陈列，采集台儿庄运河文物一批，采集枣庄中陈郝遗址文物一批，采集汶上南旺运河文物一批。

7月5—8日，本馆与中科院古脊椎所刘武研究员和邢松博士合作对馆藏古人类标本（沂源猿人和新泰乌珠台人）进行研究。

7—10月，完成馆藏珍贵文物4751件（套）文物的数据采集、拍摄和上报工作，我省被列为馆藏文物数据库建设工作推广省份之一。

8月和9月，为配合新馆展览征集化石标本，共征集恐龙蛋化石10枚，其中一枚为带胚胎骨骼的恐龙蛋化石。

8月，接收济南鲁绣刺绣有限责任公司捐赠的7幅大型鲁绣艺术品，以及1724件鲁绣绣片、枕套等样品。

9月，邀请武汉理工大学全国古船研究教授席龙飞等一行，为我馆馆藏文物实施实地测绘。初步完成明代漕船测绘及保护工作。

接收山东省潍坊杨家埠木版年画院的马志强捐赠木版年画1138件。

10月15—30日，"永恒的奥林匹克精神——2008北京奥运会文物展"在三楼展厅开放。展出了奥运会、残奥会开幕式、闭幕式以及火炬传递中的服装道具。

11月5—7日，文物鉴定办公室（国家文物进出境审核山东管理处）承办2009年度国家文物进出境管理工作会议。

本月，组织"爱岗、成长、奉献"演讲比赛。

12月3—6日，征集最大长、宽分别为5.5米和2.5米的海百合化石。

10日，在由国家文物局指导、中国博物馆学会等承办的"庆祝新中国成立60周年全国文化遗产保护宣传讲解大赛"中，山东省博物馆学会选送选手分别获得中文专业组2个三等奖、英文专业组2个三等奖、志愿者组1个二等奖的好成绩。山东省博物馆学会获得团体二等奖。山东省博物馆讲解员获得中文专业组三等奖及优秀奖。

12月，完成"山东历史文化展——史前""山东历史文化展——夏商周""山东历史文化展——秦汉至明清""明代鲁王展""馆藏书法作品展""馆藏绘画作品展""山东汉画像石陈列""山东佛教造像陈列"展陈大纲。

————| 2010年 |————

1—6月，对馆藏陶器及纸质文物实施修复与保护，修复陶器80余件；纸质文物50余件；对隋墓壁画进行保护；修复青铜器及各类杂项50余件文物。

1月20日，台湾艺术大学校长黄光男参观本馆书画藏品。

25日，中国科学院昆明动物所动物博物馆郑慧云女士考察本馆藏动物标本。

2月4日，根据省委宣传部安排为上海世博会山东馆电影拍摄馆藏卜骨、亚醜钺和清代牙雕佛头。

本月，完成第三批《国家珍贵古籍名录》申报工作，共提交古籍347种，入选74种。

3月，为筹备"和谐中国　全民全运——第十一届全国运动会成就展"，向省体育局、交通厅、省气象局等相关单位征调全运文物。

4月2日，归还千佛山馆借用省文物考古研究所文物近100件。

3日，国家文物局党组副书记、副局长，中国博物馆学会理事长张柏到省博物馆新馆工地视察新馆建设工作。

接收山东省文化厅人事处王涛处长捐赠蝴蝶标本6盒共64件。

21日，中国文物信息咨询中心领导来馆检查文物数据录入情况。

28日，耶鲁大学艺术与建筑史系教授曾蓝莹来馆参观书画。

3—5月，建立山东博物馆志愿者组织——志愿者委员会，现有志愿者32人，参与展厅的导览、咨询和讲解工作。

5月4日，国家文物局政策法规司司长来馆检查免费开放情况，并考察展厅和文物收藏情况。

7日，住房和城乡建设部副部长仇保兴视察本馆新馆工程。

28日，接收原省委书记谭启龙夫人严永洁捐赠的郭沫若《忆秦娥·娄山关》与何香凝的《梅花》书画2件。

5月，《山东省博物馆藏年画珍品》《山东省博物馆藏鲁绣精粹》两本图录由文物出版社出版发行。

6月2—3日，省博物馆新馆陈列展览专家评审会召开，对新馆佛教造像艺术展、汉代画像艺术展、山东历史文化展等14个展览进行审议。与会专家有刘谷、蒋英炬、王思礼、吴文祺、崔明泉、刘承诰、于海广、栾丰实、朱亚非等。

9日，国家文物局副局长董保华来馆视察。

13日，省委副书记、省长姜大明视察省博物馆新馆。

17日，日本二玄社高岛义彦、三井保司等三人来我馆拍摄竹简。

5—6月，保管部承担的"山东历史文化展——史前""山东历史文化展——夏商周""山东历史文化展——秦汉至明清""明代鲁王展""馆藏书法作品展""馆藏绘画作品展""鲁绣展""和谐中国　全民全运——第十一届全国运动会成就展"等8个展览，完成布展工作。"山东历史文化展"共展出1400余件精美藏品（其中山东省考古所文物639件）。

7月15日，国家文物局局长单霁翔视察新馆，并给予高度评价。

8月31日，对章丘市博物馆佛教雕像资料进行调查。

9月2—18日，考古人员对济南市历城区博物馆、新泰市博物馆、宁阳县博物馆、临沂市博物馆、平邑县博物馆佛教造像资料进行调查。

23日，省博物馆新馆消防工程通过验收。29日，新馆安防系统工程顺利通过整体验收，并取得安防合格证书。

10月，完成馆藏珍贵文物数据库47000余件的上报工作。

10日，新馆"馆藏瓷器精品展"布展完毕，共上展瓷器精品504件（套）。

16日，山东博物馆新馆盛大开馆。全国政协副主席孙家正，国家文物局局长单霁翔，故宫博物院院长郑欣淼，中国博物馆协会理事长张柏，山东省委书记、省人大常委会主任姜异康，山东省委副书记、省长姜大明等领导同志出席活动。

山东省博物馆更名山东博物馆，开启了文博事业的新篇章。

11月，承办齐鲁文博讲坛第六讲，邀请国家文物鉴定委员会委员、国家文物进出境审核河北管理处副主任穆青讲授"明代民窑青花"。

9—17日，对博兴县出土的素烧瓷佛像进行调查与整理。

12日，省委宣传部主办的"书法名家书历代名人咏泰山展"向本馆捐赠书法作品45件（套）。

12月12日，当天接纳参观者12673人次，创下新馆参观人数新高。

19日，山东博物馆新馆喜迎第20万名入馆参观的观众。

24日，征集文物196件（套），其中包括一批宋金元时期的德州、淄博地方窑瓷器，以及山东地方名人书画作品等。

| 2011年 |

1月6日，新馆观众参观总量突破30万人次，其中有三分之一以上为未成年人。

8日，"澄怀观道，水墨寄情——迎新年中国书画名家十人展"开幕。十位艺术大家为吴作人、萧淑芳、沈鹏、刘大为、邓林、郭石夫、程振国、郭公达、李涵、李晓林。

16日，"于希宁先生捐赠作品仪式暨捐赠作品展"开幕。

与中国孔子基金会、《齐鲁晚报》共同主办的"孔子书包"捐赠来济务工人员子女活动，在本馆孔子学堂举行。

2月12日，"2011迎新春诸城派古琴品鉴会"在本馆举行。

3月17日，山东博物馆"十大镇馆之宝"评选结果揭晓仪式在本馆礼仪大厅举行。

4月2日，外交部部长杨洁篪来馆参观。

9日，外交部副部长傅莹陪同欧洲30多个国家的驻华使节来馆参观。

22日，越南驻华大使阮文诗一行来馆参观。

5月，在全国十大精品展览的评选中，山东博物馆"明代鲁王展"荣获"最佳服务奖"。

6月26日，鲁佛民烈士、鲁伯峻烈士、余修同志后人捐赠革命文物。

7月开始，保管部取消节假日进行文物装箱工作。

7月20日，国家文物局副局长童明康视察山东博物馆。

8月，为东平县博物馆复制其出土的石质汉代壁画一组，共计12块。

完成"文物修复资质"资料申报并获省文物局及国家文物局批复。

9月9日至11月9日，分批将文物运至新馆，合计1960箱。

9月18—20日，山东博物馆和山东省博物馆学会召开"山东佛教艺术与考古"学术研讨会，来自北京、河北、河南、陕西、江苏、甘肃等省市专家及省内专家60余人参加会议。

10月10日，"纪念辛亥革命100周年书画名家作品展"开展。

—— | 2012年 | ——

1月17日，与山东大学博物馆联合举办"于希宁蒋维崧捐赠作品展"（3月25日结束）。同日，举办"年画画年——山东民间年画贺年展"，3月25日结束。

4月1日，引进新疆维吾尔自治区博物馆的"瀚海珍衣——西域服饰的记忆"在12号展厅开展，5月28日结束。

19日，山东省人民政府、山口县厅在本馆举办"山东省与山口县缔结友好关系30周年回顾图片展""山口县的瑰宝——萩烧陶艺展""日本山口县观光物产展"。

5月18日，在本馆南广场举办公益性文物鉴定咨询活动。

8月8日，"斯文在兹——孔府旧藏服饰特展"开展，9月9日撤展。

9月，"考古山东"展览改陈。

本月，著名画家张登堂先生将80幅山水画捐赠给山东博物馆。

11月8日，与美国慈善家贝林先生签署150件珍贵动物标本捐赠协议。

12月3日，与台湾地区著名画家刘国松签署捐赠100幅精品画作的协议。

本月，本馆被国家文物局核定为国家一级博物馆。新馆累计免费接待观众逾300万人次。

本年度，荣获"全国文物系统先进集体""全国科普教育基地"等荣誉称号；申报的"可移动文物技术保护设计单位甲级资质"通过国家文物局审核，涉及文物保护的"馆藏赤罗朝服"等纺织品保护修复与"馆藏甲骨保护修复与综合研究"等两个国家级项目获得批准。

本馆志愿者服务队被评为"中国博物馆十佳志愿者之星"；"汉礼系列"和"记忆系列"文化创意产品分别荣获全国博物馆文化产品创意设计推介活动铜奖和优秀奖。

馆刊《齐鲁文物》第一辑出版发行。

—————| 2013年 |—————

1月5号，新加坡驻华大使罗家良来馆参观。

12日，"山东名人馆"在本馆开馆，首期展出王献唐、于希宁和张登堂三位名家捐赠的藏品或作品。

15日，以色列驻华大使马腾来馆参观。

2月2日，"不只是看客——自然贺岁特展""喜自画来——南北年画贺新春展""联情墨韵——馆藏清代楹联书法展"开展。

3月24日，郭思克任本馆常务副馆长，主持日常工作。

26日，国家文物局副局长宋新潮、国家文物局博物馆与社会文物司司长段勇一行来馆调研。

4月19日，由美国环球健康与教育基金会发起的"环球自然日"活动在我馆启动。环球健康与教育基金会主席、美国著名慈善家肯尼斯·贝林先生为"环球自然日"活动揭牌。

26日，由文化部、山东省政府、中华全国台湾同胞联谊会主办，省文化厅、省文物局、省文联、省台办承办的"山东名人馆"之"刘国松现代水墨艺术馆"在我馆落成开幕。

5月18日，由国家文物局、山东省政府主办的2013年全国"5·18国际博物馆日"主场城市活动开幕。我馆的"考古山东"展览荣获"第十届2012年全国十大精品陈列"。与故宫博物院联合举办的"大羽华裳——明清服饰特展"同日开幕。

6月3日，本馆法定代表人由鲁文生变更为郭思克。

28日，山东省与山口县缔结友好关系30周年纪念展览"黄河与泰山展——中华文明之源与世界遗产"在山口县立萩美术馆开展。本馆参展文物30件（组）。

7月14日，举行"环球自然日——青少年自然科学知识挑战活动"山东赛区预决赛颁奖仪式。

8月17日，馆藏战国纺织品保护与研究专家咨询会召开。中国社会科学院考古研究所特聘研究员王亚蓉女士等参加。

23日，故宫博物院副院长宋继蓉来馆参观考察。

24日，"十艺绽放·齐鲁情——全国书法名家书历代名人咏山东"书法展开幕。

9月15日，本馆与浙江省博物馆联办的"走进山东·中国书画大师精品系列展览"之"静谧悠远——黄宾虹作品巡回展"开展。

24日，"海上生明月——海派文化进齐鲁书画艺术展"开幕，著名海派书画家陈佩秋举办讲座。

26日，2013年度全省博物馆系统文物保管培训班在山东博物馆开班。

10月15日，"欧美经典美术大展"开展。

11月17日，"传承·创新——中国现代水墨艺术座谈会"举行。

12月13、14日，召开"佛教造像碑与佛教艺术"学术研讨会。

| 2014年 |

1月11日，本馆和天津沉香艺术博物馆共同主办的"空灵之约——中国沉香文化展"正式开展。

16日，与文化部恭王府管理中心合办的"多彩生活——山东民间年画展"

在北京恭王府开幕。

23日，山东省博物馆学会被授予"2012—2013年度山东省先进省级社团"称号。

25日，"传承与创新——张殿英捐赠潍坊木版年画展"开幕。

30日，"傲骨怡情四君子——梅兰竹菊绘画展"开幕，展期至3月10日结束。

本月，荣获"2013年度山东省社会科学普及工作先进集体"称号。

2月2日，与法国布列塔尼孔子学院联合举办的"多彩生活——山东杨家埠木版年画展"在法国布列塔尼大区雷恩市开幕。

13日，以法国吉美博物馆馆长苏菲·马卡利乌女士为团长的法国文物代表团到馆洽谈合作。

19日，台湾佛光山文教基金会执行长、佛光山佛陀纪念馆总馆长如常法师一行到馆洽谈合作。

27日，香港孔教学院院长汤恩佳博士一行到馆洽谈合作。

3月8日，和广西民族博物馆联合举办的"鲁绣展"在南宁开展，山东博物馆78件藏品参展。

20日，"绚彩中华——中国瑶族服饰展"开展。

4月5日，马尔代夫前总统穆罕默德·瓦希德博士一行来馆参观。

7日，泰国公主诗琳通一行来馆参观。

20日，"白线的张力——中国现代水墨艺术大展"开幕。

5月15日，"山东博物馆藏甲骨保护整理与研究座谈会"发布与中国社会科学院甲骨学殷商史研究中心合作开展的"山东博物馆藏甲骨保护整理与研究"项目重大阶段性成果。

18日，举办公益性文物鉴定咨询活动。

6月8日，"星云大师一笔字书法展——2014中国大陆巡回（山东）展"开幕。

10日，在桂林博物馆举办"鲁绣展"。

14—19日，举办"国家文物进出境审核书画类责任鉴定员培训班"，并为该培训班准备了"馆藏书画真伪对比展"。

15日，举办纪念中国诸城派古琴第四代嫡传大师张育瑾诞辰100周年——中国古琴诸城派名家音乐会。

7月23日，由英国大英博物馆亚洲部研究员霍吉淑（Jessica Harrison-Hall）率领的英国媒体考察团来馆考察访问。

8月9日，"玉润东方——大汶口—龙山·良渚玉器文化展"在三楼18号展厅开展，展品300余件。

20日，第二届"植物文化与环境国际会议（International Conference on Plant Culture & Environment, ICPCE）"在本馆召开。

23日，本馆召开"东部沿海史前玉器与史前文明"学术研讨会。

28日，举行"启航——海上丝绸之路特展""首届山东民间收藏精品展"开幕式暨"第十三届全国民间收藏文化高层（山东）论坛"。国家文物局博物馆与社会文物司副司长张建新出席。

9月27日，俄罗斯共产党主席久加诺夫一行来馆参观。

10月2日，举办原创展览"中华情·复兴梦——庆祝新中国成立65周年书画展"。

11月8日，韩国首尔市市长朴元淳、韩国驻青岛总领事黄胜炫来馆参观，并出席山东博物馆与韩国汉城百济博物馆合作协议签字仪式。

16日，"如何让文物活起来"——博物馆展陈创意策划研讨会召开，来自全国各地200余人参加了研讨会。

山东博物馆新馆开放四周年之际，肯尼斯·贝林先生捐赠非洲野生动物标本交接暨山东数字化博物馆开通仪式举行。"非洲野生动物大迁徙展"同日开展。

12月30日，山东省文物总店正式与本馆合并。

| 2015年 |

1月6日，由何慕文博士率领的美国纽约大都会博物馆考察团来馆考察访问。

10日，"大刀记——山东抗战文物专题展"在12号展厅开展。

23日，正在山东调研文物工作的文化部副部长、国家文物局局长励小捷一行视察本馆。

3月7—8日，与中国文化遗产研究院联合主办的"银雀山汉简保护、整理与研究项目启动暨专家咨询会"在本馆召开。来自清华大学、中国文化遗产研究院、山东博物馆等高校、院所及文博机构的专家学者40余人参加了会议。清华大学李学勤先生和复旦大学裘锡圭先生发来贺信、贺词。

4月3日，"2015年环球自然日——青少年自然科学知识挑战活动"山东启动仪式在本馆举行。

12日，"走进山东·中国书画大师精品系列展览——吴昌硕艺术展"开幕。

18日，国家社科基金重大项目"山东博物馆珍藏甲骨文的整理与研究"开题论证会在本馆召开，该项目由山东博物馆和中国社会科学院历史研究所甲骨学殷商史研究中心共同承担。

5月8日，与内蒙古博物院共同主办的"太阳契丹——大辽文明展"开幕。

18日，举办大型公益性文物鉴定活动。

25日，正在山东访问的澳大利亚南澳州州长魏杰一行来馆参观。

6月6日，省委常委、宣传部部长孙守刚来馆调度"山东抗日战争主题展""山东区域发展战略主题展馆"筹备情况，省委宣传部副部长刘致福、省社科联党组书记林建宁等陪同。

18日，举行台湾伯夷艺术馆馆长许伯夷、台湾山东日照同乡会理事长贺郁芬捐赠抗战文物仪式。山东省政协副主席、民革山东省委主委孙继业，山东省委宣传部副部长王红勇出席。

7月7日，"纪念中国人民抗日战争暨世界反法西斯战争胜利70周年——山东抗日战争主题展"开展。

11日，省委书记、省人大常委会主任姜异康，省委副书记、省长郭树清，省政协主席刘伟等省领导来馆参观"纪念中国人民抗日战争暨世界反法西斯战争胜利70周年——山东抗日战争主题展"。

8月8日，"赤子心·故乡情——姜一涵书画作品捐赠暨姜一涵书画艺术展"开幕。

11日，"山东区域发展战略主题展"开展。

22日，"中日甲午战争专题展"开幕。

11月28日，"许伯夷和他的世界"展览开幕。全国政协常务委员、民革中央副主席郑建邦，山东省政协副主席孙继业出席开幕式。山东省文物局副局长周晓波主持仪式。

12月1日，由省文物局、故宫博物院、香港康乐及文化事务署主办，山东博物馆、香港科学馆承办的"皇帝眼中的西洋科技展"开展。香港康乐及文化事务署署长李美嫦、故宫博物院副院长宋纪蓉等嘉宾出席仪式并致辞。省文物局副局长周晓波主持仪式。

12日，我馆"中华服饰展"在日本山口县立萩美术馆开展，展期至2016年1月17日结束。

22日，与中国先秦史学会、中国社会科学院甲骨学殷商史研究中心联合主办的"2015年全国首届甲骨文整理与研究学术研讨会"在本馆召开。

26日，与甘肃省博物馆联合主办的"大河上下——黄河流域史前陶器展"开幕。

本年，"山东馆藏鲁绣精品展"等3个展览在全省11个地市博物馆进行巡展。

──────| 2016年 |──────

1月31日，"博物馆里过大年"活动拉开大幕。

"画说年俗——馆藏年画精品展"在本馆21号展厅开展。

4月22日，与兖州博物馆联合举办的"兖州兴隆塔地宫文物特展"开展。原副省长、省人大常委会原副主任王玉玺，省委宣传部副部长王世农等领导出席仪式。展览至6月12日结束。

29日，山东省文物局、山东省文物保护与收藏协会、滕州市人民政府主办，山东博物馆、中国社会科学院考古研究所、滕州市博物馆、济宁市博物馆协办的"惟薛有序　于斯千年——古薛国历史文化展"开展，展出文物精品211件（组）。展期至7月20日结束。

5月1日，"张登堂艺术回顾展"开展。

16日，本馆"贝林号"流动博物馆走进齐河。环球健康与教育基金会主席肯尼斯·贝林先生跟随"贝林号"流动博物馆来到黄河岸边的祝阿镇实验小学参加活动。

18日，"5·18国际博物馆日"山东主场活动在本馆启动。特展"辉煌'十二五'——山东省博物馆事业发展成就图片展""全省博物馆创意产品精品展""创新教育功能　共享文化服务——山东博物馆社会教育纪实""山东博物馆与文化景观"同时开展。同日，举办公益性文物鉴定活动。

6月11日，山东省文物局在本馆举办中国文化遗产日主题活动。

常设展览"明代鲁王展"改陈、更名为"鲁王之宝——明朱檀墓出土文物精品展"之后正式向公众开放。展览共展出文物739件（套）。

20日，省编办《关于调整山东博物馆机构编制事项的通知》（鲁编办〔2016〕136号）决定，山东博物馆加挂省文物鉴定中心牌子，增加承担全省各类文物鉴定工作职责。

21日，国家文物局党组书记、局长刘玉珠视察本馆。

27日，由中国国家博物馆、省委宣传部等共同主办的"复兴之路"山东展暨"光辉的历程　伟大的成就"——山东省庆祝中国共产党成立95周年主题展开展。省委书记姜异康等出席开展仪式并讲话，省委副书记、省长郭树清主持，省政协主席刘伟、省委副书记龚正出席。

7月20日，和中国社会科学院考古研究所联合举办的"传奇妇好"展开幕，展出文物474件。展览位于三楼19号展厅，展期3个月。

25日，中西文明对比展"永恒之城——古罗马的辉煌""山东地区两汉文明展"同时开展，展期至10月25日。

8月19日，文化部党组成员、副部长董伟视察本馆。

30日，国家文物局党组成员、副局长关强一行视察本馆。

9月8日，与韩国首尔汉城百济博物馆合办的"孔子和他的故乡：山东"在汉城百济博物馆开幕，共展出227件文物。展览至12月4日结束。

9日，和韩国国立春川博物馆合作举办的展览"中华服饰艺术展"在韩国国立春川博物馆开幕，展出54件藏品，展期至10月30日结束。

25日，团中央宣传部部长景临一行来馆调研。

山东博物馆、孔府文物档案馆、台北中华艺术馆承办的"大哉孔子——圣像·圣迹图展"在台北中华艺术馆开幕。海峡两岸经贸文化交流协会董事长江丙坤、中国国民党副主席胡志强、中华大成至圣先师孔子协会会长孔垂长等出席。

本月，历时三年的可移动文物普查工作结束。完成馆藏115208件（套）文物藏品的普查清点与数据上报工作，走在了全国前列。

11月15日，"耀州窑——历代陶瓷精品展"开展，共展出器物116件和标本、窑具65件。展览位于19号展厅，展期3个月。

12月8日，与中国先秦史学会、中国社会科学院甲骨学殷商史研究中心联合主办的"全国第二届甲骨文整理与研究学术研讨会"召开。中国先秦史学会会长宋镇豪、中国先秦史学会副会长宫长为等出席。

26日，由山东省文物局和我国台湾地区财团法人人间文教基金会主办、山东博物馆和台湾佛光山佛陀纪念馆承办的"山东博物馆藏扬州画派精品展"在高雄佛光山佛陀纪念馆举办。展期至2017年3月1日结束。

本年，"走近大师"系列展、"多彩生活——山东民间年画艺术展"等6个展览在全省18家博物馆进行了51次展出。

———| 2017年 |———

1月8日，举办"2016年度山东博物馆志愿者总结表彰大会"。

18日，本馆"我们的中国梦——文化进万家活动"走进菏泽定陶区杜堂镇盛庄村。

2月18日，"琴风雅韵——中国古琴名家名曲品鉴会"在本馆学术报告厅举行。邀请了虞山派、川派、诸城派、广陵派、梅庵派、九嶷派、吴门派、岭南派等全国"八大琴派"的代表性琴家。

3月24日，"匠心神韵——山东省文物保护修复技艺展"在本馆开展。

4月1日至5月21日，"环球自然日"山东赛区活动举办。

8日，"一个东西南北人——刘国松创作回顾展"在本馆开展。开幕式后，刘国松先生作了题为"我的创作理念与实践"的演讲。展览位于12号展厅，展期至8月8日。

5月18日，"5·18国际博物馆日"山东主场活动在本馆举行。"文物山东——山东省可移动文物数据库综合管理服务平台"开通，"御窑·皇家——明代官窑瓷器展"（展出明代官窑瓷器213件组、400余件）开展。举办公益性文物鉴定咨询活动。

6月1日，为庆祝山东省与山口县缔结友好关系35周年，由山东博物馆与山口县立萩美术馆·浦上纪念馆共同承办的"乡愁——日本近代浮世绘名品展"开展。山东省人大常委会副主任温孚江、山口县知事村冈嗣政、日本驻青岛总领事远山茂分别致辞。展览共展出山口县立萩美术馆·浦上纪念馆116件展品。展览位于11号展厅，7月9日结束。

28日，与四川广汉三星堆博物馆、成都金沙遗址博物馆联合主办的"太阳的传说——三星堆·金沙遗址出土文物菁华展"开展，共展出文物140余件。展览位于3号展厅，展期至9月15日。四川省考古研究院原副院长陈显丹先生作题为"成都平原的古蜀王国"的讲座。

7月6日，菲律宾巴坦省省长玛莉露·凯科一行来馆参观。

25日，"山东省庆祝中国人民解放军建军90周年主题展"开幕。

9月2日，加拿大新斯科舍省省长斯蒂芬·麦克尼尔一行来馆参观。

21日，由山东博物馆、安徽博物院主办的"潘玉良画展"开幕。展览位于12号展厅，展期至12月24日。

26日，由山东博物馆主办，中国文化遗产研究院提供学术支持，国内18家博物馆、考古所和大学参加的"书于竹帛——中国简帛文化展"开幕。国家文物局副局长刘曙光、山东省文物局副局长周晓波、甘肃简牍博物馆馆长张德芳、长沙简牍博物馆馆长李鄂权、中国文化遗产研究院研究员刘绍刚先后致辞。共展出相关文物850余件。展览位于4号展厅，展期至2018年3月26日。

10月23日，与中国文化遗产研究院联合举办"2017年度出土文献保护、整理、研究高级研讨班"。培训班为期14天，聘请北京大学、清华大学、吉林大学、湖南大学岳麓书院等专家授课，来自江苏、河南、云南、湖北、新疆等省区20余名学员参训。

12月9—10日，与中国先秦史学会、中国社会科学院甲骨学殷商史研究中心联合主办"全国第三届甲骨文整理与研究学术研讨会"。中国先秦史学会会长宋镇豪、中国先秦史学会副会长宫长为、故宫博物院古文献研究所所长王素、《考古学报》副主编冯时参会。

──────┤ 2018年 ├──────

1月9日，第四届"美德山东"山东省网络书画展在本馆开展。

2月14日，"万世师表——孔子文化展"开幕，展览版面说明牌多为张颖昌毛笔书写。

18日，"彩画闹春——馆藏年画贺年展"开展。

同日，"折来一枝春插瓶——清供主题绘画展"开展。

3月3日，举办"琴风雅韵——2018年古琴迎春品鉴会"。

4月28日，"故园天香——贾新光艺术文献展"开展。

5月18日，由省文物局主办的"5·18国际博物馆日"山东主场活动在本馆举行。第四届（2016—2017年度）"全省博物馆十大精品陈列展览推介"评选结果揭晓，向第二批"山东省文物修复师"颁发聘书，中国国家博物馆与山东省文物局签署战略合作协议，同时举办公益性文物鉴定咨询活动。"取法与变法——清人临书展"开幕。

7月3日，和故宫博物院共同主办的"中正仁和——走进养心殿"大展开展。

9月6日，与韩国首尔汉城百济博物馆合作举办的展览"丝路东延：中韩文化的互动"在汉城百济博物馆开展。

12日，"大运河文化带文化遗产创新创意设计大赛山东分赛区"启动。

10月12日，"大君有命　开国承家——小邾国历史文化展"开展。这是山东古国系列展的第二个展览。

11月5日，本馆对外交流展"山东博物馆藏清人临书展"在韩古尔博物馆开展，展期至2019年1月20日。

10日，"吴天墀先生后人捐赠仪式暨吴天墀先生纪念展"开展，展览位于11号展厅。展品包括吴天墀绘画作品62件（套）以及此次捐献藏品等。

15日，"考古新发现——山东焦家遗址出土文物展"在本馆开展。

11月30日至12月4日，我馆主办的"鲁南古国青铜器与金文研究"学术研讨会在济南燕子山庄召开。这是山东古国系列"大君有命　开国承家——小邾国历史文化展"的延伸。

12月29日，"铭记历史　珍爱和平——一战华工史料图片展"开展。

| 2019年 |

1月22—23日，"山东省一战华工史料建设与研究座谈会"召开。

21—25日，在韩国首尔中国文化中心举办"迎春纳福——山东杨家埠木版年画贺年展"。

2月6日，"福满乾坤——馆藏年画贺岁展"在11号展厅开幕；4月24日结束。"考工记——山东古代科技展"同日开展。

12日，"海洋之心——有孔虫科普展"开展。中国科学院海洋研究所郑守仪院士捐赠有孔虫标本。

3月7日，"清风徐来——馆藏明清竹绘画展"在3号展厅开展。

31日，"不朽之旅——古埃及人的生命观"开展，展期至6月23日。

5月12日，本馆为配合"清风徐来——馆藏明清竹绘画展"展出，举办崔明泉先生"郑燮画竹"公益讲座。

18日，省文化和旅游厅（省文物局）在本馆举行"国际博物馆日"山东主场活动，向第三批国家二、三级博物馆授牌，揭晓第三届"全省博物馆十佳优秀社会教育案例",开通山东广播电视台"直通博物馆"直播间,启动"山东博物馆数字展示与云教育服务"项目,推出"传统的未来:数字媒体艺术展",并举办公益性文物鉴定活动。

6月14日,山东省博物馆学会展览交流专业委员会成立暨第一届委员代表大会在济南召开。

7月5日,与比利时弗兰德斯战地博物馆签署首份合作备忘录。

8月27日,郑同修任山东博物馆(山东省文物鉴定中心)党委书记、山东博物馆馆长(山东省文物鉴定中心主任)。

9月20日,"奋进的山东——庆祝中华人民共和国成立70周年成就展"开展。

29日,"窑火千年——淄博窑陶瓷文化展""琉光溢彩——博山琉璃文化展"开展。

10月24日,本馆代表团应中国驻大阪旅游办事处邀请,出席2019年日本旅游博览会开幕活动。

11月1日,本馆杨波、于芹应邀参加在北京人民大会堂召开的纪念甲骨文发现120周年座谈会。会上,中共中央政治局委员、国务院副总理孙春兰对本馆的甲骨保存和保护工作予以肯定。

16日,"香光馨远——董其昌书风展"开展。

17日,联合湖北省博物馆共同举办"5G重构想象 跨时空协奏"活动,这是在全国博物馆中首次探索利用5G技术,将教育活动向社会公众展示的新突破。

12月3日,在中国文物信息咨询中心、新浪微博共同主办的"约会博物馆——2019文博新媒体论坛"上,山东博物馆官方微博获得"2019年度文博飞跃奖"。

──────┤ 2020年 ├──────

1月1日,"陈梗桥书法展"在一楼5号展厅开幕。

24日,本馆发布暂停开放公告,取消所有公众活动。

2月21日,本馆亮相意大利国际考古及文化旅游大会,是中国唯一受邀参加的博物馆。馆长郑同修向大会发去开幕致辞,由大会顾问钱茜女士用意大利语代读。

3月2—4日，沿黄九省（区）博物馆推出"云探国宝"云平台直播活动，山东博物馆带观众足不出户云观展。

8日，原创"'她'从画中来——女性主题年画展"转为线上展出。

5月18日，山东省"5·18国际博物馆日"主场活动暨"文物山东·岱海同天"直播联动活动开幕。启动"文物山东·岱海同天"直播联动活动、"新文创　新智造"山东博物馆文化创意设计活动，并为第五届（2018—2019年度）全省博物馆十大精品陈列展览颁奖。本馆"考工记——山东古代科技展"获得"精品奖"；本馆"不朽之旅——古埃及人的生命观"获得"国际合作奖"。

8月26日，"妙染寻幽——山东省古代绘画精品展"在11号展厅开展。

9月29日，"衣冠大成——明代服饰文化展"开幕，并举办盛大的古代服装走秀活动。

10月13—16日，山东省博物馆学会安全专业委员会举办第一期文博安全业务培训班。

11月18日，在省文化和旅游厅组织开展的"文旅融合大讲堂"专题讲座中，郑同修馆长讲述"山东考古的那点事"。

19—20日，我馆主办的"古代服饰研究与展示"学术研讨会在馆内召开。来自故宫博物院、南京博物院、中国丝绸博物馆等19家国内服饰收藏研究单位的近40位专家、学者参会。

12月18日，"书斋雅韵——馆藏明代绘画精品展"在11号展厅开展。

| 2021年 |

1月15日，"妙染寻幽——山东省古代绘画精品展""瓷·韵——馆藏明清官窑瓷器展"入选中国博物馆海报设计年度推介。

29日，"虫·逢——世界珍稀昆虫标本展"开展。

"山静日长——明代文人风雅录"展在木馆5号展厅开展，展期至5月6日。

我馆"石上千秋——山东汉代画像石拓片展"在日照市博物馆开展。

2月28日，"衣冠大成——明代服饰文化展"撤展。据不完全统计，展览观众量达45.43万人次，其中未成年观众为14.91万人次。

3月，在卢森堡中国文化中心推出了线上展览"石上史诗——中国山东汉画像石精品展"。

4月，网站上线"衣冠大成——明代服饰文化展""虫·逢——世界珍稀昆虫标本展"两个数字展厅。

5月18日，"衣冠大成——明代服饰文化展"荣获"第十八届（2020年度）全国博物馆十大陈列展览精品推介"精品奖。

本月，全新官方网站上线运行；山东博物馆微信小程序上线；举办"文物山东 薪火云传"5·18国际博物馆日山东博物馆直播联播活动。

6月21—25日，山东博物馆（山东省文物鉴定中心）、国家文物进出境审核山东管理处主办的山东省文博系统陶瓷器鉴定培训班在山东博物馆举办。

27日，"让党旗永远飘扬——山东省庆祝中国共产党成立100周年主题展"在本馆开展，共展出530余幅图片、210余件（套）文物实物。省委书记刘家义，省委副书记、省长李干杰，省委副书记杨东奇等省领导出席展览开幕式并参观展览。

7月7日，与山东省文物考古研究院、山东省水下考古研究中心、山东省文物保护修复中心合办的"山东考古成就展"在本馆开展。

20日，"中韩文化交流年——鲁韩交流周"开幕式在济南举行。作为此次"鲁韩交流周"文化交流部分，山东博物馆承办的"百济汉城时期的王城与王陵展"同时开展。

"让党旗永远飘扬——山东省庆祝中国共产党成立100周年主题展"获国家文物局"弘扬中华优秀传统文化、培育社会主义核心价值观"主题展览推荐。

9月29日，"山水清音——清代初期山水画展"在本馆11号展厅开展，展期至12月31日。

10月21日，嘉祥县公安局涉案文物移交我馆。山东省文化和旅游厅副厅长、省文物局副局长王廷琦，山东省公安厅刑事侦查局政委李向武出席。馆长郑同修和嘉祥县人民政府副县长、公安局局长赵健签署移交协议。此次向我馆移交的49件（套）文物系2019年嘉祥县公安局追缴的涉案文物。

本月，在卢森堡中国文化中心推出了线上展览"崖壁梵音——山东北朝摩崖刻经"。

11月30日，"初心——山东革命历史文物展"在本馆一楼5号展厅开展。

本月，"山东沿海海洋生物标本征集""山东省烟威地区昆虫标本征集""山东湿地植物标本采集鉴定制作""山东省鲁中南山区昆虫标本征集"四个征集项目启动，54000余件标本入藏我馆。

12月10日，2021年第一届（总第七届）石刻论坛在本馆举行。各高校、科研究院所及文博单位60余人参会。

11日，"瓷·韵——馆藏明清官窑瓷器展"提升改造后重新开展。

22—26日，由山东博物馆（山东省文物鉴定中心）、国家文物进出境审核山东管理处主办的2021年山东省文博系统书画鉴定培训班开班。

| 2022年 |

1月6日，"衣冠大成——中华传统服饰文物的当代活化与创新项目"获第五届山东省文化创新奖。

26日，"山东龙——穿越白垩纪""晶·彩——探寻神奇的矿物世界"同时开展。

30日，"片刻千载——甲骨文化展""玉润生香——馆藏玉器精品展"同时开展。

2月21日，根据山东省委编办的规定，单位名称山东博物馆（山东省文物鉴定中心）变更为山东博物馆（山东省文物鉴定中心、山东省石刻艺术博物馆）；业务范围变更为"征集、收藏全省珍贵文物和自然标本，开展对各类文物的研究、保护和有效利用工作；承担文物展示、文化交流以及宣传教育的辅助性工作；承担全省各类文物鉴定的技术支撑工作；承担古代石刻艺术品收藏研究、陈列宣传、保护利用工作，传播历史和科学文化知识。"

3月25日，国家社科基金重大项目"山东博物馆珍藏甲骨文的整理与研究"结项，并获优秀等级。

4月16日，"第一届古陶瓷青年论坛"举办。12位青年专家学者发言和讨论，190余位学者参会。

5月18日，由山东省文化和旅游厅指导，山东省博物馆学会主办的第六届（2021年度）全省博物馆十大陈列展览精品评选结果揭晓。山东博物馆"瓷·韵——馆藏明清官窑瓷器展"等10个展览荣获"精品奖"。

7月22日，山东博物馆党委书记、馆长、研究馆员郑同修荣获"全国文物系统先进工作者"称号。

8月19日，与山东省老字号企业协会联合打造的"山东老字号暨非遗文化体验馆"正式启动。

9月1日，在中宣部志愿服务促进中心、国家文物局博物馆与社会文物司共同主办的"喜迎二十大　强国复兴有我——青少年中华文物我来讲"博物馆志愿服务项目经验交流会上，本馆荣获优秀博物馆志愿服务推介项目。

9月25日，"走在前　作表率"——新时代山东省省直机关党的建设成果展开展。

27日，"奋进新时代——迎接二十大主题展"在北京开展，我馆承担该展山东展区的筹备工作。

10月27日，山东省博物馆联盟黄河沿线博物馆"黄河文化传承与创新"座谈会召开。

11月3日，2022年第一届（总第八届）石刻论坛视频会议召开，300余人参会。

12月30日，山东金石学会召开成立大会，赖非当选为首任会长。

──────┤ 2023年 ├──────

1月14日，举办于希宁作品捐赠仪式。于德琦先生及其夫人孙丽雅女士向我馆无偿捐赠于希宁书画作品200余幅。

"三魂共一心——纪念于希宁诞辰110周年展"开展，展期至6月25日。

"家和——中华传统家文化主题展"于3号展厅开展。（5月18日，该展览入选2023年度"弘扬中华优秀传统文化、培育社会主义核心价值观"主题展览重点推介项目。）

16日，本馆"生活与艺术——山东民间年画"展在新疆喀什地区博物馆举办。

"孔子家乡　好客山东"文创产品展在塞尔维亚贝尔格莱德文化中心举办。

本月，本馆获批"文物保护和鉴定先进技术山东省文化和旅游重点实验室"。

3月，"馆藏文物保存环境测控云平台"获"第八届全国十佳文博技术产品及服务奖"。

本馆文物保护部任伟、马瑞文、李晶被省人力资源和社会保障厅授予"山东省技术能手"荣誉称号。文物保护部任伟参加国家文物局、人力资源和社会保障部、中华全国总工会共同举办的"2022年全国行业职业技能竞赛——全国文物行业职业技能大赛"，获金属文物修复师项目一等奖，被授予"全国技术能手"荣誉称号。

4月3日，举办公益性文物鉴定咨询活动，为市民鉴定文物藏品200余件。

本馆成功获批"山东省数据开放创新应用实验室"。

7日，山东省博物馆学会革命类博物馆、纪念馆专委会成立。

21—22日，山东金石学会组织开展"僧安道壹刻经田野考察"学术活动。

28日，"珍宝：从文艺复兴到维多利亚——英国V&A博物馆藏吉尔伯特精品展"于3号展厅开展。

我馆文物保护部张兴作为"山东援疆柔性人才"对口支援新疆喀什地区博物馆，被授予"山东援疆民族团结进步模范""山东援疆工作先进个人""山东优秀援疆人才"等荣誉称号。

5月18日，"海岱日新——山东历史文化陈列"于6、7、8、9、12号展厅开展。

承办"5·18国际博物馆日"山东主场活动，"海岱日新——山东历史文化陈列"等展览举办直播活动，同时举办公益性文物鉴定咨询活动。

21日，中共山东省文化和旅游厅党组任命刘延常担任中共山东博物馆（山东省文物鉴定中心、山东省石刻艺术博物馆）党委书记；同日，山东省文化和旅游厅任命刘延常担任山东博物馆馆长（山东省文物鉴定中心主任、山东省石刻艺术博物馆馆长），31日到任。

28日，"海岱风　艺韵情——山东博物馆馆校融合教育成果展示"活动举办。

本月，开设山东博物馆官方抖音线上店铺。10月29日，开设山东博物馆官方小红书线上店铺。

6月14日，山东金石学会组织汉画考察团40人赴济阳三官庙汉墓博物馆和济阳博物馆作学术考察。

30日，"古韵墨香——馆藏明清书画精品展"于13号展厅开展，展期至9月11日。

6月，完成省委宣传部"山东文脉工程"《齐鲁文库·红色文献编》2023年度文献扫描工作任务。完成《齐鲁文库·典籍编》古籍73种共147册、16745页的扫描工作。

在第二届全国文化创意产品推介活动中，本馆获评"第二届全国文博百强文创产品单位"，"花鸟系列折扇"荣获"优胜文创产品"奖。

在马德里中国文化中心举办"万世师表——孔子文化主题展"。

赴德州市博物馆举办"石上史诗——山东汉代画像石拓片展"，并举办"图像人生——从汉代画像石看汉代人的理想生活"公益讲座。

本月，山东博物馆微信服务号粉丝数突破百万大关。

7月1日，开展"带着家乡文物上大学"博物馆研学活动，同时启动"红色文化主题月"系列活动。

7日，山东博物馆微信订阅号开通并发布第一条信息。

10日，"中华文明起源与早期发展——考古中国重大项目研究成果展"于5号展厅开展。

15—18日，举办山东省文博系统瓷器研究、鉴定高级研修班，培训学员21人。

18日，举办公益性文物鉴定咨询活动。

31日，本馆践行"学术立馆"的发展理念，正式启动名家工作室，聘任李零先生为山东博物馆首位首席专家。

本月，组织、参评"用好红色资源 赓续红色血脉——让革命文物讲好山东故事"征文活动，本馆获最佳单位组织奖。

8月1日，《山东省革命文物图文大系》（十卷）获批立项山东省文旅"十四五"重点出版项目。

14日，聘请北京大学历史系与中国古代史研究中心教授朱凤瀚先生为山东博物馆首席专家。

18日，举办"山东博物馆文化夜"活动，满足中学生暑假参观需求。

26日，举办2023年第一届古陶瓷青年论坛，主题为"北方地区古代陶瓷研究"。

28日，与省文物考古研究院、重庆市万州区博物馆合编的"十三五"《万州糖坊墓群》出版。

29日，与省文物考古研究院联合发掘的临淄陈家徐姚北战国、汉代墓地考古发掘项目圆满完成，发掘区面积6000余平方米，共有墓葬237座，专家验收等级优秀（该项目自5月20日启动）。

8月，山东省石刻艺术博物馆馆藏文物数字化保护与利用项目启动。

9月9日，本馆参加与哈萨克斯坦国家博物馆、乌兹别克斯坦美术馆交流活动。

28日，与青州市博物馆和昌邑市博物馆联合举办的"山左邦彦——明清画像里的家国情怀"展览开幕。

文物保护部被共青团中央、最高人民法院、国家发改委、文化和旅游部等23家单位联合命名为"全国青年文明号"。

10月2—8日，与山东大学历史文化学院、山东大学博物馆、山东省文物考古研究院联合主办了"第一届中国古代青铜器研究工作坊"。

9日，潍坊市博物馆研究馆员孙敬明在"齐鲁文博讲堂"主讲《金石学与陈介祺》。本馆聘请孙敬明为首席专家。

12日，本馆负责编制的《山东省革命文物藏品定级标准（试行）》由山东省文化和旅游厅正式下发。

18日，本馆在墨西哥举办"万世师表——孔子文物图片展"，并与墨西哥卡兰萨博物馆签订合作备忘录。

26日，主办首届"美丽山东"——山东省青少年人文素养实践大赛。该比赛是17项全省性白名单赛事活动之一。

"衣冠大成——明代服饰文化展"获评首届"扬帆出海：中华文明国际展示推介活动"重点推介项目。

本馆文物参加在清华大学艺术博物馆举办的"礼运东方：山东古代文明精粹特展"，展期为2023年10月18日至2024年1月14日。

11月22日，"古董·今董——山左金石全形拓文化艺术展"于5号展厅开展。

"器以载道——山东晚期铜器的古意与新义"于3号展厅开展。

山东博物馆"数智鲁博赋能文化遗产'两创'"入选由国家信息中心、山东省大数据局发布的《2023中国新型智慧城市建设典型案例集》。

27日，"大道之行——山东近现代历史文化"展获第二届全省博物馆、纪念馆革命文物陈列展览推介精品奖。

本月，"山东龙——穿越白垩纪"展入选2022年度全国地质古生物科普十大进展（位列第二位）。

荣获2023年度全省博物馆文创产品推介活动"优秀组织单位"奖。

12月6日，举办"知古鉴今 清风徐来——山东省廉洁文化主题文物展"。

8日，举办"晚期铜器与金石学学术研讨会"，40余名专家学者参加会议。

21日，联合省文物考古研究院发掘的滕州中医医院迁建项目考古发掘项目圆满完成，发掘面积2500平方米，发掘墓葬58座，专家验收等级优秀（该项目10月8日启动）。

28日，《"大道之行——山东近现代历史文化"展示传播实践》被评为2022—2023年全省革命文物保护利用十佳典型案例。

山东佛教造像文物数据资源库建设完成。

"探索全媒体多元融合模式，推动革命文物阐释传播——山东博物馆'红色文化主题月'项目"被评为第四届（2022）全国革命文物保护利用十佳案例宣传推介活动优秀案例。

举办"博物馆与高校融合发展座谈会暨山东博物馆与高校战略合作签约仪式"，与山东大学、山东师范大学、山东财经大学等17家省内高校建立合作框架机制。

"山东博物馆藏全形拓保护修复项目"被评为"首届山东省文物保护修复项目优秀案例"。

本馆"齐鲁瑰宝"系列文创获山东省旅游商品大赛金奖。

本年度，共举办"齐鲁文博讲堂"讲座28场（讲座学者为：苏荣誉、李耀申、任相宏、方辉、王青、余晖、陈浩、王屹峰、马今洪、陈根远等）。

"虫·逢——世界珍稀昆虫标本展"在荣成博物馆、淄博市博物馆、巨野博物馆、青岛市博物馆巡展。

"大道之行——山东近现代历史文化展"在济南市砚岭学校、巨野县博物馆、山东大学蒋震图书馆、济南职业学院以及历城文博中心等地巡展。

2023年共举办三期石刻论坛研讨会。

──────┤ 2024年 ├──────

2月2日，"沿着运河看年画"开幕。

4日，"武梁祠——石刻图像艺术展"开展，展期至3月5日。

北京大学艺术学院郑岩教授在"齐鲁文博讲堂"作"关于山东汉画像石研究历史与现状的思考"讲座。

3月11日，南京博物院研究馆员陈同乐作"后视镜——当代博物馆展览创新之我见"讲座，并被聘请为本馆首席专家。

13日，省博物馆学会第七届会员代表大会暨换届会议在济南召开。省文化和旅游厅党组成员、副厅长刘少华出席会议并讲话。会议通过了新修订的《山东省博物馆学会章程》等，选举产生了新一届理事、常务理事和学会负责人，山东博物馆党委书记、馆长刘延常当选山东省博物馆学会第七届理事会理事长。

15日，主办"博物馆与文化传播力专家座谈会"，中国文物报社、抖音集团、腾讯公司、大众报业集团、山东广播电视台等媒体机构，以及相关文博单位的专家学者参加座谈。

17日，日本奈良县立橿原考古学研究所指导研究员清水康二、主任技师小泉翔太，明治大学研究知识产权战略机构研究推进员铃木直美等3人来馆进行业务交流。

19日，德国马普研究所科学史所所长薛凤（Dagmar Schfer）来馆进行业务交流。

21日，"礼运东方——山东古代文明精粹"展在本馆3号展厅开展。

4月12日，本馆成功入选中央地方共建国家级重点博物馆。中央地方共建国家级重点博物馆，是由国家文物局、财政部共同认定的，中央和地方联合共建的，彰显中华文明、代表中国特色、引领行业发展的地方所属重点博物馆。

30日，"走近考古展"开展。

5月1日起，每天延时开放2小时至19：00（至10月7日结束）。

同日，"百工万物学塾"开放。

12日，山东省文化和旅游厅（省文物局）共青团山东省委、山东广播电视台联合主办、山东省博物馆学会承办"齐鲁瑰宝耀中华——2024年度山东省博物馆讲解大赛"活动。

13日，2024年"国际博物馆日"山东主会场活动在本馆举行。

17日，举办2024年迎"5·18国际博物馆日"公益性文物鉴定咨询活动。

18日，本馆"海岱日新——山东历史文化陈列"荣获由国家文物局指导，中国博物馆协会、中国文物报社组织开展的"第二十一届（2023年度）全国博物馆十大陈列展览精品推介"精品奖。"铭记历史——甲午战争130周年暨甲午沉舰水下考古展"获2024年国家文物局主题展览重点推介。

28日，在国家文物局、山东省人民政府、香港特别行政区政府发展局指导下，由山东省文化和旅游厅（山东省文物局）、香港特别行政区政府发展局文物保育专员办事处主办，山东博物馆、香港特别行政区政府发展局古物古迹办事处承办的"礼乐和合　探知齐鲁——山东文物特展"在香港文物探知馆开幕。馆长刘延常作题为"齐鲁文化阐释与弘扬"的讲座。

29日，国家机关事务管理局、国家发展和改革委员会、水利部三部委联合发布《2024—2026年度公共机构水效领跑者名单公示》，山东博物馆作为全省唯一公益性公共机构上榜。

6月8日，举办2024年"文化和自然遗产日"系列展示活动。

本月，本馆陈列部获山东省"干事创业好团队"称号。

（整理者：牛继曾、张俊龙、杨秋雨、于芹、黄彤君、周浩然、钟宁）

后 记

《山东博物馆七十年（1954—2024）》终于和大家见面了。

此前，山东博物馆从未出版过关于馆史的书，也从未系统全面梳理过本馆的历史。

此次，在庆祝山东博物馆成立七十周年之际，山东博物馆组成馆史编写组，系统整理和编写山东博物馆的发展史，具有非常的意义。博物馆一直是收藏和展出他人的历史，我们自己的历史如何书写，对于博物馆人是一个新的课题。

本书主体分为三篇。上篇为《纵·上下求索》，分四章记录了山东博物馆在不同时期的发展历程。中篇为《横·深耕八方》，介绍山东省石刻艺术博物馆、山东省文物总店、山东省文物鉴定中心和文博社团组织的情况。这两篇的编写任务由馆内各部室工作人员承担，老中青都有，编写的过程是一个学习和了解自我的过程。文献资料的来源主要是馆藏文物资料和档案等，经过全馆积极发动和深入挖掘，终成定稿。下篇为《忆·行者无疆》，是博物馆人的回忆录，采用"一对一""面对面"的访谈方式，所产生的视频作为口述历史留存本馆档案室，整理出的文字稿经本人确认后形成本篇定稿。采访人是本馆在职工作人员，被采访人是亲历过博物馆建设和发展的老职工代表或代表家属。这是新博物馆人与老博物馆人的对话，具有传承的意义。遗憾的是，有几位老同志因故未能接受本次采访。本书附录为《山东博物馆七十年大事记》，以老馆长牛继曾撰写的《山东省博物馆工作纪事（1952.10—1992）》、博物馆工作日志、近年的工作总结等为底本，在此基础上精简而成。

关于书中内容，我们多次向老同志咨询和请教。关于书中图片，我们采用了馆藏清代及民国老照片、20世纪50年代至今本馆摄影师所拍照片，以及同事们用手机随手拍下的记录，所以，有些图片的出处已无从查考，目前已知的摄影师为：冀刚、董传远、王书德、阮浩、周坤、李波、杨帆等，在此一并致谢！

馆史学习和探索的成果，同时形成 2024年7月24日开幕的山东博物馆馆庆七十周年特展"与时偕行——山东博物馆建馆七十周年展"大纲，亦为《山东博物馆七十年（1954—2024）》一书的延伸。

因时间紧、头绪杂，书中难免有错，尤其是大事记，更是挂一漏万，权作抛砖引玉。

相对山东博物馆辉煌的七十年，《山东博物馆七十年（1954—2024）》只能管中窥豹，难以周全，回顾山东博物馆七十年的历程，让人感慨万千，正如同事诗中所作：

> 巍巍泰山，浩浩黄河。天降仲尼，俯仰天地。
> 长城始建，运河重现。鲁博七秩，同贺八方。
>
> 博古广智，金石保存。众川汇流，前焜伊始。
> 炎培适之，慕名悉来。庆春流连，撰文留篇。
>
> 国运飘零，文物岌岌。献唐孤勇，烽火南迁。
> 晓行夜宿，举步维艰。入川十年，完璧得全。
>
> 一九五四，建馆启行。红旗大任，以迄于今。
> 立馆之道，为国为民。日月逾迈，永矢弗谖。
>
> 东西两院，历史自然。千佛山北，庑殿单檐。
> 大道经十，地方天圆。心之所向，馆址三迁。
>
> 考古发掘，捐赠移交。采购征集，万宝汇聚。
> 壶杯钺文，璧簋竹简，画图旒冕，十器镇馆。

藏品洋洋，鸿展煌煌。雕琢其章，如圭如璋。

鸢飞戾天，鱼跃于渊。济济多士，德音锵锵。

观者络绎，赞誉如云。力学笃行，自勉唯勤。

专家学者，交流互鉴。晨兢夕厉，十年磨剑。

星河横流，岁月成碑。灼灼七秩，烨烨如是。

凡是过往，皆为序章。丕显奕世，鲁博永光。

谨以此书致敬蓬勃发展的博物馆事业以及锲而不舍的博物馆人！

于　芹

2024年6月29日于山东博物馆